[MIRROR]

理 想 国 译 丛

049

想象另一种可能

理
想
国
imaginist

理想国译丛序

"如果没有翻译，"批评家乔治·斯坦纳（George Steiner）曾写道，"我们无异于住在彼此沉默、言语不通的省份。"而作家安东尼·伯吉斯（Anthony Burgess）回应说："翻译不仅仅是言辞之事，它让整个文化变得可以理解。"

这两句话或许比任何复杂的阐述都更清晰地定义了理想国译丛的初衷。

自从严复与林琴南缔造中国近代翻译传统以来，译介就被两种趋势支配。

它是开放的，中国必须向外部学习；它又有某种封闭性，被一种强烈的功利主义所影响。严复期望赫伯特·斯宾塞、孟德斯鸠的思想能帮助中国获得富强之道，林琴南则希望茶花女的故事能改变国人的情感世界。他人的思想与故事，必须以我们期待的视角来呈现。

在很大程度上，这套译丛仍延续着这个传统。此刻的中国与一个世纪前不同，但她仍面临诸多崭新的挑战。我们迫切需要他人的经验来帮助我们应对难题，保持思想的开放性是面对复杂与高速变化的时代的唯一方案。但更重要的是，我们希望保持一种非功利的兴趣：对世界的丰富性、复杂性本身充满兴趣，真诚地渴望理解他人的经验。

理想国译丛主编

梁文道　刘瑜　熊培云　许知远

［美］理查德·霍夫施塔特 著　　陈思贤 译

美国的反智传统

RICHARD HOFSTADTER

ANTI-INTELLECTUALISM
IN AMERICAN LIFE

中译出版社

图书在版编目（CIP）数据

美国的反智传统 / (美) 理查德·霍夫施塔特著；
陈思贤译. —北京：中译出版社, 2021.8（2025.2重印）
ISBN 978 - 7 - 5001 - 6687 - 0

Ⅰ.①美… Ⅱ.①理… ②陈… Ⅲ.①文化研究—美
国 Ⅳ.①G171.2

中国版本图书馆CIP数据核字（2021）第119817号

出版发行 / 中译出版社
地　　址 / 北京市西城区车公庄大街甲 4 号物华大厦六层
电　　话 / （010）68359376，68359827（发行部）；（010）68003527（编辑部）
传　　真 / （010）68357870
邮　　编 / 100044
电子邮箱 / book@ ctph. com. cn
网　　址 / http: // www. ctph. com. cn

责任编辑 / 温晓芳
封面设计 / 陆智昌

排　　版 / 李丹华
印　　刷 / 山东临沂新华印刷物流集团有限责任公司
经　　销 / 全国新华书店

规　　格 / 965mm × 635mm　1/ 16
印　　张 / 31.25
字　　数 / 420 千字
版　　次 / 2021 年 8 月第一版
印　　次 / 2025 年 2 月第四次

ISBN 978 - 7 - 5001 - 6687 - 0　　　定价：**98.00** 元

目 录

第四部分　社会文化

第五部分　民主社会与教育

第六部分　结论

反智的炼成

任剑涛

美国 2020 年的总统选举，政客之间的对垒、两党之间的对峙、社会公众的撕裂、知识分子的抨击、情感对理性的嘲弄、大众对精英的逆反，不唯引发了美国政治的僵局，而且格外令世人瞩目。一者，这样的局面让人们认定，美国的灯塔效应黯然失色；二者，也让人们对世界政治的走向生发无限联想，尤其是让试图取代美国而发挥国际领导力的国家浮想联翩。美国政治真陷入了极化政治的泥淖而不能自拔？美国社会真掉进了极端陷阱而难以自救？美国人真的无法听进精英们，尤其是知识精英们的劝诫而一味投入激进的行动，最终断送国家前程？

经由美国总统选举而生发的种种质疑，让人们再次觉察到理查德·霍夫施塔特《美国的反智传统》所具有的美国叙事的穿透力、揭橥问题的洞察力、精到评论的持续影响力。这部著作，是一部试图从反智的侧面，揭开美国社会政治生活其中一个真实面相的力作。之所以是美国社会生活的其中一个面相，是指与反智传统相伴而在的，美国还有另一个崇智的传统在。这是霍夫施塔特本书一开篇也着力指出的一点。因此，千万不可将《美国的反智传统》读成美国只有一个反智传统而已。反智，是美国崇智与反智相反相成的两个传统之一。并且反智绝对不是美国社会生活的主流。而且，反智最普遍的形式是温和的、良性的，那些最恶性的反智仅仅见之于人数不多却很活跃的少数团体。*但着力揭示美国社会中反智面相的著作，在系统性、深刻性与影响力上，至今没有超过霍夫施塔特这部著作的作品。这正是此书出版几近六十年，在试图理解美国当下社会政治态势的人们眼里，仍然保有其独特价值的缘故。

霍夫施塔特这部著作的线索非常清晰。全书结构由三块内容、六个部分组成：一是为全书评论奠定基调的"反智"定义，二是从四个方面揭示美国反智的成因，三是对美国反智传统中知识分子的走向进行分析。概要地复述这一分析线索，外加它对理解美国之外的其他国家如中国所具有的指引作用，我们便可以知晓，这部著作为什么会引起人们在当下对之的高度关注。

反智主义，是可以做多重解说的一个概念。如在后起的余英时那里，就将反智在理论上与反智性和反理性相联系，在实际生活中将之与知识分子的处境相贯通。取决于这一概念的多种解释可能，霍夫施塔特首先着力限定这一概念的特殊含义。他指出，比美国历史还悠久的反智，在态度上表现为一种矛盾性的不喜欢智识和知识分子，在历史主题上体现为时起时落的一股力量。"将反智的这些态度与观念聚集起来的是对思想生活，以及被认为代表思想之人的生活所存有的怨怼与怀疑，和贬低这种生活价值的倾向。"†至于一般人们所认为的学术圈的纷争内讧，以及哲学上的反理性主义，都不属于他所考察的反智。为了以鲜活的例证证明美国生活中存在的相

---

* 参见理查德·霍夫施塔特：《美国的反智传统》，陈思贤译，中译出版社 2021 年版，第 20 页。
† 同上书，第 7 页。

关反智现象，霍夫施塔特举证了相关事例：诸如对学究的普遍厌恶、对知识分子的敌视、对专家的排斥、对纯粹科学的拒斥、对知识精英的贬斥、对大学的严厉批评、对一般人的推崇、对文化创新的反感、对知识分子气焰的愤慨、对教育的声讨、对非课业化教育的认可、对学校阅读写作与数学教育的非议，等等等等，不一而足。这些反智现象表明，美国已经超过曾经的宗主国英国，可称为世界上最不信任与鄙视知识分子与智识的国度。

　　反智是一种极其矛盾的社会现象。因为反智者并不是一味敌视智识的人，他们对智识是爱恨交织的。因为反智者常常是聪明博学的福音派牧师、善于表达神学观的原教旨主义者、狡猾的政客、代表美国实际需求的企业家、在智识上自负且有坚定信念的右派媒体人、各种边缘作家、不满学术界左倾的反共专家，以及共产主义领袖。这些人并不以反智为务，反智浮现于主张进步与反对进步的两股势力敌对之时。因此，霍夫施塔特不抱消除反智的幻想。

　　人们何以会对智识与知识分子心怀不满，并力加拒斥呢？这自然与智识和知识分子的特质有关。人们对展现脑子好使的智力一般持赞赏态度，但对表现批判、创造及思索能力的智识则报以拒斥的态度。后者正是体现知识分子特质的地方：知识分子不是一般的职业人士，那是一群以不偏颇的才智、概括能力、自由推断、一手观察、创新、尖锐的批判为特征的人士。他们为思想而活。从传统上讲，他们秉承了苏格拉底的反省精神；就现代来看，他们最关怀弱势阶层的福祉，并以此为自己的使命。他们深信世界一定会回应自己的理性能力，渴望正义与秩序，对于人类具有独特价值，也因此具有惹是生非的能力。他们视思想游戏为生命中最主要的价值，以追求真理为快乐，不太关心实用。他们由此体现出一种虔敬感，一种兴致盎然的探究玩兴。

　　社会很难接受知识分子的这些品质。尤其是专家的兴起，让实用独领风骚。人们对专家能力望之兴叹，却因此将对专家的憎恶转移到知识分子身上。如果说他们对自然科学家不得不接受的话，那么对社会科学家便嗤之以鼻。人们自以为不理睬专家的意见，既是保持自己的独立见解、免于被摆布的必须，又是公开透明的民主精神的体现。他们为此嘲笑甚至是仇恨专家。在一种对一无所知不以为耻的氛围中，知识分子便成为让人出气的替罪羊。尤其是知识分子以先知角色与公共角色交替发挥作用的时候，他们就更容易成为人们说三道四的对象。

在美国，知识分子的这种处境，跟麦卡锡主义的流行具有密切关系。由于 20 世纪上半叶美国知识分子深受左翼思潮的影响，因此从总体上偏左。反智就此具有一种追剿知识分子的特征：自由派、新政支持者、改革派、国际主义者、知识分子、采取自由派政策的共和党等等，都不能幸免。一个从仇恨新政到仇恨福利国家，再到仇恨社会主义与共产主义的链条由此串联起来。加之美国由知识分子引领国家变迁与社会创新，他们更容易遭人妒恨。至于美国社会拒斥意识形态、崇尚行动的特质，也让知识分子容易为国家错误背黑锅。当人们拿知识与感情、品格、务实能力、民主平等相对比的时候，反智似乎就在所难免了。

美国社会生活中的反智，触目皆是。在霍夫施塔特看来，不外四个方面的原因，导致了这样的结果。一是宗教的原因。"美国人的心智是近代初期信教思想的产物。美国殖民者接触知识的第一个平台是宗教，所以反智的第一个动力也来自宗教。"*从宗教社会学的角度看，富裕的阶级喜欢把宗教理性化，并遵守宗教的繁复仪式。而中下层阶级信仰宗教的方式比较感性，反感宗教仪轨和上层牧师的训导，重视自己内在的宗教体验。这样的宗教定位，一方面与宗

---

* 同上书，第 53 页。

主国英国的宗教抗争相关，那是一种激烈反抗信仰智性化，试图满足信仰者的社会与精神需求的平等诉求；另一方面，则与美国宗教的扎根、传播、定位具有密切关系。仅就后者而言，美国在殖民时代的传教，就显得多元而自由，但总体上讲是倾向于智性与感性的平衡的。在18世纪大觉醒运动中，第一代清教徒的热情与良好教育成为历史。其间兴起的奋兴派，走上了结合热情与激昂的道路，甚至出现肆意攻击传统教会、藐视教会惯用礼仪的牧师。这固然有助于宗教复兴，却是以牺牲理性的信仰为代价的。这一运动加重了反智倾向，为美国的反智带来第一场短暂的胜利。

到19世纪，美国的宗教多元局面形成：既摆脱了单一制式的教会，便拥有了信仰自由，一个信仰上的"自由竞争市场"出现了。* 教会成为一种自愿性组织，信徒可以自愿选择适合自己的教会。在美国弥漫的挣脱陈腐旧欧洲、确立昂扬新精神的气氛中，一种旨在回归基督教原初的纯朴精神、回归《圣经》寻找信仰之钥的努力，成为宗教传播的努力方向。而志在传播福音的教会组织宗旨，成为不同教派开展活动的共同取向。牧师也就此成为社会发展的促进者，而不是传统的守护者。牧师以其个人魅力和星级高低展示影响力，其欠缺智识便是必然。像芬尼那样拒读神学著作、只读《圣经》、全力诉诸感性的牧师，成为颇具影响力的人物。在美国本土兴起的卫理公会，其时也采取了原始的宗教实用主义，只要有利于短时间内拯救更多灵魂的方法，都在提倡之列。即便在卫理公会新老派别分流的情况下，老派人士对新派设立学院、大学、神学院与兴办期刊的举动，也是拒斥的。他们认为这些做法对传播福音并无益处。浸信会的倾向与此相仿。布道家穆迪采取了与芬尼震慑听众不同的和蔼可亲方法，成为19世纪末美国福音派布道第一人，但

---

* 同上书，第79页。

他却把布道完全弄得像做生意。而 20 世纪早期著名的宣道者戴森，更是用一种粗俗、娱乐的方式布道。他们对教会注重吸引有钱人和大学生是很不以为然的。

美国的宣道者们所采取的这些反智行动，是与他们立意对抗现代主义的意图相联系的。这尤其鲜明地体现在 20 世纪的美国。教会信众在内心里对现代主义的抗拒毋庸多言，而美国社会日益强烈的世俗观念对宗教的挑战、达尔文进化论及新兴都会生活方式的流行、教育的普及、人口的快速迁移与全国性的思想交流，使挑战显得更为严峻。这激发了那些基要主义者在宗教上反对现代主义、在文化上反对现代性的激情。福音派以一种男子汉气概激昂地抗击社会变迁，因此将美国社会推向一个要么按照智识界标准过理性生活、要么按照教会要求过宗教生活的抉择关头。在美国建国早期，两者的相互尊重荡然无存，敌对情绪日渐高涨。尤其是在工业化迅猛发展、都市教会兴起、达尔文主义流行开来之后，让国家陷入一个传统的、乡村的、小镇式的美国与现代的、城市的、都市的美国的全面对抗。旧美国与新美国之间的对峙成为一种定势：具有拓荒精神的美国平民大众与自由派知识分子的战斗因此打响。人民与寡头知识分子，不仅在身份上截然不同，而且在信仰与信从进化论、在多数人与少数人、在信从传统与服膺现代上面截然对立。循此发展，基要主义与极右政治势力结合起来，共同抗拒美国的专业化趋势，并且将一些人对新政的厌恶、民族情绪、抗拒反种族隔离聚合起来，促成一种非善即恶、永恒对抗的反智思维。

美国反智主义的第二个动因在民主政治。霍夫施塔特认为，美国在开国之际，出现过一个绅士精英集群，这让知识分子与权力的关系较为融洽。"当美国独立时，知识分子与权力间的关系并不是个问题。开国元勋们都是知识分子。虽然国体是朝向民主发展，但是治国者都是上层阶级精英：在这个精英群体中，知识分子可以大展身手，很具权力。"*但随着民主政治的发展，就在国父们那一代，便出现了悖反的现象："伟大世代"的领袖们不再团结，陷入了相互攻讦的窘境。而第一个反智的受害者便是杰斐逊：他被视为哲学家，不具备当总统的资格；他承受人身攻击，被认为胆小、异想天开、固守原则、闭门造车、思维迟钝、关键时刻犹疑不决。攻击他的人认定，政治需要的不是智识，而是性格。这样的批评奠定了美国反智的政治定势：只要会思考，就不会决断。美式的空谈误国，实干兴邦，成了针对政治家的反智论基调。这是平等主义政治对专家政治的敌意所必然导致的现象：人们不信任智识与财产阶级，只信任来自自身经验的直觉。精英被认为是图谋夺取大众利益的群体，是对抗"多数人"的"少数人"。由此人们对教育也怀抱一种疑惧态度，采取一种技教态度，拒斥博雅教育。当杰斐逊主张的平民智慧演变成杰克逊主义的民主信念后，便催生了美国政治史上的第一场反智运动：不信任专业知识，痛恨中央集权、精英统治，希望消除特权阶级的影响力，认为人民可以轮流当家。经由亚当斯总统与杰克逊主义的较量，"能写"的前者对付不了"能打"的后者，行动派就此战胜了智识派。当为了打赢选战，让辉格党放下身段迎合下层百姓时，绅士就趋近消失，专家被逐出权力圈子。

内战进一步促进了反智的政治趋向。内战虽然阻止了国家分裂，却没有让国家吸取教训，也没有找到解决国家难题的出路，因此激发了改革者的热情。但"一群内涵优雅的改革者"着意的是公职人员的素质，这本身就意味着智识与权力的疏离。他们的信念很强，勇于实践，却没有盟友，在狡黠粗俗的人所占据的政治舞台上难有作为。试想，一群离权力与社会都很远的人，能够有什么作为？在政客盘算政党利益、酬庸机制与权力轮替，而改革者着意行政能力、

---

* 同上书，第135页。

效率高低、绩效考核之间时，前者对后者的警惕，不仅造成后者的难有作为，而且附带对学校教育究竟是培养后备公务员还是技能教育的定位发生影响。政客们认定，公务员不能单单来自大学，来自一场公务员考试。出身于名门望族的改革者，以廉洁中立开罪了以政治谋生的政客，因此被攻击为"吵闹但人数不多、伪善却不实际、有野心却不聪明、好做作却没能力"*的一群人。改革者就此被定格为缺乏男性气概的女性化人士，并被反智者嘲笑。西奥多·罗斯福对改革者取同情立场，但以兼得智识与粗放的进路从政，因此才破除了绅士从政的紧箍咒，并为美国树立起政治人物的标准：不能文弱、理想化、重智识，最好有从军记录，至少参加过橄榄球队。

镀金时代让改革者郁郁不得志，进步时代的情况似乎有了一些改变。专家与平民的相互尊重关系浮现出来。美国向较为规范的现代国家的转型，让知识分子拥有了两种身份，即专家和社会批评家，并因此回到社会中心。新政的推行，开创了以智识擘画国政的雏形。大学因其党派和意识形态的超越性，在提供资讯、统计资料、政策建议、技术训练等方面的价值为人所知。但即便是老罗斯福、威尔逊这两位调和智识与权力、被人视为知识分子的总统，也心存人格重于知识、害怕专家政府的意念。到小罗斯福时期，知识分子与民众的良好关系空前和谐。新政重用知识分子，不仅以"智囊团"的出现为标志，而且教授们直接进入内阁。但也因此激起了反智囊战争。知识分子被视为"只会搅局的外行人"。†反智在敌对情绪中浮现，由此得到印证。史蒂文森败给艾森豪威尔的选举，便是知识分子败给自信的行动者的标志性事件，政治场域再次成为显示男性气概的场所。同理，肯尼迪以此战胜尼克松。这些反复，证明的是同一个

---

* 同上书，第 173 页。
† 同上书，第 202 页。

道理："在现代社会中，智识作为一种力量，它所呈现的既尖锐且矛盾的问题是，它无论与权力接近或是被排除在外都不好。"*这可是一种两难局面。

美国反智主义的第三个动力在社会文化。美国建国之际，本是一个农业社会。农业社会崇尚的淳朴、勤劳、务实、尚行，本就对知识分子的社会认可不利。其后，美国迅速进入工商社会。由于知识分子大都视商业为智识的敌人，因此，雪上加霜，商人成为反智的中坚力量。在美国智识界，丑化商人一直是重要的话题。商人在美国社会中成为主轴后，自以为担负了创造财富、服务社会、资助公益的重任，因此心生一种应得敬重的心态。他们对智识缺乏实用的认定，与民间以实用与否判定价值高低的习性相扣合，夯实了反智的社会土壤。加之美国缺乏历史厚度，造成一种促进活力但无意之中反对文化积淀的反智氛围。这就生成一种与欧洲崇尚历史与文化迥然有别的、推崇当下繁荣的社会心态。崇拜现代化与崇拜科技由此携手，而商人赞助科技发展、文化教育、人文艺术，也就成为三者进步的主要依靠。发育自新英格兰的知识分子、商人精神与务实风格的奇怪结合，构成了一种文化其外、商业其里的组合。在经济优先的时代里，财富新贵不仅在物质上发挥主导作用，也在文化与品位上主导社会。这种支配性使他们拒绝与商业之外的因素妥协。

由于商人中白手起家的居多，一种依靠冲劲儿、自己努力的品格受到推崇，那种依恃"天才"头脑的人便得不到信任。人们中间那种自认平凡、拒斥天才、敌视教育的心理弥漫开来。于是，偏重实际的教育理念与贬斥博雅教育的冲动相携出场。像卡耐基、范德比尔特这样的大富翁，甚至怀疑教育的功用。商人们认为大学教育

---

* 同上书，第212页。

伤害企业经营，让大学生眼高手低。在大企业兴起以后，对专业人才的需要才阻遏了这类想法，并且推动了商学院的兴起。悖谬的是，商学院却因偏重职业能力的培养，成了反智的大本营。在此氛围中，宗教都经不住商业的冲击，创出所谓"信仰工程学"，声称要"用经营企业的方式来管理你的灵魂"。* 以至于林克在破坏文化与愚民的最顶峰之作《回归宗教》一书中，以"理性的笨蛋"来贬低理性。

在美国社会的其他领域中，也发生了智识无用论的争辩。美国是一个传统农业国家，农民重视实用性的品性，让他们对智识颇不以为然。随着美国农民将商业习惯带进农业，他们对农业科技都持一种怀疑态度。直到绅士农民出现，才遏制了这一理念的蔓延。但农民依照实用方式耕田，胜于按照书本耕田的想法，还是颇为顽固。一种按照行业封闭传承的观念很是流行，"神父教神父，律师教律师，工人教工人，农民教农民"。† 农业大学的设置就此缺乏动力，经历长达一个世纪之久的磨合，才促成了农业职业教育与科技的结合。

在美国的劳工运动中，一种反讽的情形是，知识分子发动了劳工运动，却被劳工运动挤出。工运领袖不接受知识分子社会主义倾向的方案，并且强调工运领袖一定只能出自劳动者。他们把知识分子视为缺乏男性气概的人，需要以轻蔑他们来安慰自己。经验至上，自然是自我安慰最好的办法。至于美国的社会主义政党，在社会党方面，自己贴上无产阶级的标签，为知识分子贴上中产阶级学者的标签，这让他们的反智获得了理由：社会党的运动是以"用肚子思考的粗俗人为主干"的，所以要把知识分子赶走。在共产党方面，他们虽然想用上知识分子，但由于"听从党的指导、遵守纪律"的原则，无法维系留住他们的氛围。而极端的普罗化、追求步调一致、

---

* 同上书，第 246 页。
† 同上书，第 257 页。

轻视智识，使得"知识分子"这个词与"浑蛋"等同。

美国反智主义的第四个动因在教育方面。美国具有重视教育的传统。但美国教育始终关注的是平民教育，极为强调教育的实用性、收益性。美国的公立教育以培养不同背景人群成为公民为基本取向，这与民主社会需要民主大众是相适应的。但由于缺乏牛津、剑桥那样伟大的学校，于是美国人安然地将教育目的确定在学习实用知识上面。在教育领域，教师的社会地位不高、薪酬较低、职业不受敬重、优秀人才不与为伍。学生同情而不是尊敬教师。教师队伍中的滥竽充数者、权作过渡者、无力他业者甚众，更让人看低这一职业。教师中的女性很多，正好以其低薪、人众，填补需求缺口。于是教育行业也因其缺乏男性气概被人诟病。

在中学教育尤其是高中教育普及过程中，教育的民主化与大众化一直是一个主调。但高中教育究竟是为学生进入社会还是入读大学做准备，分歧巨大。19世纪末成立的全国教育协会"十人委员会"，倾向于将高中教育定位在智识教育上面，并且着力对优绩学生的最低学业要求制定标准。他们也很理智地认识到，高中的主要功能是让学生进入社会。但社会对他们偏重学科能力的教育方针明显不满，认为高中应是"民众的大学"，*而不是大学预备班。1911年成立的高中与大学学制接轨九人委员会，似乎着意发挥纠偏的作用。他们确认，高中教育的目标就是培养优秀公民，帮助其选择职业。因此博雅教育不应优先于职业教育，只能相互兼顾。而且，相对于智识教育而言，让学生成为好的家庭成员、好的职场成员与好公民更为重要，以期培养他们共同的观念、理想、思维、情感和行动模式。取决于这一定位，学校取代了父母，承担起家庭式责任。一种几乎被类似"为民主而教育"一样的口号所主导的教育成型了。精英教

---

* 同上书，第302页。

育理念承让给大众教育，智识无用论以差生不弱于优生的面目展现。加上实验数据的滥用，让人们深信传统教育的无用。在所谓"生活适应教育运动"中，资优生被忽略，迟缓者受重视，以求凸显学生平等、课程一律的民主教育原则。新教育的实用目标非常凸显。

新教育运动除运用科学外，主要受杜威的教育思想影响。霍夫施塔特明确指出，杜威的教育思想是不反智的，但它对反智却产生了推波助澜的作用。杜威的教育思想受进化论的影响极大。他认为，教育就是学习者的成长，故教育体系必须在民主、科学与个人主义的时代下运作。为此需要清除前民主时代、前工业时代的旧观念。他吁求破除知与行的对立，确认知行互嵌。他把教育看成改造社会的方式。他将儿童放在教育的中心位置，要求将教师和课程的权威让位给学生的学习兴趣，让制度配合小孩的需要。新教育运动贯彻与实施了杜威的教育理念，深具宗教情怀与仁爱意识。新教育的组织、实施者坚信，教育是社会进步与改革的基本方法，认定"儿童的发现"乃是 20 世纪最伟大的发现。这样的想法与做法，乃植根于西方十分悠久与深厚的浪漫主义传统，其与达尔文之后的自然主义结合，生发出顺应儿童自然需要与本能的教育理念。其间，成长被无限上纲，但成长究竟如何实现反倒隐而不彰。那种以为借助教育就可以打破贵族阶级与劳动阶级界限、就可以推动社会民主、就可以影响年轻人未来的方式决定社会未来的理念，实际上引导出来的恰恰是危害儿童及年轻人的反智教育做派，因为教育绝对不是种瓜得瓜的简单事务。至于教育就是生活，事实上就排除了教育必需的考试、评分、留级等手段，但并不因此就拉近了教育与生活的距离。杜威思想具明显的乌托邦色彩。试图解放儿童，却将儿童限定在无个性、无叛逆的同化状态——教育成为一种微妙的儿童操控手段，一种反制度的制度化方法必然让其陷入困局。

第三部分的话题自然浮现出来：反智造成了知识分子的窘迫状

态，这把他们逼入了一个要么与社会疏离、要么被社会同化的二难选择境地。知识分子固然反感反智，但在社会面前，他们也只有两条出路，一是保持与社会的疏离，二是乐于被社会接纳。但不管是疏离还是接纳，都对改善知识分子的社会处境不利。一旦被社会接纳，知识分子就很难免于同化，他们势必"追逐权力、放弃表达自由、甘当政治龙套"。* 如果保持疏离，才会有"不为五斗米折腰"的美誉。在美国国父创制的文化基础上，接续其根脉的是巨头文化，但它已经无法落实国父们创制的共和智识文化。它凸显了一种接续国父们的精神宗旨，但拒绝一般人欲望的精致、疏离与傲慢的文化。这是一种旨在拥有智识而非使用智识的文化。它让人沉浸于自我，显得自私。因之造成美国文学界与思想界的两极化：一边是感性、精致、理论和纪律；一边是自发性、动能、感官现实与抓紧机会。抽象的心智素质与实际的生活经验分割开来。经过作家的书写，展现出正面抗击美国社会的面目，引导出替人民对抗特殊利益集团的或左或极左的姿态。但其间，大众与知识分子并未因后者迷恋前者而出现和解。当大学、大众出版、大基金会将知识分子体制化以后，知识分子不仅数量剧增，而且影响力显著加大，但与社会却更加疏远。

美国相对于欧洲日渐浮现的富强发达，以及文化的发展带来的挣脱欧洲影响力的自信，促进了民族主义思潮的兴起。国家在文化上的入超转变为出超，也让美国生发出一种工业领袖国的自负。"二战"更是激发了美国的世界责任心。美国已经自认是世界上最先进的国家了。但知识分子在优渥生活与自信社会中，似乎并没有得到社会更多的认同。令人惊奇的是，社会对知识分子的整编收买，造

---

* 同上书，第 362 页。

成了知识分子"要么被蔑视，要么被收买"*的悲壮局面。可见，在
现实处境与抱持理想之间，知识分子仍然难以善处。尤其是真正知
识分子自觉地"疏离"，似乎不可避免。"垮掉的一代"正可作为代
表。嬉皮士则表现出一种"精神异常下的智慧"，疏离与批判的携手，
奇怪地浮现在人们面前。总而言之，知识与权力在分离与结合中尽
力发挥各自的功能，一旦两相结合，知识分子容易迷失自己；假如
隔绝开来，便不被社会接受。所谓入世知识分子与前卫知识分子的
不当分类，常常将知识分子安顿在不适当的位置上。好在自由民主
社会可以容纳不同风格的智识生活，促成一种开放包容的心态，从
而让社会能够欣赏和理解各种杰出的心智。这不啻为反智的求解指
引了某种出路。

　　霍夫施塔特对美国反智传统的溯源及流，确实揭示了美国心智
生活的一个重要面相。由于他在美国的宗教、政治、社会文化与教
育中寻找反智传统的根源，因此，只要这些社会要素仍然对美国的
存续发挥作用，那么就可以断定，不仅美国仍然会不断出现反智的
事情，而且也势必会在霍夫施塔特的论述中寻找反智的根源。这是
2020 年美国总统选举引发霍夫施塔特热的一个直接原因。由于他不
是泛泛描述美国社会对智识与知识分子的抵制与反对，而是将之作
为一个其来有自的历史传统加以刻画，因此，他对反智现象的深层
解析，也就总是具有启人心智的力量。越出霍夫施塔特的具体论述，
他对美国社会生活反智现象的揭橥，具有一种方法价值：一者，它
成为人们解释美国社会现象的基本进路；二者，凡是身处反对智识
与知识分子的实际处境之中，自然会到他的论述中去寻找美国开国
以来的相类现象，以及造成这一社会现象的四类导因。一部经典阅
读史告诉人们，只有那些可以超越当下关怀、在人们触及相关事项

---

* 同上书，第 381 页。

时，随时随地给人某种启发的著作，才足以传之久远。如今美国智识界受到的社会质疑或反对，尤其是 2020 年总统选举中智识界提出的质疑、发出的辩护导致的久决不下，对人们犹如耳提面命，让他们立马想到霍夫施塔特对相关世相的描述与分析：宗教、政治、文化与教育，乃是人们理解切近社会现象的永久求解要素。

在近期热炒霍夫施塔特的情况下，美国历史学家乔恩·维纳之前撰写的评论，颇具提点作用。他认为，霍夫施塔特之所以热潮重卷，从当时来看，是因为他那个时代历史学家对政治具有的书写自由，因之他拥有极大的智识权威、广泛读者。他的得体、优雅文笔让人敬重，对伟大白人的书写还不会被人认为是过时和反动。而当下美国这些问题正触动人们的心扉。这波热炒，不是霍夫施塔特第一次走红，说起来这是他的著作第三次走红：出版时就受到热捧，里根时代再次热络，如今因为切合总统选举而再次引人瞩目。维纳提醒人们，这部著作是在严重关切麦卡锡主义的情况下撰写的。更直接地讲，是在作者高度关切美国的法西斯主义问题的情况下撰就的。因此，它具有特定的时代与主题指向。但脱开这个特定的背景因素，霍夫施塔特此书具有的价值还是必须承认的。维纳自己也明确指出，"在今天这个时代，霍夫施塔特还值得读，不是因为他具体的论证，而是因为他的著作的精神，这个精神把关于美国政治黑暗面的忧虑，与对普遍看法的怀疑态度结合起来。正是这个精神，和他那明晰而优美的散文，为他的作品赋予了一种持久的生命力。"*

不唯美国人总是在霍夫施塔特指陈的反智传统中理解他们的社会生活，反过来又在社会生活中理解反智传统，即便对于我们中国人来讲，他的著作，尤其是其中所具有的方法论意义，也指引我们

---

* 引自微信公众号"燕京书评"2020 年 2 月 26 日的推送文章：《霍夫施塔特的对与错：为什么他还值得读，但原因并非你想的那样》，乔恩·维纳著，王立秋译。原文标题为"America, Through a Glass Darkly"，最初刊载于 The Nation，2006 年 10 月 5 日。

去反思自己的历史文化传统。历史学家余英时就在霍夫施塔特系统的反智论话题下，对中国的思想传统进行过梳理，进而对中国的反智政治传统进行了分析。从思想史的视角看，儒家的主智论与道家、法家的反智论交叠呈现，后在儒家的法家化中得到延续，以至于造成儒家政治理想无从落实的残酷现实。从政治史的角度看，绝对君权对相权的约束与控制，造成中国政治史上的君尊臣卑，抑制了中国的政治现代化。因此，余英时痛彻指出："中国的政治传统中一向弥漫着一层反智的气氛，我们如果用'自古已然，于今为烈'这句话形容它，真是再恰当不过了。"*类似于霍夫施塔特，余英时也指出，反智不过是中国政治传统的一个面相，不能将之认作中国政治传统的全貌。但他循霍夫施塔特方法指引所做出的论述，确实引导人们深刻反思中国历史的一个重要面相。其论亦如霍夫施塔特的论述一样，对人们理解中国政治的反智现象发挥了同样的方法效用。而且，在霍夫施塔特与余英时的交互阅读中，人们会自然而然地感到，他们对我们理解切近的当下生活，具有一种直接的指点作用，甚至就是在坦率针对我们当下的生活一样。

　　一部从美国历史演进中阐释反智现象的著作，竟然对人们理解美国实际政治生活发挥出久远的影响，甚至越出国界，对东方的中国理解自己的历史文化传统与当下生活发挥了方法指引作用，奇了！够了。毋庸多言，人们已经有充分的理由重视此书，以及展卷阅读的动力了。

---

* 余英时：《中国思想传统及其现代变迁》，广西师范大学出版社 2004 年版，第 276 页。

序言

通常的作者会在序言中所做的说明，我用了本书的前两章来完成：解释本书的缘起与目的，以及主要的看法。但是在开头要先说清楚的是，我是用"反智"此一主题贯穿全书来透视美国社会与文化中的若干面向。虽然书中使用了大量文献与考据材料，可是这只代表我个人对过去所发生事情的看法，而非企图撰述一本正式的美国社会史。至于对书中主题的铺陈方式也是随感而生，片段零碎之处在所难免。

如果大量检视对我们社会底层描述的文献，可能会发现一些伤及民族自尊心的事实；这还会让我们暂时转移注意力，忘了原本要讨论的事：检讨我们文化中存在的若干陈年痼疾。同时，这也可能会鼓舞某些本就对美国文化不以为然的欧洲人，他们常自以为是地瞧不起美国，而且总会把这种敌意用有凭有据的论述包装起来。美国人固然常自我吹嘘且格外敏感，却是世界上最念念不忘自我警觉（如果不是自我检讨）的民族之一，永远担心着什么地方有不足，例如国民德行、民族文化或是民族发展目标等。这种对不确定状况的担忧，使得这个国家的知识分子扮演着一种关键的角色。但这也可能令外国评论者有机可乘，因为他们经常会故意曲解夸大美国人这种自我批评的特性，来佐证他们的既存偏见立场。然而，只因为害怕所做的自我检讨会被扭曲误用就畏缩，却是最糟的选择。因而，在此我要引用诗人拉尔夫·爱默生（Ralph Emerson）的话：“让我们面对事实。我们美国就是一个肤浅的国家。伟人和伟大的民族不会自我吹嘘或是装傻，而是会诚实地站出来面对生命中的可怕之事。”

理查德·霍夫施塔特

第一部分

绪论

第一章

我们时代的反智现象

一　知识分子的危机

虽然本书主要处理的是美国更早期的历史，但是当时勾起我的写作念头的却是 20 世纪 50 年代的政界及知识界的情况。在那十年间，一个以往很少听到的名词——反智（anti-intellectualism）*成了我们全国人在自责和相互谩骂时†常用的词汇。以往，人们不尊重思想的态度固然让美国的知识分子为之痛心或气馁，但前所未见的是，知识圈外的大批人群怀有同样的忧虑，或者为了就这个问题进行自我批评而不惜发动一场全国性的运动。

这主要是因为麦卡锡主义（McCarthyism）的影响，它诱发了民众的恐惧，认为批判性的思想有害于这个国家。当然，知识分子并不是约瑟夫·麦卡锡（Joseph McCarthy）参议员持续攻讦的唯

---

* 可译为"反智主义"，本书一律简称为"反智"。（本书脚注均为译注）
† 指当时在美国兴起的麦卡锡主义。

一对象——他想要掀起的是更大的风暴——可是知识分子却身处火线之上，而且当他们遭受打击时，麦卡锡的追随者尤其会雀跃不已。麦卡锡对知识分子和大学的抨击在全国各地被一群较不知名的鹰犬群起仿效。于是，在麦卡锡铺天盖地的指控弹幕掀起的糊涂无知、狂热恶毒的氛围中，1952 年的总统选举令智识（intellect）与粗俗的分野在双方候选人间戏剧性地达到了极致。竞选的一方是阿德莱·史蒂文森（Adlai Stevenson），他是个具有不凡心智与格调的政治人物，在现代历史上对知识分子的吸引力远超过任何人。另一边则是德怀特·D. 艾森豪威尔（Dwight D. Eisenhower），他思想传统，相对来说不善言辞，被不受人待见的副手理查德·尼克松（Richard Nixon）操控，甚至他整个竞选的基调都是由这位副手与共和党内麦卡锡派的人设定的。

　　无论是知识分子本身或是对他们不满的人，都认为艾森豪威尔的决定性胜利是美国拒绝知识分子的一种表现。意见周刊《时代》（Time）也难以置信地担忧起来，表达了对结果的不满，它认为，艾森豪威尔的胜利"揭露出一个众人早就怀疑的事实：美国的知识分子与民众间存在着一道不健康的巨大鸿沟"。大选结果一出，钻研当代美国政治的历史学者小阿瑟·施莱辛格（Arthur Schlesinger, Jr.）马上辛辣且风趣地抗议道，美国知识分子"现在的处境，我已经整整一个世代都没见过了"。民主党统治美国的二十年 * 间，知识分子一直享受着尊重与理解，但现在企业与商人掌权了，"伴随而来的是国家走向粗俗，这几乎是商业挂帅的必然后果"。此时，被斥为"学究"与怪人的知识分子将被一个不了解也无意重用他们的党派统治，会在从联邦所得税到珍珠港遭袭等各种

---

* 指美国第三十二任总统富兰克林·D. 罗斯福（Franklin D. Roosevelt，1933—1945 年在任）和第三十三任总统哈里·杜鲁门（Harry Truman，1945—1953 年在任）执政期间，共二十年。

事情上被当作替罪羊。施莱辛格说，"反智长久以来都是商人的反犹太主义……，知识分子……在今天的美国社会里在逃命"。[1]

　　新政府就要走马上任，使这些话看上去显得很合理。用史蒂文森的话说，当搞新政的人（New Dealers）被汽车商（Car Dealers）取代后，知识分子与他们崇尚的价值将彻底被抛弃——其实早在民主党还在执政的杜鲁门时期，他们的光芒就已经被法院政客掩盖了。政府换届后，国家面对的是国防部部长查尔斯·E. 威尔逊（Charles E. Wilson）讽刺纯粹研究的俏皮话，是艾森豪威尔喜欢把西部小说当读物的传闻，还有他说知识分子啰唆矫情，等等。但在艾森豪威尔执政期间，全国的情绪达到了一个转折点：面对一个共和党总统，麦卡锡主义的风暴熄灭了；这位来自威斯康星州的参议员孤立无援，备受谴责，风头尽失。最后，1957 年，苏联成功发射人造卫星斯普特尼克号，又促使美国公众自觉地重新思考起来，毕竟他们时不时就会这么做。斯普特尼克号的发射对美国的自尊心造成了不小的打击，许多人开始思考教育体系与整个生活中的反智带来的后果。突然间，整个社会对智识的厌恶似乎不只是一件难堪的事，更威胁到了整体生存。这些年来，整个国家只注意老师是否对国家忠诚，现在则开始担心他们的薪资是否太低了。过去几年科学家一直反映，过度强调国家安全会影响科学研究的积极性，现在突然有人愿意听进去了。以往虽有人大声疾呼美国的教育太散漫，没有竞争力，但只是一小群有识之士，现在这些人则得到了电视、杂志、企业家、科学家、政客、将军与大学校长的加盟，且很快壮大为全国范围的热烈反省。当然，这些并不会立即让那些监视告密者绝迹，或是使社会中的反智力量消失。而即使在教育这个最直接受到苏联发射卫星一事刺激的领域，大众关注的焦点仍是能否培养出更多卫星人才，而非发展更多智识，有些关于教育的新说法甚至表示科学天才儿童将被视为冷战中的宝贵资源。可是整体的气氛确实改变了。在 1952

年时，似乎只有知识分子被这股反智风潮困扰，但到了 1958 年，大部分人都同意这个问题很重要，甚至关乎国家存亡。

今天，我们已经能够平心静气地回顾 20 世纪 50 年代这个国家的政治文化了。如果说在麦卡锡主义时期或艾森豪威尔政府下，可以在公共生活中看到知识分子大祸临头的趋势，今天则已非如此，因为华盛顿又恢复了对哈佛教授和一流学者的热忱。如果过去曾有人怀疑知识已经成为影响仕途或施政的绊脚石，现今在新总统肯尼迪（Kennedy）主政下，这种想法已经绝迹，因为他明显爱好思想，尊敬知识分子，并以仪式性的姿态把这种尊敬在国家事务中表现出来，乐于与睿智者为伴，向他们征求建议；而最重要的是，他一上台就不断在精心网罗知识精英。但是，如果说先前我们曾过度相信招揽精英可以改变我们处理事务的方式，随着时间的演变，现在这种难以避免的幻想也已经消退。如今，知识分子可以坦然讨论反智，而不会陷于党同伐异的意气之争或是流于自怨自艾了。

6

二　反智的定义

20 世纪 50 年代的政治氛围与教育圈的纷扰，使得"反智"这个词成为美国人自我评价时的核心标签，它未经明确定义便不动声色地溜进了我们的用词中，被用来形容一种负面的现象。有些突然察觉到它的人经常会认为它是存在于生活某个领域的一股新力量，而且作为近年环境的产物，它可能会变成排山倒海的潮流（美国知识分子太常错估历史，且现代人长期生活在末世情怀的阴影下，就算不是，知识分子也会把小小的社会变迁浪花说成历史巨浪）。但对于研究美国历史的人来说，20 世纪 50 年代出现的反智风潮并不新鲜，是相当熟悉的问题了。反智并非 20 世纪 50 年代才首度出现于这个国家。事实上，美国的反智传统比这个国家的历史还悠久，有一段漫长的历史背景。若我们检视这背景，就会发现，其实知识分子的形象并没有出现持续衰退或是陡降的现象，而是起起伏伏。同时也会发现，今天的人厌恶知识分子并非因为他们的地位下降了，反而是因为他们越来越耀眼了。可惜我们对此并未有系统的了解，而且也没有人从历史的角度深入思考这个问题。关于美国知识分子与这个国家的扞格不入固然有很多作品，但它们多是从知识分子的角度撰写的，而非从大众看待知识分子的角度出发。[2]

何谓反智？它从来没被清楚地定义过，原因很多，其中一个就是它的模糊使它在争议中当标签使用时更方便。但无论如何，它确实并不容易定义。若以概念来论，反智其实不是一个单一的概念，而是由一组相关的概念组成。若将它视为一种态度，则它在形式上并非纯粹，而是矛盾的——全然纯粹地不喜欢知识或知识分子的情况是很少见的。而若把它视为一个历史主题，它又没有一个连续的发展线索，而是一股力量，力量的大小时起时落，力量的来源多种多样。在本书中，我没有给它下一个狭窄严谨的定义，因为这样做很不合适。如果强行找出一个在逻辑上合理的定义，则在历史研究上会落于武断，因为这等于在一堆复杂的特质中挑出某一个来代表。正是反智的复杂性本身引起了我的兴趣——这种复杂性包含着有许多交点的不同态度与观念。将反智的这些态度与观念聚集起来的是对思想生活、对被认为代表思想之人的生活所存有的怨怼与怀疑，和贬低这种生活价值的倾向。我承认，这个说法很笼统，但如果真的要尝试定义反智，这就是我能想出的最有价值的答案。[3]

一旦以此为准，我们就不能像研究一个人、一个组织或一种社会运动的发展史那样，将反智当作一种正式的历史主题。我在研究美国思想发生的社会情境与氛围时，不得不运用一些不甚精确的手段，以期再现那种情境或是捕捉那种氛围。

在举例说明何谓反智之前，我或许可以先说说什么不属于我

所谓的反智。例如，学术圈内的纷争内讧就是一例。美国的知识分
子和其他地方的知识分子一样，常对他们扮演的角色感到不安。他
们习惯于自我怀疑甚至自我憎恨，有时还会刻薄地抨击整个知识分
子群体。这种内部的批判很有启发性也很有趣，但不是我的焦点所
在。某个知识分子对另一位知识分子无礼或不当的批评也不是我要
讨论的。例如，对于美国的教授们，没有人比 H. L. 曼肯（H. L.
Mencken）发出过更多揶揄，而在小说里毒辣讽刺媒体名人的也莫
过于玛丽·麦卡锡（Mary McCarthy）。但我们并不会将曼肯等同于
一贯敌视教授的政治评论家威廉·F. 巴克利（William F. Buckley），
也不会将玛丽·麦卡锡等同于那位同姓名的麦卡锡参议员。[4] 毕竟，
批评其他知识分子这件事本身就是知识分子的重要职责之一，而且
批评者在习惯上会批评得生动活泼。尽管我们无法确定，但也希望
他的批评是仁慈、优雅和精准的。由于知识分子的职责就是保持多
元与批判性思维，所以我们必须接受他们偶尔吵架的风险。

最后，很重要的一点是搞清楚反智与哲学上的反理性主义
（anti-rationalism）并不一样，否则会导致严重的误解。如尼采、索
雷尔（Sorel）、亨利·柏格森（Henri Bergson）、爱默生、沃尔特·惠
特曼（Walt Whitman）与威廉·詹姆斯（William James），或是像
威廉·布莱克（William Blake）、D. H. 劳伦斯（D. H. Lawrence）
与海明威这些作家，他们的观念可称为反理性主义，但他们不是我
在社会或是政治意义上使用"反智"指的那种人。当然，反智运动
常常提到这些反理性主义思想家（光是爱默生一人就为反智人士提
供了很多可供引述的言论），但高深的反理性主义只有在被反智人
士提到时，且在极小的程度上才与我现在所说的相关。在本书中，
我主要关心的是广泛的社会态度和政治行为，以及中下阶层人士对
知识分子的看法，只有偶尔才会触及一些哲学上对智性的立场或理
论。最引起我兴趣的是那些使知识与文化生活严重受到阻碍、走向

枯竭，以致对我们的事务造成影响的态度。我将从近来历史中找出若干例子，或许可以生动说明反智的定义。

三　反智案例

现在，我们不妨援引若干最反对美国知识分子的案例来说明，何谓反智。

案例一：在1952年总统大选时，这个国家似乎挺需要一个词，表达大众对知识分子感到的普遍厌恶，这是当时美国政治自然涌现出的主题。"学究"（egghead）这个词早先并无恶意，[5] 但很快便充满贬义，比之前人们习用的"风雅之士"（highbrow）更具敌意。总统选举完毕后，知名的右翼小说家路易斯·布罗姆菲尔德（Louis Bromfield）认为这个字以后在字典中的解释可能会是这样的：

> 学究：有着虚假知识的傲慢之人，通常指教授或其爱徒。他们基本上都很肤浅。遇事动辄情绪化，或是像女人一样。高傲自负，却瞧不起那些踏实能干的人。思想混乱，多愁善感，狂热地想要传播自己的观念。支持中欧的社会主义，反对古希腊、法国大革命与美国独立建国这一传承而来的自由民主理念。崇拜尼采的过时哲学道德观，以致颜面尽失甚至锒铛入狱。自命清高，经常对问题思前想后直到头脑一片混乱，最后却还是在原地踏步。心灵迂腐，缺乏生气。[6]

布罗姆菲尔德说："这次的大选透露出一些事情，其中很重要的一桩就是学究们离一般人的想法跟感受太远了。"

案例二：两年后，艾森豪威尔总统似乎正式认可了这种对知识分子近乎污蔑的看法。1954年，他在洛杉矶举行的一场共和党会议

10

上发言，提到了一位工会领袖跟他说的话：一般人民只要掌握了全部真相，通常都会支持正确的事业。总统还说：

> 听到这位工会领袖这样说真是令人愉悦，要知道，我们身边充斥着太多巧舌如簧的所谓知识分子，四处宣称跟他们意见不合的人犯了多大的错误。
>
> 此外，我还听到了一种关于知识分子的定义，我觉得非常有趣：**知识分子就是唾沫横飞、说得比懂得还多的人。**[7]

案例三：20 世纪 50 年代有一个很关键的陈年争议——在政治生活中，专业到底有多重要？排斥专家、选用外行人的高潮也许是 1957 年总统任命一位连锁企业的老板马克斯韦尔·格卢克（Maxwell Gluck）为驻锡兰*的大使。1956 年，格卢克先生为共和党捐了两万到三万元的政治献金，可他和之前被任命的许多人一样，毫无政治或外交经验。面对参议员威廉·富布赖特（William Fulbright）在任命听证会上对于他是否堪当此任的质疑，他显然难以回答。

> 富布赖特：你认为你可以处理锡兰的哪些问题？
>
> 格卢克：其中的一个问题是那边的人民，我认为我可以——我认为我可以建立，除非我们——我是说，除非我碰上了某些我过去没碰到过的事——建立对美国的好关系和好感。
>
> 富布赖特：你认识我们的驻印度大使吗？
>
> 格卢克：我认识约翰·舍曼·库珀（John Sherman Cooper），前一任大使。
>
> 富布赖特：那你知道谁是现在的印度总理吗？

11

---

*　即斯里兰卡。本书首版出版于 1963 年，当时斯里兰卡仍称为锡兰。

格卢克：是的，但是我不会念他的名字。

富布赖特：你知道锡兰总理是谁吗？

格卢克：我对他的名字还不熟，一时说不出来。[8]

人们怀疑格卢克难以胜任未来的这个职位，认为他被任命是因为给共和党捐了钱。在 1957 年 7 月 31 日的一场新闻发布会上，有记者提出此问题，艾森豪威尔总统回答说，无法想象政府会因为某人捐钱而任命他出任大使。关于格卢克的能力，他是这么说的：

> 关于大家认为他能力不足，当初挑选的过程是这样的：一群我非常尊敬的人推荐了一份名单，他是我们从那份名单中遴选出来的。我们检视了他经营企业的履历，联邦调查局的安全报告也显示一切都没问题。当然，我们知道他从没去过锡兰，他不是很熟悉那里；可是如果他的性格和为人确实如我们所想，他肯定可以之后再去学习了解。[9]

在此要补充一个重要信息，那就是格卢克在一年后便辞去了驻锡兰大使一职。

案例四：对于美国的科学家而言，一个悲哀是他们深知美国人并不喜欢纯粹的科学，这不仅有碍于科学研究本身，也影响了国防部的研发项目。1954 年，密苏里州的联邦参议员斯图尔特·赛明顿（Stuart Symington）在参议院军事委员会上质询国防部部长威尔逊时，提到了部长自己早先说过的话：如果有人想做纯粹的科学研究，应该由其他部门而非国防部出钱。威尔逊说："对于马铃薯油炸后为何会变成棕色这种问题，作为一个国防研究项目，我没什么兴趣。"参议员逼问国防部部长，现在有证据显示，不是研究马铃薯，而是连研究炸弹、核动力、电子设备、导弹、雷达等项目的经费都不足了，该怎么办？部长答道：

> 这些领域的重要研发工作都在持续进行……
>
> 可是另一方面，要让这些平素玄想惯了的科学家们开始思考具体问题，列出研究项目和他们想要的东西，却相当困难……他们只想要一大笔不受监督的经费……
>
> 首先，如果你真的知道自己在做什么，它不是纯粹的研究又有什么关系呢？这不是没事找事吗？[10]

案例五：20 世纪 50 年代官场上出现的反智，很像是传统生意人对专家的那种不信任，因为他们专攻的领域，不论是在科学实验室、大学还是外交圈，都超出了前者的掌控。而在极右翼人群中，这种对知识分子的敌意更是尖锐与普遍，是平民百姓对受过良好教育、德高望重、出身高贵或富有教养的人一贯怀有的厌恶。20 世纪50 年代，右翼的运动风潮中充满了各种愤怒之语，像是"国务院中……那些哈佛教授、思想扭曲的知识分子"，还有像"戴着美国大学优等生荣誉学会*徽章、一身学术荣誉"却"没有相应的正直品质与常识"的人，或是像"美国最值得尊敬的一群人，血统高贵，文化程度高，被人承认的绅士与学者，身上挂满学位……他们是'最厉害的人'，却支持阿尔杰·希斯（Alger Hiss）†"，"穿着条纹西裤模仿英国口音的自大外交官"，"在洒着香水的房间里小心翼翼地对抗共产主义的人"，"瞧不起美国的心脏地带——中西部与西部人民的东岸佬"，"先祖可追溯到美国独立时期或者更早，但对国家的忠

---

* Phi Beta Kappa，美国历史最悠久、地位最崇高的学生组织之一。

† 美国政府官员，1948 年被指控为苏联间谍，引发广泛争论。但直至 1996 年希斯病逝，都没有出现充分的证据证实他的间谍身份。

诚却依旧令人存疑的人"，"那些能听懂希斯和艾奇逊 * 集团的名校黑话的人"，等等。[11] 杂志《自由人》(*Freeman*) 的一位作者写的社论就彰显了这种语言上的"反贵族"精神：

> 真正令人震惊的是那些受过大学教育的人攻击麦卡锡时表 13
> 现出的不理性……假设麦卡锡真是这些"尊贵的"媒体所形容
> 的那种粗鄙之人，这一年多以来，纽约和华盛顿那些更优雅的
> 编辑室对他爆发出的人身攻击就说得过去了吗？肯定是麦卡锡
> 的身上存在着某种排斥性的东西，令哈佛、普林斯顿及耶鲁的
> 毕业生都厌恶他。我们现在终于知道那是什么了：这位年轻人
> 有着无法服从社会地位制约的人格。[12]

麦卡锡本人在美国社会地位最牢固的领域找到了美国问题的核心原因。在他已出版的"惠灵"演说 (Wheeling speech) 中，他说问题出在：

> 美国对这些领域的人太好，但是他们非但不知感激，反而
> 有背叛之举。出卖这个国家的人不是少数族裔，不是在社会中
> 处于劣势地位的人，而是在这个世界上最富强的国家享受着最
> 优渥待遇的一群人。他们有最好的豪宅，接受最好的大学教育，
> 而且在政府中我们给他们最好的职位。在国务院尤其如此，里
> 面的年轻人生下来就含着金钥匙，却是最糟糕的人。[13]

案例六：右翼的观察家经常批评大学，尤其是著名大学。但就《自

---

* 指迪安·艾奇逊 (Dean Acheson)，杜鲁门时期曾任美国国务卿，在阿尔杰·希斯被指控
为苏联间谍时曾为他辩护。值得一提的是，艾奇逊和希斯都是美国大学优等生荣誉学会
的成员。

由人》的一位作者而言，这种对常春藤大学的偏见似乎只有一个武
断的理由，那就是他认为共产主义正在全美的大学中蔓延：

> 我们的大学只是在为未来训练野蛮人，这些人将会在知识
> 的伪装下，武装着无知与利己的武器，斫伤和摧毁人类文明的
> 遗产。他们不会像乡下的一般百姓那样，拆拆墙就好了；他们
> 只会跟随有知识的人的领导……这些有知识的人会把个人自由
> 从人类思想中清除出去……
>
> 你今天送小孩去读大学，就是在为明天制造一个刽子手。
> 想复兴理想主义的话，得去大学外的修道院了。[14]

14

案例七：右翼分子敌视大学，部分是不愿顺从和不满于社会
身份，部分则反映了以前杰克逊主义 * 那种对专家的厌恶。铁杆的
右翼代言人、《所得税：万恶之源》(*The Income Tax: The Root
of All Evil*) 一书作者、业余经济学家弗兰克·霍多罗夫（Frank
Chodorov）就曾提出过一个典型的主张，认为一般人与专家是一样
有能力的：

> 洛克菲勒兄弟基金会曾邀请一群著名经济学家来诊断经济
> 萧条这个全国性的疾病，结果他们提出一个建议，以两页的篇
> 幅登载于《纽约时报》(*The New York Times*)。这些专家地位
> 显赫，没有主修过经济学的人若是胆敢公然检视他们开出的药
> 方，便是鲁莽放肆。但是，事实上我们每一个人不都必然是经
> 济学家吗？因为我们都在讨生活，而讨生活就是经济学研究的
> 东西。任何一个识字的家庭主妇，只要具备一点点常识，就应

---

* 指美国第七任总统安德鲁·杰克逊（Andrew Jackson, 1829—1837 年在任），倡导平民政治。

该能判断他们开的处方在细节上是好是坏，假设把那些啰唆的
专业术语外衣拿掉。[15]

案例八：密歇根州众议员乔治·唐德罗（George Dondero）一
向留意警觉学校里的共产主义，以及立体主义、表现主义、超现实
主义、达达主义、未来主义等艺术运动，他曾说过这样的话（虽然
可能会有细心的读者认为这是反文化而非反智）：

> 这种所谓某某主义的手腕都是俄国革命的武器，是从外面
> 输入美国的，今天已经渗透到我们的许多艺术中心，对我们原
> 有的艺术与文化传承产生威胁。出现在我国国内的这些所谓现
> 代艺术包含着所有倾颓、堕落与毁灭的主义……
> 所有这些主义都是外国传入的，根本不应在美国艺术界有
> 一席之地……它们都是工具，是带来毁灭的武器……[16]

15

案例九：本书稍后会谈到福音派传统中的反智倾向，所以我们
现在不妨先举一例。当代最著名的美国福音派传教士葛培理（Billy
Graham）曾在 1958 年的盖洛普民调中被选为仅次于艾森豪威尔、
丘吉尔与阿尔贝特·施韦泽（Albert Schweitzer）的世界伟人，他
说过一段话：

> 对许多人而言，过去的道德标准已不适用于今日，除非得
> 到那些所谓的"知识分子"支持。
> 我真的认为，如果我们只教育人的头脑，不教育人的灵魂，
> 那么不完全的教育就远比完全没有教育还糟……任这种人游走
> 世间，让他觉得除了自己再无高于他的力量存在，他便无异于
> 怪兽，他只是受了一半的教育，比完全没受教育还危险。

如果全国各地的公立学校和大学中只教导智识，那么这个国家日后就必然会道德败坏。

过去几年中，知识分子的气焰已经被一般百姓的正确认识击败，就连大学教授也愿意倾听传教者的声音了。

我们用理性、理性主义、心智文化、科学崇拜、政府效能、弗洛伊德主义、自然主义、人本主义、行为主义、实证主义、唯物主义和唯心主义代替《圣经》的教诲。这都是那些所谓的知识分子所为。成千上万的这类知识分子公然宣扬道德相对主义，也就是说世界上没有一定的价值或绝对的标准可言……[17]

案例十：苏联成功发射卫星后，美国出现了声讨教育的浪潮，其中最受批评的教育体系之一是加州的教育体系，因为加州向来就乐于尝试新的教育内容。旧金山学区延请一组专家学者检视他们的学校，这些人为此在报告中建议学校应重新建立一个更牢固的教学标准。这时有六家教育机构提出了猛烈的反击，认为这些专家的报告反映出"学术上的狭隘和势利"，他们建议把教育的目标局限于"充实心智与培养才智"的意见超过了他们的专业领域，重申应该重视"教育的其他目标，例如公民教育，职业训练，经营良好家庭生活，伦理、道德、美学与精神层面的自我实现，以及打造健康的身体等"。这些教育者认为，美国教育令人引以为傲的特色是：

避免过于僵化的教育体系。这并不意味着课业能力在任何社会领域中不被格外重视，但它确实认为，从历史上看，只要是**为了知识积累而强调知识积累，都会产生恶果**。主张"固定"教学内容和教育目标的人误解了教育在美国民主制度中的独特功能。[18]

案例十一：有一位老师抱怨当代教育的学业标准太宽松，一位家长写了一份报告回应了他。整篇报告生动反映出这位家长认同非课业化的新教学方式，值得我们细读。我们可以看到，文中对学校教师的刻板印象有着深刻的历史根基：

幼儿园的老师最了解孩子。他们的教育是以孩子为中心。在幼儿园的一天充满游戏、音乐、色彩及友谊的欢乐。一年级、二年级、三年级的生活都很快乐……然后算术来了！失败像幽灵一样日夜纠缠着我们，爸爸妈妈开始上心理学的课程，阅读有关学习障碍的书。四年级到五年级一路跌跌撞撞，情况太糟了，一定要想办法才行。有的题目连孩子的爸爸都不会做。于是我决定去找老师。

显然学校并不欢迎我，没有人迎接我，或者注意到我来了。沿着阴沉的走廊而行，一扇扇有着规律间距的教室门紧闭着。教室内传来的声音并不令人觉得亲和熟悉。我拦住一个学生才问到要去的教室。我敲了敲门，尽量露出愉悦的微笑。她说："哦，好。"仿佛她已经知道我来的目的。她迅速拿出班级的花名册，就像电影中的黑帮火速掏枪一般。

学生的名字整齐地依字母顺序排列在花名册上，老师那没有血色的手指沿着页边来到了我女儿名字处停下。每个名字后都有一个格子，格子内有一些我不懂的记号。她用手指划过整个页面，我发现女儿的记号跟别人的不一样。她得意地抬起头来，表情仿佛是"一切都无须多说了"。

她似乎把一个活生生的小孩的所有表现压缩进了这么一小块地方。我在乎的是小孩的整个生活、她的完整人格，而这个老师却只关注小孩的数学能力。我真希望我没有来学校，因为来了也没有得到任何答案，只能失望难过地离开。[19]

17

案例十二：下面这段亚瑟·贝斯特（Arthur Bestor）所说的话已经很有名了，但是值得反复提及。这段话出自一场演讲，现在已出版成书。作者是伊利诺伊州一所初中的校长，他并未因这些话丢了饭碗，而是在纽约州长岛找到了类似的职位，这里可是有着全国最好的初中。之后，他又在中西部一所大学的教育学院找到了一个客座教席的位置。他的这段话是这么说的：

18

  这些年来我们非常注重阅读、写作与算术能力。我们认为，每个人，不论贫富、聪明与否，或是喜不喜欢它们，都需要具备这些能力。老师们一再强调，这是"每个学生都需要学习的"。校长们也说，"所有受过教育的人都应会读会写"。如果某个小孩表示他不喜欢以上的某一科，马上就会被告诫，如果他不掌握这些能力，将来就会如何如何。

  所以，阅读、写作和算术是面向所有孩子的，所有孩子都得学会阅读、写作和算术。没得商量！

  我们已经多少摆脱了这个口号，但是偶尔仍会有某个母亲教育出了进入优等生荣誉学会的孩子，或者某个公司雇用了一个老是拼错字的年轻女职员，这个时候，关于学校教育的牢骚就又会浮现，一切又得从头开始……

  等我们开始明白，并不是每个小孩都应该阅读、写作和学算术……他们之中许多人就是学不会，或者是不愿学……我们才算是走上了改善初中课程的正道。

  要明白这个道理，我们还要走很长的路，但这一天终会到来。总有一天我们会承认，不是每个男孩都一定可以阅读，就像不是每个人都能拉好小提琴一样；不是每个女孩都可以没有拼写错误，正如不是每个人都可以烤出好吃的樱桃馅饼一样。

  不能每个人都一样。我们也不想让每个人都一样。当大人们终于意识到这一点时，每个人都会变得更快乐……而学校也会变成一个更好的地方……

　　如果我们能说服一些人，让他们知道，精于阅读、写作与算术并不是通往快乐与成功人生的唯一途径，那接下来我们要做的就是减少学生需要为普通初中的这些课程投入的时间与精力……

　　美国东部的一所初级中学在经过长期的研究后，终于承认约五分之一的学生的阅读能力其实怎么样也无法达到标准……所以他们决定让这些学生培养其他能力。较诸有些学校坚持"每个学生毕业前必须会背九九乘法表"，这是更为合理的做法。[20]

　　以上这些案例虽然各有不同的来由与含义，但共同呈现出了反智的各种面貌。人们可能认为，知识分子爱卖弄、心气高、性格柔弱、势利自负，而且很容易不讲道德，有危险性和颠覆性。一般人所具备的常识，尤其是经过日常工作的成功检验后，足以代替在学校学到的那套形式化的知识和专业技能。因此，像大学这种知识分子当道的机构骨子里腐败不堪。毕竟，相较于为制造欢迎新思想或艺术观念的头脑的教育，对心灵的熏陶教化与传统的宗教和道德原则对人生更有帮助。即使是在小学教育中，只注重知识灌输，忽略身体与情感教育的教育行为模式缺乏对学生的关爱，有可能使社会走向堕落。

四　释疑

　　像本书这样关注单一主题的作品，难免会过度强调这个主题在整个美国文化史中的重要性，这是在理解本书内容时首先要注意的。我不会把复杂的美国历史简化成学究与村夫间的对抗史。而就算从文化与智识冲突的角度来看我们的历史，也无法把社会大众仅仅分成知识分子与反智者两个阵营。社会大众中的大部分人，甚至是许多更懂得理性慎思的人，都并不是知识分子。大众对知识分子与智识爱恨交织，在一些当前的文化问题上立场忽左忽右。他们对学究有着根深蒂固的不信任感，却又真心崇拜文化与启蒙精神。而且，这样一本关于美国反智传统的书也难以让人们相信它能公正地评价我们的文化，就像专门描写破产的书不可能代表美国整个商业史一样。虽然我相信我们的文化的确充满反智传统，但我不认为它是主流。我不断地提醒读者，希望他们注意到，美国社会最普遍的是一种温和的、良性的反智，而最恶性的则主要见于某些人数不多却很活跃的少数团体。同时，本书不是一部比较研究的作品：我对美国反智的关注不过是我对美国社会的一种特殊兴趣，可能有地方观念色彩。我并不是说反智在其他地方不存在，但是我认为在美国这个问题有一点过于严重。我相信在大多数社会中，这个现象都以不同的形式或程度存在，例如古希腊以鸩酒毒死苏格拉底，有的地方存在大学生与非市民的冲突，有的社会对知识分子的言论进行审查与管控，有的国家议会会对知识分子的行为进行调查等。但我倾向于认为，反智虽有其共通性，但可能是英语文化传统的一部分，在英美社会中尤其明显。数年前，英国学者伦纳德·伍尔夫（Leonard Woolf）曾说："没有一个民族像英国人这般不信任与鄙视知识分子与智识。"[21] 或许伍尔夫先生没有考虑周全：美国人才应该在这个事情上拿第一（这也可以理解，因为一百多年来英国人已经受够了爱吹牛的美国人了）。不过，身为一个学富五车的英国知识分子，对其祖国文化又这么了解，他能说出这样的话，的确值得我们思考。虽然美国知识分子的处境引出的问题尤为急迫棘手，但他们发出的悲叹对世界各地的知识分子而言却再平常不过，何况在美国的生活中还有其他安慰可以补偿这种失落。

　　本书只是在批判性地探究一种现象，不是在代表知识分子控诉美国社会。我并不想暗示知识分子是一个沉沦社会中的良知，以期鼓励他们自我怜悯的心态，他们有时候很容易陷入这种心态之中。我们无须为了强调尊重智识及其功能对某个社会的文化和健康有多么重要，而主张知识分子应该备受礼遇或享有很大权力，说我们对他们不够尊重。任何熟悉知识分子的人都会对他们过度理想化，但是知识分子也是人，也会犯错，这一事实与他们负有发扬智识的责任之间的关系，就像教会的智慧与神圣性之间的关系一样，那里的神职人员也会犯错，但不影响教会的神圣。但是，我在此处必须强调，我们不应该过度美化智识本身，任何人若想务实评价智识在人类世界中的位置，都不应被看成反智之人。我们要认同 T. S. 艾略特（T. S. Elliot）所说的："崇拜没有人性的智识，就像崇拜会下棋的天才儿童。"[22] 但是，这个世界已充满太多各类危险，如果整个美国社会过度重视智识，将其奉为最高价值，以致忽略其他价值，我们就会陷入另一种危险。

　　也许我们在这个问题上所犯的最大错误是假设反智是一种纯粹单一的心态。很多有反智色彩的人对智识其实是爱恨交织的：他们一方面敬畏智识，一方面却又怀疑和怨恨它，人类历史上的许多时期与许多社会都发生过这样的事。无论如何，反智绝不是一味敌视思想之人的发明。恰恰相反，正如受教育的人最大的敌人并非完全无知之人，而是一知半解之徒，反智的领袖也常是有着深邃思想的人，他们往往执迷于某种过时或是错误的观念。很少有知识分子心中没有出现过反智的念头，也很少有知识分子未曾迷醉于智识的激情之中。反智如要成为显著的历史事件，或是某个时代的社会潮流，一定需要一些能干的代言人。这些人绝不会是文盲或是无知之士，他们或是一些边缘的知识分子，或是有志成为知识分子，或是遭到知识分子群体的排挤，或是虽为知识分子却心怀愤恨，他们认真且

21

意志坚定地投入这个令世界瞩目的事业中。我发现有些反智领袖是
福音派牧师，非常聪明博学；有的是原教旨主义者，善于表达他们
的神学观；有的是政客，其中不乏狡诈之辈；有的是企业家，或者
其他能够代表美国文化的实际需求之人；有的是右派媒体人，在智
识上有着强烈的自负心态和坚定的信念；有的是各种边缘作家（比
如 20 世纪 50 年代和 60 年代美国"垮掉的一代"的反智）；有的是
反共专家，不满于学术界的左倾思潮；最后还有共产主义领袖，当
知识分子可为他们所用时，他们便会加以利用，但是骨子里却极度
蔑视知识分子关怀的事物。然而，以上这些人的愤怒并不是针对思
想本身，甚至并非全部都是针对知识分子本身。他们几乎都总是
针对某些特定的思想：他们有时虽然痛恨某些当红的当代知识分
子，但是自己可能却崇拜历史上的某些知识分子，例如亚当·斯密
（Adam Smith）、托马斯·杰斐逊（Thomas Jefferson）、约翰·加
尔文（John Calvin），甚至是卡尔·马克思（Karl Marx）。

　　如果有人认为，那些举着反智大纛的人一定是将它视为必须贯
彻奉行的圭臬与原则，那他可就错了。事实上，反智往往是某些其
他用意引发的意外后果，这些用意有时并非没有道理。很少有人会
反对思想与文化。我们不会早上起来以后对着镜子说："哼哼，我
今天决定要修理一个知识分子、消除一种观念！"我们很难找到一
个骨子里反智的人，即便真找到了，我们也很难百分百确定。因此，
我并不是要给某些人贴上标签，这么做毫无价值，当然也不是我关
心的事；重要的是研究某些态度、运动与思想的历史趋势。[23] 因此，
这本书中的有些人有时会持某种立场，有时又会持另一种立场。事
实上，反智常常出现在互相敌对的两股力量中。企业家与工会领袖
对知识分子的观感可能惊人的相似。同理，进步的教育中有时蕴含
着反智元素，而坚决反对进步教育的右派人士却也有着自己的一套
虽然风格不同但旗帜鲜明的反智表现。

对付简单低劣的恶无疑是手到擒来的易事，但是本书面对的问题并非如此。如果反智如我所想，已经成为美国文化中普遍的现象，那是因为它往往与好的缘由，至少是讲得通的缘由有关联。起初，反智之所以进入我们的思想是因为基督教，可基督教同时也带来了许多人道与民主观念。它之所以进入政治，是因为它与我们对平等的渴望有关。它牢牢扎根于我们的教育之中，部分原因是我们的教育理念一开始就富含宗教式的平等色彩。也因此，我们社会中的反智必须出自善意，并接受知识分子精心、持续的反思，才能存活下去。只有这样，反智才不会过头。我不是说要一举消灭反智，因为我不仅相信我们能力不及，而且认为，一心想要彻底除掉这个恶、灭掉那个恶，可能和我们这个时代的其他妄想一样危险。

智识不受欢迎

一　何谓知识分子？

美国社会到底有何特质，使得智识不受欢迎？在思考这个问题之前，有必要先说明一下，我们通常所谓的"智识"是什么意思。当我们想理解对某种概念的偏见时，可以从它的普通用法着手。任何对这个感兴趣的人只要浏览一下美国的通俗写作作品，一定会惊讶于"智识"与"智力"（intelligence）这两种概念之间的明显差别。前者常被用作一种标签，后者则绝对不会。没人会质疑智力的价值，它是一种抽象品质，大家都尊重它，若谁特别具有这种品质，便会被另眼相待。有智力的人总是被大家称赞，而有智识的人有时也会被称赞，特别是当有智识意味着有智力时，但这种人也经常被憎恨或怀疑。人们会说他们不可靠、肤浅、不讲道德、爱和政府作对，但不会对有智力的人抱这样的看法。有时他们甚至会因为一身的智识而被视为愚蠢之人。[1]

虽然智识与智力的区别只是人们以为存在，而非准确定义出来

的，但是从这种普遍用法的语境中可以提炼出二者的区别，对于这 25
种区别，似乎所有人都能心领神会：有智力是指脑子好，被用于一
个相当狭窄、贴近当下、可以预测的范围内；它是一种可操控、可
调整且始终实用的品质，是动物所具有的能力中最特殊和最宝贵的。
智力在面对清楚有限的目标时才能起作用，而且可以迅速排除看起
来无益于达成目标的想法。最后，智力是一种每天都用得上的品质，
无论头脑好或不好的人都会欣赏这种品质。

　　而智识指的是头脑批判、创造及思索的能力。智力可以用于理
解、操控、重新安排与调节，智识则令我们检视、沉思、琢磨、理
论化、批判与想象。智力让我们理解某种境况的直接意义，并做出
评估。智识则让我们能对评估结果做出评估，并试图了解多个境况
的整体意义。智力可以说是一种动物的品质，受到人们肯定；智识
则是人类特有的，但同时受到肯定与抨击。当二者的差异如此被界
定后，就可以更容易地理解为何我们有时会说很有智力的人相对没
什么智识，而明显有智识的人在智力方面却大不相同。

　　这样的区分可能太过抽象，但是在美国文化中却常可见到。例
如在我们的教育中，遴选和培养智力是很重要的目标，从未被怀疑
过；但是对于教育是否应该帮助学生发展智识，人们却多有争辩，
而且那些反对在公共教育的大多数领域发展智识的人往往手握大
权。最鲜明的例子也许可以通过一种比较得见：美国教育强调发明
能力，却不重视从事纯粹科学思考的能力。我们国家的发明天才托
马斯·爱迪生（Thomas Edison）几乎被美国大众神化了，大家都
视他为传奇人物。我猜测，在纯粹科学领域取得的成就获得的公众
赞誉，是不可能与爱迪生的发明给普通人的生活带来了不起的影响
而获得的赞誉媲美的。我们也许会认为美国科学界的约西亚·威拉 26
德·吉布斯（Josiah Willard Gibbs）应该会在受过教育的大众之间
享有与爱迪生相近的声誉，因为他为现代物理化学打下了理论基础。

但他只在欧洲享有盛誉，在大众之间，甚至在他任教三十二年的耶鲁大学都不甚知名。整整三十二年，执 19 世纪美国科学研究之牛耳的耶鲁大学连几个理解他的学说的研究生都没有，而且始终没有向他授予荣誉学位表彰他的成就。[2]

当我们谈到智识在社会中受到的待遇时，会遭逢一个特殊的困难；这个困难源自我们被迫得从职业的角度讨论它，尽管我们可能知道智识并非纯然与职业相关。一般而言，智识被认为是某些职业的特征。我们所说的知识分子，是作家、批评家、教授、科学家、编辑、记者、律师、教士等。如同雅克·巴尔赞（Jacques Barzun）所说，知识分子就是提着公文包的人。我们很难不用这样的描述，因为知识分子的身份与角色与提着公文包的职业群体关系紧密。但其实我们都知道，若以严谨的定义来看，没有哪种行业的从业者必然可被称为知识分子。在大多数行业中，有智识可能确实有帮助，但如果没有智识，光是有智力就已经足够了。例如我们知道学术界并非所有的人都可被称为知识分子，我们还常常为此感到遗憾。我们都知道智识与经过专业训练得到的智力不同，职业没有智识，只有人才有智识。所以当我们在思考智识与知识分子在社会中的地位时，我们不只是在考量我们心中某种职业的地位，也是在思考某种精神品质具备的价值。

虽然美国文化所谓的“职业人士”（journeyman）——律师、编辑、工程师、医生，当然还有某些作家与大部分教授——在工作中非常依赖思想，但是并不能说他们就是知识分子。任何做学问或者和做学问沾边的人肯定掌握了不少固定的思想以胜任工作，如果他干得不错，他肯定会借助他的智力来运用这些思想；但是就他的职业而言，他主要是把这些思想当工具来用。最关键的问题在于，借用马克斯·韦伯（Max Weber）讨论政治时提出的一个区分方法来说，职业人士是靠思想而活，而非为思想而活。他的职业角色、他的专业技术并不会让他成为知识分子。他是一个脑力劳动者，一个技术人员。他可能刚好也是知识分子，但如果他是，那也是因为他让他的职业对思想产生了新的看法，而这种看法原本并非其工作所需。作为一位职业人士，他具备某种可以赖以为生的脑力技能。这种技能很专业，但是我们并不会因此称他为知识分子，除非他的工作具备某些特定品质：不偏颇的智力、概括能力、自由推断、一手观察、创新、尖锐的批判。也许他在工作之余正巧是一位知识分子，但在工作的时候他只是一个被雇来的脑力技术人员，运用他的头脑完成雇主交付的任务。脑力劳动阶层与政治或宗教狂热分子都是为了智识工作以外的某种目标干活，前者动用头脑不是为了自由思辨，而是为了某种利益，后者则是沉迷于某种单一的思想不能自拔。他们的目标都是外来的，不是自己决定的，而知识分子的行为有一种自发的特点和自决性。他们还自有一种特别的姿态：他们对思想持有两种不同的基本态度，并使其达成平衡，我们可以称这两种态度为玩兴（playfulness）与虔敬（piety）。

要定义什么是知识分子独有的，必须先弄明白，比如说，身为知识分子的教授、律师与不是知识分子的教授、律师有什么区别。或是更准确地说，一位教授或律师在什么状况下只是一位职业人士，又在什么情况下可被视为知识分子。这个区别不在于他工作时运用什么思想，而在于他对这些思想的态度。之前我提到，知识分子在某种意义上是为思想而活，也就是说他对思想生活有一种宗教信仰般的奉献情怀。这并不令人惊讶，因为知识分子的角色原本就是继承自教士的职责：两者都通过理解的行为来追求终极价值。苏格拉底抓住了这种精神的核心，他曾说：未经考察的人生是不值得过的人生。我们屡屡听见历史上的各类知识分子在他们各自的时代、地区与文化中发出的声音。但丁在他的著作《论世界帝国》（*De Monarchia*）中写道："全人类的目标应该是倾尽全力发展智识，先

28

使其在思想上开花，继而使其在行动上结果。"人所能从事的最高贵与最接近神性的事就是追求知识。洛克在《人类理解论》(*An Essay Concerning Human Understanding*)中也以更世俗和积极的方式说了这样一句话："人类因理解而高于万物，也因理解而优于万物、统御万物。"纳撒尼尔·霍桑 (Nathaniel Hawthorne) 在小说《福谷传奇》(*Blithedale Romance*)的末尾提到大自然给人的最高目标是"发展智识生活与感性"。最后，当代小说家安德烈·马尔罗 (André Malraux) 也在一篇小说中问："怎样才能最充实地度过人的一生？"而他给的答案是："尽可能把各种生活经验变成智识。"

智识主义 (intellectualism) 常常是怀疑者的中心座右铭，尽管会这么做的不只是他们。若干年前，有一位同事请我读一篇他的文章，是他为一位准备进入他的专业领域从事前沿工作的学生写的。这篇文章表面上是为了教导学生如何在学科的框架内经营智识生活，但实际上是在以极度个人化的方式讲述他是如何献身于智识生活的。虽然此文出自一个受怀疑论腐蚀的人之手，但我却觉得我在读一篇明志的宣言，其文在某些方面可比于理查德·斯蒂尔 (Richard Steele) 的《工作的呼召》(*The Tradesman's Calling*)或是科顿·马瑟 (Cotton Mather) 的《励志文集》(*Essays to Do Good*)，因为在这篇文章里，智识工作已经被视为一种呼召，很有旧式新教作家的姿态。他把工作视为一种投入奉献，一种个人的砥砺，他之所以会用这样的方式来看待工作，是因为它已不只是职业而已了：它是一种专务思考的活动，是追求真理的活动。知识分子的生命于是有了道德意义。他们对于思想的这种态度就是我所说的"虔敬"。知识分子是"献身者"，他做出承诺、实践、献身。其他人是承认思想与抽象之物在人的生命中有着重要意义，而他则是亲身体会实践。

但智识生活指的不仅是个人的砥砺或沉思与理解的生活而已。

因为智识生活虽然可能被视为人类活动的最高形态，但也是在人类群体中提升、确立和实现其他价值的媒介。知识分子作为一个群体时常担当道德先锋的角色，在基本的道德问题为公众意识到之前，预先思考和澄清这些问题。他们觉得，他们应该充当理性与公义这类价值的特殊捍卫者，因为这些价值与他们追求真理的使命息息相关，有时候他们会充满激情地站出来成为公共人物，因为他们的身份受到了某种严重的诋毁。伏尔泰为卡拉斯家族 * 辩护，左拉支持德雷福斯 †，以及美国知识分子对萨科与万泽蒂 ‡ 一案的愤怒，都是相关的例子。

如果一个社会中只有知识分子关心这些价值，那就太糟了，而且他们的热情有时也没用对地方。但他们确实比其他人更关心这些价值。在当代西方社会中，知识分子有一个光荣传统，那就是在所有所谓的优越阶层中，就数他们最关怀弱势阶层的福祉，正是这种光荣传统巩固了他们在社会等级中的地位。他们之所以富有使命感，是因为他们深信世界应该在一定程度上回应他们的理性能力、他们对正义与秩序的渴望：正是这一信念催生了他们之于人类的价值，赋予了他们为人类惹是生非的能力。

---

* 18世纪时的法国是一个天主教国家，而让·卡拉斯（Jean Calas）与其妻子为新教徒，其信仰不受法律保护。1762年，法国政府以谋杀亲子的罪名判处卡拉斯死刑。一向对天主教会的不宽容持批判立场的哲学家伏尔泰为卡拉斯辩护，成功让他在1764年洗清罪名，使法国国王路易十五罢免了负责此案的官员。

† 1894年，法国情报部门怀疑一名犹太裔军官阿尔弗雷德·德雷福斯（Alfred Dreyfuss）将法国炮兵部队的情报泄露给了德国，随后军事法庭以有争议的证据判处他叛国罪。这起案件在法国社会引发了激烈争论。德雷福斯最终于1906年得到平反，并恢复军职。

‡ 指1920年尼古拉·萨科（Nicola Sacco）与巴尔托洛梅奥·万蒂泽（Bartolomeo Vanzetti）被控杀人案。当时有大量证据显示两人无辜，但法院却驳回了两人的上诉请求。全美遂爆发了声援行动，声势甚至蔓延至伦敦、东京、悉尼、布宜诺斯艾利斯、约翰内斯堡等各大洲的主要城市。1927年，两人被执行死刑，巴黎、伦敦等地一度为此爆发暴乱。直至1977年，此案才获得平反。

二 虔敬与玩兴

但是，如果说知识分子特别会惹是生非，那我们就得考虑到他们光是虔敬并不足够。如前文所说，他可能会为思想而活，但我们却要小心不要让他只为一种思想而活，变得过度沉迷或荒唐。虽然有时我们会将某些狂热分子也视为知识分子，但是狂热本身不是问题，问题要看为什么而狂热。当一个人因关注思想而沉溺于某种内心受局限的成见或者某种纯粹外在性的目的时，不管他有多么投入或是诚恳，他的智识都已经被狂热吞噬了。没有思想固然很不好，但是有一件事比这个更危险，那就是过度沉溺于某一种特别的、限制性的思想。这个后果在政治和宗教上都看得到：智识本应有的作用，因为在一个狭隘的范畴中过于强调虔敬而无法得到发挥。

30　　所以，需要某种东西来平衡虔敬，以免过度；而这种品质就是我先前所谓的存在于追求智识过程中的玩兴。我们常说心智游戏（play of the mind），知识分子就喜欢为心智游戏而心智游戏，并认为这是生命中最主要的价值之一。也就是说，心智活动本身就是一种愉悦。如果这样看，则智识可看成头脑的正常生物本能，是维生的需求被满足后，多余可供发挥的心智能力。德国诗人席勒说："当人在玩耍时，他才是完全的人。"我们如何才能理解这句话？关键就在于知道人有维生之外的多余能力可供挥洒。索尔斯坦·凡勃伦（Thorstein Veblen）常说人的智力是一种"懒惰的好奇心"（idle curiosity），但是他用的词并不恰当，因为我们充满玩兴的心智是活泼主动的。这样的特质使我们在寻求真理时永不满足，不能忍受强硬僵化的教条。

理想而言，追求真理应是知识分子最重要的事，但是这过于拔高他们的工作，而且也不足以形容他们。与追求快乐一样，追求真理本身是可以带来满足的，然而往往到最后却很虚幻。真理被追求到之后会失去光环，真理被大家认识与接受后久而久之就会走样，简单的真理令人觉得无聊，太多的真理堆砌起来就好像不那么真确了。如果知识分子有适度的玩兴，则对于他很确定的事物，他就会觉得没那么有趣了。他的智识生活的意义存在于对不确定性事物的追寻，而非拥有真理本身。哈罗德·罗森堡（Harold Rosenberg）把智识生活的这一面说得最清楚，他说知识分子就是把答案变成问题的人。

这种玩兴的成分创造出了各种不同的思想成果，从 12 世纪作家彼得·阿伯拉尔（Pierre Abélard）的《是与否》（Sic et Non）到达达主义的诗都是例子。我在使用游戏和玩兴这样的描述时，并没有意指其缺乏严肃感。恰恰相反，我们观察小孩或大人玩耍时就可以发现，玩耍与严肃没有冲突。有时某些游戏甚至需要比工作还高的专注度与认真度。玩兴也不表示不切实际。美国大众在讨论智识时常会拿"实用性"来衡量它，但原则上说，智识既不实用，也非不实用。它是"无关实用"（extra-practical）的。对只讲虔敬的狂热分子与只关心自身心智技能的市场价值的职业人士而言，思想的用处在于它们实现某些外在目标的能力，但这些目标是外在于智识过程的，真正的知识分子并不关心这些目标。这并不是说知识分子会嘲笑任何实用性的事物，许多实际问题都有着无穷的智识趣味。这也不是说知识分子不讲实际，他关心的是另一种东西，即是否具有实际用途之外的某些问题。认为知识分子天生不讲实际的看法禁不起检验。可以想想亚当·斯密、托马斯·杰斐逊、罗伯特·欧文（Robert Owen）、瓦尔特·拉特瑙（Walter Rathenau）与约翰·梅纳德·凯恩斯（John Maynard Keynes），这些人身为政治或者商业人物都是出名的讲究实用。但是，实用性在知识分子对思想的兴趣中并不重要。阿克顿勋爵曾如是说："我认为我们做学问应该没有目的，做学问本是一种纯然质朴的事，就像数学一样。"

数学家与理论物理学家詹姆斯·克拉克·麦克斯韦（James Clerk Maxwell）对发明电话一事的评论，说明了知识分子对于纯粹实用性事物的看法。人们请他说说对于电话这种新发明的意见，他说之前有消息说美国在研究此物，很难相信这东西真的被发明了。可是他接着说："当这个小东西出现时，它的每一个部分我们早都熟知了，只不过是由一个非专业的人把它们拼在了一起。这个东西其貌不扬，让我们很失望，虽然发现它真的能通话，但也只能部分抵消这种失望感。"如果"它所根据的物理原则值得让科学家们花点小时间研究一下"，那么对这种简单发明的失望感或许可以被冲淡些。但是，麦克斯韦碰到的所有科学家都能轻松理解其科学原理，而且连科学记者都几乎能弄懂它。[3] 这个发明没什么挑战性，它并不高深、困难、深刻或复杂，它在智识方面毫无新颖之处。

麦克斯韦的反应在我看来不足为训。他从纯粹的科学家的角度而不是从史学家、社会学家或是家居生活的立场来看待电话的发明，眼光太狭窄了。无论从商业、历史或是人性的角度来看，电话都是令人兴奋的发明。它作为通信甚至是折磨人的工具，无疑打开了我们想象的视界。但是麦克斯韦仅从物理学的狭隘角度来看它，是犯了顽固的智识至上的毛病。对他来说，这个新的小东西不能带来智识上的玩兴。

可能有人会问，虔敬与玩兴这两种智识品质间有无致命冲突之处？当然二者有相矛盾处，但是它绝非致命：这种人性中的矛盾带来了创造力。正是这种理解和表达不同甚至相互冲突之观点的能力，这种充满想象力地认同甚至拥抱与自身完全相反的情感与思想的能力，为人文表达的所有领域和众多科学研究领域带来了一流的成果。人类本身就是矛盾的生物，按照福尔摩斯的说法，即使智识生活也不是遵从逻辑而是遵从经验的。看看以往或是现在身边的知识分子：有些人时常随着知识玩兴起舞，有些人则一派虔敬。但在大部分的

知识分子身上，这两种特质都有所节制、互相牵制。思想家的创造
力可能系于这两种素质间的平衡，玩兴过大可能会沉陷在琐屑中，
把智力用于炫技，变得舞文弄墨，因而缺乏真正的创新。过度虔敬
又会使人变得固执严苛，变得狂热，抱着救世的心态，或在道德上
吹毛求疵，但也有可能带来崇高伟岸的人格。无论如何，这些都不
是智识应有的展现。[4]

　　回顾历史，也许我们可以把玩兴和虔敬看成贵族风格或教士精 33
神在智识作用中遗留的残余物。玩兴可以说是有闲阶级所留下的生
活态度，这种态度在人文研究与需要想象力的领域一向很重要。虔
敬则让我们想起知识分子从教士那里继承的遗产：追求真理是崇高
的任务。作为他们的继承人，当代知识分子既像贵族一样易受清教
主义与平等主义的苛责，也像教士一样易受反教权主义与大众反阶
级化的攻击。因此，在一个反教权的民主国家中，知识分子的处境
不佳是很容易理解的。

　　知识分子对自身与其工作最自豪之处并未得到社会的认同，这
当然是个悲剧。社会对知识分子的期待不一而足，从希望他们为社
会带来些有趣的事到设计武器等都有。但是社会就是无法了解知识
分子自认为最核心的价值何在。他们的玩兴对多数人来说好像是一
种奢侈与放肆，例如，心智游戏在美国是各种游戏形式中唯一不深
受人喜爱的。而他们的虔敬即使不具危险性也可能惹麻烦。而且这
两种品质都被认为对实际生活贡献不大。

三　专家的崛起

　　前文已强调过，在美国，大家对于智识与知识分子的第一个要
求就是实用性。而反智在当代会有所变化的一个原因就是我们对于
何谓智识的"不实用"有了不一样的看法。19 世纪，商业价值绝对

性地支配着美国文化，所以当那些并没受过多少教育的老板和职业
人士成就了一番事业时，我们就认为教育没多大用处。我们认为教
育是为了有更好的工作，而不是培养某种特别的思想品质。也因此，
只要是学习跟实际生活有关的技能，我们就认为是有教育性的，而
把智识性及文化性的追求看成脱离尘俗的、缺乏男子气概的或是不
切实际的。虽然这种争论中的语言粗浅庸俗，却约略反映着美国生
活的现实和要求。这种对于正式智识教养的敌视持续到了 20 世纪。
当然，在今天，美国社会已经发展得很复杂，与世界各地关联密切，
因此在生活的很多方面，正式训练已经是成功的要件。在很多领域
中，小市民再也不能像以往那般仅凭自己的智力和悟性来应付复杂
的现代生活。在原本的美国大众梦想中，普通人掌握全面的生活能
力是很重要的事。大家认为，人无须太多特殊训练就可以从事各种
行业的营生或是管理政府。而在今天，连做早餐都需要会使用一些
新颖的电器产品；而当我们坐下来吃早餐时，在报纸上会读到很多
重要的事情或争议，老实说，我们并没有能力把它们全都评判一通。

在今日的现实世界中，训练出来的智力被认为是非常重要的东
西。因此，以往对于智识与正规教育的挪揄和善意嘲弄，现在已变
质为对于身为专家的知识分子的恶意憎恶了。过去人们认为知识分
子头脑糊涂，刻板地认为他们都是些心不在焉的教授。当然，这样
的说法还是存在，但是已经逐渐变质为刻意用来酸他们的自我防卫
心态，因为我们担心自身缺乏知识。之前我们对知识分子做一些玩
笑式的嘲弄，那是因为我们不需要他们；现在我们憎恶他们，反而
是因为太需要他们了。知识分子现在已经变得太实用、太有用了。
我们憎恶他们是因为他们的运势变好了，而非变坏了。他们受到攻
击不是因为老是说些抽象、无用的东西，或是摆出一副无助的无辜
样，而是因为他们的成就、影响力、舒适的以及人们想象中的奢华
生活，还有整个社会都依靠他们的能力。现在，智识已经变成受大

家憎恶的一种特权或是力量了。

　　但我们立刻可以发现，这里所说的对象其实不是知识分子，而是专家，而很多知识分子并非专家，跟公共生活关系不大，许多人对公共观念也没多大影响力。[5] 这是毫无疑问的。但是我要说的是，大众对于知识分子的敌视，主要来自那些会明显影响大众观念的知识分子。他们可分成两类：专家型与理论家型。两者都会在我们社会中掀起深刻、从某种程度上来说也属合理的恐惧与憎恶。他们都加剧了我们生活在现代社会本就有的无助感，专家是通过让我们觉得好像始终被人操控，理论家则是通过引起我们对颠覆的恐惧和强调现代性带来的各种其他压力。

　　近三十年来，即使不常过问世事的人也都知道专家的存在感正越来越强。起先是小罗斯福总统在新政时期设立了一些智囊与调控机构来因应大萧条，二战时期又设立了战略情报局、科学研究与开发办公室。今天，中央情报局、原子能委员会、兰德公司、总统经济顾问委员会等种种战争策略与武器的研究机构，都在处理着超过一般人理解范围、却决定他们命运的议题。大部分人对于这些问题无法做出正确判断，情愿放弃在政治上表达意见的权利。然而，在公共事务及企业运作中，小的政治人物与商人觉得很多事情是他们可以了解与控制的，可自从小罗斯福总统开始，他们被迫面对一群受过良好教育与复杂训练的专家，因此始终不得志。这些人和大众一样，不再像以往一般可以积极获悉和参与国家的重要决策了，而他们越是不了解权力的内部世界，就越是会怀疑政府权力运用得是否得当。从小镇来的律师或是企业家被选进国会后，虽无法遏止那些专家们在国家大事上担当重要角色，但可以透过国会的调查和骚扰来报复专家，而且不难理解的是，他们是怀着一种道德的使命感在进行此事。毕竟，确实有很多专家推动的政策以失败告终，而民众看到这些失败后，会认为这些并非单纯是人为错误造成的，而是

冷酷自私的操控、诡计甚至叛国的勾当导致的。阿尔杰·希斯等人
的公共生涯就是让民众这样想的最佳案例，还有一些牵涉科技成果
的间谍案更加坐实了民众对这个世界的想象：有一群所谓的专家在
暗地里搞鬼，他们都是窃取机密的小偷。[6]

　　不管他们多么令人无法信任，物理学家提出的建议都不得不被
接受。对比之下，社会科学家的提案却可能被嗤之以鼻。一位国会
议员反对把社会科学纳入国家科学基金会的补助范围，他说：

　　　　除了我之外，我想每个人都可自认为是社会科学家。我确
　　　　定我不是，但其他人好像都认为他们有权帮别人做决定……一
　　　　般的美国人民都不希望某个专家闯入他的个人生活与事务中，
　　　　颐指气使地告诉他该如何生活。如果国会上下都支持这个法案，
　　　　设立某种机构，让里面的短发女人和长发男人搅和我们所有人
　　　　的个人事务和生活，例如调查我们爱不爱我们的配偶等，那我
　　　　决不支持这个法案。[7]

　　从这位政客的立场看来，所谓的专家在小罗斯福时代就已经很
恼人了，他们可以随意进出白宫，而总统却与政客们保持距离。冷
战时，这种情形变得更糟了，因为牵涉国家最高利益的事往往得由
所谓的专家来判断。爱德华·希尔斯（Edward Shils）指出，这样
的情况在美国更是让人抓狂，因为美国的平民文化特别相信一般人
与他们的判断主导的政治，而且坚信政治决策应该公开透明。所以
这位政客只是表达了民众的普遍看法。在现代生活中，公民不能没
有专家，也不能免于他们的摆弄，但是他们可以报复，例如嘲笑观
念激进的教授、不负责任的智囊策士、疯狂的科学家等，或是当议
员们修理离经叛道的老师、可疑的科学家或是可能不忠于国家的外
交顾问时为他们拍手叫好。我们这个社会有一种特别的传统，就是

会把仇恨上升为一种信条，因为这个传统，群体仇恨在政治中占据了一席之地，就像其他某些现代社会中的阶级冲突一般。一群不满的人心中充满不知向谁发泄的莫名愤怒，充满精心编织和夸大的阴谋论，屡屡找各种替罪羊来出气，其中包括共济会会员、废奴主义者、天主教徒、摩门教徒、犹太人、黑人、移民、酒商、国际银行家等。于是乎，在这个奉行"一无所知"（Know-Nothingism）*的传统下，知识分子在我们这个时代终于也成了替罪羊之一。

如果说我们时代的反智来自大众对于专家日渐入侵公共生活的应激反应，那么知识分子之所以对自己身为一个社会阶级的声誉很敏感，则主要是因为他们尴尬地同时负有神圣与世俗的责任。他的神圣责任是扮演先知、学者或艺术家，此时他可以获得某种程度的有效社会认可：在现代都市文明的空隙中，他得以享有若干私密性及隐匿性；人们对他表现出的自我批判特质给予尊重；如果他是学术界的人，他就可以享受虽不完善但也实用的学术自由，基金会、图书馆、出版社、博物馆或大学等都为他服务。他的生活优雅而有尊严。但当他以专家身份出现，担任起世俗责任掺和公共事务时，他可能会惊恐地意识到，他已经成了一个公共人物，陷入政坛常有的相互攻讦之中，同时他也没有隐私权了，因为我们社会对待公众人物就是如此。他可能甚至会忘记，对他的怨恨与毁谤其实并非针对他个人或是他这类人，而是任何显赫的政客都会遭逢的。即使是美国历史中最伟大的政治家，例如杰斐逊、林肯与小罗斯福等人，都不能幸免。爱默生曾说："作为一个美国人，只要稍微出点名，被毁谤或说三道四就都是不足为怪的。"[8]

38

---

* 指美国在 19 世纪中叶的"一无所知"运动，这是一场反天主教徒、反爱尔兰人、反移民的民粹排外运动。支持运动的人士以北美殖民者的后裔自居，自称"本土美国人党"（Native American Party），成为一股重要的政治力量。因为他们在被问到运动的相关情况时总是回答"我一无所知"，故得名。

四　麦卡锡对知识分子的追剿

知识分子如果以专家身份出现在公共事务中，大家就算是害怕他，也必须接受；但如果以理论家的角色出现，他就会成为无端怀疑、憎恶与不信任的目标。对于一个普通人而言，专家是一种企图支配或毁灭他的威胁，但是理论家却普遍地被认为已经摧毁了美好的美国社会。要了解此点，须先知道在政治上知识分子一向是与右翼人士缠斗不休的这个事实。当然这不仅限于在美国。当代对于知识分子的看法，认为他们是一个阶级、一股独立的社会力量，甚至知识分子这个名词，都与政治和道德上的自由思想与抗议批判有关。当然，广义来说，历史上一直有知识分子，但是直到工业革命与思想启蒙时代出现前，知识分子都不被视为一个独立的职业，而且知识分子们也没想过要团结，更别说动员起来了。因此，即使 19 世纪中叶他们做了许多事，如酝酿了 1848 年革命的氛围、在俄国解放农奴与在美国解放黑奴等，在习用的英语中还并未出现一个词语把他们看成一个群体。

"知识分子"这个词最先在法国出现，然后马上就扩散到了其他国家。在法国，当时这个词主要是因为德雷福斯案而流行起来的，知识界的很多人被激发起来抗议这个针对德雷福斯的阴谋，由此开启了一场对抗法国反动派的意识形态战争。[9] 当时双方都在使用这个名词，右派用它来贬低对手，而同情德雷福斯的人则是以该词作为自我标榜的旗帜。其中一人在 1898 年写道："让我们用这个词称呼自己吧，因为它已经变得无比神圣！"次年，威廉·詹姆斯（William James）在一封信里提到德雷福斯事件中的法国知识分子时写道："我们美国的知识分子必须一起努力来捍卫我们天生的宝贵个人权利，以及免于被教会、军队、贵族与王室等体制控制的自由。所有伟大的体制都可能腐化，不管它的贡献有多么大。只有每个人都自由时，所有的理想才能实现。"[10]就我所知，这是"知识分子"
这个词第一次在美国使用，重要的是，它竟然是被用于这么一个"激
进的"、乌托邦式的、反体制的语境中。至少从进步时代开始，大
部分的美国知识分子领袖在政治信念上都倾向于自由（美国意义上
的自由）、进步，或者激进。[11]（当然，美国的政治光谱没有那么
多阶序层次，而所谓的"中间"也比法国来得靠右，但是无论如何，
知识分子相较于中间点的位置在两国都是相似的）无可否认，我们
有一些保守的知识分子，甚至还有反动的；但如果说存在着这么一
个美国知识分子集团，那么这个集团大抵属于中间偏左，但不激进
（其实"激进"并不适于描述一整个群体的立场）。而这一直使得
右翼人士非常恼怒，他们总是故意模糊温和进步派和革命派之间的
界线。

　　只要知识分子群体的进步思想与大众寻求改革的愿望相符合，
比如在进步时代与新政时，受到极右翼攻讦的机会就小。可是 20
世纪 30 年代时，大部分的知识分子对于共产主义抱以同情，给了
右翼分子很好的批评借口。我们应该公正地对待许多反智案例中的
一个标志性现实元素。说知识分子的脆弱已经为右翼宣传大规模利
用，或是说 20 世纪 30 年代知识分子对共产党的同情被夸大了，再
或是说过去最具影响力的知识分子都不是共产党或其同路人，都不
公正。这些说法其实是有部分道理的，但是始终不利于知识分子的
地方在于一个事实：20 世纪 30 年代，共产主义对于知识分子的吸
引力大于对社会其他任何群体的吸引力，而且在一些惊人的案例中，
某些信仰共产主义的知识分子背叛了国家。我认为，我们首先必须
认识到，共产党及其同路人在智识与道德上的瑕疵不但为反智者提
供了强大的攻击借口，而且很多知识分子因为有愧于过去的一些失
当言行与参与共产党活动的过错，在面对 20 世纪 50 年代的麦卡锡
大整肃时表现得无能为力，甚至还互相指责谩骂。有个回忆起来令

人沉痛的案例：在 1939 年 8 月纳粹与苏联签订互不侵犯条约的前夕，还有约四百名美国知识分子联合发出宣言，反对诋毁苏联是"极权政体"，认为苏联是"人类和平的中流砥柱"。这份宣言在被著名杂志《国家》（*Nation*）刊登出来的那一周，苏德签订条约。[12] 知识分子因此被抓住了把柄，此后在面对麦卡锡主义时便失去了历史与道德上的最佳位置和心理层面上的防御能力。

　　然而，我认为任何人如果想要了解美国反智背后的原因，最重要的是要知道：对作为理论家的知识分子的不满，其实远不止于对他们同情共产党及其同党的指责而已。在小罗斯福总统新政背后负责推动政务的知识分子们——其中的特格韦尔·雷克斯福德·盖伊（Tugwell Rexford Guy）就是最好的例子——跟共产党没有任何关联，却与共产党同路人一样被敌视。今天在美国虽然已经没有什么共产党员了，但还是常有人拿这个理由来做文章，调查者若是无法找到某人参与共产党的证据，就会玩起指控他是共产党同路人这种老把戏，或是模糊自由派与共产党的差异。其实真相是：右翼人士处处需要共产党人作为标靶，这种不愿放弃假想稻草人的心理已到病态的地步。[13] 20 世纪 50 年代麦卡锡大整肃事件的真正作用不是抓间谍和防止国家机密泄漏（如果仅为这种事，警察就已经足够了），也不是让真正的共产党员曝光，而是为了发泄长久以来积存的憎恨和挫折情绪，为了惩罚和报复某些与共产党问题本身根本无关的人。这就是为何他们急需攻击对象，为何当受害者是有头有脸的人物时，远比逮到布尔什维克党人更让他们高兴。麦卡锡的同路人宣称，他们赞成这位参议员的目标，但是不赞成他的手段，这是谎言：对于麦卡锡的忠诚追随者来说，真正吸引他们的是麦卡锡的手段而不是目标，因为他的目标永远都是模糊的。对他们来说，麦卡锡指控的人层出不穷是好事，因为这样一来怀疑之网就会扩大，牵涉那些已经不是共产党甚至从来都不是共产党的人；他们乐见他的霸凌迫害，因为这样可以满足他们复仇的心理，使那些因新政而志得意满的知识分子身败名裂。

如果当初麦卡锡式的迫害只是针对共产党人，就应该精准地将他们搜寻出来；而事实上，主事者似乎并不在意共产党人与他们猎寻的任何"怪物"间的差异。真正的共产党人往往身份卑微，不值得花大成本长期追踪，例如麦卡锡本人不惜对一位默默无闻的左派激进牙医穷追猛打，因为这位牙医是军方提拔上来的，他可以借此攻击军方，而攻击军方的目的则是为了修理作为其后台的艾森豪威尔政府。追剿左派的人声讨自由派、新政支持者、改革派、国际主义者、知识分子，乃至未能矫正自由派政策的共和党政府，其实是想借此得到好处。其中牵涉的是一整条政治仇恨的锁链：从仇恨新政到仇恨福利国家，从仇恨福利国家到仇恨社会主义，从仇恨社会主义到仇恨共产主义。在这场声讨中，共产主义不是目标，而是武器，也正因此，这么多对软弱无力的国内共产党穷追猛打的狂热猎手，面对在世界政坛真正具有影响力的国际共产主义时，却毫无作为。 42

这波整肃的历史源头可追溯至更早的时候，更好地体现于支持者在其他方面倾注的热情：怨恨小罗斯福总统、反对新政改革、意欲驱逐和毁灭联合国、反犹太人情结、厌恶黑人、孤立主义、主张废除联邦所得税、担心自来水加氯会导致中毒，以及反对教会涌现的现代主义等。麦卡锡本人所谓的"二十年的背叛"就体现了这些运动人士长年心怀的不满，而右翼的代言人霍多罗夫更是说："对美国精神的背叛早在1913年修宪征收联邦所得税的时候就开始了。"

显然对这些右翼人士来说，比20世纪30年代左翼思潮、冷战的安全威胁更严重的事，甚至比朝鲜战争受挫更严重的事，就是麦卡锡时代助长了几股长久以来一直在反抗现代性的力量。直到19世纪90年代乃至一战前，昔日的美国一直处于大陆孤立主义、乡村社会、新教信仰与繁荣的工业资本主义之中。但是逐渐地，在几十年中，美国被迫卷入 20 世纪的新时代浪潮，不得不面对一些变化：首先是世界主义与怀疑论的出现，然后是美国失去了孤立地位，军事上不再安全，传统的资本主义瓦解，取而代之的是一个集权的福利国家，最后是为二战、朝鲜战争与冷战付出的沉重代价。因此，在美国的腹地陆续出现了一群内心充满怨怼的人，他们往往在宗教上奉行基要主义，带着本土主义的偏见，外交上支持孤立主义，经济上偏保守，会集成为一股在现代遭逢困境的反对浪潮。

但即使我们不喜欢他们的反应，也不能对他们的困顿视而不见：他们本是一群专心致力于寻求家道安康的人，在很多方面都很单纯，现在却要离开他们原本熟悉的"正常"事物，进入一个要求严苛的陌生世界，被迫在短时间内学习这么多东西。也许美国人对于现代世界的反应中最了不起的是耐性与大度。在短短两代人的时间里，43 那些直至一战前还到处可见的乡村清教文化在时代变化之中饱受冲击。它不得不面对宗教、文学、艺术上的现代主义，道德上的相对主义，法律上与伦理上的种族平等，以及大众传媒中无穷的性暗示。达尔文主义、弗洛伊德主义、马克思主义与凯恩斯主义接踵而至，政治、品位与道德良知都开始由受过教育的都市美国人来引领了。

作为理论家的知识分子往往领导着这个国家走向变迁与接纳创新，自然就被认为是打破美国社会传统的主舵手，也因此受到最多的谴责。我们国家早期的传统是：避免意识形态上的分歧，全国紧密团结。在 18 世纪和 19 世纪，欧洲诸多纷扰的意识形态在美国却丧失吸引力，美国从不采用欧洲正陷于论争中的各种意识形态，而是发展出自己的一套应世方法，例如善于折中妥协与务实处事，努力工作与善用常识解决问题，这些后来都被证明的确比追逐抽象的治世理念来得好。美国直至内战时才因为价值理念的分歧而陷入可怕的大失败之中。这正好证明了抽象的政治意识形态并不是好事。美国人最喜欢说他们不会被外国的"主义"迷惑，也爱说自己不受欧洲的腐败与颓废影响。

但在过去几十年中，美国大众已经痛苦地认识到：在政治及军事上放弃孤立主义，就意味着在智识思想上美国已无法隔绝于外界；世界各地意识形态的强大影响力正在蔓延，最终也会传到美国；世上有成千上万的人正被殖民主义、种族主义、民族主义、帝国主义、社会主义、共产主义与法西斯主义等思潮驱动着。讽刺的是，美国还未准备好该如何看待这些意识形态。以往，美国一贯的态度是：只要各国都学美国的制度，这世界就会变好——不要意识形态、采取美式民主、埋首工作、务实追求幸福、以常识指导生活等。然而很尴尬地，这种愿望无论达成与否，都对美国不利。美国人说做就做的高度行动力（American activism）影响了世界其他民族：认为经由努力，生活可以更好，任何殖民地都可以学习美国，透过革命争取自由，不必忍受贫穷与压迫，落后国家可以急起推动工业化，享受更好的生活，以及追求幸福是每个人的权利，这些理念哪个不是受美国的影响而来？世界上争取独立的国家都在以美国独立为典范，却峻拒我们的领导；苏联人羡慕我们的工业化，却不断在世界政坛挑战我们。大家都仿效我们，却有着我们不认同的意识形态和我们始料未及的结果。美国人引以自豪的行动力被别人学去了，但是我们所谓的美国生活方式却无人理睬。

在美国，最自我封闭的心灵会认为，只有喜欢抽象思考、蔑视常识的民族才无法欣赏美国制度的优点，而且若是某个国家制度不佳，那一定是致命的道德缺陷所致，尤其是接受某些邪恶意识形态的国家。这样的自大自满心态在苏联的卫星与其他太空科技所显示的国力面前受到了挫折，美国现在面临着强大的敌人，它足以造成难以消除的长期威胁。而且催生出这个军事力量的竟是当初美国所鄙视的那些外国"主义"之一。一般的美国人为这个陌生、可怕、似乎无谓的意识形态世界而感到不安，却怀疑知识分子可能如鱼得水。他们甚至认为，是知识分子创造了这些东西——在某种意义上，确实可以这么说。若有人怀疑，20 世纪出现的种种巨大改变，可能是有一股力量在背后操控，或者至少是一连串错误所致，则背这个黑锅的一定是知识分子。或许，正是知识分子令我们失去了让我们在过去强大的特质。谁让他们扬名于世的时间，正好是这些变化发生之时。即使不是他们的责任，也得盯紧他们。

五　反智的定义

若有人一直怀疑智识乃是颠覆社会的力量，那么一味向这些人解释它其实是很安全、温和与怡人的东西，是绝无效果的。其实在一定意义上，若干守旧派及强硬的庸俗人群是对的：智识是危险的东西。如果让它自由发挥，没有什么是它不会反思、分析和质疑的。[14] 约翰·杜威（John Dewey）曾说："让我们承认保守派说的吧！当人类开始思考时，没有人能保证后果会是怎样。我们只能知道许多事物、目标或制度会在劫难逃。每个思考的人都会毁掉这个稳定世界的一部分，没有人知道毁坏的东西会被什么代替。"[15] 此外，没有人可以保证知识分子阶级会审慎地克制其自身影响力，但对于任何一种文化，我们可确知的是：禁止智识的自由使用为文化带来的恶果比开放其使用严重多了。其实不同于那些文化纠察队的想象，知识分子总的来说并不会颠覆社会。但是智识永远在反对或是暴露、嘲讽某些事情，例如，它经常成为压迫、欺骗、虚妄、教条或利益勾结等事的敌对力量。

几个世代下来，那些受智识之害或是畏惧、憎恶它的人，早已发展出一种关于它的迷思——它究竟是什么，以及它在社会中的角色为何。当今反对智识的人已不需要创造新的说辞，因为这种迷思早就深植人心。本书稍后的章节将会仔细说明这个迷思在美国是如

何发展与持续下来的。现在我们先简单概括地说明反智心态背后的
基本假设是什么，以及我们应该如何看待它们。

反智是建立在一组虚构与抽象的敌意之上的。反智之人把智识
与感情（feeling）相对比，因为他们认为智识缺乏温暖的情感。智
识还被与品格（character）对比，因为他们认为智识代表聪明，而
聪明很容易变成狡猾或是邪恶。[16] 它也被与实用性对比，因为理论
总是与实践并提，而"纯粹"理论的思维常被瞧不起。它被与民主
对比，因为智识常被认为特异超群而与平等相悖。当这些看法被普
遍接受时，则智识或是知识分子就成为落水狗。谁想要牺牲掉温暖
的情感、坚固的品德、务实的能力与民主情怀去逢迎一个至多只是
聪明但最糟可能是邪恶的人呢？

当然，这些虚构的敌意的基本错误，在于未尝试找出智识在人
类生活中的真正局限所在，而是将它与人类的其他特质强加对比。
其实无论在个人或人类历史中都不适合以如此简单抽象的方式呈现
问题。同样地，拿智识与感情、品格或是实用性做对比，以此质疑
智识也是没有意义的，不应接受这种质疑形式，也不必因此为智识
辩护。我们不应认为智识与人类的其他特质形成零和竞争关系，而
应将它视为可让这些特质更好更完美的因素。任何有理性的人都不
会否认智识能力是人类尊严的表征之一，或者至少是人生需要的能
力之一。如果我们把心智看成感情的指引力量而非威胁，智识既不
是德行的保障也非危害，把理论看成有用之物，并不必然比实践
差，并将民主定义为容许卓越的现实与正当之物，则前述的敌视就
不会发生了。如照这样来想，问题就迎刃而解；但历史上却少有人
这样认为，所以本书的目的是追溯我们历史中的若干社会运动，看
看智识在这些运动中如何从协调人类美德之物被抹黑为一种特殊的
罪恶。

首先，我们要从美国的宗教史追溯反智。这不单是因为理性主

义与信仰的对立由来已久——尽管这本就是人类永恒的困扰——也
是因为无论现代宗教思想或世俗思想本身都成形于早期宗教史中。
不管在任何文化中，只要宗教是属于心智直观的领域，则理性就无
用武之地，或者更糟糕，干脆被视为无意义甚至是危险之物。而只
要一个社会不信任其内部有学养的知识阶层，就会对其加以攻击或
是贬抑，这对宗教界与俗世的知识分子皆然。在当代，福音派是沿
袭这种宗教性反智心态的最佳代表，它也因此是坚决的反教权主义 *
群体。美国并不是唯一受福音派影响的社会，但是美国的宗教文化
大抵是由福音派塑造的，也就是说，在福音派与传统基督教间，美
国一向是倾向于前者的。理由何在？我们只要看英国的宗教史就可
知：在英国，传统教派愿意吸纳与驯化大部分福音运动；而在美国，
福音运动快速地颠覆与替代了传统的礼仪教会 †。

此处我们必须交代福音派中的原始主义（primitivism）这个问
题，它在美国社会影响广大，但在本书中我们不对它单独处理，而
是与福音主义一起讨论。原始主义一方面与基督教有关，一方面与
异教有关。它的迷人处也许在于一个基督徒因此可以享受一点异教
徒能有的自由或仪式，或是反之：异教徒可以从原始主义中领略信
仰的意义。在有些地方，原始主义鼓励人们追求早期原始基督教的
精神，也激励人们恢复大自然给人的原始能力，而人可借此接近大
自然与上帝，虽然二者并不总是有着完全清晰的差异。但是在原始
主义中，人们始终青睐直观的"智慧"胜于理性，因为前者是自然
的或者神赐的，后者是人为教养出来的。

在西方，原始主义有多种面貌表现，一直是重要的传统。即使

---

* 反教权主义反对宗教权威，尤其是反对它们对于社会或政治事务的干预。极端的反教权
主义主张救赎完全来自信仰与恩典，信徒甚至无须遵守十诫。

† 指遵循古老的礼拜、传统和礼仪形式的教会。宗教改革过后，许多新教宗派尽管从罗马
天主教独立出来，却仍然认为天主教流传下来的古老仪式有其价值，值得保留。

身居知识分子阶层的人，当他不满于人类文明的繁文缛节、情感淡漠或种种人为规范的约制时，回归原始主义的呼唤就会冒出来。在美国，原始主义影响了很多有教养、有文化的人，他们虽然不会去过像西部拓荒者一般的生活，但是对于文化的虚矫却不以为然。此思想可见于新英格兰的超验主义中，而超验主义有时可谓高雅之士的福音运动。[17] 它在从弗朗西斯·帕克曼（Francis Parkman）到乔治·班克罗夫特（George Bancroft）再到特纳（F. J. Jackson Turner）的历史著作中一直是一股强大的力量。[18] 它影响了美国很多作家对于印第安人与黑人的看法。从著名的西部开拓者如丹尼尔·布恩（Daniel Boone）与戴维·克罗克特（Davy Crockett），到西部电影和侦探小说的主人公，都有这样的想法——包括所有的孤独冒险者，小说家劳伦斯曾就他们积累起来的传奇故事说，美国的心灵基本上是"刚毅、孤独、坚忍的，其实就是一个杀手"。作为一种性感神秘的魅力，原始主义思想一直是美国文学中的重要主题，屡屡出现在深受奥地利心理学家威廉·赖希（Wilhelm Reich）影响的美国作家的作品中。而美国政治中展现的原始主义，则杰克逊总统、约翰·C. 弗里蒙特（John C. Fremont）、西奥多·罗斯福（Theodore Roosevelt）与艾森豪威尔总统等公众人物皆是有名的例子。

　　这并不意外。美国本就是由对欧洲文明的压迫与颓废不满的人所建立，让他们醉心于美洲大地的不是在此萌芽的社会制度，而是自然与野蛮。寻找世外桃源、离开欧洲奔向原始大自然的心态，反复反映在殖民者从东岸向西部拓荒的历史上。一次又一次地，美国人的心灵想要离开组织紧密的文明社会，因为文明一再地将枷锁套在人身上；人类也许无法离开文明整体，但是其中有些东西的确让我们窒息。

　　如果说是福音派与原始主义种下了美国人反智意识的种子，则

50　　后来的商业社会确保了反智在美国人思维中的地位。从托克维尔开始，研究美国的人大都认为，在这个国家中，讲究实际的商业主义压过了思考与玄想。政治民主与商业至上的美国生活培养出一种心态与习惯，就是凡事需要迅速做决定、快速反应以抓住机会。因此深入、细腻与精确的思考并不是美国生活所鼓励的。[19]

　　　　因为要建立一个横跨北美大陆的国度并发展工业，追逐利益而行乃成为很务实的考量。但是除此以外还有其他目标：美国商业的最高理想不只是满足贪欲与追逐权力，还另有一些美好的愿景，这些愿景吸引着建设者、赌徒与政客，它比田猎与政治带来的运动感或权力感还更刺激。托克维尔说，"在民主政治中，追求金钱的商业活动最为亮眼与重要"，在商业活动中的人"不只是为了利润，更是喜爱在追求利润时的那种感觉"。[20] 除了一些传统的社会外，没有其他阶级或是价值可与商业的阶级和价值比拟——因为已经没有贵族了，除了企业精神，再没有其他为国民所敬仰的民族精神了。企业精神不单吸引有活力有野心的人，对社会其他人也影响重大，例如律师、医师、老师甚至牧师等职业都采用商界的运作规范。美国的知识分子一直都在抱怨，他们与这些职业人士的沟通无法顺畅融洽，因为后者的思维都被商界洗礼了。最终，商界令文化陷入孤立和变得女性化，宣称男性的世界里不需要智识及文化，这些留给女人即可——而且总是留给伊迪丝·沃顿（Edith Wharton）口中的那种女人，她们害怕独自面对文化，只敢结群行动。

　　　　我们的宗教及商业深受美国生活中平等主义的影响，但是这个
51　　平等的精神在政治及教育中更是明显。[21] 我们现在统称为"杰克逊式民主"的现象逐渐瓦解了精英政治，虽然后者早就快要站不住脚了。早先，文学与学问曾被讥笑为无用贵族们的特权——即便有一大群美国知识分子支持民主事业，这种观点也未曾得到缓和。普通美国人最大的愿望似乎便是建立起不需要文学与学问就能运作良好

的社会——或者说，建立一个社会，它使用的文学与学问是一般人能够理解的基本程度。因此，19世纪初的美国在教育上鼓励公民普遍掌握识字能力，具备充足的一般知识，独立、自尊自重且关怀公共事务，而不是以培养第一流的科学家与文学家，或是第一流的大学为念。

在历史上，尤其是近年，我们一而再地发现，智识在美国遭人憎恶，因为它被视为一种杰出的能力、一种优异的表征、对平等主义的破坏与一般人所无法企及的品质。这种现象在教育体系中最为明显。美国教育有好些地方值得称道，但是它可能是全世界唯一掌握在反智者手中的教育体系，且这些掌权者特别愿意认同那些智识上表现较差的孩童。本书的最后一部分，尽管作为历史而言肯定显得破碎，但它会披露我们的教育是如何奠基在一种被社会普遍接受的思维之上——对于效用与"科学"的执迷、错误的平等主义观，以及以原始主义来期待儿童的发展。

第二部分

感性的信仰方式

第三章

福音运动的冲击

一　狂热信仰的来源与发展

美国人的心智是近代初期新教思想的产物。美国殖民者接触知识的第一个平台是宗教，所以反智的第一个动力也来自宗教。在美国早期的宗教活动中，任何贬抑理性或是学养的事物，后来都在世俗化后的美国文化中扮演同样角色。思想应该实用、任何主义或是精微的奥论都无足重视、有思想的人反而应该服从能激发情感力量的人或真正能治事的人，这些都不是当代才有的观念，而是美国新教思想的遗产。

在所有的基督教文化中，心智（mind）与心灵（heart）、情感与智识间都会有紧张关系，所以我们不应该认为只有美国才有所谓宗教上的反智。远在美洲被发现前，基督徒们一直就分为两类：一类人相信智识在宗教中应有重要角色，另一类则是认为智识应服膺情感或完全由情感代替。在此我并非要说新大陆产生了一种更恶性的反智论，而是指出，在美国，宗教奋兴运动（revivalist

movement）与狂热运动的声势压倒了较温和的传统教派。于是较
具学养的传统教派牧师们失势了，他们所传播的较理性的信仰方式
也因此失势。在美国早期，新教与异见派传统让宗教上惯有的理性—
感性之争在这个国家变得特别尖锐，而奋兴运动与狂热运动在这场
争斗中取得了重大胜利。美国反智传统的崛起与蔓延，正是肇因于
美国特殊的宗教历史，其中最重要的是这个新的国家没有任何对知
识分子友善的稳固制度，以及福音派主宰下的宗派主义竞争。

　　一个教会或宗派的风格很大程度上起到一种区分社会阶级的机
能，某一教会礼拜的形式与遵循的信条可能不适用于另一教会。较富
裕的阶级通常喜欢把宗教理性化，遵守繁复的圣餐礼仪，而中下阶层
的人，尤其是文盲，他们信仰宗教的方式较感性；凡以感性面对信仰
者，就会反对繁复的宗教风格、圣餐礼仪与上流阶级教会的牧师，也
就是说，他们对贵族式的礼节与道德风貌很反感。[1] 下层阶级者的
宗教常会显现出末世色彩或救世情怀，强调内在宗教体验的重要性，
反对博学式、正式化的信仰活动，他们认为礼拜仪式应该简单化，
也不喜欢那些富于学养的牧师，有时甚至排斥所有职业牧师。

　　早期的美洲吸引了无数不满现状或是无以为生的欧洲人前来，
因此成为当时批评者所谓宗教"狂热派"先知们的天堂。这种狂热
的冲动最初来自感到自己与上帝发生了直接接触。[2] 这些狂热者并
非放弃了神学信仰或者圣餐仪式，而是因为一心想寻求心灵内在与
上帝间的联结，所以他们觉得不需要借助仪式或是智识基础来表达
他们的宗教信念。他们对智识工具与对审美形式一样不感兴趣；传
统教会多认为宗教艺术与音乐有助于心灵超升，让人接近上帝，他
们却认为这些会侵犯甚至妨碍心灵的纯粹与直接行为——但卫理公
会信徒吟唱赞美诗是例外。狂热派这种依赖个人内在经验的坚持，
恐会造成无法无天的主观主义，传统的外部宗教权威将荡然无存。

　　这可以解释为何狂热派内部不断会区分出派系及子派系。不过，

对于神职人员的权威，与其说狂热派想消除它不如说是想割裂它，因为总是有某些牧师可以激发教友的宗教狂喜（ecstasy）或与神联结的内在体验。因此对于狂热派而言，神职人员在宗教上的权威是因人而异的，系乎个人魅力而不是制度性的；所以狂热派教会，例如卫理公会，其领导人必须有很好的组织领导手腕，才能留住教友，让他们不会散去。当然，较稳定的福音教派不支持太过于个人主观的崇拜方式，认为《圣经》才是权威，是一切的依据，只要有正确的诠释。可是什么才是正确的诠释？大家看法不同，有人主张应听从专业理性的《圣经》学者的解释，而最为狂热和反智的那批人甚至认为每个人都可以自己决定如何诠释，完全不需要《圣经》学者的帮助。在超越文字范畴的《圣经》高等批判（Higher Criticism）*兴起之后，个人能否保有诠释自由对于基要主义者而言似乎已成为生死攸关的问题。

　　当美国还是英国殖民地、属于西方文明的边陲时，英国国内的宗教抗争现象对美国宗教的影响很大。英国的宗教激进派认为宗教改革还不够彻底，还未能满足信仰者的社会与精神需求，千禧年派（Millenarians）、再洗礼派（Anabaptists）、寻求派（Seekers）、浮嚣派（Ranters）与贵格派（Quakers）等英国的宗教异见群体都纷纷攻击官方教会与其神职人员。他们要建立起穷人的宗教，认为直观与灵感比学问和信条有用，他们选拔教友来领导与讲道，拒绝受过专业训练的神职人员，因为他们"没用、空虚且无权威"。在清教徒革命时，新模范军（New Model Army）†内的牧师站在反专业化与反智的立场毫不留情地攻击传统的神职人员、大学教师与律师

---

* 批判圣经的一种流派，认为圣经的各章节出于不同时代、不同作者之手，因此不着眼于圣经的文本内容，而注重研究它的创作背景。

† 英国内战（1642—1651年，又称"清教徒革命"）期间成立的一支军队，由职业军人构成，不驻扎于任何特定地点，在英国各地都能执行任务。

等。大多数清教徒其实衷心地希望他们的牧师受过教育有学养，但
是这些激进派伙同平等派（Levellers）与掘地派（Diggers）*，跟随
杰勒德·温斯坦利（Gerrarpd Winstanley）激烈地反对知识分子，
称大学为"一潭死水、恶臭难闻"，一方面称博雅教育不会减轻人
的原罪，另一方面不断挑起穷人们争取平等的情怀。[3]

　　在美国，圣公会（Anglicans）、长老会（Presbyterians）与公
理会（Congregationalist）有着严谨的教会组织章程与具备正式编制、
大多受过良好教育的牧师，起初他们还能够成功抑制这种激进倾向。
但是这些教会自身从一开始内部就存在一些异议者。尤其是南方边
疆地带，很多人甚至一度离开所有教会。也有人批评或是抗议这些
传统教会，特别是在新英格兰地区，因为在那边激发高度的宗教情
怀是生活中很重要的部分。例如在马萨诸塞湾（Massachusetts Bay）
殖民地成立的最初数十年间，安妮·哈钦森（Anne Hutchinson）
女士的行为对此殖民地的稳定造成很大影响，引发普遍的焦虑：她
对于专业的牧师有敌意，也反对大学教育。[4] 她后来很不幸地被迫
害，一方面是由于她坚拒与主流教会妥协，另一方面是大家认为她
对当地社会的人心与秩序带来极大威胁。直到 18 世纪大觉醒运动
（Great Awakening）时期，这些狂热派才突破各自的殖民地，到其
他地方无拘束地宣扬他们的想法。此时美国东岸殖民地在宗教信仰
方面的反智就被确立了，而 19 世纪重复出现的福音主义浪潮也在
此时奠基。要了解大觉醒运动，我们一定要先了解殖民地牧师的特
色，尤其是清教徒牧师，因为他们在当时几乎就是美国历史上唯一
出现过的知识阶层统治者，或更精确地说，是一个与统治权力关联
密切的知识分子阶层。

---

* 英国新教宗派，平等派强调人民主权、主张扩大选举权，掘地派倡导以传统农业价值观
　革新社会，二者和前文提到的千禧年派、再洗礼派等都是反对英国国教的宗教异见群体。

二　17世纪殖民地的智识盛况

就像大多数知识分子一般，清教徒牧师也会犯大错，而当他们有权力时就会很危险。对我们来说很重要的一点是，大家对清教徒牧师的唯一印象就是他们常犯错，即使不是大错，这可能是美国知识分子处境的最佳写照。清教徒牧师如此可恶的形象（科顿·马瑟牧师的名字成了它的代名词）*不但长久流传于民间历史传说之中，也塑造了我们对知识分子的看法。这些牧师代表了美国的第一代知识分子，他们的名声已经毁灭，以致后代的知识分子竟然也常常批判他们。

其实其他的社群不可能也像马萨诸塞湾殖民地一般重视智识与学问。摩西·科伊特·泰勒（Moses Coit Tyler）在写美国殖民时期文学史时，以稍稍夸张的语气写道：

> 新英格兰殖民地刚成立时并不是农业社群，当然也不是工业的或是贸易的：它是一个思想社群，喜欢理念，而代表它的器官不是手，不是心，而是脑……也许没有任何一个移民社会如此重视知识，尊敬所有与学问有关的象征或工具。他们的社会是立基在书本上的……约翰·温思罗普（John Winthrop）抵达塞勒姆港（Salem harbor）之后仅六年，马萨诸塞湾的人民就筹钱设了一所大学，因此当野外树干被砍伐之痕迹尚新，村落外狼嚎声尚不绝于耳之际，这些移民的子弟们已经在旷野开始学习希腊的亚里士多德与修昔底德、罗马的贺拉斯与塔西佗，以及希伯来文《圣经》了……他们把有学养的人看成贵族阶级。[5]　60

---

* 马瑟是美国清教徒牧师，曾涉入塞勒姆女巫审判案（1692—1693 年的一起案件，致二十人被处以死刑，其中十四位为女性），并主张魔鬼的存在。其父为哈佛大学前身哈佛学院的校长。

　　在美国第一代的清教徒中，有学养者数目不少且受到尊重。约略每四十或五十个家庭，就会有一个英国牛津或是剑桥的毕业生。清教徒们希望他们的牧师都是有学养的，而在殖民时期，整个新英格兰的公理教会中只有 5% 的牧师有大学学历。因为清教徒移民们重视教育，而且他们的社群多半由知识分子领导，于是就形成了尊重智识与追求学问的传统，这让新英格兰在教育与学术的成就上领先这个国家其他地方达三百年之久。

　　我们切莫以为早期的哈佛毕业生只受过神学的训练。一般都有个错误的印象，就是哈佛与一些殖民时期设立的大学一开始时只有神学课程，加之早期清教徒的先祖们生怕他们的牧师知识学养不够，更为这种看法提供了佐证。事实上，创立哈佛大学的牛津与剑桥清教徒毕业生在英国时饱读人文学科知识。殖民地的教育先驱们认为神职人员与受过博雅教育的士绅在基本学养上应是一样的。现在的专业神学院训练课程，其实是现代专业化风潮下的概念、教派间竞争的结果以及对学院教育过度世俗化的反应。但当时的殖民者没有这种观念。他们需要饱学的牧师甚于需要饱学的其他行业人士，但是他们想要牧师和其他民间领袖或政客一起接受博雅教育的熏陶。而最后，事实也与他们的愿望相符：哈佛前两个世代的毕业生中，只有一半人做了牧师，另一半人进入了世俗行业。

　　清教徒社群在其子弟中培养出一个有学养的阶层后，给了他们很多发挥才能的自由。清教徒的牧师受到社群尊重，而他们也积极贡献于社群。当整个殖民地的状况越发稳定后，牧师们开始有闲暇写作，其中有些人的才华令人赞叹。强调《圣经》的清教徒思想非常注重诠释与理性讨论，而不赞成狂乱的激情式崇拜。清教徒式的讲道结合了哲学、虔敬与学术；他们的群众教育目标之一，乃是训练能了解如此讲道的教友。至少在早期，这个目标是达成了。

　　可是真正达成的事远比这个多。我们现在在评估这些清教徒殖民地当初的文化教育状况时，千万别忘了，即使在 1700 年，也就是开始殖民七十年之后，新英格兰的总人口也不过十万六千人左右，而且分布得很散，最大的城市波士顿在 1699 年时也只有七千人。也别忘了在 17 世纪 70 年代，这些殖民地与印第安人有一连串的血战，一半的殖民聚落遭到重创，上战场的男子中每十六人就有一人阵亡。即使在这种孤立、贫困与诸多不利的情况下，他们仍然创立了哈佛大学，教育出不少民间领袖与教会牧师，而且创设不久，这座学校的名气就足以让校友获颁牛津和剑桥的荣誉学位了。在这所大学中，年轻人不但研读神学与诠释《圣经》的著作，也读赫西俄德、荷马、索福克勒斯、阿里斯托芬，以及其他一些古典作家的作品。有充分的证据显示，马萨诸塞湾的受教育阶级都极有教养，沉浸于文学以及神学之中，成功把欧洲文明中最好的传统带到了新大陆。除了哈佛之外，他们还设立了小学、出版社与图书馆等。牧师们发表了质量很高的讲道词、历史著作与诗歌，同时也做了些政治上的论述，这些论述后来催生了美国独立革命时期的政论文献。这些清教徒先祖们创下了独特的教育制度，在社群内培养出敬重学养的文化，令新英格兰与新英格兰人的心智在美国文化史中独领风骚三百年。牧师们不独传播宗教，也传播启蒙思潮，推广神学，也推广科学，让小村庄中的每个人都树立起对于知识及文化的尊重心态，若不是他们，这种难得的心态是无从产生的。[6]

　　当代对于清教徒牧师的普遍印象是他们不仅有一般教友们的缺点，还会带头迫害异端教徒。但这样的看法可能需要重新检讨。我们现在看他们所处的时代，那的确是不宽容的时代，而牧师们也难免有这样的心态。尤其是来到新英格兰的第一代牧师，他们会犯一般知识分子在政治事务上易犯的毛病，认为自己可以改造整个社会，使其符合某种道德或宗教理想，并且在社会中维系住统一的信条。他们为了证明此点而横渡大西洋，不断开荒新大陆，当然最后他们失败了，因为他们为了实现心中的愿景，做了许多太过头的事。

　　但是要评断像清教徒牧师这样的知识分子群体，最公平的方法并不是拿当代关于宽容与开明的最新标准来审视他们，而是站在他们那个时代，以他们所处的社会与服务的教友群体作为分析他们行为的背景。当代自由主义的观点会认为，牧师们一定在我们今日深深不以为然的猎杀女巫事件（例如塞勒姆案）中扮演领导角色，因此他们要为清教徒群体在这些事情上的偏激行为负责。

　　但是事实远比这个要复杂。牧师们彼此的立场都不同，加之第一代牧师已然凋零，殖民社会人口又逐渐增加，这些都使得牧师群体变得多样化。[7] 也许世代差异与地方性差异是最显著的分歧处。老一辈的牧师，尤其是教区在遥远乡村的，坚守着清教徒最原始的教义信念。但是到了 17 世纪末，大都市地区的年轻牧师就偏向于自由宽容，也乐意与欧洲最新的思潮对话。这些人大半在靠海的新兴市镇。

　　很多证据显示，都市地区受过较高教育的牧师（包括英克里斯·马瑟［Increase Mather］和科顿·马瑟父子）都属于知识分子阶层，他们赢得了人们的尊重。他们的领导地位远不够有效和强力，但他们可以靠自己的影响力来感召人们，希望他们能更宽容、更乐于追求知识或了解科学发展，并消除某些乡绅、大众与较封闭的牧师常会有的拘泥犹疑。到 17 世纪结束时，教会中主要牧师们的思想已经比年岁较长的教友或是地方的政客们更开明，前者控制了大部分的乡村教会，而后者常会投选民所好，鼓吹宗教基要主义。

　　在 1680 年以后，清教徒的牧师对浸信会与贵格会等非主流教会的态度已经比波士顿的大众更为宽容了。而波士顿城中较有影响力的牧师，例如马瑟牧师，也比乡间的年长牧师来得自由些。大城市中的牧师们从英格兰引进不拘泥于教义的书籍，因此逐渐背离加尔文派的严谨传统，教会中的年长教友们对此表示反对。在 18 世纪中叶以前，奖掖科学的事多半是牧师在做（哈佛第一个非教士出身的教授是 1738 年开始任教的温思罗普[*]）。当时，在生活中是否该引进科学的最大争议是关于麻疹疫苗注射的问题，而受过教育的著名牧师们纷纷支持这一发明。马瑟就是一个例子，反疫苗派的暴徒曾将炸弹扔进他的书房，可即使受到威胁，他也仍然不改立场。即便在猎杀女巫这种事上，牧师们往往也表现得比法官或是一般人更理性些。正如西方最杰出的一些人那样，多数的牧师虽只是不相信巫术，但是强烈反对塞勒姆女巫案审判中的草率举证，许多牧师都呼吁大众要冷静。[8]

　　17 世纪末，清教徒的宗教意识中出现了若干足以影响牧师布道生涯的问题。清教一直要求在智性与感性中寻求平衡，前者在新英格兰被视为宗教的真正基础所在，后者对支撑鼓舞教友的虔敬感极为重要。但是这种平衡是脆弱的，最后在教友间形成各有偏重的分裂之势。一边世故稳重，对于事物采取自由宽容的看法，但是在宗教情怀上就显得较为中规中矩与冷淡；另一边则倾向于奋兴派的情怀，会因某些观念或是热忱而深深感动，可是其中较激进的教友常常会陷入"反教权"或是反智。乔纳森·爱德华兹在领头的牧师中几乎是独一无二的，他既代表了新英格兰往昔的智性与虔敬，且能创造性地接纳新观念。到了 18 世纪中叶时，新英格兰的宗教已经像其他殖民地一般，酝酿起一股觉醒的风潮，此后对注重学养的牧师们造成了很大的冲击。

三　18世纪的大觉醒运动

　　有学养的牧师们受到的第一波主要的攻击与责难发生在 18 世

---

*　与建立马萨诸塞湾殖民地的约翰·温思罗普不是同一人。

纪中叶的大觉醒运动期间。这些奋兴派运动本身虽然没有对智识与学问造成明确的伤害，却为之后对有学养牧师的攻讦立下先例，并为后来宗教去形式化与非专业化教会领导者的出现埋下伏笔。

美国的大觉醒运动其实是欧洲同性质宗教变革运动的翻版，尤其是德国的虔敬派（pietism）与英国的卫理公会，但是美国的改变力道特别强。很多美国人既不是异见派——例如寄生在圣公会与公理会中那些难以驯服的浸信会友——也不属于任何教派，根本不上教堂。不管是在空间上还是在心灵上，民众们都已远离牧师的掌握范围。在某些地方，尤其是弗吉尼亚，很多圣公会牧师根本发挥不了作用。即使在新英格兰地区，宗教氛围也冷淡了。到了 18 世纪 30 年代与 40 年代，新英格兰的教会，以及纽约与宾夕法尼亚等中部殖民地的长老会，已经明显缺乏生气，被中上阶层的人看成只是呆板的"教义贮藏所"而已。他们一贯以有高深与抽象的智识为荣，可是现在这些对于普通民众实在缺乏吸引力；往昔宗教改革引发围绕教义问题的热烈争辩，才促成了这些教派的兴起，现在则已显得毫无意义。[9] 第一代清教徒的热血情怀与他们饱受良好教育的下一代都已成历史。牧师们失去了以往那种动力，也因此失去了以往所享的尊荣。牧师们学养太好，也多才多艺，但是也许正因为学养太好、太多才多艺与世俗化，他们看起来都不像是牧师了。教友们在他们枯燥晦涩、陷溺于教义争论的讲道中打瞌睡。大觉醒运动中的一员怀特腓德（George Whitefield）说道："教友们像死人一般没反应，这是因为像死人一般的牧师在对他们讲道。" [10] 从马萨诸塞一直往南到弗吉尼亚，甚至到更南的地方，众多教友其实都在期盼着有哪位牧师能真正地唤起他们的宗教热忱。

大觉醒运动始于 1720 年，当时一位年轻牧师西奥多·弗里林海森（Theodore Frelinghuysen）受到英国及荷兰清教主义吸引来到新大陆，用他生动的讲道词深深打动了新泽西荷兰改革宗的教友们。他在新泽西引发的奋兴运动带动了纽约与宾夕法尼亚等地的苏格兰—爱尔兰长老会的奋兴运动。1726年，威廉·坦南特（William Tennent）在宾夕法尼亚创建了"小木屋学院"，这是一所简陋、基础的神学学校，在往后的二十年间，他于此训练出一批年轻的牧师，前往宾夕法尼亚各长老会宣扬奋兴派的福音精神。1734年，奋兴派已经作为一个独立教会在英格兰出现。爱德华兹是大觉醒时期一位很特别的牧师，他竟然可以将清教徒重视教义与印发书面讲道词的传统和奋兴派式的热情与激昂结合起来。他的讲道词虽然在1734年到1735年间鼓动了马萨诸塞的北安普顿（Northampton）与周遭乡镇，但与1738年、1739年两次来到美洲宣道的怀特腓德（英格兰的卫斯理牧师的助手）比起来就逊色许多。怀特腓德第二次来美洲时是从佐治亚开始，并曾两次北上，最后在1740年秋天抵达新英格兰。戴维·加里克（David Garrick）说他有突然使群众狂野激动起来的本事，因此他的讲道在美国大受欢迎。数以千计的人从乡村拥入城镇听他讲道，很多人听后觉悟到罪性，获得了精神上的重生。怀特腓德第一次到英格兰之后，坦南特的儿子吉尔伯特也接着造访，他在宣扬奋兴派时过于激烈狂热，以致连某些原本愿意接受这种宣教方式的人也感觉到不快。

　　在为奋兴派传教的人之中，走狂怪路线的还有詹姆斯·达文波特（James Davenport），他是长岛的牧师，耶鲁大学毕业生。他在1742年及1743年时游走于康涅狄格与马萨诸塞，肆意攻击谩骂传统教会的牧师，而且完全藐视教会惯用礼仪（例如在走进教堂与走上圣坛的时候唱歌），使得当局对他很不悦。在1742年夏天，他被以"借宗教集会破坏公共秩序"的罪名起诉，但最后还是逃过了较严重的处罚而改以驱逐出州界了事，因为当局认为他已"失去理智"。几个月后，他现身波士顿，这次因为毁谤牧师而入狱数月，稍后又以"精神异常"（non compos mentis）为由被释放，而回到长岛后却因为疏于教区职守被审判。在康涅狄格的新伦敦（New London）这个地方又经过一次类似的丑闻后，他最后终于同意辞去牧师职位，在 1744 年写了一篇看起来并不是很由衷的忏悔文。达文波特被吉尔伯特·坦南特严厉谴责，但后者正是当初启发达文波特走向奋兴派的人。由此可见较温和的"觉醒人士"与一般的牧师一样，都已对这场运动释放出来的喧嚣与狂热心怀警觉。[11]

绝大部分的传统牧师起初都很欢迎游走四方的奋兴派宣教者，因为他们的确可以提振教区信友们的热情，甚至连当时著名的波士顿自由派知识分子本杰明·科尔曼（Benjamin Colman）也都如此表示。但大觉醒运动成气候以后，这些牧师才开始明白原来觉醒人士并没有把他们视为同路人，而是当成竞争者，并且很瞧不起他们。

吉尔伯特·坦南特在他的宣道讲词《论没有全然顺服的教会之危险性》（"The Danger of an Unconverted Ministry"）批评了传统的牧师（那些"正统的、学识好的以及正规的法利赛人"）宣道的方式；他认为他们是工于心计、残酷冷血、顽固偏执、信仰不坚定的伪君子，而且根本瞧不起一般民众。他还认为这些未觉醒的传统派牧师无论在动机还是虔敬程度方面都很有问题，因此不是同道而是敌人（"如果他们能，他们绝不会让一个真正虔诚的人进入教会，这样他们倒行逆施的诡计就可得逞"）。吉尔伯特·坦南特的手段不讨人喜欢，但他相信自己是在发掘一个真正的问题，而且我们很难否认他的主张其实是一种宗教上的民主。他认为：在目前的教会组织结构下，牧师们是未完全顺服主的冰冷之人，若未经其同意，觉醒的信友便进不了此教会，那么整个教会又如何能够趋向"虔敬"呢？[12]吉尔伯特·坦南特发挥了当初新教教徒的精神，再次发掘出一个重大问题：在宗教组织被垄断的情况下，信仰如何传播？但对现有的传统派牧师们来说，这个问题却是以另外一个面貌呈现出来的：在必须遵守教内信条与礼仪的情况下，他们如何能与视自己为敌人的奋兴派牧师，如吉尔伯特·坦南特与怀特腓德这样的人竞争呢？

事实上，传统的牧师们发现他们自己很难与奋兴派竞争。一般的牧师在没什么宗教刺激的情况下与教友们共同度过一年又一年，此时却要负责在严肃的日常环境中维持他们的精神意识。面对像怀特腓德这样热情又吸引人的牧师，或是像吉尔伯特·坦南特与达文波特这样名气略小但是会以激昂的身体语言振奋听众的传教士，他们就像是上了年纪的家庭主妇，眼睁睁看着老公被唱诗班里年轻貌美的女孩吸引，却无能为力。反观奋兴派的牧师们，当然除了智识程度极高、令教友们难以望其项背的爱德华兹以外，其他人在讲道时都不需要诉诸教友的理性或是触及某些困难的教理问题。还是除了爱德华兹以外，他们都不写讲道的文稿，而是即兴与教友们对话。他们通常会谈到最根本的宗教问题——人的原罪感、寻求救赎的渴望、乞求上帝的爱与怜悯等，而且在鼓动教友们的情绪时从不迟疑；癫痫、战栗、尖叫、呻吟、俯伏以及发呆恍惚等现象都出现在了他们身上。例如，吉尔伯特·坦南特常会激动顿足，陷入精神恍惚、语无伦次的状态，而听众竟因害怕恐惧而信教。但大家显然很需要这样的表演：他在新英格兰旅行布道的三个月期间，经常可让他的皈依者激动欣喜地俯伏在一英尺深的大雪中。一名有偏见的圣公会教友蒂莫西·卡特勒（Timothy Cutler）如此报道："在怀特腓德之后来了一个叫坦南特的人，他真是个吵闹、无耻的野兽，他告诉听众他们全都被上帝诅咒了，诅咒了，诅咒了！而这显然迷住了听众，在我见过的最刺骨的冬天，人们纷纷挖坑扑倒在雪地里，不分昼夜，就是为了让他大喊大叫，许多人因此在聚会完后变得疲惫不堪。"[13]

不久，奋兴派最激进的这些牧师开始挑战公理会、荷兰改革宗、长老会或圣公会的仪规了。如前所述，新英格兰的公理会与其他地方的长老会一直都强调牧师必须是饱学且专业的。一直以来他们的

牧师都备受尊敬，不但因为饱学，也因为虔敬与宗教上的素养。学
养在此有着很基本的重要性，因为大家认为宗教生活的关键是理性
认识教义。并且，教会在组织常规活动时都井然有序。牧师必须是
受邀请而来的，且会受到正式任命，他们与教友间有着稳定、严肃
的联结关系。没有任用资格的牧师是不可能出现的，也从来没有不
请自来的讲道者。

　　但这些传统现在都受到了挑战。最激进的奋兴派传道者的行径
破坏了牧师这个职业的尊严，他们干扰和分裂了教堂会众对传统派
牧师的忠诚；他们试图败坏教堂的名声，说它冰冷且不知悔改；[14]
他们宣称精神而非知识才是获救赎的关键；最后，尽管遭到吉尔伯
特·坦南特等人的反对，他们甚至扬言要任命外行——非专业的劝
士（exhorter）来执行宣教布道的工作，以此破坏牧师这个职业的
专业性根基。于是不久后，很多教会一分为二，像公理会与长老会
等主要的宗派甚至四分五裂。整个情势明显失控了。此事发生二十
年后，埃兹拉·斯泰尔斯（Ezra Stiles）回忆道："群众认真、清醒、
严肃地失去了理性！"[15]

四　保守派的反击

　　没过多久，这些奋兴派便不再受到传统牧师的欢迎了。到了
1743 年，牧师自己却在内部吵了起来——不是因为是否要反对任
命未经受训的教友为牧师或是外人侵入教区演讲，这些是大家都不
同意的事，而是因为是否要反对大觉醒运动本身。少数人（可能至
多占到三分之一）认为尽管大觉醒运动有些缺点，但是它"不失
为应乐见的宗教复兴运动"，而大部分人则瞧不起它，视之为一阵
充满迷信的狂热之风、对传统与理性权威的反智挑战。对于奋兴派
最全面的批判来自最不愿与其妥协的对手——有点一本正经但是

思想开明的波士顿牧师界领袖查尔斯·昌西（Charles Chauncy）。他于 1743 年出版的《对于新英格兰宗教现况的及时反省》（*His Seasonable Thoughts on the State of Religion in New England*）表达了他对于这些傲慢无礼的宗教"暴发户"的愤怒：这些来自不同阶层行业的人挑战了现行的教会制度，他们完全不够格，却无比自傲。他认为这些奋兴派已经为"外行劝士"开启大门，这些人"来自各行各业，自以为可以胜任别人的心灵导师；没有学识或能力，却自以为有；没有受过专业训练，却向愿意听从他们的人说什么精神上的益处"。[16]

70

"没有受过专业训练！"这就是大觉醒运动最大的问题了。昌西认为，以往发生过的错误现在又出现了。过去的异端和受人喜爱的传道者认为"他们不需要任何书，只需要《圣经》就可以了"。他们推说，传道一事不需要学识，靠着圣灵指引的传道者足以胜过靠知识指引的牧师，就好像圣灵与知识是相对立的东西一样。昌西认为，这就是奋兴派最根本的错误所在：

> 他们以为只要依靠圣灵就不需要学习教理，也因此许多人看轻学校与学院。他们还认为只要有一颗虔敬圣洁的心，就可以获得力量。于是大群劝士出现了，人们敬仰他们，追随他们，尽管他们中的很多人连常识都没有……也有很多牧师在讲道时不仅不看《圣经》，也不学习基本教义，他们辩称，这些东西看多了会限制圣灵的发挥。[17]

对于重视《圣经》与正确解读其含意的人来说，以下观念简直是异端的极致了：一个人只要感受到圣灵，则不需要学习基本教理，就可以正确解读上帝的福音，拯救他人的灵魂。在此，我们看见了奋兴派与传统教会的最主要差异：对《圣经》的悠久诠释传统重要，还是发展出内在宗教情怀来与上帝沟通重要？

奋兴派牧师如此解释他们的立场：

> 上帝其实给每位弟兄都赋予了讲道的资格，只要他够虔敬。
> 讲道的最基本资格取决于讲道者是否充满圣灵，熟悉经典文本
> 与人文社会学知识并非绝对必要，他们如果能正确使用这些东
> 西，就会有帮助，但是如果缺乏圣灵的洗礼而想以学识代替，
> 则反而会误入歧途。[18]

对保守的人来说，这无异于完全拒绝宗教知识，而且如此感性
的崇拜方式，最后将会把信仰活动中的理性全部抹除。南方有一位
反对福音派的人这样写道：

> 如果没有理性，就没有真正的信仰。在宗教中，真理与意
> 义永远是必要因素，而理性则是辨识它们的工具。我们的信仰
> 最可贵之处在于内在心灵的反省。如果宗教只是关于身世、气质、
> 兴趣或是任何外在环境与动机，则所有的宗教都会变得相差不
> 大。虽然我们借助教育就能信奉真正的宗教，但是如果我们不
> 能真正理解宗教存在的理由，将其内化为我们自身之物，则这
> 种信仰便对我们毫无助益。如果我们给上帝的是"愚人的奉献"，
> 上帝是不会悦纳的。[19]

所以我们可以理解，在受到奋兴派波及的殖民地中，保守派的
牧师们从原本期待奋兴派能带来些助益，很快变得开始害怕他们，
认为奋兴派对于他们的地位、教会及所有真正的信仰都是威胁。奋
兴派忽视基本的教义，不遵守教会的常规体制，而且毁谤它。即兴
式的讲道把信仰中所有的理性元素都抛之脑后，很多福音运动牧师

自己承认他们的讲道来自"圣灵把思想注入他们脑中、把话语灌入他们口中的即时印象"。对保守派来说，即使一个经过正式训练的牧师使用这样的方式也是不好的，非专业的劝士使用就更是危险了，因为他们只是"未受过教育、没有知识、不熟悉福音教理的寻常百姓"[20]。最后，这些争议现象的出现，不但在许多教会中制造出分裂与争端，也使得牧师们纷纷害怕福音派会伤害学院教育的发展与通常的牧师训练体制，最终伤及受教育牧师传统的根本。

72

这些担忧确是被夸大了，但是奋兴派的确想打击学院体制，最极端的时候甚至到了焚书的地步。即使温和的怀特腓德都曾主张应该烧毁某些书，且曾成功说服过信众烧掉一些书。1743 年 3 月，达文波特劝告新伦敦的人不仅要把个人拥有的珠宝与值钱奢华的东西都烧掉，还要把马瑟、科尔曼、昌西等牧师与其他一些传统派牧师的书与讲道词烧毁。一个周日的早晨，码头上出现一个炽燃着的焚书柴堆，达文波特与其跟随者唱着《荣耀颂》（Gloria Patri）与《哈利路亚》（Hallelujah），高声叫喊："这些书带来的折磨与这些作者的错误思想，都已随着冉冉上升的烟被送进了地狱。"[21]

大觉醒运动对于教育的直接影响是正负面兼具的。在长老会中，许多牧师是由苏格兰的大学训练出来的智识人士，所以奋兴派的牧师也对说他们的工作敌视学问的斥责很敏感。坦南特在他的小木屋学院中训练出不少能干的学者，他的儿子也不像坊间传说的一般无知。更重要的是，长老会中的奋兴派在 1746 年设立了新泽西学院（就是后来的普林斯顿大学），以确保他们有自己的教育机构。还有其他一些教育机构，例如布朗大学、罗格斯大学与达特茅斯学院等，也都是由亲近奋兴派的人士设立。奋兴派敌视教育是后来发生的事。不过必须说明的是，大觉醒运动导致的后果是使教育受到教派分裂的影响，巩固了教派对学院的控制。这些激进的教派不是要建立一个一般性的学府，而是要有一个他们自己的教育传教机构；在其中他们可以推展自己的教义倾向，而非传授世俗的博雅人文教育。即使博学的牧师爱德华兹有一次也抨击哈佛与耶鲁不愿意当"信仰的摇篮"，花很多力气养成人文学者而非致力于宗教教育。[22]

73　　　怀特腓德自己是一位有责任感的福音派牧师，他也不满这两所学校。他抱怨这两所学校的教育失去了光芒，"非常黑暗，黑暗到人们都可以感觉到"。当他在1744年回到新英格兰时，当初欢迎他上讲坛的传统派牧师们都不再接受他了，哈佛与耶鲁的教师们还写小册子回应他对学院的攻击，并对他个人提出很多质疑。他的对手诋毁他，说他丑化与颠覆这两所学校的目的在于推翻它们内部的当权派牧师群，开创一种培育下一代牧师的全新方式。我们没理由相信这种说法。但是在那个时代，许多奋兴派成员都在教友面前给他们服膺的传统派牧师泼脏水，说这些人缺乏虔敬心，甚至是邪恶的化身；在这种氛围下，传统派害怕自己的地位被彻底推翻的心态是可以理解的。[23]

　　其实焚书与觊觎学院教育权柄并不是奋兴派的典型作为，而是一些过激的案例。奋兴派一开始并不想分裂教会、攻击学院，或是毁谤智识与学问；他们的基本目标只是振兴宗教，让人们的灵魂接近上帝而已。而且，大觉醒运动虽然在新英格兰与宾夕法尼亚等地辛辣地攻讦像昌西这样的牧师，但反智效果其实有限，因为这些地方的公理会与长老会有着尊重教育与理性的强大传统。但即使在新英格兰，大觉醒运动也有向极端发展而失控的时候。反对它的人像昌西一样说大觉醒运动的本质是狂热与反智，但是赞成的人却认为这些都不过是例外与偶然之举，大觉醒本质上是一个推动大众皈依基督的正面运动。从短期来看，因为新英格兰教会的氛围较为克制，赞成者的说法没错；但是反对者却一语成谶，预见了奋兴派日后的发展趋势——尤其是当这种运动挣脱新英格兰的节制与传统，向美
74　国的广大内地发展后。一位后来研究新英格兰大觉醒运动的学者虽

然在字里行间对运动不吝同情，但依旧下结论说："这个运动说明，缺乏智识约束的狂热福音运动可能出现并流行开来。"他还认为，在当时"贬低学问"的只是大觉醒运动中的少数人，但是之后却变成新教信仰中的主流。[24]

对于大觉醒运动的一贯看法无疑是很正确的：它是美国民主化的重要推手，因为它主张的信仰方式亲和普通人，为他们在精英阶层打造出的现有信仰体制外提供了另一种选择；它告诉大众，他们有权利选择他们喜欢、讲话听得懂的牧师，甚至有时有权自己上去讲道，因而打破了权势群体的掌控，提高了美国普通人民的自信与自足，后来的外国人来到美国，在它的人民身上观察到的正是这种特质。此外，若干出于人道的举措，例如反对奴隶制度、向奴隶与印第安人宣教，也都得归功于大觉醒运动。世界上每一个灵魂的福祉都是善良的觉醒运动人士所关心的。但这么做的代价是牺牲了宗教智识和学问事业（尽管他们新建了几所学院），这也是我们必须注意的。在美国，大觉醒运动的支持者并不是首先站出来反对思想的人，但他们加速了反智倾向，而且为美国的反智带来了第一场短暂的胜利。随着大觉醒运动的兴起，美国历史上的清教时期结束，福音派时期开始。此后的奋兴派运动都是在 18 世纪奋兴派运动的基础上重复和持续放大它的优缺点。

五　奋兴派的扩张

原本新英格兰与纽约、宾夕法尼亚等地是以公理会与长老会为主，但奋兴派在这些地方兴起、盛行并逐渐向外扩展到南部与西部时，变得更原始、更感情化，更注重圣灵到来后迷醉式的表现。牧师所受的教育训练更少了，他们更肆无忌惮地用身体动作来表达对圣灵的感动，俯伏、抽搐、哭喊、大叫等行为都大为增加。从一开

75 　始，怀特腓德的工作在南方就很有效，福音运动受他的鼓舞很大，
再加上宾夕法尼亚长老会中奋兴派出走，将运动传播到了弗吉尼亚
与北卡罗来纳等地，到 18 世纪 40 年代与 50 年代时甚至远至更南方。
在这些地方，奋兴派发现了许多不上教会的人，而有时候这些乡下
的圣公会牧师会懒散颓废，因此他们对当地牧师的攻击远比对北方
教区更容易。加之在当地，圣公会与上层阶级合流，所以奋兴派的
民主与反对倾向更尖锐。在南方，虽然有像塞缪尔·戴维斯（Samuel
Davies）这么优秀的长老会牧师（后来成为普林斯顿大学校长），
但是因为浸信会与卫理公会占了多数，而这些团体都不像长老会与
公理会一般注重牧师的教育，所以奋兴派在推行他们的免费牧师巡
回演讲、教友讲道制度或是抨击许多传统牧师时阻力较小。

　　南方奋兴派在传福音时，发现当地人不仅不上教会，而且文明
程度都很低。圣公会的查尔斯·伍德马森（Charles Woodmason）
牧师于 1760 年至 1770 年在卡罗来纳的穷乡僻壤四处宣教时，记录
了当地缺乏文化的粗鄙生活，以及那些巡回的宣教士如何引导民众
反对传统教会的事迹，这些行为绝对会让任何一位正直的人都无法
忍受：

　　　　这些地方除了集会、教义问答、唱诗歌、约翰·班扬（John
Bunyans）的《天路历程》（*The Pilgrim's Progress*）与奋兴派牧
师的讲道词外，几乎完全看不见《圣经》。他们对于阅读历史书
籍也没兴趣，即使念给他们也都不愿意听，这就好像当年英格
兰的粗人，这些人不重视知识，鄙视甚至敌视在艺术、科学或
是语言方面有学问的人，这种成见甚至连地方上的重要领袖人
物也不例外。

　　伍德马森数年后也提到了浸信会中奋兴派与新光派（New

Light）对于权威的全然反对，他们不但成功打击了传统的教
会，现在连国家也不要了。执法者现在开始注意到这情况："奋兴
派（就像以前 1381 年英国农民革命领袖约翰·拉克斯特劳［John
Rackstraw］与沃特·泰勒［Wat Tyler］一般）想要摧毁所有学问行业。
他们认为人类只要追求知识，就是违背上帝的精神。"[25]

　　伍德马森在 18 世纪的卡罗来纳所观察到的就是当时的移民社
会显现的状况，虽然可能稍有夸大。美国独立后，人们在逐渐西进
之际更是将传统的制度抛在了脑后。而教会体制无法跟上移民的速
度。西弗吉尼亚州的居民从 1790 年的十万人，经过三十年暴增到
二百二十五万人，很多家庭在短短数年内迁移了两三次，因此各种
社会组织与规范都难以维持。教会、社会组织与文化制度都瓦解
了，人们向更广袤的原野迁徙的速度过快，使得这些体制很难在短
暂的停留时期内得到完善。塞缪尔·J. 米尔斯（Samuel J. Mills）是
美国圣经协会的创建者，他在 1812 年到 1815 年间带着两位伙伴访
问西部，发现那边的很多社区即使在建立多年后仍然没有学校或教
会，而且也没有意愿要设立。在当时伊利诺伊州首府的卡斯卡斯基
亚（Kaskaskia），他们甚至找不到一本完整的《圣经》。[26]

　　约翰·马森·佩克（John Mason Peck）是伊利诺伊与密苏里
等州的首位浸信会牧师，他回忆道："这些住在垦荒边区临时棚户
区的人们至少在 1818 年时是处在一种极度贫困的状态下。"

　　　　大约 9 点时，我找到了我要拜访的家庭，这个家庭是早期
　　在遥远边区垦荒的棚户区居民的典型代表，如果仔细描述他们
　　破陋的居住环境，可能会令读者吃惊。在 1864 年的今天，在密
　　苏里全境已不可能找到处于这种居住状况的家庭了。在玉米田
　　附近一间搭建得极端简陋的小木屋，一位大家长与老妻带着几
　　个儿女，其中两位已出嫁，她们的先生与小孩们也跟祖父母住

在一起。仍和老夫妇同住的一子一女也接近成人。老先生说他
识字，但是能认的字"非常非常少"，老太太想要一本诗歌，但
是她不识字。家庭内其他成员根本不需要书籍，认为书全然无
用。我告诉他们我是浸信会的牧师，四处宣教传福音。那位老
先生和他的妻子在"定居点"居住时曾是浸信会教友。在当时
那个年代，"定居点"指的是弗吉尼亚与卡罗来纳的腹地，或是
肯塔基与田纳西的老区，他们年轻时在那里住过，但当时这些
地方有浸信会牧师的可能性极低。老人甚至还能指出他当年参
加聚会的地方。但是老太太与年轻人则说他们自从走上垦荒之
路，迄今已有十年，从未见过任何一位浸信会牧师。但他们偶
尔会去参加卫理派的集会。当时在密苏里，无数拓荒者的宗教
生活状况就是如此。老人们有能力也知道该怎么招待在各地巡
回宣教的牧师们。而年轻人则比较拘谨，远离牧师宣讲的小木屋，
不愿意进来听讲道或是祷告。他们真的是处在非常落后、破陋
的生活状态中。

　　室内看不见桌、椅或是任何家具。这种简陋在拓荒者圈中
很常见，因为他们从定居点出发时，只能用马车带一些最基本
的东西，如锅碗瓢盆、铺盖与换洗衣物等，其他稍微奢侈的东
西皆不可能。而一家之主如果不会木工，无法制作餐桌的话，
吃饭就肯定得劳累万分。在当时，所谓的"餐桌"有两种形态：
一种是把大树干直接劈成两个半圆柱，然后削成板状，加上四
只脚，就成了一张像板凳一样的"桌子"；另一种则是先制作一
个木框，然后四边安上脚，再将磨平的隔板钉在框上，就成了
一张桌子。在成百上千的拓荒者小木屋中都有这种桌子……

　　要知道这种棚户区的生活有多艰辛，看看他们的食物就知
道了。馊掉的培根在烹煮时发出腐败的味道，里面的豆子经常
煮不熟。酸奶放了一整个季度，简直不能入口。要吃一顿热闹

的早餐得等到十点以后，吃的也不过是水煮玉米而已。[27]

有时，这些宣教士真的是被拓荒者的贫困生活吓到了。有一位曾写到 1833 年他在印第安纳州小镇的遭遇：

> 此处充满了无知的氛围，完全没有智识的气息。拒斥文学是很常见的现象。除了怀尔德兄弟与我之外，此处没有任何一位受过教育的人。据我所知，这里没有可以教授最基本的文法或是地理知识的人。有若干地方从来就没设立过学校。很多父母与小孩同样无知。是有一些人每年有几个月可以上学，但是教材及教学方式都极为老旧。完全就是无知的最佳写照。学校里就算不教导纯粹的知识也不是过错。没有人想要改善这种状况，因为无论男人、女人或小孩，不论无知或是不识字，都比当学究强。我们教会前些时候就选了一位不识字所以无法读圣经的人当长老。另外，我也看不见有什么家庭会阅读政治或宗教的文献，他们去邮局寄信所花的邮费加起来也没有我一个人多。更不用说，这样一潭死水正适合滋生某些恶心的爬虫：嫉妒、偏执、怀疑与盲从、坏心眼……[28]

可是这些住在贫困环境中的人还要面对印第安人的袭击、热病与传染病的威胁，靠酗酒斗殴度日，承担不起教育或文化这种东西。他们发现，对于无法拥有的东西，干脆地拒绝它比承认缺少它是个缺点来得容易。

附近的一个印第安纳州小镇还有一位牧师以更为同情的口吻说："这些远离市集的穷人勤勉地耕种他们的土地。"可是他在当地观察到了相同的文化状况：

> 这里的社会发展得还不成熟，聚集了来自南方各州的人
> ……各式教派云集于此，各种宣教者如过江之鲫，有些人不识字，
> 竟然在安息日讲道。还有人说耶稣不是神！而且他们都异口同
> 声地反对教育，也反对领薪水的牧师。在西部，这样无知的状
> 况何时才会终止？[29]

　　当然，描述拓荒者的贫陋生活等于是在为福音派在此传播提供
最好的辩解理由。必须说，他们并没有拉低某个地区的高文化水准，
而是为一个本就没什么文化的地区带来普通的约束和文明社会的体
制。福音派中的佼佼者显然在其教区于智识和文化方面领袖群伦，
但是最差的也不致让原本的情况更坏。教会派去的家庭传道士始终
要面对社会解体显露出的各种征候，例如很多人无教会可去、无信
仰、婚姻不符教规、生活不检点、酗酒与斗殴等。福音派牧师虽然
受欢迎，可还是得在反对的声音中开展工作，最温和的反对是质疑
他们，最恶劣的则致使他们有性命之虞。最有名的卫理公会巡回牧
师是彼得·卡特赖特（Peter Cartwright），他曾回忆，他在营地里
宣教时，曾有暴徒持砍刀、棍棒、马鞭等武器来破坏他的集会。此
外，有一个周日早上，他的集会遭到了骚扰，他不得不领着信徒拿
起武器反抗。所以，那些致力于向西部拓荒者宣教的牧师，如果采
用在东部城镇时的态度或礼仪，是绝对行不通的。他们若没有发展
出一套适合当地的行事风格，若没能在一定程度上传播或激发反权
威、反贵族、反东部文化与反学识的偏见，如何能感召折服那些驾
着篷车不断西进的流浪拓荒者？各教派在这个问题上各显神通，但
一般来说，整体原则是要提升教友的地位，降低牧师的地位。简言之，
在西部这种粗犷的社会环境中，文化精英的价值被贬低了。如果我
们是想评判福音派牧师的作为，就可以主要考察他们当初在西部教
会展现出的诚恳、自我牺牲、勇气与智慧。但既然我们的目的是考

察文明的变迁与文化的发展过程，我们就应将当时社会的发展状况谨记在心。那是个勇气、性格、坚毅与狡黠决定一切的社会，而不是产出诗人与科学家的社会。

福音主义与奋兴派

一　牧师职责与意义的转变

现在回顾起来，很明显地，美国 19 世纪的环境导致美国有独特的基督教会形态，不论是组织上或是对牧师的要求上皆然。几百年来，基督教的首要传统从来是单一教会，而不是教派分立。但是北美殖民地从一开始就充满了信仰各种不同教派的殖民团体，有"右派"的也有"左派"的，这些都是欧洲宗教改革运动的后果。所以大家也早就知道，要在这片殖民大陆上维持一个单一教会极为困难。到了 18 世纪中叶时，整个社会都已习于宗教上的互相容忍，并通过立法来落实这种态度。

因为宗教多元带来了教派林立，美国人摆脱了单一制式的教会，拥抱信仰自由。在 18 世纪末、19 世纪初的美国各州，信仰自由使得原本在欧洲被视为异端的教派在此得以稳定发展成为具规模的组织，虽然不似往昔"正统"教会一样强大，但地位稳固、组织有序，已不再是零散的派别而已。于是乎，在传统教会式微而各新兴宗派

壮大的情况下，一个信仰上的"自由竞争市场"出现了，最后演变　　82
成所谓的宗派主义（denominationalism）。[1] 美国宗派主义现象的
本质是教会成了"自愿性组织"（voluntary organizations）。教友们
可以随意选择他们喜欢的教派，传统教会一支独大、强迫入会的现
象已成过去。往昔在欧洲，教友们多半是随着家族传统进入教会，
而国家对异端的迫害也等于是在强迫教友留在传统教会中，接受其
教义与仪式。但是美国的教友们并非如此，他们不是生下来就必须
接受上一代归属的教会或是礼仪，而是可以根据他们自己的宗教体
验决定加入哪一个教派。

　　这种选择性并非空想。由于 18 世纪末美国生活的自由化，加
上宗教改革打破了传统教会的建制与组织，所以在 1790 年，可能
有多达 90% 的美国人都没有参加任何教会。但是随后几十年间，
这种令人吃惊的"宗教无政府状态"被大大改变了，教友们各自归
宗，选择适合他们的教会。但是在这个过程中，个人可以一再地自
由做选择。加之美国人很希望与过去切断联系，对未来怀抱憧憬，
且日益鄙夷历史，宗教上的宗派正可满足他们这样的需求。美国在
政治上有一种根深蒂固的观念，就是欧洲代表了过去的腐败，因此
美国需要超越旧大陆。新教的各宗派对于传统基督教的看法亦如此。[2]
他们认为，基督教的历史并未发展出什么宝贵的制度形式和实践方
式，而是充满了腐败与堕落，基督教原初的纯真精神已然不复存　　83
在。于是，虔敬者的职责不是保存传统留下来的形态，而是找寻可
以恢复原初精神的方式。著名的长老会教友艾伯特·巴恩斯（Albert
Barnes）在 1844 年写道："自由的时代来临了，人类终将享有自由。
传统的宗教形式或组织都是呆板的智慧或往昔的愚蠢，显然跟追寻
自由风气、宽广视野的潮流不合。"[3]

　　现在的目标是要回归基督教原初的纯朴精神，回归从《圣经》
中寻找信仰之钥的传统，即使不喜欢美国宗教发展方向的人也无法

否认这是它的核心所在。1849 年，德国改革宗的发言人认为，美国人诉诸个人的阅读与理解《圣经》来寻求指引的方式无异是

> 对过去权威性解释的必要抗议，尽管它也会同意过去的解释中有理的那部分。因此，衡量真理的真正尺度是个别教派的内心，而非过去的权威……一个真正的教派并不会在乎它过去不为人承认。它的目标在于从《圣经》中获得启示，从《圣经》通往天国……教会的历史传承对于这些教派来说并不重要。[4]

因此，将教派联系起来的力量并非那些传统的力量，也就是说，并非过去的传统对教义的解释，而是新的目标或动机。既然各教派间的教义没有统一的必要，因此对于教义的严谨讨论在过去虽是教会中理性思辨的重要来源，如今却被视为对目前稳定状态的干扰，会造成冲突。所以虽然对教义的讨论没有被放弃，却被置于一些大家认为很重要的实际目标之下。[5] 结果是，任何教派的主张只要会影响教派的发展传播，就都会被毫不犹豫地放弃。[6] 一切以福音能被传播出去为最终考量。在当时，社会的变化很快很大，没有去教会的人数量很多，各教派都在争取新人，扩张是他们最优先的考量，其他的都次之。

各教派分支都在争取的这些人，过去并没有宗教信仰，对教义或是圣餐仪式也没有特定看法。所以争取他们并不需要靠特定教义或是仪式。基督教最初成立时，宣教者所散发出的情感与热忱才是最有用的。奋兴派就是在这方面取得了成功，而传统派则失败了。宗教情感上的振奋取代了严谨的仪规与对教理的认知。对于单纯的人，要用单纯的道理打动，激昂催促的牧师不对听众讲烦琐的教义，只讲最简单的选项：到底要天堂还是地狱？救赎系乎选择：罪人应该选择宗教，而不是宗教来选择罪人。因此只要是能让人皈依宗教

的方法，就是好的。作为努力不懈拯救人的牧师，德怀特·L. 穆迪
（Dwight L. Moody）曾说："你如何使人信上帝不重要，重要的是
你让他信了。"[7] 早在实用主义成为美国文化上的信念前，它就已
经出现在了福音派的口中，虽然话说得有些糙。对于教友来说，要
看在信仰一事上是否"实用"，一个检验方法就是看皈依的感受；
而对于牧师来说，则是可否引导信徒皈依。牧师只要能成功让人信
主，他说的话就是真理。[8]

　　宗派林立与福音主义都对牧师的制度产生颇大冲击。不论属于
什么教派分支，各个教会多少都会尝试以教友为尊的公理会方式，
或是地方主义的方式。地方主义与奋兴派的结合不啻大大鼓舞了异
端或分裂团体：只要有最后成果，谁也不能说什么！这种方式也大
大提升了本派教友的地位。牧师已不能像以往一般从中央教会得到
支持，其薪资乃是教友奉献而来，因此必须发展与教区教友的和谐
关系。当然牧师还是尽可能地树立权威，但是美国生活的环境更有
利于非专业教友控制教会内的事务。在南方各州，即使在牧师权威
最大的圣公会内，也可看见权力逐渐转移到教友身上。于是各处出
现的共同情况，是牧师们的表现由教友来评断，或可说牧师成了被
教友"使用"的人。在 18 世纪时，克雷夫科尔（Crèvecoeur）已
经说过荷兰人对他们牧师的态度："他们把他视为聘雇而来的人，
如果表现称职，才可得到约定的薪资，但如果不是，就会把他解雇，
即使因此聚会礼拜时没有人讲道也无妨，有些教堂甚至被关闭了好
些年。"[9]

　　也因此，牧师们再也不能像在旧大陆时一般，依靠中央教会组
织或他们的身份来立足，而是必须像个政客一样圆熟地处理教会事
务，充分运用世俗的人际关系技巧。而那些善于鼓动宗教与民族情
怀的牧师就可以致力于改造这个国家的心灵、使大西部的拓荒者皈
依教会这两个目标。一位牧师说，19 世纪上半叶，美国的社会为了

86

达成这两个目标，"便靠着牧师来管理社会公共事业，在慈善部门间穿针引线"。大家常会以牧师"在社会改革的磨坊里做了多少看得见的工作"[10] 来评判他们。因此社会学家悉尼·E. 米德（Sidney E. Mead）指出："牧师此时实质上已失去传统的角色，而成为带着圣职、由上帝呼召而来的社会发展促进者。"[11]

最后，牧师职务的终极评鉴指标乃是他到底拯救了多少灵魂。我们如何评判地方教区的牧师之优劣呢？一个就是看他"个人魅力"的多寡，看他能动员多少教友参加有名的巡回牧师带来的动人心弦的讲道；[12] 第二种很讽刺，以"星级"打分来评断牧师，比我们评价电影的方式还早。当福音运动越发流行后，对于牧师的甄拔与训练就开始采用奋兴派的标准。往昔清教徒将牧师视为智识与教育领导者，现在这样的看法正逐渐消失，取而代之的是福音派将牧师视为能在宗教上鼓舞说服群众的人。牧师的神学教育不再重要，只要具备基本的教义知识即可。往昔教会与世俗间在智识上的联结大幅减弱了，人们不再将宗教视为智识生活的一部分，而且往往不注重理性学习，认为它只属于科学的范畴。1853 年，有一位牧师抱怨道："现在有一种流行的看法，就是如果牧师太有学问，就必然不够虔敬，而一位卓越的牧师必然欠缺智识。"[13]

二　福音运动的高峰

前文只是非常概括的陈述，拿来作为对美国宗教的定论是有危险的，因为各区域的状况不同，而且美国宗教的现实情况复杂多样。但是我认为以上的概括大致能够描述美国普遍的教派分立以及福音派的发展。当然，某些保守的教会并未受到福音运动的影响，像是天主教或是路德宗，除了些微表面形态上的部分，其余部分皆未受福音运动冲击；圣公会则是依各地情况而受影响程度不一；至于长老会与公理会，则因福音运动而产生了内部分裂。

如果我们比较美国刚独立时与 1850 年时的社会——前者只占有现在东部的区域，而后者幅员辽阔且教派分立之势已经形成——则会发现福音运动的扩展很是蓬勃迅速。在刚独立时，改革宗之中，圣公会、长老会与公理会是三个最大的教派。前两个是欧洲传来的，最后一个则是美国所特有。但到了 1850 年时，改变非常明显。当时全国最大的单一教派是天主教，但在新教内部，最大的现在是卫理公会与浸信会了——它们之前不过是非主流教派——其后才是长老会、公理会与路德宗。圣公会落至第八名，身为一个上层保守教会，它已无法在美国社会中维持自身的地位。[14]　　88

大致上来说，改革宗在广大西部与新兴城镇的发展，都是靠较贴近大众的福音派而非传统教会。像卫理公会与浸信会的大肆发展，就是它们能够适应美国当时状况的明证。而福音派成功进入公理会与长老会内部，也说明它有改变传统教会结构的能力。

福音派是传播改革宗基督教的主要力量，而宗教奋兴则是它营造热烈氛围的方式。从 18 世纪末到 19 世纪，奋兴派的浪潮横扫美国各地。第一波大约是从 1795 年到 1835 年，尤其盛行于田纳西州与肯塔基州这两个新边区，然后发展到纽约州西部与中西部各州。隔了没多久，大约在 1840 年左右，新一波浪潮又出现了，席卷大小城市，证明奋兴派绝不只是在乡间有市场，奋兴派牧师穆迪、比利·森戴（Billy Sunday）与葛培理稍后也明白了这一点。在 1757 年与 1758 年，奋兴运动达到高峰，但带来了许多纷扰。纽约、费城、波士顿、辛辛那提（Cincinnati）、匹兹堡（Pittsburgh）、罗切斯特（Rochester）、宾厄姆顿（Binghamton）以及一些较小的城市都可以见到奋兴派的身影。[15]

但福音运动的成功不是只靠奋兴派。到 19 世纪 30 年代时，福　89音运动已经成立了一些社团，例如圣经学会、基督教教育学会、主

日学校联盟与禁酒组织等，大多是跨宗派成立的。这些组织成立的
目的是在整个密西西比河流域宣教，使其不再对宗教冷漠、不信
神，或使其脱离天主教信仰，当然最终是要让整个美国甚至全世界
都变成福音信仰的地方。有一段很长的时间，新教内部的差异都在
这共同目标下暂时化解了，大家合力克服无信仰者的消极、怀疑态
度，或是对抗天主教。在教派合作没那么密切的地方，则由上述社
团为有意从事公共事业的人提供机会，而当牧师不想参加或介入某
些活动时，社团会给某些积极的教友参与领导的机会。总之福音派
在 1795 年到 1835 年间维持互相合作的态势，但到了 1837 年时合
作的势头开始变弱，一方面是由于教派间的纷争扩大或是教派内的
分裂，另一方面则是因为福音运动已达成其基本目标了。[16]

种种迹象显示，福音运动怎么看都是成功的。从数字可看出，
福音派在艰难的环境中开展了了不起的皈依运动。18 世纪中叶，美
国国内的基督徒比例是所有基督教国家中最低的。虽然美国关于宗
教的统计数字是出了名的不准，但是据估计，在 1800 年左右，每
十五人中只有一人上教堂，但到了 1850 年，每七人中就有一人。
在 1885 年时，两千七百万人中有超过四百万人上教堂。在 20 世纪
的美国，因为大多数人都上教堂，所以这些统计数字看起来不怎样；
但是我们要知道，今天的所谓"上教堂"宽泛到几乎不再有什么特
别意义，但是当年的定义却是非常严谨的，所有的福音教派都要求
信仰者有皈依的个人体验，并严格遵守宗教纪律。"上教堂"的人
远多于教会成员，因为在 1860 年时，全美有人口约三千一百万，
而教堂则足以容纳两千六百万人。[17] 成就最辉煌的是卫理公会与浸
信会，在所有领受圣餐的新教徒中，它们合起来占到将近七成。

三　长老会的芬尼福音派

浪潮首先席卷了西部荒野地区，继而进驻较繁荣的城镇，美国的福音主义与奋兴派宗教版图于是显出三足鼎立之势：卫理公会、长老会与浸信会。想要了解美国的福音文化，就得看看这三个教会的情况。

在所有的福音教派中，对智识最感兴趣的应算是长老会教友了，他们把新英格兰的公理会与殖民时期的长老会传统带到了西部。长老会与公理会在 1801 年签署联盟计划（Plan of Union），但这次结盟却使得公理会日后难以在新英格兰以外的地区顺利发展，这是因为联盟计划采用了加尔文派所理解的"两个教会"*理论；而马萨诸塞以外，尤其是纽约州及中南西部各州的所有公理会都不反对长老会的组织方式，所以它们就慢慢地被纳入长老会中了。但公理会的特殊文化与新英格兰式风格无疑还是在这些中西部的长老会中留下了印记。

长老会通常很执着于它的教义。因为它乐意吸收商界企业人士，所以成为非传统教派中的精英教会。[18] 长老会教友乐意于资助高等教育，期望能对他们的教会事业有所帮助，但是终究还是会因为执着于教义而与高等教育学府起了冲突。由于受到公理会的影响，部分长老会牧师开始宣讲"纽黑文神学"（New Haven theology），这是一种相当自由化的加尔文宗教义，宣讲神对大部分人类赐予的恩宠，采用福音派奋兴运动的精神与做法来传教。但是一些较老派的加尔文宗教徒，尤其是以普林斯顿大学及其神学院为基地的苏格兰或苏格兰—爱尔兰传统的教会成员，不接受这种新的观点。从 1828 年到 1837 年，好些争议及异端事件困扰着整个教会。长老会中的

91

----

* 即普世教会和地方教会。

福音派领袖，例如巴恩斯、莱曼·比彻（Lyman Beecher）、阿萨·马汉（Asa Mahan）及比彻之子爱德华·比彻（Edward Beecher）等都被指控为异端。到了 1837 年时，新派被守旧派驱逐出去，从此全国的长老会教友就必须选边站，决定依从新派还是旧派。旧派认为新派除了在教义上与其有分歧外，还太过于同情和接纳那些跨教派宣教团体，又不积极反对在教会中日渐茁壮的反教权主义之同情者或煽动者。耶鲁大学、奥伯林学院与辛辛那提的莱恩神学院是新派福音主义的大本营。其中最重要的是查尔斯·格兰迪森·芬尼（Charles Grandison Finney），他是介于穆迪与怀特腓德两人所处时期之间美国最有名的奋兴派人士。

芬尼可算是说明"长老公理会福音主义（"Presbygational" evangelism）这个词意义之含混不清，或是让人难以对"宗教反智"遽下定论的好例子了。芬尼与他的同伴是新英格兰智识传统的继承者，所以很关切教育。奥伯林学院与卡尔顿学院都可被视为新英格兰传统被移植到中西部的产物，说明这个传统在此有多么受重视。其他的福音派团体中很难找到像芬尼、马汉与比彻这样知书达礼的人，毕竟在内战后还有什么人写得出芬尼的《回忆录》（Memoirs）这种水准的书呢？这些人的心由于不断咀嚼加尔文神学要义而变得坚毅，也由于需要发展出个人的神学理论而变得睿智善思考。可惜他们的文化观非常狭隘，他们对于教育也只是注重其工具性，所以他们不但没有把所继承的智识传统扩大，反而把它限缩了。

92　　虽然今日只有对美国宗教史特别有兴趣的人才知道芬尼，但不管怎么说他都应算是美国历史上的伟人之一。他是康涅狄格州一个西部拓荒家庭的子弟，童年在纽约州中部度过，接着又向西移居到安大略湖（Lake Ontario）畔。他曾在新泽西州短暂做过老师，后来通过律师考试而在纽约州中部的小镇做执业律师。他直到二十九岁时才信教。他回忆道，当时他是在一间阴暗的律师办公室内因为寻求精神指引而进行祷告时，"受到了圣灵的洗礼"。他在一生中曾数次经历这种神秘体验，这是第一次。第二天早上他告诉一位客户："主耶稣刚成为我的新客户，所以我无法接你的案子了。"[19] 自此以后，他全力投入布道生涯。1824 年，他成为长老会牧师，从 1825 年到 1835 年间，他发起了数次有名的奋兴运动，使他在当时福音派牧师中声名大噪，也使他成为美国宗教史上最出名的人物之一。

芬尼天生有一副大嗓门，并且善于在讲坛上进行唱作俱佳的表演。但是他最宝贵的天赋是那双电眼，凝视人时充满无比热情与先知式的指引意味，这对令人难忘的眼睛在美国 19 世纪的肖像画中除了约翰·C. 卡尔霍恩（John C. Calhoun）外无人能比。他的讲道对于教会会友来说充满震撼——兼具理性与感性、批判与柔情。"上帝要我以巧妙的方式让他们打开心房"，他回顾早年一次最成功的奋兴式讲道时说："信友们纷纷从椅子上东倒西歪跌下，哭喊乞求着上帝的慈悲……几乎整个教会的人不是跪着就是俯伏在地上。"[20]

芬尼创造了他自己的神学思想，犹如一个充满个人风格的乡野民间哲学家，尝试着去实践一些连他自己都不知道后果如何的观念或想法，这一点被法国的托克维尔赞赏为"美国式的勇敢"。他为了成为长老会牧师，婉拒了传统教会一些资深牧师打算送他去普林斯顿神学院进修的提议。他回顾说："我明白地告诉他们我不会像他们一样遵循传统，我相信他们受的训练与教育是不对的，他们不符合我心目中一个宣扬基督福音的牧师应有的风貌。"虽然自称是神学门外汉，但是芬尼并不接受与他意见不一致的常见神学观点。"对于神学著作，我除了《圣经》外什么也没读过，所以在神学问题上，我用研读法律书籍的态度来从《圣经》中寻找依据。"此外，"我无法因为某人是神学权威就接受他的观点……我只信从《圣经》，也只相信由我的心灵所生的哲学与知识……"[21]

福音主义与奋兴派的芬尼借助法律素养把清教徒注重理性与

思辨的精神带入了讲坛（他曾说他会用说服陪审团的态度来对教会信众讲道），他在面对受过教育的中产阶级信众时尤其如此。但即使他布道时有着无比充沛的感情，很快还是被某些福音派牧师认为太过理性，他们提醒他，有人担心"他有成为一个智识派分子的危险"[22]。可是芬尼却为自己讲道时诉诸感性的程度而自豪，他在乡村布道时充分强调感情，而在较有文化的城镇时就稍微加一点儿理性思辨。他说："由于我的布道，法官、律师与受过教育的人们纷纷归主了。"[23]

无论如何，芬尼并没有"变成一个智识主义者"的危险。大体来说，他讲道的方式与对布道者一职的理解都是忠于奋兴运动的。虽然他并不认同牧师缺乏知识这种状况，却很赞同只要能争取到信友，无论用什么方式都行。他对于书面的讲道词嗤之以鼻，因为这样不能启发信友产生自发性的感动情怀，他同时也把世俗文化看成心灵救赎的障碍。

芬尼并不依靠他所受的牧师养成训练，也不采用那些受过良好教育的牧师所用的布道方式。他说他"从不利用高等教育学来的知识"，当然也就非常了解自己会被许多同行看成业余的角色，玷污了牧师这种职业。芬尼在刚担任牧师时就知道，大家都认为如果他这样的做法能成功，学校及教育机构就会瓦解。做了一阵子牧师后，他开始相信"学校的训练基本摧毁了许多原本可以成为好牧师的人"，因为他们大量学习有关于《圣经》的知识与神学，却不知如何运用它们使人归主。其实最重要的是经验："一个人只有在实际布道中才能学会如何布道。"那些神学院训练出来的牧师的讲道词"简直就像是文学作品……叫人阅读这么优美的文学作品怎能算是布道？这对文学爱好者而言是很大的享受，却没有教化功能"[24]。

不论是文学或其他事物，芬尼对于任何形式的优雅都不以为然。例如华丽的衣饰或是家具、生活品位与方式，在他看来都与抽烟、喝酒、打牌或看戏一样是不好的倾向。至于文学，他说："我不相信一个爱上帝的人会喜好世俗的小说。"他扬言道："让我看看你的书房与阅读的地方，看看里面有什么书。拜伦、司各特、莎士比亚，这堆人都是些轻慢和亵渎上帝之徒。"即使是一般被认为牧师需要懂的古典语言，如希腊文、拉丁文等，他也认为没什么用。他说学生在神学院内"花了四年读很多古典作品*，但是这些作品里并没有上帝"。这些学生从神学院毕业时"也许学富五车，通晓拉丁文，纵使他们学到了使几百人信上帝的技巧，心里却可能看不起那些无知的教友"[25]。他把智识视为与虔敬对立之物，因此认为这些刚从神学院出来的年轻牧师们"心中有如学院门墙一般高傲"。神学院教育的问题在于"它让年轻人掌握智识，却没能培养他们的道德感"。"学院里进行的是智识竞赛。兴奋、热情，都是针对智识的。年轻人……失去了精神性的坚定格调……他们的智识长进了，心灵却荒废了。"[26]

我们很难判断芬尼对于美国神学院教育的描述是否正确，但是他的看法代表了主流福音派牧师的立场。不论神学院训练出来的牧师们在智识上多么充足，他都反对这样的训练方式。

四 卫理公会的转向

我们之所以详细地介绍芬尼，是因为他是长老会内福音运动的代表人物，他在长老会牧师中既不是最博学也不是最无知的。福音运动作为一种宣教与使人信主的新方式，让长老会及公理会抛弃了长久以来追求智识与教育的传统。至于卫理公会，身为美国招募信友最多的教会，它的历史恰恰相反。卫理公会开始时对于智识并不

95

---

* 指基督教出现前的作品。

热衷，也不注重教育或是牧师的学院式训练。可是随着时间流逝与
教会发展，他们慢慢变成主流大教会，不再是以往那样的非主流激
进教派，吸收进来的新成员也渐渐变得重视起教育来。到了 19 世纪，
卫理公会内部时有发生不同立场间的争辩，也就是怀旧派与中产阶
级信友间的争执，前者赞成没受多少教育的巡回牧师那种激情招募
信友的方式，而后者希望牧师接受正规的神学训练。卫理公会与浸
信会的历史，就是体现美国宗教史上这两种路线矛盾冲突的最好例
子。一方面，有许多信友支持反智的福音运动；而另一方面，规模
较大的主流教会中，一定有期待以文雅而正式的神学来宣道的声音。
所以美国的宗教早已出现后来菲利普·拉夫（Philip Rahv）所谓的
与美国文学史一样的"粗鄙与优雅路线之争"。

约翰·卫斯理（John Wesley）本人出身于牛津大学，是一位博
览群书的牧师，他兼具智识上的严谨与易让人信赖依靠的风格。他
为卫理公会立下了相当好的智识标准，但是之后美国的卫理公会信
友却没兴趣维系这些标准。福音运动的本质无疑使得奋兴运动倾向
于反智，但使反智风潮尤为壮大的则是美国特殊的社会环境。[27]

卫斯理自己与美国卫理公会的创立者之一弗朗西斯·阿斯伯里
（Francis Asbury）都是巡回牧师出身，但是他们这样宣教不是因为
方便，而是另有原因。他们相信牧师（就像许多英国的教区牧师一
般）在一个地方待久了一定会逐渐颓废，失去冲劲，而巡回布道则
能够为宗教事业注入新的生命。在美国这块土地上，卫理公会的巡
回布道是特别适合于吸收流动移民与拓荒者的宣教方式。早期美国
卫理公会很为他们的巡回牧师引以为傲，这些牧师展现出了当初受
训练时未曾被教导过的能动性、韧性、勇气、勤奋与奉献精神，愿
意放下身段去服务教友。他们以自己牺牲奉献、将福音传给民众为
荣。他们待遇微薄，超负荷工作，在各种天候与艰难的旅行环境下
宣教。在暴风雪尤为猛烈的时候，人们会说一句谚语："今晚没有

人会在外面，除了牛与卫理公会牧师以外。"他们能够忍受辛劳足以证明他们的虔诚，[28] 而他们在把原本不去教堂的人争取成为信友这件事上取得了非凡的辉煌成绩。因为他们的努力，美国的卫理公会从阿斯伯里来美四年后的 1775 年只有区区三千人的小教派，经过八十年的发展，成长为最大的新教宗派，有超过一百五十万名教友。

不管那些高端宗派之中受过良好教育的牧师说什么，巡回牧师们知道自己的方式是有效的。他们自己发展出了一套原始的宗教实用主义，只遵奉一个基本信条：他们的工作就是在最短时间内拯救最多的灵魂。如果以达成此目标为务，那些受过良好教育的牧师所宣讲的教义就不仅只是花拳绣腿而已，甚至可能成为障碍。这些巡回牧师虽然没有多少知识和思想，但他们有且仅有一个充分的辩护理由：他们有成果，这个成果可以借归主人数来衡量。面对这个辩护理由，几乎不可能找到有效的反驳方式。

卫理公会的领袖们和他们的批评者一样清楚，他们主要的宣教对象是穷人与未受过教育的人，他们认为这是好事。有一次，阿斯伯里认为耶鲁大学的若干学生冒犯了他，因为他们"太有绅士派头"了，他觉得连贵格派的人举止都过于"体面"——"啊，体面这个词里包含着死亡。"[29] 就全国而言，卫理公会在吸收教友这件事上轻易超越了其他宗派。新英格兰因为经济较优渥，故民众比较认同受过良好训练的牧师，因而此地对他们来说很难攻克，吸收教友的成就最小。但到了 19 世纪初，卫理公会还是在此地有所开拓。他们先是在这里打出类似新英格兰大觉醒运动的旗帜："我们一直以来都着重于保存一个有生命力的教会，而不是一群有学问的牧师。"[30] 杰西·李（Jesse Lee）是新英格兰卫理公会的领袖，当有人质疑他受过的教育时（这现象在那儿很常见，因为卫理公会牧师必须与其他教会竞争），他仅简单回答说他受的教育足以让他周游全国。[31] 渐渐地，新英格兰变成了测试卫理公会能否存活的理想场所，且测试结果喜人。他们为了适应环境，在各方面都做了调整，让人觉得他们可敬、文雅与受过教育，为日后适应其他地方而做出（幅度较小的）调整提供了宝贵经验。

例如在康涅狄格州的诺威奇（Norwich），1800 年时曾有人写文章形容卫理公会的成员是"一群懦弱、没学问、没知识、处在社会最底层的人"。[32] 但是到了 19 世纪中叶，一位公理会成员用一段可以代表各地卫理公会的话来形容他们所做的改变：

> 虽然他们起初是由社会底层人士组成，但现在他们的成员
> 已和其他教会成员一样值得尊敬了。他们集会的时候已经不再
> 选择谷仓、学校或是什么偏僻角落了，也不再以一副瘦弱的身
> 躯、消瘦的脸庞与一头散乱的头发来集会，或是讲话不合文法、
> 用词低俗，牧师都受过教育，举止优雅得体。[33]

因为卫理公会散布于全国各地，流行于边区和南方，这些地方对牧师的受教育水平都没什么要求，故而它起初虽与体面的、学院的、传统的主流意见不合，但反而易于在这些地区立足，但是当它取得成功后，就不得不站在中下阶层的立场来面对其他优雅高贵的教会的挑战。一般来说，在去中心化分权制的教会里，每一个地方教会都可以自行决定风格，但是在像卫理公会这样一个高度集权的组织里，决定全教会文化基调的辩论就会异常频繁。我们从该教会的一份走高贵路线的刊物中就可看出其立场的反复变化，这就是《卫理杂志与季刊》（*The Methodist Magazine and Quarterly Review*），1841 年后改称《卫理季刊》（*The Methodist Quarterly Review*）。在 19 世纪 30 年代初，卫理福音主义与奋兴派明显知道他们是传统教会攻击的对象；他们内部有着路线上的困扰，一边是赞成巡回

牧师风格的人，另一边则是要求对教会进行改革的教友与受过教育的牧师。[34]1834年，这个争议被拉·罗伊·森德兰牧师（La Roy Sunderland）的一篇文章带到台面上，文章提议废除巡回牧师制度，要求所有卫理公会牧师都接受良好教育。他大声疾呼：

> 我们教会中可有任何部门的任何一个章程中明确说明，要成为牧师需先接受某种程度的教育训练吗？没有！我们的许多规定或是传统岂不是故意要让人以为牧师教育根本不必要？我们内部的会议中不是多次提及，如果有天赋及神恩与智慧，就够资格成为牧师了？

有一个旧派的代表站出来反驳森德兰，他说主张严谨精致的神学训练其实是将布道看成"像法律及医药一样的'专业'，需要'专业训练'"。但是我们现有的牧师群并非无知之人，如果要这样说他们，则不啻"落实了我们敌人的指控"。卫理公会不是早就有自己的学院与大学了吗？"我们的年轻人现在都能受到良好的教育，而且他们的道德不会被那些缺乏虔敬感的牧师败坏，也不会因为教授或校长的嘲笑而放弃他们相信的卫理公会。"[35]随着时间过去，我们可以从这个期刊中看出改革派战胜了守旧者：因为关于旧式巡回牧师的报道越来越少了，在以往这应是期刊的主要内容；而关于基本神学与智识问题的讨论则越来越多了。

所以卫理公会在19世纪30年代与19世纪40年代经历了重大的改变。大家都开始设法提升格调以赢得尊重，之前巡回布道时代的福音运动方式、反智的传统渐渐褪去。同理，他们现在也开始注重对信友与牧师的教育。以前卫理公会对于教育实在是欠缺重视。[36]在最早期，不但教会内受过教育的人很少，且从阿斯伯里自己到基层，上上下下都不重视教育。[37]多数的卫理公会成员承担不起教育费用，而牧师的良好神学训练看起来也是种浪费，因为他只需要把简单的福音告诉单纯的民众就可以了。

101　　　　早年即使广设学校，迟早也会失败，因为得不到财务支持。直到 1816 年阿斯伯里过世，一群来自新英格兰的改革者坚定寻求提升教育程度，开始针对人数渐多、素质渐高的信友宣扬教育的重要性。到了 19 世纪 20 年代末期，他们的努力开花结果，卫理公会开始赞助几所学院与一些大学。康涅狄格州的卫斯理学院于 1831 年设立，接着又设立狄金森学院，这是从长老会接收来的，然后在 1833 年时设立了阿勒格尼学院与印第安纳阿斯伯里学院，1842 年设立了俄亥俄州卫斯理学院，这些都还是最为人知的。从 1835 年到 1860 年间，卫理公会设立了超过二百所学校与学院，但是都像以前一样经营维持得不甚好，因为他们认为教育只是工具性的；虽如此，这也已经比以前好多了，过去甚至认为教育对宗教来说没有助益。卫理公会开始重视牧师的教育训练有两个原因：一是有些领导人真的很重视牧师的养成训练；第二就是教派之间有时候发生的教义争论使他们不得不开始重视神学。[38] 但是他们对神学院还不是完全信任，被怀疑是异端的发源地，所以卫理公会前两所神学院都取名为"圣经研究所"。而这些机构的领导者都从新英格兰来，反而不是从卫理公会势力最大的区域来，这是因为新英格兰的教育学术水准最高。[39]

　　　　但是老派的卫理公会人士并不愿意向设置学院、大学、神学院与期刊等新趋势妥协。巡回布道家中最有名的卡特赖特在 1856 年写下的著名自传中，发表了旧式福音派人士对牧师一职的看法。因为这个看法完全代表反智的立场，所以值得完整地摘录于下：

102　　　　　　现在让我们来试着想象一下，如果卫斯理先生在开始新一天的布道前，必须先集合一群饱读诗书与受过良好神学熏陶的牧师才能开始他的拯救灵魂工作，那卫理公会今天会变成什么样的教会呢？……再假设阿斯伯里先生必须借助一群充满文学素养的牧师才能宣教，则现今全美国境内大概就很难有诚心侍奉上帝的人了……

长老会及其他新教的加尔文宗分支经常会提倡牧师应该受完整训练，教会要有美观的座席，唱诗时要有乐器伴奏，牧师要有固定薪资等。但是卫理公会的人普遍反对这些，因为那些不识字的卫理公会牧师能大大地感动信友，声势如同烈火，而其他牧师感动信友的能力相比之下只像在点火……

我并不想贬低教育，但是我见过很多受过良好训练的牧师就如同长在桃树荫里的莴苣菜一样毫无挑战风雨的能力，像小鹅在露水中迈着大步自以为是，我实在看不下去。现在这些教育牧师的计划与神学训练都算不上是实验了，因为其他教派早已试过，而且完全失败了……

我很为心爱的卫理公会担心。如果广设大学与神学院，发行杂志，扩大组织，然后让我们最优秀的牧师在这些机构中任职，那就等于把他们限定在一个地方，让他们世俗化，不再巡回布道。如果这样的话，我们就会沦落为公理会那个样子，陷入别人犯过的错误……

难道我们看不出来？正是因为很多牧师在这些机构与学校担任职务，才导致平时布道的牧师人手短缺。更且，这些非布道牧师的职务提供的薪俸很高，而那些辛苦周游各地布道的牧师，顶着风雪四处奔波，所得的微薄薪俸却经常入不敷出。因此，很多人受到这些非布道职位的高薪诱惑，不愿再去从事拯救灵魂的一般布道工作……

或许，在致力于拯救灵魂、建设卫理公会的成千名巡回和在地牧师中，只有不超过五十个人曾接受过比正式英语教育还

103　高级的教育，多数则没有；而没有任何人曾经在神学院或是圣
经研究所就读过，但是他们之中很多人在宣扬福音方面成果丰
硕，拯救的灵魂远比现代的那些高人一等的聪慧牧师更多，因
为后者纷纷投入各类机构的管理、教学或是期刊的编辑工作，
抑或任何待遇丰厚的职务中，不愿意布道以拯救灵魂。他们不
断创造新的机构与职位，以便领取高薪，享受好生活，却忍心
让数以百万计的穷困、濒死的罪人因为无法接触上帝、听到福
音而被投入地狱……

　　我不会故作高人一等地宣称我赞成学问，或是赞成牧师受
更好的教育，因为这是最简单的掩盖真理的方法，会鼓励那些
学养丰富的牧师们站出来宣称，反对他们的人等同于主张无知
才是好的，无知才会带来虔敬。我们看看这些饱学的牧师，他
们把神学当作一门学问来研究，对这个世界有何帮助？让我们
回顾一下宣教的历史吧！我们看到，人是很容易骄傲的，很多
受过良好教育的牧师就是因为学历高而为人傲慢，导致他们自
己无法成为宣扬福音的好牧师。但我不会以恶报恶，以辱骂还
辱骂，我还是要感谢上帝让我们接受教育，赐予我们有教养、
有资质、有精神的牧师。但是在主张教育的人看来，成百上千
没受过太多神学教育的牧师会对我们推行的教育做何感想呢？
没错，我们之中很多主张牧师接受教育的人都会高度赞扬早年
建立卫理公会的那些不太有知识的旧式布道者，但我不会对这
些昧着良心的人阿谀奉承，对于这些处于天龙国度的人，我认
为他们心里真实的感受，其实是多亏有了那些无知的人，他们
才能有今天的成功。[40]

　　批评巡回布道者的人想表达的无疑正是这种感受，但是卡特赖
特应该要承认他们并不是完全没道理。不是所有的福音派牧师都拒

绝承认此事实。在芬尼之前，有一群福音派人士就曾这样说："与
未受过教育者相比，跟受过教育的人一起工作比较困难，这些人有
世故复杂的心思，又喜欢质疑任何事情。"[41]

五　浸信会的革新

　　浸信会在许多方面的历史都与卫理公会相仿，但因为浸信会的
组织没那么集权化，更为坚持传统，支持牧师不需接受特别好的教
育，甚至主张不支付牧师薪水，所以他们在这方面的转变较缓慢，
不像卫理公会那么剧烈。威廉·沃伦·斯威特（William Warren
Sweet）观察到："没有任何其他教会像浸信会一般，对于受高等教
育与领薪水的牧师那么反感。19 世纪初期，这种偏见不但存在于在
边区拓荒的团体中，甚至还存在于整个浸信会中。"[42]
　　浸信会曾受到有良好教育的牧师及传统优势教会的鄙视，尤其
是在公理会当道的马萨诸塞州及遍布圣公会的弗吉尼亚州，他们常
受迫害。他们习惯于选用一些教友来担任牧师，这些牧师可能是耕
田的农夫或是制作板凳的木匠，就像任何一位教友一般，平常从事
维持生计的工作，到了周日或是举办受洗礼与丧礼时，他们就摇身
一变成了牧师。他们忙于营生，当然没时间念书，也不喜欢其他的
牧师与他们在布道上竞争，更是坚决反对那些从新英格兰家庭传道
协会来的牧师跟他们一起传道。他们借着抗拒"外来"影响与集权
控制，建立起自己的信友团体。浸信会内甚至还有一种传说，谁跟
传教协会有关系，就不欢迎他到浸信会来。一个肯塔基州的浸信会
团体说："我们不接受来自这些背离《圣经》精神的传道协会的个
人或是团体加入我们。"伊利诺伊州有一个团体，在一封公开信中
以极度怀疑任何权威的口气说："我们宣布，我们跟《圣经》协会
没有关系，因为我们认为任命一小群人来翻译神圣的《圣经》是很

危险的。我们要守住自由，因为是耶稣让我们获得自由的，不要被束缚住了。"[43] 的确，《圣经》的翻译被一个机构垄断的确可疑，而且要记住，浸信会对此的怀疑与不信任感，源自早年他们受到的迫害与嘲笑。[44]

浸信会反对传道协会派牧师来，那是因为他们反对集权式的领导。他们觉得，向教会中央机构让步就是让领导机构变成"罗马教宗与邪恶宗教"。浸信会中那些没有受过教育也没有支薪的外行牧师当然会痛恨受过良好教育、领高薪的牧师接近他们的信友。他们很自然地相信，这些受过教育、从东部来的牧师其实是为了钱才做此工作。[45] 当时一位观察者认为，未受教育的牧师知道自己弱点何在，但是他们非但"不欢迎上帝派来更好的人推进这项事业，反而觉得自尊受损，这是心灵狭隘且懦弱之人常有的毛病"。一位浸信会牧师在反驳某个出来打圆场的人时说了一番话，证实上述对浸信会牧师的描述是正确的。那个打圆场的人说，没人强迫信友去听那些外来牧师宣道，而他们也没有要求金钱回报，除非本地教友自愿给他们。但是这位浸信会牧师反驳道："出来打圆场的这位好弟兄，你要知道，森林里的大树会挡住小树的阳光，而这些外来牧师未来都会成为大人物，人们都会去听他们布道，就没人理会我们了。所以我们反对。"[46]

浸信会会友们和老派的卫理公会成员一样，无法理直气壮地完全抵挡要求牧师受教育的潮流。于是他们想在尊重他人的通过时保全自尊。弗吉尼亚州一个早在 1789 年就尝试创设神学院的浸信会组织是这么解释的：

> 我们周遭其他教会的弟兄们再也不能嘲笑我们不懂教会仪规了，也不能因为不习惯我们日常使用的宣道语言就忽视我们布道的内涵，如果我们这样做（其他事也一样）是为了主的荣耀，

是为了拯救灵魂，那么我们就可以相信上天会赞成我们的。[47]

　　浸信会会友们对此意见不一，有人认为应该获得其他教会的尊敬，也有人喜欢原来那种亲切、经济的布道方式。到了1830年，浸信会的领袖们已经在提供专业和支薪牧师、提升普通信徒的教育水平等方面取得了长足进步。但是浸信会长期以来对于智识的偏见是不易立刻改变的，这需要日后不断地与奋兴派的影响做斗争。[48]

六　布道家穆迪

　　在美国内战之后，教会的社会地位有了重大的结构性改变。城市逐渐发展，于是向都市中的居民宣教便成了紧迫之事。当然这很困难，因为教会必须了解都市劳动者的心声，帮他们应对贫穷，还要尽量照顾从乡下移居城里的人。在19世纪40年代和50年代，奋兴派在都市中的利益发展得很迅速，因此成为迫切的问题。从穆迪时代到葛培理时代，福音派宣道者在大城市——而且是国际大都市——感化人数的多少成了他是否成功的最终指标。只能在乡间与小城镇布道的人被视为三流人物。

　　穆迪可说是介于芬尼与森戴间最出名的布道家。他父亲是马萨诸塞州诺斯菲尔德（Northfield）的一个穷困泥瓦匠，而且在他幼时就过世了，他十八岁时受到一位曾在福音派做过巡回布道的公理会牧师感召而皈依。内战前夕，他正好二十岁出头，但已经开始参与教会在大城市中的宣教与慈善活动。他在芝加哥从事鞋类批发生意，事业颇为成功，但是1860年时决定弃商入教，成为独立布道者。内战时他活跃于基督教青年会，战后成为该会的芝加哥分会会长。穆迪自十三岁起失学，因此他从未寻求接受按立，成为正式牧师。

　　在1873年前，他的主要成就在于基督教青年会与兴办主日学

107

校，但出于好奇与宗教上的雄心壮志，他两次造访英国，观察那边的教会领袖如何领导。1837 年，他应邀到英国开展一系列福音布道演讲，获得了生涯第一次重大成功。从 1837 年夏天开始，他带着自己的风琴师与唱诗人艾拉·D. 桑基（Ira D. Sankey）在两年间巡回于英国各大城市，包括约克（York）、爱丁堡（Edinburg）、格拉斯哥（Glasgow）、贝尔法斯特（Belfast）、都柏林（Dublin）、曼彻斯特（Manchester）、谢菲尔德（Sheffield）、伯明翰（Birmingham）、利物浦与伦敦等。光是在伦敦就有约两百五十万人听过他布道。自从卫斯理与怀特腓德之后，英国就没有出现过这么精彩的布道了。他离开美国时默默无闻，但回来时已是光芒万丈；从 1875 年到 1899 年过世为止，他不但被公认为美国福音派的布道第一人，也被奉为美国新教最伟大的人物。

穆迪与芬尼很不同。芬尼用近乎可怕的力量震慑听众，但是穆迪却是和蔼可亲令人喜爱，用进入天堂的应允代替入地狱受苦的警告。他像曾出任美国总统的格兰特（Ulysses S. Grant）将军一样身材矮胖，留着大胡子，但是他们两不只是外貌体型相似而已。穆迪像格兰特一般是个单纯的人，但是有着坚强的意志力，他组织群众的力量就如同格兰特将军在攻克维克斯堡（Vicksburg）的著名战役中所展现的一般。他们两人都善于集中优势力量，进攻敌人最薄弱之处，使敌人的抵抗瓦解。他们都把真正的意图藏在诚恳的面容后。但他们也有差异。即使没有自信，格兰特仍会对他应做之事全力以赴；他在战前做生意失败，后来从政，虽然当上了总统，却未能留下好名声。而穆迪则是一个自信满满的人，他很年轻的时候就做生意成功，然后突然转向宗教；在任何需要毅力、精明、决断、魄力与人情味的现实生活领域中，他都能成功。他完全没什么知识，甚至连语法也不通，常因此受人批评。但是他熟谙《圣经》，了解他的听众。他布道时冷静镇定，不知疲倦，会反复问他的听众："你是基督徒吗？"然后用口若悬河的语言劝勉众人，声音响彻整个讲堂，让人无所逃遁，最后大家终于被他鼓舞而走向救赎⋯⋯

穆迪讲话很概括，而且不拘泥于某个宗派，所以几乎所有宗派都欢迎他讲道，除了天主教与唯一神教派（Unitarians）、普救派（Universalists）等。[49] 他也不屑于对神学做正式的讨论（我的神学！我不知道我还有神学！请你告诉我，我的神学是什么吧！）。[50] 当时的知识、文化与科学对他来说毫无意义，他毫不掩饰对它们的不屑。所以，在这方面他是与主流的福音派传统一致的。虽然他并未攻击传统的牧师与他们所受的训练，但是他热烈主张一般信友参与布道的工作，并且认为那些受过正式训练的牧师"因为受教育而离信友越来越远"[51]。他认为任何教育只要不能满足宗教的需要，就都是无用的。他说，世俗的教育非但不会告诉我们人生是多么坎坷，反而哄骗他们"人受了教育就跟天使一样"，"但是受了教育的流氓会是流氓中最坏的一种"。除了《圣经》外，他几乎不读任何书。"对于书，我只有一个原则。我只读能帮我更了解《圣经》的书。"小说吗？"言辞太华丽⋯⋯不合我胃口，不想读。即使合我的胃口，我也不会去读的。"戏剧？"人们说有教养的人应多看好的戏剧。算了吧！让那种教养随风飘散吧⋯⋯"文化？"有相当程度的文化是很好，但是把它看得比上帝还重要就是极度癫狂了。"学识？对寻求信仰的人来说毋宁是一种累赘："我宁可有信仰热情而无学识，现在世间有很多学识是不含信仰热情的。"科学？在穆迪的时代，科学已经成为信仰的威胁，而不是帮助我们发现或赞美神的手段，"其实相信人是上帝造的要比相信科学、相信人是猴子变得容易多了"。[52]　109

穆迪对于智识与文化的态度完全符合福音派的一贯立场，但是他还是在那一代的奋兴运动中开启了新的一页，这种"新"不是在目标或是态度上的，而是方法上的。在爱德华兹时代，大家都把奋兴运动看成神意降临的结果。爱德华兹在他的知名著作中把北安普顿那次众多信友受感召的重生事件，看成"令人惊喜的神的事工"。
他用"令人惊喜"来形容，就表示那次事件并不在牧师意志的控制
之中。我们可推测怀特腓德对这种事情了解更多，作为一个老练的
奋兴运动推手，他一定知道通常人的意志在这件事中会扮演一些角
色。不过，大家宁愿认为：神的旨意才是关键的，而人的意志是相
对被动的。但是到了芬尼的时代，这样的看法逐渐改变了。美国福
音派传统特有的强调人类意志的唯意志论从此日益受到欢迎。芬尼
强调"宗教系乎人的作为"。他固然承认神使人遵行他的旨意而行，
但神的旨意永远都存在，犹如数学中的常数，人对神意的反应才是
变量。奋兴重生因人的意志响应呼召而发生。芬尼主张，人在信仰
上的重生"绝不是奇迹，也不依赖奇迹而生，完全是各种要素与方
法齐备后在逻辑上的结果"。因此，坐着等待奋兴重生像奇迹般到
来是错谬可鄙的。"为何奋兴重生的现象没有发生在你身上？因为
你根本不想要。"[53]

芬尼的《论宗教奋兴演讲集》(*Lectures on Revivals of Religion*)
就是专门谈论如何依着意志促成信友的奋兴重生。但此处要注意的
是，芬尼谈的不只是用什么程序方法这类技术性问题，而是关于如
何将人的头脑、心灵与意志一齐引导向复兴宗教的伟大目标。而穆
迪与他那个时代的人要让奋兴运动适应新的工业时代，因此运用了
不同的方法。我们不能说穆迪这样充满动力与虔敬的人缺乏内在的
精神力量来感化人，只好发明新方法，但是他的确在一般福音派牧
师使用的方法外加上了新的元素：商业组织的技巧。芬尼的奋兴布
道属于杰克逊总统和莱曼·比彻那个时代，但是穆迪不同，他属
于实业巨子安德鲁·卡耐基(Andrew Carnegie)与 P. T. 巴纳姆
(P. T. Barnum)的时代。

芬尼的奋兴布道虽曾经过精心策划，但是没有借助太多的工
具。而穆迪则依赖了一个有力的机制。[54]首先是派人取得地方牧师

对他们布道的邀请，然后就是大力进行广告宣传，包括海报与报纸（报纸的宣传竟然是放在娱乐版）。因为连最大的教堂也容不下参加布道的听众，所以必须借用体育馆或是大型演讲厅，如果没有这些场所，他们就临时盖一个。布道结束后，再把这些临时盖出来的场所变卖出去，换取现金。穆迪在波士顿修建的布道场花了三万两千美元，而为了解决布道的支出（在大城市做系列布道的花费从在纽约的三万美元到在伦敦的十四万美元不等），他成立了财务委员会，透过委员会可吸收一些地方企业家的捐款。穆迪不只依赖中小企业家的捐款，还有大企业家的资助，例如在芝加哥有塞勒斯·麦考密克（Cyrus McCormick）与乔治·阿穆尔（George Armour），纽约有 J. P. 摩根（J. P. Morgan），在费城有杰伊·库克（Jay Cooke）、科内利尔斯·范德比尔特二世（Cornelius Vanderbilt II）与约翰·沃纳梅克（John Wanamaker）。布道会需要很多人手，包括带群众入场的引导员，紧接着布道后举行"意愿调查座谈"的协助人员等。当然也需要负责音乐的人，例如唱诗和弹风琴的桑基，或者当地的合唱团（人数从六百到一千不等）。就像任何一宗生意般，在布道之后参加穆迪"意愿调查座谈"、决志归主的人数是评估成败的指标。起初穆迪本人反对这种估算拯救了多少灵魂（例如有人指出伦敦有三千人归主，芝加哥两千五百人、纽约三千五百人）的做法，但是后来他也开始系统记录参加座谈、决志归主之人的姓名与住址了。

　　如前所述，芬尼自己对于可以把他受过的法律训练应用到讲道中感到非常自豪，而穆迪也同样不自觉地在布道时用到他早期做生意的经验。有的时候，他听起来就像是一位专门推销"救赎"的业务员一样；而他在"意愿调查座谈"期间站在椅子上高声问大家的模样，更像在卖一项产品。他问："现在，谁要接受主？你只需要主！有了基督，就有了永生与一切。没有他，就只有毁灭。他主动来到你身边了。现在，谁要接受他？"[55] 有时他会对人说："如果

111

有人要买外套，他一定会买最物超所值的那件，这是世间不变的道理。如果我们能证明信仰是世间最有价值的东西，我们就能赢得整个世界。"加梅利尔·布拉德福德（Gamaliel Bradford）说得有道理，这简直像"卖鞋的人所讲的话语"[56]。他同时代的人也看出这点来了，莱曼·阿博特（Lyman Abbott）如此描述穆迪："他长得像个生意人，穿得像个生意人，还把布道会弄得像做生意，连说话都用生意人的口吻。"[57]

芬尼至少曾在一项社会议题上是激进的，那就是奴隶问题，但是穆迪却始终是保守的；而此后奋兴运动产生的福音思想能与企业精神结合，主要归功于穆迪。他的政治立场与支持他的共和党企业家是一样的，而且他从来不讳言福音思想如何有助于有产阶级。"我告诉芝加哥的有钱人，如果共产主义或是无神论来了，他们的财产都会消失。"他还说，"对芝加哥的资本家来说，没有比投资在福音上更能保护他们的豪宅与财产了……"但是他并不是在投富人所好。他的保守立场反映了他的千禧年主义观念，他对世间有一种深沉的悲观心态。他认为人生来就是堕落的，无可期待；"我曾反复听人说悔改、悔改，到最后我已经把这个词听烦了。我们需要的是借助圣灵的力量来重生。"因此，穆迪对于任何社会改革思想都没有兴趣。[58] 对他来说，人永远无法成就任何事情。世界就是一艘将要沉没的船，真正重要的事是在它沉入水中之前尽可能拯救人的灵魂。

112   七   布道家森戴

从某一方面来说，穆迪那时代的奋兴派宣道要比前面的人更收敛。早期奋兴派那种"狂热"的呼喊、呻吟、晕厥、大吼等现象现在都不适宜了。不只是表达虔敬的方式要更收敛，在城市中的奋兴布道都在媒体的关注下进行，所以任何会触怒大众的事情都不能做。

在乡村的教堂与拓荒者营地中，可以有失控的激情表演，但是如果在城市演讲厅举行的大型布道会也这样干，便可能引发危险。同情奋兴运动的人之中较有智慧者可能会为布道会的激情场面感到尴尬。芬尼虽然常常激发信友的激情，却认为这样做是不好的。穆迪根本就不喜欢这样，所以他有时会请工作人员将某位太激动的听众请出场。当听众们喊出太多的"阿门"或是"哈利路亚"时，他会说："你们别这样，我可以自己来呼喊。"[59] 他的后继者森戴相信，不必借助激情就可以感动信友，他对听众要求很严，也会请服务人员把太激动的听众赶出去。有一次，他曾大喊："不用两个人一起叫喊，兄弟，我来喊就可以了。"还有一次，他说："等一等，这位姊妹，不要一直发声，省点力气。"[60] 他也很注重礼仪，在他讲道时，别人是不可以打扰的。

虽然在城市布道需要让听众保持镇静，但是讲道者可不是如此。对福音宣教历史熟悉的人都知道，福音运动的发展过程中最引人注意的方面就是它的宣教从非常浅白的口语化堕落到最后竟然有些粗俗。对虔敬派的人来说，布道就是要浅显、真诚、不掉书袋、不加修饰，这样才能感动质朴的老百姓。芬尼就曾说，好的布道就要像好的生活一般，没有虚矫文饰。他布道用简单的口语就能打动人心，也从不事先准备讲稿，因为他认为即兴想出来的话才最直接、最有效果。他说，人在极为诚挚的时候，"他的话语是切中要害的，是直接而简单的。他会使用简短、清楚、有力的句子"。这些话语激发行动，产生结果。"这就是为什么之前那些没什么知识的卫理公会牧师与态度诚恳的浸信会牧师比博学的神学家们更能感化人。他们现在还是这样。"[61]

我们很难反驳芬尼关于口语化布道的呼吁。毕竟，所有好的布道不是都有口语化的痕迹吗？例如，马丁·路德当初就是用非常直接与亲切的方式和他的信友沟通：

113

想想看一个刚结婚一年的怀孕少妇，不能待在拿撒勒*的家中生产，却需要大腹便便地走三天的路逃到外地去……生产的过程尤其可怜，没有人知道其实她是生第一胎。没人怜悯她的状况……她一点也没有生产应有的准备：没有灯光、没有火，在伸手不见五指的黑夜里……我认为，当初如果约瑟夫与玛利亚知道她快要生了，她可能会被留在拿撒勒……没有人告诉这个可怜的少妇应该怎么做。她从未生产过。我很惊讶这个婴儿竟然没有受冻。[62]

也许，芬尼这种平易近人的风格，正是继承自清教徒的最佳布道传统。当然，美国布道历史上最伟大的意象，乃是爱德华兹将灵魂比喻为一只蜘蛛以一根丝悬吊在厨房的火焰上，是死是活，完全看神恩。不正是这样的平白比喻给了美国文学丰富的原创性与特色吗？

芬尼对自己布道风格的想法的确是有道理的。而后来福音布道家的问题乃在于如何使得这种风格不致太过粗俗，成了坐实乃至夸大听众感情粗糙的证据。与芬尼同时代的牧师杰贝兹·斯旺（Jabez Swan）在讲到约拿被鱼吞吃那一幕时，无疑加入了更生动的元素：

大鱼上下跳跃，溅起水花，激起泡沫，到处翻腾，想要吐出约拿。最后，它越来越累，终于抵达岸边，把约拿从嘴里吐了出来。[63]

虽然穆迪习惯于用芬尼可能觉得太过激情的方式来表达，但他的讲道方式平白却不粗俗，且说话速度可以快到每分钟两百二十字。

---

* 耶稣成长的家乡，"怀孕少妇"即圣母玛利亚。

像芬尼一样，穆迪也不喜欢"文章式"的宣道，因为他认为"讲道时采用文雅雄浑的语言是愚蠢的"。[64] 传统的听众可能不喜欢他通俗随意的风格，伦敦的《周六评论》（*Saturday Review*）认为他"只是个最粗俗的浮嚣派而已"。[65] 但总的来说，他的讲道并不低俗，而年轻一代的福音派像是萨姆·琼斯（Sam Jones）对传统派的攻击更是尖锐："这城里有一半文绉绉的牧师拥有漂亮的学历：学士、哲学博士、神学博士、文学博士等。""如果有谁受不了我们用简单的话语道出真理，那就请到别处去吧！"[66] 后来森戴仿效的正是琼斯这样的风格，而非穆迪那种较温和的风格。

　　森戴一出现，福音派宣教的语汇便达到了最粗俗的地步。森戴是在 1896 年到 1935 年间从事宣道工作的。就连我们今天的葛培理牧师与他比起来，也简直可以说是温文尔雅了。森戴的宣道生涯与穆迪有些类似，他父亲是艾奥瓦州的砌砖匠，但是在 1862 年的内战中阵亡，他童年时期在贫困的乡下度过，高中未读完就被职业棒球球探相中，加入了芝加哥白袜队，从 1883 年到 1891 年以做职业球员为生。就像小说里的情节一般，一个狂妄自大的棒球员突然有一天转向了宗教的灵性生活，相信了福音。与穆迪一样，森戴是经由基督教青年会接触福音宣道工作的。他在 1886 年归主，逐渐开始在基督教青年会的集会上演讲，离开棒球赛场后，他当了基督教青年会里的秘书，1896 年正式开始讲道。穆迪认为，未受牧师训练没什么大不了，但是森戴却渴望能接受教会的正式按立，于是在 1903 年接受了一组芝加哥教会长老的面试。虽然对于很多的问题他都只能回答"这对我而言太深奥了"，但是最后长老们考虑到受他感化而归主的教友比在座的任何一位面试官感化的人都多，因此不再问他问题，决定破格授予他牧师资格，准许他登台讲道。

　　1906 年以后，森戴离开了他赖以发迹的中西部小镇，到大一些的城市发展。到了 1909 年时，他已是大城市的重要布道家，俨

然是穆迪的传人了。像威廉·詹宁斯·布莱恩（William Jennings
Bryan）、伍德罗·威尔逊（Woodrow Wilson）与老罗斯福（Theodore
Roosevelt）等著名政治人物都曾以各种方式祝福他的布道事业取得
成功。商业大亨们纷纷向他捐款，如同对待穆迪一般。成千上万的
人前来听他布道。1914年《美国杂志》（American Magazine）调查
谁是美国最伟大的人，他竟然与实业巨子卡耐基并列第八。他的布
道事业在外部形态上与穆迪非常相似，只有两点差异。穆迪希望地
方牧师邀请他前去讲道，森戴也需要，但他的态度更为强硬，常常
逼迫本不情愿的牧师勉强同意。穆迪虽没累积什么财富，但也足以
过上舒服的日子，而森戴则成了百万富翁。有人质疑他每场布道会
花费太多，他反驳道："平均下来，我每拯救一个灵魂只花两美元，
按此标准计算，我比其他福音派牧师花费得还要少。"他与穆迪都
像个生意人，但是穆迪喜欢吃大餐，森戴却酷爱华丽招摇的衣服。
他身着条纹西装、硬领衬衫，戴着钻石胸针和饰钉，靴子擦得锃亮，
还爱吐痰，简直就像个要去跟女孩约会的鼓手。像穆迪一样，他也
有自己的音乐伴奏与唱诗人，名叫霍默·A. 罗德黑弗（Homer A.
Rodeheaver），但是穆迪的伴奏与唱诗人桑基嗓音甜美，而罗德黑
弗却是以爵士乐的风格来演唱诗歌。[67]

　　芬尼如果在世，一定会惊讶于森戴的风格和福音布道会上的娱
乐元素。森戴请一位马戏团的巨人站在布道会门口，他绝不模仿当
时其他人的布道方式（但芬尼曾经郑重地训示众人，布道不可轻率），
他在布道讲到高潮时会当众脱下外套与背心，在慷慨激昂的演说中
穿插一阵阵敏捷快速的舞台肢体动作。森戴对于他自己的粗俗风格
颇为自豪，他说："我为什么要在乎那些长着金鱼眼的牧师在旁边
嘀咕，就因为我说的是很平易浅白的英文？我要让人完全明白我的
意思，所以我努力贴近他们的生活。"他认为用词文绉绉的牧师"只
是想要讨好那些知识分子，却忽略了一般大众"。森戴认为，穆迪

的语言虽然平易近人，但是还不够辛辣。穆迪曾说："教会对虔敬的标准太低，以致失去了意义。"森戴则说："教会设的门槛太低，只要一只猪穿上西装，手里有点钱，就可以进来。"穆迪曾很骄傲地说："我们不需要智识与钱，我们只需要神的话语。"而森戴加以引申："美国的教会如果只有百万富翁与大学生，很快就会腐烂透顶，坠入四十九层地狱。"[68]

这种贴近平民的布道方式必然会把《圣经》的故事日常生活化。森戴就是有办法采用小镇人喜爱的表达方式传达宣教的旨意。例如他说魔鬼曾这样引诱耶稣："请你把石头变成面包，让人饱餐一顿。"然后他这样形容耶稣这次变面包的神迹：

> 耶稣看看四周，发现了一个小男孩，他的母亲给了他五块饼与一些鱼作为午餐，耶稣对他说："孩子，来这儿，神需要你。"然后耶稣告诉男孩他需要的东西，男孩就说："耶稣，我有的不多，但是如果你要，就全部都给你。"

在 20 世纪 20 年代，被布鲁斯·巴顿（Bruce Barton）的《谁也不认识的人》（The Man Nobody Knows）一书中的粗俗吓到的人，可能并不知道，巴顿将耶稣描绘成一个极为能干的人，其实是受森戴的影响。森戴说："耶稣很能干，他就像是一台六缸引擎，非常有力，所以你如果以为耶稣是温和柔弱的，你就大错特错了。"他也认为强调耶稣并不是好好先生是很重要的。他认为耶稣是"史上最会战斗的人"。[69]

对现代性的反抗

一　现代主义的挑战

森戴语言粗俗只是个表面的现象，它本身不重要，重要的是它所透露出的福音派立场。在粗俗的词汇后面的其实是芬尼与穆迪两人都不知道的一种对抗情怀。早期的福音派牧师当然有所对抗目标——与地狱的力量对抗，为争取拯救更多的灵魂而奋斗。但是森戴要对抗的是另外一种东西，这东西甚至是他最主要的对抗——现代主义。当然其中有他个人出身背景的因素，但是也和时代的氛围有关，那就是基要主义的精神正在逐渐没落。

如果我们把目光放到 20 世纪，就会发现福音派传统正面临危机。这危机的第一部分是内在的：旧的宗教观念与现代主义之间的扞格愈来愈大，快要无法共存了。不管是信友或是牧师，只要是持基要主义立场的人，都不愿意看到福音派中最主要的卫理公会与浸信会屈服于现代主义观念，而他们个人对于屈服者心怀的厌恶更加深了这种敌视现代主义的情绪。第二个部分是外来的：世俗观念挑战宗教的历史远比这个国家的历史还久远，而达尔文的进化论思想加上新兴都市的生活氛围令这种挑战越发严峻。此外，教育普及、人口快速迁徙与全国性的思想交流，使得知识分子传达的世俗理念日益难以避免与基要主义者信奉的《圣经》教条发生冲突。只要某些世俗观念只存在于少数精英身上，基要主义者就可以无视它，或者也可以在激进的布道中把它当作好使的靶子。但是现在这些世俗观念慢慢得到了普及，成为一般人所接受的大众文化，科学文明与教义间的扞格就越来越频繁了。

　　这里我并不是说宗教不可能从世俗文化的思想环境中悄然撤离，但是某些强硬的宗派不愿意这样做。对很多人或很多团体而言，宗教表达了平和的信仰、个人的宁静与心灵的慈悲。但对于强硬派的人来说，它可能成为敌意与愤怒的来源或是出口。有一种人在思想上就是好斗，任何涉及敌对仇恨的人类活动对他们而言就是最有趣、最有价值的；有一些人把仇恨当作一种人生信条，我们可以在某些好战的反天主教运动、反共济会活动与各种激进组织中看到这种情况。宗教基要主义有温和派，有激进派，很难说哪种人数较多。现在我们要讨论的是激进的那一派，他们普遍在宗教上反对现代主义，在文化上反对现代性。这一派虽然规模不算大，但是在整个福音运动中绝非小众，他们认为，人数上的萎缩可以用狂热与勤奋来弥补。

　　森戴的讲道词有两个最明显的特色，一个是强硬，另一个是嘲讽批评，这两个特色可以象征性地反映一种新的大众心态。我们在森戴的语言中可看出一种"绝对如此"（one-hundred percent mentality）的心态，也就是"任何人都不应该反对我"。这种心态是最近才由宗教基要主义思想与"美国至上"思想混合产生的，有着非常明显和浓厚的激进色彩。[1]这些抱持着"我绝对正确"心态的人不容忍任何立场模糊、语意暧昧或是意志犹疑不决的情况，更

118

119

不容许批评，他们认为坚定的气魄是强悍与男子气概的表现。有人说，与森戴同时代的人中，"连罗斯福总统都不像他那样刻意要显现男子气魄"。森戴宣称耶稣是个能打的硬汉，而作为他的弟子，森戴自己将打破基督徒必须"能任人欺压，优柔寡断，性格柔弱到打不还手"的传统形象。他认为，"神要让我们基督徒摆脱肩不能挑、手不能提、没有气魄、没有勇气的柔弱女性形象"。也就是说，森戴致力于改变"基督徒不应过问世事，尽可能温良恭俭让"的刻板形象。他会用老罗斯福总统的语气说："道德战争让人坚强，虚假的和平使人懦弱。"他自己也承认，他就是强硬好战："我不会崇拜一个没有震慑威势、不敢打击恶人的上帝。"[2]

要了解这种逐渐滋长的好战心态为何重要，我们必须回顾福音运动的历史。米德曾说，自从 1800 年以后，"美国就面临着一个困难的抉择：是根据智识界的标准来过理性的生活，还是根据教会的要求过富有宗教色彩的生活？"[3] 但这个抉择在 1800 年时并未像在 1860 年以后，尤其是 1900 年以后那么严峻。米德指出，在 1800 年以前，虔敬主义者与理性主义者之间对此仿佛有某种默契，大家基于博爱情怀与宗教自由，并不特别坚持什么严格的界线。例如本杰明·富兰克林（Benjamin Franklin）在费城听了怀特腓德的讲道后，捐了不少钱，而当其他传统牧师拒绝怀特腓德登台讲道时，富兰克林竟然捐钱盖了一座布道馆，供任何前来讲道的牧师使用。在杰斐逊总统任期内，虔敬主义者与理性主义者的互相尊重达到顶峰，例如像浸信会这样的激进团体就会支持任何声援宗教自由的人，不管他是不是理性主义者。[4]

到了 1790 年，美国的唯物主义自然神论的影响达到顶峰，很多人开始谈到失去信仰的可怕。这种担忧主要影响了传统教会所设立的学院与教会中若干接纳自然神论的教友。[5] 另外，1795 年后奋兴运动风潮下的牧师常会拿伏尔泰与托马斯·潘恩（Thomas

Paine）当作替罪羊来斥责。[6] 但是福音运动早期的牧师还远没有现实到臆测智识上有意识的怀疑心态是对纯朴的一般大众最大的威胁。他们只知道，主要的敌人不是理性主义，而是对宗教的冷淡，所以他们认为最重要的事不是反驳潘恩攻击《圣经》的言论，而是如何让根本没读过《圣经》的人产生信仰。从 1795 年到 1835 年，福音运动快速发展，而自然神论此时恰好陷入消沉，这时虔敬主义与理性主义的战争就退到了幕后。福音派的人们变得更为重视如何在美国广大内陆击败天主教，克服人们对宗教的冷淡，而不是如何驱赶现在已经式微的启蒙理性主义心态。

但自美国内战后，这些状况改变了。理性主义又变成了福音派的主要敌人。达尔文进化论深远地影响了每一个思想领域，让正统基督教陷入需要不断为自身辩护的尴尬境地；达尔文主义的影响又因为受过现代教育的牧师与信友们对《圣经》的新解读而被强化。到了 19 世纪末时，由于工业化与都市教会的兴起，主张平等与社会改革的福音观念广为兴起，这又是另一种现代趋势。牧师与信友们此时都需要在基要主义和现代主义间、在传统保守的基督教与主张社会改革的福音思想中二选一。

渐渐地，越来越多的牧师，甚至包括那些深深同情福音思想的人都变得开明了起来。[7] 也即是说，他们现在不再觉得自己必须与一小撮怀疑宗教的理性主义者共处同一个世界，或是看见信友们不断质疑基督教义，转而拥抱现代主义——从全然关怀永恒救赎问题的基督徒，变成了忙于世俗事务，例如关注工会、社会福利，甚至推动社会主义之人——他们不再为这种境况感到担忧。到了 19 世纪末，基要主义者已经非常清楚，他们不再受人尊敬，也失去了往昔的影响力。于是他们之间很自然地兴起了一股主张反击一切现代之物——诸如《圣经》考据学、进化论、社会福音思想，以及各类理性批评的活动——的风潮，这就是日后"绝对如此"心态的来源。

这种立场上的逐渐强硬可以通过比较穆迪与他的接班人看出。穆迪的立场接近基要主义者，但是他的风格早在 19 世纪 70 年代初就已形成，只不过那时现代主义的影响只限于知识分子圈。他每次提及基要主义与现代主义间日渐激烈的冲突，多是从个人立场出发的善意提醒，或是由于他早年感受到两者间存在水火之势。他一直认为，《圣经》是上帝的话语，所以内容必定是好的，任何想诋毁《圣经》的企图都是撒旦的诡计。"如果《圣经》中有哪一个部分不对，那整本《圣经》就都没有价值了。"那时，人们还可以径行忽视用科学与理性来理解《圣经》的行为，因为"《圣经》不是用来给人理解的"。他对于详加分析与探究式阅读《圣经》的做法是不耐烦的，"现在大家都这样读，可是这样读会错失《圣经》的真义"。[8]虽如此，穆迪的思想中却显然有开明的一面。他倾向于与他尊敬的宗教自由派保持和平，并邀请他们来参加他的布道大会，他不喜欢保守派称呼他们是背弃信仰的人。他的思想中自由包容的部分可从他创立的神学院看出，这两所神学院后来都走向了现代主义，一所是芝加哥的穆迪圣经学院，另一所是马萨诸塞州的诺斯菲尔德神学院。它们都自认为是穆迪精神的继承者。

至于森戴，就很不同了。他坚信基要主义者必须强硬、彻底与毫不妥协。他会毫不留情地谩骂那些《圣经》考据研究与进化论，就如同他谩骂所有不喜欢的事物一般。"《圣经》说有地狱，你们不能黑心下作到说你们不信《圣经》，你们这些笨蛋！"又说："成千上万的大学生正快速走向死亡，如果我有一百万元，我会通通捐给教会，只捐一元给大学。""当上帝这样说而学者那样说时，这些学者就应该下地狱！"[9]

二　达尔文进化论与斯科普斯案

变化的速度越来越惊人。对传统的挑战来势汹汹，已经进入许多重要领域，无法再被忽视了。一般而言，宗教基要主义者自己偶尔也会怀疑他信仰的宗教是否完全无误，但是现在情况不同：整个社会都在提出这样的怀疑了。如同莱因霍尔德·尼布尔（Reinhold Niebuhr）所说："极端的基要主义正因为如此狂热，反而暴露出一个事实，就是怀疑论已经进入教会的核心了；当人们的信仰受到挑战时，他们反而会特别坚持原有的信念。狂热的基要主义是一种克服怀疑的解药。"[10]

传统派生怕用辩论的方式无法抵挡理性主义与现代主义，所以就诉诸激烈的言语暴力来压制它们，最后变成了以迫害及恐吓的方式来对付敌人，这一现象发展到极致，就有了 20 世纪 20 年代的"反进化论运动"。森戴在当时的一次讲道中说："从现在开始，我们应该把这些异端人士驱逐出美国。"[11]但不幸的是，成为异端的人是他们：他们缺乏能力恐吓与镇压反对他们的人，他们与历史的潮流相违逆。即使在广大的福音派成员中，他们也没有得到支持。许多卫理公会与北方的浸信会会友对此问题开始采取开明的立场。失去了福音派多数人的支持后，很多基要主义者开始绝望。

对美国的新教来说，20 世纪 20 年代是"文化斗争"（Kulturkampf）最激烈的时期，在许多广告宣传、广播、杂志与大众教育中，新旧立场无可避免地直接冲突起来。传统的、乡村的与小镇式的美国与现代生活发生了全面对抗，坚决反对世界主义、浪漫主义，以及知识分子所掀起的怀疑主义与道德解放浪潮。这些对抗包括三 K 党运动的兴起、对于禁酒令的维护、对于约翰·斯科普斯（John Scopes）在课堂教授进化论的法律审判，以及反对 1928 年民主党总统候选人阿尔·史密斯（Al Smith）的运动等，它们都显示出"旧美国"还在徒劳地捍卫自己的权威；其中唯一成功的是阻止史密斯当选，但是史密斯却成功将民主党改造成一个城市型政党，让之后的民主党在选举中频频胜利。[12]

在 20 世纪 20 年代传统派的焦虑呼号中，我们可以发现，大家都清楚地意识到"旧美国"即将成为过去，他们认为，是知识分子想要置"旧美国"于死地。1926 年，三 K 党的领袖海勒姆·W. 埃文斯（Hiram W. Evans）写了一篇令人动容的文章，陈述了他们组织的目的，他认为当时整个社会主要的问题是一场"具有西部拓荒精神的美国平民大众"与"自由派知识分子"间的战斗。他还认为，美洲白人原本的道德与宗教情怀一方面被不断迁移入美国的其他人种破坏，另一方面还遭到自由派知识分子讪笑。所以他说：

> 我们掀起的是一场普通人的运动，我们没有高深的文化涵养，没有智识上的理论支持，也没有训练有素的领导阶层。我们期待普通人重掌社会的主导力量，我希望我们能成功。所谓普通人就是过着寻常日子的大众，不怎么有文化，不怎么有智识，不骄纵自满，也不整天想着要改变美国，是很寻常的传统美国人。我们的成员与领袖都是这样的人，所以很自然就会反对那些长期占据这个社会的领导权，却背叛美国传统的知识分子与自由派。
>
> 当然，我们的特点也是缺点。它让人觉得我们的成员多是"乡巴佬""粗人"以及"开二手福特车的中下阶层"。没有错，是这样。可比这更糟的是，我们没有良好的表达能力，所以我们连把我们的目标与理由好好说清楚的办法都没有……
>
> 每个草根运动都有此缺点……
>
> 我们并不认为，从情感上与直觉上判断事物是什么缺点，人不是凡事都要依靠冷冰冰的理性。所有的行动不都是因情感发动的吗？我们的情感与激发情感的直觉是千百年留传下来的

传统，它们的历史比理性占据人类大脑的历史久得多……它们是美国文明的基石，甚至比一些伟大的历史性文献还重要。它们是可靠的，而那些违反自然的知识分子所做的精细理性思考则无法让人信赖。[13]

这样的说辞不无道理，也不算粗鄙。但是要找到不粗鄙的方式来实践它却很难，对于这一点，看看三K党人过去的不良记录就能明白，基要派的恐慌也能说明问题。佐治亚州的一位州议员曾说：

> 读读《圣经》吧！它能教你如何做人做事。读读赞美诗集吧！它里面收录了历史上最美的诗歌。读读历书年鉴吧！它能告诉你天候与自然变化。其他的书都不用读，所以我反对兴建任何图书馆。

以这位议员的地位来说，他的话也许不值一顾，但如果一位三度竞选总统的联邦政府前任国务卿也这样讲，就值得注意了——1942年，布莱恩在基督复临安息日会上说："美国的所有问题都源自进化论。干脆把所有的书籍都烧掉算了，只留《创世记》的前三段即可。"[14]

基要派在对抗进化论时气势达到了最高峰，而在斯科普斯案时则表达出了最坚定的立场。本案可视为代表基要主义者与现代主义者之间一切价值冲突与立场对抗的标志性事件。这件案子是关于高中课程可否教授进化论，这个问题的出现表明现代主义思维已经从精英知识分子圈扩展到了一般人民的生活中。学校应不应教进化论？这个问题之前已经在大学中讨论过，保守派人士曾经在1860年后花了三十年时间力图阻挡达尔文主义的浪潮。当初这场辩论发生在精英阶层间，因此保守派人士虽然输掉此战役，可是其结果对于基要派的核心阵地影响不大。因为那时虔敬信徒上大学的不多，即使有，也可以选择那些不受《物种起源》（*The Origin of Species*）影响的落后学校就读。但是到了 20 世纪 20 年代以后，进化论已经在高中教授，而大部分的人也都有高中学历了。在第二次世界大战之前的十五年里，高中的数量倍增，战后这种增长趋势还在持续。高中文凭已经变成美国的小孩子必须具备的教育程度证明，尤其是如果想在社会上立足的话。许多虔敬且上进的教友开始觉得他们的小孩应该要上高中，但他们也知道上了高中以后这些小孩会受进化论的影响。斯科普斯先生正是因为采用一位进化论主义者乔治·亨特（George Hunt）编写的教科书——《市民生物学》（*Civic Biology*）上课才被田纳西州政府控告。该州教育委员会早在 1919 年就采用这本书作为官方教科书，而某些学校甚至在 1909 年就开始使用了，但是当时大家都不觉得这本书有什么"危险"。

对该州及其他地方的基要派来说，阻止学校教授进化论就等于挽救孩子们的信仰，甚至是全家人的信仰，使他们免于受进化论者、知识分子与国际化人士的影响。[15] 如果说这些基要派值得任何同情的话——我认为他们值得——那就是因为此点。他们的愤怒与顽抗完全是由于他们将与进化论之争视为对其家园幸福与家人的保护，而且至今依然如此。田纳西州议员、原始浸信会（Primitive Baptist）会友约翰·华盛顿·巴特勒（John Washington Butler）之所以主张立法阻止该州教授进化论，就是因为他听说家乡有一位年轻人进城读大学之后回来就变成了一位进化论的支持者。因此他担心他的五个小孩也会这样。1925 年，他终于成功推动该项法律通过。在州议会为此法案辩论时，有一位州议员提出这样的口号："让我们帮上帝拯救我们的小孩。"克拉伦斯·达罗（Clarence Darrow）在斯科普斯案中陈述说："每位小孩都应该比他的父母亲更有智慧。"而这正是基要派最为恐惧的事情。如果所谓更有智慧指的是抛弃父母拥有的旧观念与生活方式，那这绝不是这些父母亲所愿意见到的。布莱恩在案件审理时提出证词："这些接受新教育的小孩回家后就会嘲笑他们的父母亲，各位，我们为什么要让这样的事发生？这些父母亲当然有权利主张，收了他们学费的老师们不应剥夺小孩子对上帝的信仰，让他们回家后变得不信神、不虔敬，或是成为无神论者。"他在审判开始前对外宣称："我们在此案中的目标只有一个，那就是捍卫父母亲保护其子女之信仰的权利……"[16]对布莱恩与他的支持者而言，"达罗很明显是要摧毁宗教与家庭"。有一位田纳西州居民甚至在达罗面前挥舞拳头，说道："去死吧！你别想曲解**我妈妈的《圣经》**！如果你敢，我会把你撕成碎片。"[17]

全美反进化论运动的领导角色最后会落在布莱恩这样的一位普通教友身上并不令人意外，因为他身上有着这个民族历史上流传下来的两种"神圣"传统：福音派思想与平民式民主。在他的脑海中，信仰与民主共同形成了一个反智识的理由。一边是人民的声音与内心的信仰，另一边则是一小撮被伪科学与偏狭的理性主义所误导的、傲慢的知识分子精英。他称他们为"科学苏维埃"和"一群自命为知识分子、不负责任的寡头团体"。[18]他认为，宗教从来就不只属于精英，"基督教是为所有人出现的，不是为了那些所谓的'思想家'而生"。思想是机械的，需要靠心灵来引导。思想既可能规划作恶的手段，也可能思考有利于社会的作为。"单单崇尚思想的能力，这就是今日知识性社会最大的罪过。"只有心灵可以将心智导向正途。

这就是问题的症结所在：平民式民主结合旧式宗教。一般人所应该做的事，就是遵循他们心灵之所向，而一般人的心灵在宗教方面的直觉跟知识分子一样好，甚至更好，因此在宗教事务上应该遵循一般人的判断。于是当宗教与科学有冲突时，应该由公众而非精英——他们看待人只是以文凭与学历来论高低——来做决定。社会学家沃尔特·李普曼（Walter Lippmann）指出，所谓所有人在上帝面前平等这个信念，在布莱恩那里被变成：在田纳西州的选票箱前，所有人都是一样优秀的生物学家。事实上，布莱恩提议把进化论的问题交由基督徒投票表决，于是这个争议就变成了一个关乎多数人权利的问题。

> 如果依据基督徒对于《圣经》的诠释，则《圣经》是不承认进化论、有神进化论与任何唯物的进化思想的。在相信《圣经》是神的话语的人中，只有不到十分之一的人相信人是经由进化而来。所以除非这么少的人有什么方法可以逼迫大多数人改变他们的信念，否则进化论必须被视为有违上帝旨意的学说。[19]

在布莱恩的心中，试图在学校教授进化论简直就是在挑衅平民式民主制度。"只占一小部分的进化论信徒凭什么可以花公家的钱去用所谓的科学来批判《圣经》，而占绝大多数的正统基督徒却无法让学校教授对《圣经》的正统诠释？"布莱恩无论如何也无法相信进化论者的科学说法是对的；他说，就算他们是对的，他们也不能无视"政治的科学"，那就是"权利是由多数人决定的"，除非宪法对于少数人的某些权利有特别的保障。不让公立学校教授少数人的看法并没有侵犯他们的权利。"教授进化论的老师没有权利要求学校付他们薪水，因为他们教的内容并未经过家长与纳税人的同意。谁为学校提供经费，谁就是学校的管理者。"以前基督徒不得已修建了自己的学校与大学来教授基督教理论，"那么那些无神论者与不可知论者为什么就不应该去盖他们自己的学校，教他们自己的理论呢？"[20] 因此，如果当初布莱恩获胜，现在的公立学校大概就都不能教授进化论了，现代科学的教授只能限于一些私立的世俗化学校。这对于美国的教育当然是大灾难，但是布莱恩执意如此，因为他不认为教育与纯正的信仰间有任何冲突。他认为没有信仰的人好比一艘无人驾驶的船，"如果要在宗教与教育二者中择其一，我们应该放弃教育"。[21]

三　宗教基要主义与政治极右翼

到了今日，进化论的争议已经远去，就如同荷马的世界之于东方的知识分子一样遥远，我们可能会感觉当时的双方都很可笑。但是在这个国家的其他地方或是其他领域中，这种争议仍然存在。斯科普斯案在数年前被改编成戏剧作品《风的传人》（*Inherit the Wind*）搬上舞台，这出剧在百老汇演出时，给人的感觉更像是精巧的艺术作品，而不是宣扬思想自由的剧作。但是当同样的剧本由剧团带到蒙大拿州的一座小镇演出，扮演布莱恩的演员在发表演说时，观众中有人突然朝着他大喊"阿门"。今天，知识分子在校园中面临着比基要主义者更可怕的威胁，但是我们不可忘记20世纪20年代的知识分子是有多么害怕这些宗教基要主义者，也许并没有麦卡锡时期的知识分子那么提心吊胆，但是那种压迫的危机感却是同样真切。我们在梅纳德·希普利（Maynard Shipley）描绘当时状况的书《向现代科学宣战》（*The War on Modern Science*）中，可以看见那时候的知识分子是真的陷于恐慌之中的。斯科普斯案就像是三十年后的麦卡锡时代一样，使得大家可以好好认清这种狂热心态，同时把这些激进与狂乱扫除干净，彻底解决。所以当案子结束后，我们看到反进化论运动被遏制住了，人们开始觉得对知识分子的恐惧可能太过度了。但是在斯科普斯案子审判前，这场运动在很多州都获得了强烈支持，甚至还有几个并不是南方的州。W. J. 卡什（W. J. Cash）亲身观察到，在南方，这场运动与三K党这种草根运动一样，获得了"绝大部分南方百姓的极力支持"，甚至包括教会、政治领

130

袖们在内。[22] 虽然知识分子待在学院或研究所这些场所时是用不着害怕的，但是他们非常担心这个国家的正常中学教育会因这个问题被毁。他们为中学应当教授进化论所做的辩护并不完全顺利。即使到目前为止，中学课本上谈到进化论时所用的语言都很小心，许多地方的学校在讲授进化论时也只是用间接与模糊的方式。就在几年前，一项对高中生的意见调查显示，大约只有三分之一的人很明确地说："我相信人是从低等生物进化而来。"[23]

进化论与斯科普斯案大大加速了反智的发展。进入 20 世纪以来，知识分子与专家头一次被民间领袖们公开批评为社会的敌人。虽然这些好战的基要派在全国来说属于少数，但是他们可是重要的少数；他们其实反映了很多人的感觉，这些人虽未必愿意和他们一起走到前台进行激烈的抗议，却一样忧心时代的走向对社会带来的冲击，一样对若干事物带来的影响心怀畏惧，例如世界主义心态、批判性智识、道德与文学上的实验主义等。[24] 布莱恩对所谓"专家"进行的异常激烈的攻击，显示出双方的立场有极大差异。但是以往并非如此。过去在进步时代，知识分子们觉得他们与民众的基本利益和期待是相和谐的。而现在我们可以看出，这样的和谐并非一定会出现。大众在宗教上越是虔敬，他们跟大多数知识分子之间的鸿沟就越大。至于那些基要派，虽然他们在主要的论争战场上被击溃，但是他们并未被歼灭或消失，一些人耿耿于怀地转往其他领域继续战斗，寻找现代主义势力较为脆弱的地方下手。他们无法在有关宗教的争议中战胜现代主义或是世俗主义，就积极寻找其他地方，以图东山再起。

20 世纪 30 年代，他们在大萧条中找到了机会。他们在教义上的偏激使他们自绝于大部分的主流福音教会，而大萧条使得大部分福音派牧师变得倾向自由派或者左倾。[25] 然而，教友的转变却不像牧师一般大，许多保守的教友觉得现在这个有些左倾的社会福音运动已经创造出了一个（教会右派人士称之为）"牧师阶级"，这个阶级已经跟大部分教友的价值观有些隔阂了。其中信奉基要主义的人数虽然日益减少，但还是拥有不可轻忽的规模，由于他们日渐感到孤立与无力，所以就纷纷加入了反对新政的极右翼行列。于是现在，我们看到了宗教上的基要主义与政治上的极右翼合流。从 20 世纪 30 年代起，基要主义就成为美国政治极右势力的重要组成部分，极右思想处处显露出与宗教基要主义的血缘关系。[26] 这种政治基要主义潮流的代表人物挑动了寻常百姓在进化论争论中的反智心态。他们的一位领袖说："我无法从政治学专业的立场谈论政治，我也不懂那些欧洲艺术大师的作品，但是我要说，我了解一般美国人民在想什么。"他接着声讨了他们之中的叛徒："他们如同 20 世纪的文士与法利赛人……对整个民族传播某种特定思想，包括政治上的新花样、宗教态度、虚假的道德观与败德的想法等。"自古以来一直有这样的抱怨，而另一位反知识分子的人把它用最简单的话说了出来："我们要将国家从这些城市滑头的手中夺回，还给仍然相信二加二等于四的纯朴人民，天堂有上帝，《圣经》是真理。"[27]

　　虽然没有人追索过 20 世纪 20 年代的基要派与大萧条前后的极右思想间的关联，但是这些运动的领导者之间却有传承关系。很多右翼的领袖都是牧师，或曾经做过牧师，要不就是出身于有严谨宗教氛围的牧师家庭。一些曾在 20 世纪 30 年代中期与森戴有关系的人后来成了美国右派或是类法西斯的煽动者。堪萨斯州的杰拉尔德·温罗德（Gerald Winrod）是当时著名的右派领袖，他最早是反进化论运动的大将，从此开启了煽动生涯。另一员大将杰拉尔德·L. K. 史密斯（Gerald L. K. Smith）是牧师之子，他本身也成为基督会（Disciples of Christ）的牧师。已故的 J. 弗兰克·诺里斯（J. Frank Norris）是反进化论运动最前线的得州浸信会牧师，后来成了最著名的极右派领袖之一。卡尔·麦金太尔（Carl McIntire）

是右派反现代主义运动的领导人之一，是学院基要派领袖 J. 格雷沙姆·梅琴（J. Gresham Machen）的爱徒。[28] 近年约翰·伯奇协会（John Birch Society）与若干基督徒护教团体（Christian Crusades）中的右派力量兴起，证明基要主义思想与政治右派间的关联较往昔日趋明显。我们甚至可以说，右派运动乃是由牧师或前牧师领导的。极右翼的著作也透露出一种一致的风格——宗教上的基要主义已经与激进民族主义合流，因此史密斯才将他的文章标题取为《十字架与国旗》（*The Cross and the Flag*）。

　　具有政治头脑的基要主义者走向政治极右并非全然是机会主义心理使然。他们就像其他人一样，有着自己的世界观，当他们在宗教上的厌恶情绪能与政治上的厌恶情绪相联结时，他们的思想更能得到满足。他们常能将若干原本不相干的敌意联系起来，使彼此得到强化。例如，当代某些基要派将他们的宗教态度与冷战相联系，就像 20 世纪 20 年代，有些基要派曾将第一次世界大战以及之后的反德国情结与宗教联结在一起。他们与现代主义者辩论时，最常挂在嘴边的就是 19 世纪的德国学者对《圣经》高等批判的影响贡献最大。因此他们就把德国在战争中表现出的残暴与《圣经》批判联系在一起，说它对道德造成了毁灭性的影响。很多人用不同的方式表达此看法，其中最直接通俗的就是森戴所言："1895 年，德皇在波茨坦宫召集大臣商议征服世界的谋略，有人告诉他，德国人民信仰马丁·路德的思想，所以不会赞成此想法，皇帝愤怒地回答：'那就让我们改变德国的宗教信仰吧！'于是就有了高等批判这种东西。"[29]

　　这世界似乎确实存在着普遍偏见心态这种东西。一些针对政治不宽容与种族歧视的研究指出，政治上与种族上的敌视与歧视经常和宗教信仰上的偏执与激进相关。[30] 就是这种心态造就了所谓的"绝对如此"，促成了右翼与宗教基要派在行事风格上的高度相似。事实上，冷战与持续不断的反共产主义斗争延长和繁荣了基要主义思想的生命。就像世界上任何其他事物一般，基要主义本身也经历了世俗化的过程，此过程催生出一种伪政治心态，这种心态的思维方式可以经由过去奋兴派牧师与其主持的集会的历史背景得到理解。基要派往昔在道德与言论审查的战场上屡屡战败，在禁止进化论一事上亦然，因此他们深深觉得社会上的主流媒体一直在忽视或是打压他们的价值观。在这个充满实验性的复杂现代社会里，他们一直被排挤在一旁，饱受讪笑，即使当今那些所谓奋兴派也改用往昔宗教基要派无法接受的低调方式宣教。可是在政治领域内，这些基要主义者找到了出口。二战后的反共政治氛围使得基要派在"绝对如此"之外找到了有力联盟：一是某些有钱人，尤其是小时候受过基要主义洗礼的人，他们痛恨联邦所得税，更厌恶所谓的新政与其社会改革方案；二是美国孤立主义者与民族主义者；三是天主教基要派，这是他们第一次与曾迫害他们的人联手反对"不信神的共产主义"；四是南方那些近来被反种族隔离运动惹恼的一群人。

　　我们这个时代的政治智慧对于右翼人士一直欠缺理解的原因，是没有将他们的世界观蕴含的宗教因素纳入考量。政治智慧如果要成为可以解决公共问题的力量，而非专务一己之私利繁荣的手腕，就必须有自己的一套应对生活事实和形成策略的方法。要将冲突视为一种重要的、持续的现实，认识到人类社会基于不断妥协才得以存在。凡事不应该追求最终输赢，不追求你死我活的零和游戏，因为它破坏了有益于社会的平衡。要对细微差别保持敏感，看到事物存在各种层次，并不是非黑即白。世界上很多事本是相对的，没有一定标准，这样才符合人应有的谨言慎行态度。

　　但是基要主义者完全不这样想：他们认为世界非善即恶，两者处于永恒的对抗之中。因此他们完全不接受妥协这个概念（谁愿意与撒旦妥协？），也不容忍立场模糊。他们常分辨不清事物间的细

135

微差异，因而认为这些差异丝毫不重要。例如他们认为，自由派赞
同的措施都是社会主义的，社会主义是共产主义的一支；而人们都
知道，共产主义是无神论者。杰出的政治头脑认为政治现实很重要，
会尝试在各种正负因素的平衡中估计某些政策目标能否达成；但是
基要主义者不是这样，他们首先定义什么是对的，认为所谓政治就
是不计代价地实现正确之事的领域。例如他们不认为冷战是世俗政
治的结果——也就是两股为了生存而被迫彼此妥协的国际势力之间
的冲突——而是以为那是信仰上的冲突。所以他们不关心现实力量，
例如苏联拥有核武，而是一心想要在精神上对抗共产党人，尤其是
国内的共产党人，他们不管这些共产党人做了什么事，甚至不管他
们是否存在，只是一心一意要将他们树立为精神上的不共戴天之敌；
可这敌人完全就是假想出来的，因为他们从未亲眼见过任何共产
党人。

　　因此，现实世界中的对抗变成了一场精神末日的最后斗争，一
种终极现实，即使一个日常事件也会被赋予无比关键的意义，而不
是被用正常的俗世眼光看待。所以当某位右翼领袖指控艾森豪威尔
总统不啻是国际共产阴谋的代理人时，以通常的政治智慧而言，我
们会认为这位领袖是在胡言乱语；但我认为，更准确地说，他的思
想其实已经不在这个世界的范畴内了。他想要评论的已不是我们通
常所理解的所谓艾森豪威尔的实际政治行为，而是艾森豪威尔在他
眼中所代表的象征意义：艾森豪威尔在终极的道德和精神价值领域
中被视为某种堕落天使，而这对于这位右翼领袖来说比平庸的政治
更具伟大的现实意义。如果我们把握此点，就会明白这位领袖所言
并不是在故意唱反调，而是一种令人赞叹的谬论。古罗马有句谚语：
因为它太荒谬了，所以我相信（Credo quia absurdum est）。大概就
是这个意思吧！

四　关于美国天主教的一些讨论

到现在为止，我们主要在讨论新教的福音派与美国反智思想间的关系，这是因为美国是一个新教国家，基督新教形塑了这个国家的典章制度。但是如果不论及美国的天主教传统也不行，因为它也对美国的反智传统起了重要影响。尽管美国天主教徒的人数在当今这两三个世代里急剧下跌，政治影响力与人们对它的接受度也大不如前，但是在 19 世纪中叶，虽然它属于少数信仰，且这个国家有反天主教情结，它却曾是美国最大的单一教会，地位逐步得到巩固。今天天主教宣称美国有四分之一的人信仰它，这么高的接受程度即使在三十年前也是无法想象的。

大家可能会认为天主教会在美国的智识历史上扮演过一些角色，带来了不同的历史观与世界观，对人性与社会制度有着不同的理解。但事实上，这些都没有发生，因为它在美国并没有建立起自己的智识传统，也没有培养出一批领导自身教友或是能与较具俗世色彩的新教徒对话的知识分子。美国的天主教会一直都在抨击和接受美国生活之间摇摆，它批判那些它无法接受的面向，同时接纳和模仿另外一些较能接受的部分，以便克服作为少数信仰的相关问题，让自己"美国化"。结果，美国的天主教会是全世界除了巴西与意大利以外吸引入教人数最多同时组织也最健全的，但是一直没能够建立起它的智识文化。D. W. 布罗根（D. W. Brogan）对此现象曾说："在西方社会里，从来未发生过天主教的文化声誉与智识形象低于所在国家的平均水准的。"在过去二十年内，我们看到天主教在美国中产阶级间的显著成长，因而天主教的领袖们不得不正视此问题。所以数年前约翰·特雷西·埃利斯蒙席（Monsignor John

Tracy Ellis）*对于美国天主教的没落智识形象发表了一番犀利的评论后，获得了天主教媒体一致的好评。[31]

美国天主教早期发展历史中有两个因素造成了它一向不重视智识生活的特色。第一个就是在 19 世纪发展时期所塑造的"一无所知"心态。当时宣教环境不利，天主教被视为应被驱逐出去的外来信仰和敌对国家的潜在工具，因此天主教极力美国化，以证明自身的正当性。许多以自己信仰为荣的教友在当时的状况下以主动激进的态度来面对这不利的大环境，教会的领导者也觉得当时需要的是辩驳敌视者而非发展学术。[32]于是教会错误地决定采取这种对抗的态度来发展宣教，到了今天，即使当时这种对它的偏见歧视已不存在，教会成员还是怀抱着埃利斯蒙席所形容的"自闭一隅心态"（self-imposed ghetto mentality）。第二个因素就是长久以来，教会的资源一直用在发展组织及扩大教堂教区等方面，以应付源源不断涌入的天主教移民（在 1820 年到 1920 年间约有一千万人），为他们提供最基本的天主教权式与教导。这几乎耗尽了教会方面的所有资源，即使教会内有任何人重视智识与学术文化，也无力支持。

138   更重要的是，天主教在美国是移民者的信仰。[33]对美国的天主教徒而言，他们真正的教会在欧洲，他们也愿意接受"只有欧洲人才有天主教的智识修养与文化"这个事实，因此他们无缘由地、过度狂热地崇拜像贝洛克（Belloc）与切斯特顿（Chesterton）这类天主教作家。这些非英语系的移民对神职人员，甚至整个美国社会都显得非常被动与消极。但其实最重要，却被天主教的研究者统一忽略的原因是爱尔兰人在移民与美国社会间扮演了中介的角色。由于他们说英文，来美国也较早，他们发展出了完整的教会与政治动员机制，其他的天主教移民通常经由他们融入美国社会。美国天主

---

* "蒙席"是意大利语中对主教等罗马天主教会神职人员的尊称。

教会内最有影响力的就是爱尔兰裔，也因此美国天主教会就较少吸取德国天主教的优秀宗教学术传统或是法国教会热爱智识探讨的传统，而爱尔兰教士常会有的严厉清教徒气息与好战性格则成为美国天主教的主要特色。

天主教的移民多半是劳动阶级，在语言与社会地位上都与主流的盎格鲁－撒克逊清教徒不同，也无法融入他们，因此更无法产生智识阶层为其发声。反而教会中存在的智识分子领袖通常是英国移民后代转信天主教而来，例如奥雷斯蒂斯·布朗森（Orestes Brownson）与艾萨克·海克神父（Father Isaac Hecker），他们因此与大部分的教友出身不同。关于美国天主教会高阶神职人员的家庭出身与文化程度并不高的问题，1947 年时大主教库欣（Archbishop Cushing）说得好："美国公民出身的高阶神职人员，没有一个主教、大主教或是枢机的父母亲是大学毕业的。我们的主教或是大主教都是劳动阶级的小孩。"从这样文化程度不高的家庭出身的高阶神职人员固然受过一定程度的教育，但是大抵是职业教育。斯波尔丁主教（Bishop Spalding）曾在巴尔的摩的教会会议上说："不管在美国或其他地方，认为教会的神学院是要训练出高级文化知识分子的想法都是幻想。"所以，即使天主教作为基督教世界中历史最久的教会，到了美国后其体质与氛围还是受到美国当地环境的巨大影响，因此它的智识文化几乎得重新建立。1889 年美国天主教会领导阶层决定改善此问题。而创建美国天主教大学时，最初的八位教授中的六位都是从欧洲延聘而来，剩下的两位美国人也是在教会外受教育，后来才皈依天主教的。

与其他教会或宗教比起来，长久以来天主教信友中有能力捐款相当数额给教会的只占非常少数。当然，近代以来有一些发迹新贵是天主教徒，但是这情况也没有改善多少。埃利斯蒙席说，美国天主教大学在它成立的前六十六年中，大约只收到过十笔数额超过

139

十万美元的遗赠捐款，而且其中只有一笔慷慨的善款接近通常支持一所私立大学所需的数额。由于后来天主教友的社会地位逐渐提升，他们之中像新教徒般把自己小孩送去接受大学教育的人数渐增。但是无论是天主教的教育家或是像罗伯特·M. 哈钦斯（Robert M. Hutchins）这种同情他们的教外教育界人士，都一致认为天主教学校还是在培养职业人才或是运动人才，他们相当惋惜这种反智传统在美国高等教育界中的普遍延续。不论是科学或是人文方面，天主教大学的学术水准始终低到令人惊讶。罗伯特·H. 纳普（Robert H. Knapp）与其团队在 1952 年对美国科学家曾接受的大学教育背景所做的调查显示，"天主教大学是素质最差的"。令人吃惊的是，他们甚至在人文方面的表现更差："虽然天主教学校在各方面都很不行，但是在科学方面的表现却是最好的。"[34]

所以我们可以预期，天主教界的知识分子的处境是非常艰困的。他不但需要与新教徒学者及学界同僚竞争，也要向教内信友证明他作为天主教的知识分子是有功用的，因为天主教的人比一般美国大众更质疑知识分子的重要性。通常，天主教的学者与作家即便能得到教会的认可，也是迟来的。[35]

与其说这些显示的是美国天主教人士反智，不如说是他们缺乏文化与智识。但这一切更加证明了一件重要的事：美国许多天主教徒跟新教徒基要派一样反对现代主义，他们和美国社会"绝对如此"心态的出现也脱离不了干系。这背后很重要的原因是天主教内的知识分子——现在人数多了，影响力也大了——当时还未有足够的力量，去制止这种心态的最糟糕发展可能，包括对心智生活的不信任与对知识分子的敌意。天主教内的神职人员将很多精力用于矫正思想言论，处理离婚、节育问题，以及其他一些频频与俗世及新教徒起冲突的议题之上。甚至有些人会卷入政治极右翼的活动中，这样一来又正好与知识分子陷入敌对。一般而言，天主教内的知识分子并不乐见此情况，但是他们无力阻止。[36]

当今世界最奇特的现象之一，就是新教徒与天主教徒二者的基要派间的联合，他们用清教徒的积极情怀、坚毅卓绝的精神但缺乏思考的莽撞去反对某些事物：首先是无端视其为政治问题，然后便联合起来为之贴上无神论共产主义的标签予以打击。我们认为天主教徒对于曾经反叛侮辱其先人的新教徒一定不具好感，但是现在许多人却能不顾此嫌隙与后者联手。说来的确讽刺，以往一直无法达成的基督教内兄弟姊妹间的团结，现在竟然由对共同敌人的恨意而促成。在麦卡锡时代，这位威斯康星州的参议员得到了右翼新教徒与许多天主教徒的广泛支持，后者竟然几乎相信他的政策不是出于个人好恶，而是受天主教会的教条指引。即使天主教会内部的知识分子群体，例如《同福》(Commenweal)杂志与耶稣会的《亚美利加》(America)杂志都极力谴责他，但也起不了作用。稍后，充满新教基要派色彩的约翰·伯奇协会竟然也吸收了许多天主教友，以致至少有一位教内高层对他们提出警告。对天主教徒来说，全国大肆反共这件事给他们带来了一丝危险的满足感。他们曾被新教徒迫害了一百年之久，现在一定对于没有人再质疑他们的"美国化"感到喜悦，也很高兴能跟当初迫害他们的人一起追剿这个新的"国际的、充满阴谋的、非美国的"敌人，这个敌人与外国势力勾结，此时外国势力不再是罗马，而是莫斯科。这种追剿令人兴奋愉快，所以即使国内已没有共产党人，他们也停不下来。这些天主教徒不会听从任何人的建议而停手，包括教内的思想家们，因为任何理由对他们来说都已是不相关的阻挠，此时他们仿佛觉得已回到了当初在英国迫害清教徒、沿路追杀克伦威尔手下的时代……

第三部分

民主政治

第六章

绅士的没落

一 对杰斐逊的攻击

当美国独立时，知识分子与权力间的关系并不是个问题。开国元勋们都是知识分子。虽然国体是朝向民主发展，但是治国者都是上层阶级精英：在这个精英群体中，知识分子可以大展身手，很具权力。不过，当时的社会还不像今天一般科技化与专业化，所以作为专家的知识分子尚无法成为气候；但是作为统治阶级绅士的知识分子却在社会各个部门占据鳌头，例如律师界、职业人士界、企业界与政界。国父们是一群圣贤、科学家，富有教养。他们中很多人受过良好的古典博雅教育，在历史、政治与法律方面具有渊博的知识，足以解决时局中出现的问题。之后我们国家的历史中再也没有一个时期像当时一样，产生那么多充满智识的政治领导者，如约翰·亚当斯（John Adams）、约翰·狄金森（John Dickinson）、富兰克林、亚历山大·汉密尔顿（Alexander Hamilton）、杰斐逊、詹姆斯·麦迪逊（James Madison）、乔治·梅森（George Mason）、詹姆斯·威尔逊（James Wilson）与乔治·威思（George Wythe）等人。由于这些人在政治上贡献良多，打下了美国立国的重要基础，因此永久鲜明地树立了这样一个典范：有学问与智识的人，大可以不需要借助草莽的姿态来担任政治领袖。

美国竟然是由知识分子立国的，现在看来真是讽刺，因为在这个国家随后的政治史上，知识分子不是局外人、被人使唤，就是替罪羊。美国开国之初曾经有一群被杜马·马隆（Dumas Malone）称为"伟大世代"（Great Generation）的人，他们带领大家完成独立革命、制定宪法，历史上的美国百姓一向对"伟大世代"怀着极高的崇敬，地位也许仅次于林肯总统。我们当然会感到奇怪，为什么没过多久，百姓就突然忘记了思想在政治上的重要性呢？为什么这些国父还在世时，在智识方面的声誉就成了政治劣势呢？

当然，从历史的角度看来，随着时间推移，美国政治渐渐民主化，统治精英的角色慢慢就被取代了。但是我们不能就此认为，智识的重要性之所以下降，完全是因为政治民主化的浪潮。在一场政党分裂发生后不久，精英阶层的内部显现出龃龉不和，并且行事开始不择手段。这批品德高尚、充满勇气、带领民众成功革命、顺利立宪的人，竟然在 1796 年因利益纷争而走上无可挽回的分裂之途，加之他们对法国大革命激起的波涛有着不同反应，为此吵得天翻地覆，各行其是。[1] 没想到，这个当初草拟《独立宣言》与宪法的世代，稍后竟然立下了《外侨与惩治煽动叛乱法案》（Alien and Sedition Acts）这样保守反动的法律。"伟大世代"的领袖们不再团结，失去了他们的风范。尽管当初他们同属上流阶层，一起领导了这个国家的诞生，有共同的理念与学养，但是现在却陷溺于不顾风度、甚至失去常识的政争中。许多政治上的争议，若不幸夹杂了某些夸张的指控，例如阴谋串通法国间谍、颠覆基督教、图谋君主制复辟以使美国回归英国统治等，就会演变成竞相煽动群众的勾当，简直令人不忍卒睹。国父们不了解政党政治该如何运作，也不知道忠诚反对派的作用，为自身的政治激情所驱使，陷入唇枪舌剑、彼此攻讦的斗争之中。

连国父华盛顿都无法免于这种滥肆的攻击。但是第一位深受反智之苦的受害者却是杰斐逊，攻击他的人是联邦党人与新英格兰的牧师们。这些批评很具有代表性，因为它们含有对手们对杰斐逊的人身攻击，为此后美国政治的反智现象开了先河。1796 年，杰斐逊有望接任华盛顿出任总统，南卡罗来纳州的联邦众议员威廉·劳顿·史密斯（William Loughton Smith）发布了一本匿名小册子攻击他，指出他不具当总统的资格。史密斯企图向人们展现，杰斐逊的教条式领导风格令人不安，甚至是危险的。他认为，杰斐逊是个哲学家，而哲学家在政治上向来有僵化教条的作风，试看洛克为卡罗来纳州起草的宪法有多么不实际，孔多塞的"政治愚行"，以及戴维·里滕豪斯（David Rittenhouse）具名参与费城民主协会（Democratic Society Philadelphia）等事，皆是例证。史密斯还说：

> 当哲学家成为政治人物时，通常会显现以下几种特点：胆小、异想天开，固守某些原则下的理性思考，不能虑及人的真实本性；一意执迷于不切实际的理论，闭门造车，而非基于事物环境的既有状况采取符合实际的措施；思维迟钝，用到政府治理上的时候便优柔寡断，在情况急迫紧要、须果断决定迅速行动时往往犹疑不决。[2]

他认为，政治需要的不是智识，而是品格，杰斐逊缺的正是这个。史密斯认为，哲学家在乎人们怎么称赞与评价他，视名誉为一切，而杰斐逊的能力"更适合以笔耕赢得文名而非治国"。至于华盛顿——没有人能找出这个人的缺点："伟大的华盛顿，感谢上天，他不是哲学家。如果他是的话，我们绝对见不到他在军事上的显赫功勋，我们的国家也不可能在他的睿智领导下苗壮繁荣。"史密斯找出了一个日后在政治事务上批评智识主义的标准借口：只要是会思考的人，在面临重要决定时就一定趋于关注琐碎之事，不切实际。史密斯嘲笑杰斐逊，说他善于"把蝴蝶与昆虫钉在木板上制作标本，以及设计旋转椅"，史密斯还说，真为他或是这个国家着想的人，"不会把这位冷静的哲学家从如此优雅的生活中推入政治事务的火坑内"。一个世代后，有人用几乎完全相同的语言羞辱亚当斯总统，我们可发现他所用的话正是史密斯用以羞辱杰斐逊的言辞：杰斐逊的某些优点"可能让他很适合出任大学教授，但绝不适合当总统和军队统帅"[3]。

在史密斯的攻讦中，还有另外一些关注点影响了后来的政治文献。其中之一与军事能力和政治领导能力相关。论者认为，大部分公民德行都在于军事德行之中，即使在今天，从政的知识分子有时还得借助服役的记录来洗刷书呆子的形象。

在1800年的总统竞选过程中，所有的规范与禁忌都瓦解了。有人攻击杰斐逊是只能空谈的书生，当然这只是对他的思想与人格做全面攻击的一小部分，这种全面攻击旨在表明他是一个没有信仰与道德观的危险煽动者，一个如某位批评者所言的"没有良知、信仰或仁慈心的人"。有人指控他养了一个黑人少女，还和她生了混血小孩；有人指控他在美国独立革命期间其实是贪生怕死的懦夫；有人说法国大革命是他一手鼓动的；有人说他曾毁谤华盛顿；有人说他有学拿破仑当独裁者的野心；还有人说他是一个不切实际的理想家与不知变通的教条主义者；更有甚者说他是一个法国教条主义者。[4]

这些人在攻击杰斐逊的同时，也想将心智视为极端邪恶之物。杰斐逊的学问与思考此时竟成为指控他是无神论者的借口，这些人说，正是这两样东西让他在地球的历史一事上怀着与神学家不同的看法，还反对小孩在学校里读《圣经》。如果只是一个哲学家，杰斐逊有这些特质无伤大雅，但若是当上总统，则对国家或是宗教都大有伤害。[5] 他善于抽象思考、他的文艺情怀，都使得他不适合从事实务性工作。谈到治国，他总是会搬出大套理论："只要是本自经验的想法，他都会嗤之以鼻。"[6] 有一个联邦党人曾说："他的确是才华横溢的人，满腹学问，且精通写作。"此人接着说：

149

> 他曾在法国住了将近七年，大革命爆发的一段时间内，他在理论上的造诣，对于道德、宗教与政治的批判都达到了最高水平，在这方面异常活跃……我们都认为杰斐逊先生是一位政治、道德与哲学方面的理论家。用法国当代的词汇来说，他是一个哲人（philosophe）。[7]

同时代一些知名人士也同意这样的看法。费希尔·埃姆斯（Fisher Ames）认为杰斐逊"跟多数天才一样，着迷于宏大理论与系统性思想，忽视一般人重视的浅显事实与常识"[8]。联邦党人约瑟夫·丹尼（Joseph Dennie）认为他是"危险、异端、乌托邦式的"法国哲学的信徒。丹尼承认他

> 很有才华，但它们是那种危险与虚假的才华。他虽博览群书，善于著述，确是个有学问的人，却应该退居山林。他的书房，而非内阁，才是他该待的地方。在他的小房间内，他大可研究博物、人种或是自然年鉴……如果身居政府要津，他那些抽象的、不实际的政治理念就一点用处也没有，甚至有害于国家。此外，他的观念非常法国，这不啻冒犯了整个美国。对美国人来说，他们宁可田园里长出草蓟而非黍麦，也不愿看见哲学家以空谈

治国，或是因崇拜法国哲人而企图引导美国人民与可恶的法国
人亲近。[9]

150　　查尔斯·卡罗尔（Charles Carroll）则认为杰斐逊是个"过度理想化
与不实际的政治人物，无法审慎地领导这个广土众民的新联邦"[10]。
此话含意至为明显，就是这个新的国家不能让知识分子当家。

　　教会中的保守派牧师攻击杰斐逊的一个理由，就是他组织了一
个他们很不喜欢的联盟。杰斐逊虽然是一个自然神论者，同时也深
好科学等世俗学问，却有不少福音派与虔敬派信徒与他接近，特别
是浸信会教友。他们不但喜欢杰斐逊拥抱民主的情怀，而且因为身
为宗教上的异见者，他们也欢迎他的宽容主张。他们不在意外界攻
击杰斐逊无信仰，更在意主流教会对他们的钳制。因为对主流教会
有共同的敌意，于是杰斐逊以及一些世俗知识分子就与虔敬派等信
友们结成政治上的联盟。他们共同支持异于教会体制的世俗权力观：
自由派知识分子们主张理性批判，而虔敬派则支持宗教直观。于是，
自由派与虔敬派暂时搁置了双方的分歧：一方不要一切教条，而另
一方不要保守禁锢的教会体制。[11]

　　为了拆散这个联盟，保守的牧师们企图向社会证明杰斐逊是对
所有基督徒的一个威胁，很多信友因为各自的党派立场而深深相信
了此事。虔敬派与自由派知识分子间的联盟最终还是瓦解了，一般
人与知识分子间从此出现了隔阂，迄今难以弥合。可是在杰斐逊竞
选总统时，自由派知识分子与福音派中的民主势力所结成的这个联
盟还是稳固的。在这个联盟瓦解后，在一向被教会内的父权领导结
151　构制约的平民民主意识获得解放后，福音运动的力量产生的反智浪
潮在每一方面都比原来教会对杰斐逊的攻击更致命和猛烈。

二 《自由之钥》：批判智识与财产阶级的垄断

对杰斐逊的恶毒攻讦，以及之后通过的《外侨与惩治煽动叛乱法案》，代表了若干富裕且有教养的联邦党人对于宽容与自由理念的背叛。不幸的是，杰斐逊或者杰克逊领导下的平民民主力量并未捍卫这些价值。这些平民党派后来变成了原始主义和反智民粹的工具，一味地对专家、绅士与学者倾泻敌意。

在很早的时候，美国的平等主义力量就已经显露出对于"专家"的不信任，一开始称其为政治专业化，后来则改称为专家政治。许多论者对于自由的百姓展现出的政治能力引以为傲，因此对于精英与富人操控政府的行为抱持怀疑的态度，这是说得过去的。但他们不只怀疑政治被操控，很多人甚至对所有形式的智识都产生了敌意。的确，在美国早期的民间政治思想中，我们可以发现一股反智的潮流。在独立革命时期，某些著名的评论者就曾认为，如果要适当抑制那些富人与出身良好之人的权力以推动民主潮流，那么知识分子也应该包括在对象范围内。一位从马萨诸塞的乡下地区选出、参加1788 年宪法批准会议的代表对宪法草案表示反对：

> 这些律师、知识分子与有钱人，他们话说得好听，特别会粉饰太平，却让我们这些乡巴佬吞下苦果，还想只让自己进入国会大厅议事；他们想掌管宪法制定事宜，把所有的权力与金钱一手揽走，把我们这些小民一口吞掉，就像利维坦一样，主席先生；没错，就像《圣经》中的大鱼追逐吞噬约拿一般。这就是我所害怕的事。[12]

我们幸运地找到一位马萨诸塞北比勒里卡（North Billerica）的新英格兰农民威廉·曼宁（William Manning）所写的一份政治小

册子。这份文献显示出了一位聪明且强烈拥护民主的美国百姓对政治的看法。小册子名为《自由之钥》（*The Key of Liberty*），具有杰斐逊思想的风格，写于 1798 年，当时党派间的对立气氛正浓。值得注意的是，曼宁（他说自己不是读书人，上学从来没有超过六个月）认为智识在政治斗争中是一种力量，具有核心重要性。他的文章开头是这样说的："学问和知识对于保护自由是重要的，如果没有智识，则无法长久维系我们的自由。"[13] 不过，曼宁主要是把学问和知识当作阶级对抗的武器。

曼宁思想的核心是对于智识与财产阶级深深的不信任。这些优越的阶级因为受过教育、有闲暇时间，不论是身为商人、律师、医师、教士还是国家官员，都可以借助职业上的优势来追求他们的利益，而辛苦的劳动阶级每日忙碌不休，无法像他们一样。因此曼宁认为，这些阶级通常都不喜欢民主，他们不断想要摧毁民主制度，因为这种制度妨碍了他们上下其手，牟取私利。

> 当然，要达此目的，不付出些许代价是不行的，但是他们首先会合作，透过结盟或是集会、通信等手段联络彼此。商人有商会，医师、牧师也有协会，司法及行政官员在工作上密切联系，而舞文弄墨之士与富裕阶级因为通常不用劳动，所以有时间彼此商量。他们所有的人因为利益联结在一起，而利益是最强韧的联结纽带，他们秘密联络，图谋夺取大众应有的利益，这一切都是用他们具有的知识办到的。

如果知识是追寻一己私利的工具，"这些少数人"就自然会喜爱那些可以帮助他们增进阶级利益的制度设计："这些少数人总是宣扬昂贵的大学教育、国家学院和文法学校的好处，制造一大批整天不用工作的人，这样就可以巩固他们党派的阵容。然而同时他们

又总是反对便宜的学校与女子学校，而这些学校乃是大众获取知识   153
的最重要途径。"在大学里（曼宁此时心中想的应是联邦党人最爱
的哈佛大学），共和主义的理念受到批评，年轻人沉浸于王权政治
的概念中。曼宁还注意到，这些学校的毕业生"被教导应该尽力维
护他们的职业尊严"，但是曼宁反对此点，因为他们为自己的职业
服务附加太高的价值，就会使大众无法承担信仰与教育服务："如
果我们要聘请一位牧师或是校长，通常会被告知需要付很高的薪水，
他们不愿降价，因为行情如此，而且如果他们降价，就会觉得自己
尊严受损。"对曼宁来说，学校校长应该拥有不高的社会地位和微
薄的薪资，事实上，今天美国的情况确实如他所愿。

曼宁对于教育的看法关键即在于此。教育不应该太昂贵，应该
让每个人都负担得起，而高等教育则只是为国民普及教育提供师资。
"教育的推广应该以价廉物美的方式进行，让所有人都有机会接受"，
"所以应该迅速培养大量师资，只要用低薪就可以聘请他们教书，
就像我们雇请各个行业的劳动者一般；教育应该和各种职业一样，
教学只是一技之长；要减少社会上那些整日闲逸不劳动的人。"当时，
马萨诸塞州的公立学校系统很不理想，曼宁在这个时候说这番话是
有道理的。但是他提议的方式是以牺牲高等教育的愿景为代价来改
善中低层教育，将高等教育看成制造廉价教育劳动力的事业，这意
味着曼宁视高等教育为无用之物。古典文学和高深的学术只要超过
了教育儿童识字的需要，"就只是绅士与富家子弟的玩物，可以让
他们不用工作。教小孩子读写的老师并不需要懂所有的语言，就如
同农夫并不需要学习特别高超的技艺就可以耕田一般"。长久以来，
教育一直是少数人的特权工具；如果可能的话，曼宁希望让它成为
多数人的工具。他深信教育是一种手段，因为可以被驯服，他也不
担心他的主张会为高等文化带来什么影响，毕竟对他来说，这样的
文化乃是那些不用工作之人的专属物。

在少数人与多数人的对立中，教育的地位正好反映出高等文化
在美国政治中的地位。教育被夹在了两种阶级之间：优渥富裕的阶
级并不完全能够支持教育的发展，逐渐壮大、意欲争取平等的一般
百姓则想要拉平地位差异，取消高等文化这种特权工具的特殊地位。
我们可以理解，平民希望保护他们的利益，借助教育来扩大社会地
位上升的机会，但是没有人告诉他们，该如何将高等文化平民化，
同时又不损害这种文化本身。

我们无从否认曼宁的说法的确有些道理。联邦党人的确霸占了
哈佛大学，那么平民们为什么就不能通过控制国民教育机构（如果
他们可以的话）来反击呢？如果平民们能够得手，那么可能就没有
哈佛了。如果智识阶级一心只想要维系特权，社会就不需要这样的
阶级。曼宁发表他的看法后，过了半个世纪，霍勒斯·格里利（Horace
Greeley）说，美国的平民其实很尊重才华与学问，但是他常常发现
他们"只是把它们当作获取财富或是追求奢华生活的工具而已，他
们非但对推动人类文明进步毫无贡献，反而还要从这文明中分一杯
羹"[14]。在这样的心态下，对于平民权利的要求在19世纪时便出
现了，它不仅包含对免费基础教育的要求，同时还蕴含着一种对高
等文化的疑惧，视其为敌人的发明。

三 从亚当斯到杰克逊：第一场反智运动的诞生

细想之下，美国此时涌现的平民式民主缺乏了一样东西。平民
式民主的主张者希望能减少甚至消除社会上的阶级差异，让那些受
教育者与富裕阶级不再独占支配权。但是如果平民要自己当家，如
果他们希望被受教育者与富裕阶级领导得越少越好，那他们在决定
事情时的智慧要从何处来？当然答案是：从自身来。当平民民主成
为潮流后，大家自然就会觉得天生、直观、民间的智慧，的确胜过

那些世故的、有教养的、自私的精英阶级所想出的东西。正如同在宗教上福音派人士之所以反对传统教会和受过正式严谨训练的牧师，是因为他们觉得以素朴的心灵直接接触上帝更好；现在民主派人士也一样不希望具有专业智识与技能的领导者独占政权，而认定平民从生活得来的实际智慧更接近真理。由于平民智慧受到如此这般的拥护，于是它就在人民民主的浪潮下化为一种激烈的反智心态。

　　虽然杰斐逊本人并不反智，也不是一个平等主义者，但偶尔也有这种拥护平民智慧的心态。他在 1787 年写信给他的外甥彼得·卡尔（Peter Carr）说："如果你让一位农夫与一位教授判断一件事情的是非，农夫可以做出好的判断，甚至有时比教授好，因为他并没受到太多后天人文规范的影响。"[15] 此处杰斐逊其实只是表达了 18 世纪的一个流行观念：上帝向每一个人都赋予了必要的道德判断力。所以他并不会觉得知识分子比农夫在道德事务上有更好的能力。可是把杰斐逊这样的看法再往前延伸一点，我们就可以说任何政治事务都是道德事务。[16] 这样一来等于为否定专业知识在政治事务中的价值打下了基础。如果农夫对于道德的判断与教授一样好，那么他对于政治的判断也应该很好。于是我们就可以说（但杰斐逊不会同意）农夫不必向任何人学任何东西，也不需要学问好的人来领导他。如果从这种立场延伸下去，就会得到一个结论：教授这类人不会是个好领袖，好的领袖应该在没受过多少教育的平民圈子中寻找。讽刺的是，杰斐逊自己就因为这个观念吃了苦头。而后来，这种观念变成了杰克逊式民主的核心信念。

　　杰克逊主义乃是美国政治史上第一场强有力与影响广大的反智运动。它不信任专业知识，痛恨中央集权、精英统治，希望消除特权阶级的影响力，认为人民可以轮流当家，这些主张打击了美国继承自 18 世纪思潮的精英治国观念，同时也否定了智识阶级在公众生活中的角色。虽如此，当时还是有不少知识分子，特别是年轻的，站出来支持杰克逊主义，人数甚至多到可以驳斥所谓"知识分子必然反对任何有利于平民扩权的运动"这个说法。虽然文艺知识界的人还是偏向维护他们原有的文化风格，且这个圈子依旧由辉格反对派（Whig opposition）当家，但是当约翰·L. 奥沙利文（John L. O'Sullivan）创立《民主评论》（*Democratic Review*）时，各党各派的人也都来捧场写稿。虽然新英格兰那些顶尖的名士们对这运动或漠视或不屑，许多著名的文人例如奥雷斯蒂斯·布朗森、威廉·卡伦·布赖恩特（William Cullen Bryant）、乔治·班克罗夫特（George Bancroft）、詹姆斯·费尼莫尔·库珀（James Fenimore Cooper）、霍桑、詹姆斯·柯克·波尔丁（James Kirke Paulding）与惠特曼等人都程度不一地支持这场平民民主运动。[17]

杰克逊主义者欢迎这类人的支持，有时还引以为豪，但总体来说，知识分子并未因此得到多少承认和名气。历史学家班克罗夫特也许是这批知识分子中最著名的。在马萨诸塞的民主党阵营中，他们觉得需要一位文人和智识领导，以便对付反对者之中的杰出人才。班克罗夫特于是在三十多岁时就成为所属政党的领导者。他先后担任过波士顿港的海关总长、海军部部长，后来还出任驻英大使。他凭借自己的地位，推荐霍桑担任波士顿海关官员，推荐布朗森担任航海医院院长（虽然他立即就后悔了）。但霍桑的情况恰可作为知识分子被重用的反例。他总是低就一些远在他才能之下或是令他生活拮据的工作。例如他在海关当的就是称量员或丈量员，这是他以历史学家身份寻求加入南极探险队不成后所换来的工作。之后他想要当邮局局长，但是政府只给他海港测量员的工作。最后，在完成了大学同窗富兰克林·皮尔斯（Franklin Pierce）的竞选传记后，他被任命为驻英国领事，但是是在利物浦。总而言之，杰克逊式平民民主运动风潮所追求的知识分子与平民百姓间的"和解"（rapprochement），其效果远不及进步主义风潮期间或是新政期间之所见。

　　1824 年到 1828 年间，杰克逊与约翰·昆西·亚当斯（John Quincy Adams）间的对立充分说明了不同政治理念的巨大差异。亚当斯政权显示出，在 19 世纪的美国，具有知识分子气质之人的确不适合担任政治领袖。他算是老派绅士出任总统的最后一人，因此也变成旧秩序的象征与对知识分子不满的风潮的主要受害者。他曾就学于巴黎、阿姆斯特丹、莱顿、海牙与哈佛，曾担任哈佛的修辞学与演讲术教授。他曾想要致力于写史诗，同时像杰斐逊一般，他也对科学发明有兴趣。他曾经担任美国艺术与科学院院长多年，也在出任詹姆斯·门罗（James Monroe）总统的国务卿时完成了一份有关度量衡表的科学报告，至今仍被奉为经典。亚当斯相信，如果这个新的国家不致力于发展科学与人文，那就无异于"将才华埋藏于土中，是对上天赋予的神圣职责的背叛"。他与华盛顿、杰斐逊、麦迪逊一样诚挚地希望联邦政府能够成为这个国家发展教育与科学的推手与中心力量。当他提议把华盛顿特区变成文化中心时，遭遇到了平民民主潮流的反抗，因为他们不喜欢集权化。

　　亚当斯第一次对国会演说时，提出了一项对企业界有利的内政计划——增加修筑道路与运河——以及数个受到知识分子欢迎的计划：在华盛顿成立国立大学、国立海军军校、国家天文台，接续"刘易斯与克拉克远征"之后开展"大西北探索计划"，设立国家专利局与奖助科学发展的国家科学委员会等。

　　以亚当斯的为人，他很容易冒犯杰克逊所依靠的平民民族主义。亚当斯指出，欧洲国家虽然在自由上不及美国，但是它们鼓励科学，他甚至敢于冒大不韪地建议美国应该在这方面向法国、英国与俄国学习。当时如同现在一样，这种智识上的国际主义并不受到大家欢迎。亚当斯在藐视了民族自尊心后，又继续藐视平民民主与大众文化，他建议大幅增加科学研究经费。他甚至火上浇油地呼吁国会领袖们不应该"抱着手臂向世界宣布美国的议员们就是受选民意向钳制的"。更糟糕的是，亚当斯竟然挑衅地宣称，欧洲国家的政府捐助设立的天文观测台将会是"天空中的灯塔"，引导世人了解宇宙太空。国会自然暗笑他不识时务，当然灯塔案也就一再地胎死腹中。他自己的内阁阁员也都认为总统的方案会震惊国人，例如亨利·克莱（Henry Clay）就认为，设立国立大学的构想"是绝不可行的"，他怀疑，亚当斯设立新部门的提议在国会中能否得到五票都是问题。最后，亚当斯果然放弃了。他的领导风格显然过时了。汉密尔顿、华盛顿甚至杰斐逊都对某种全国计划下的集权措施很感兴趣，而且都怀着东岸绅士们一贯会有的一个想法，就是对领土不断向西扩张一事须加以管控。可是整个国家发展得太快，不可能在此事上加以调控管制。所以这些领导人一旦在政治上过时，知识分子的地位也就岌岌可危。[18] 亚当斯算是美国 19 世纪最后一位主张奖掖科学发展的总统，也是最后一位认为联邦政府有责任鼓励艺术发展的总统。

如果他算是旧派，杰克逊就是新派，这两位在 19 世纪 20 年代政坛的冲突差异代表着美国的过去与未来。美国一直都在尝试脱离它的欧洲源头，美国人习惯认为欧洲已经"腐败堕落"，而美洲大陆尚是纯洁自然的，他们害怕自己的文明会朝向高度"人工化"发展而远离"自然"。杰克逊的追随者赞扬他体现了"自然人"的"自然智慧"。他们除了称赞他是新奥尔良战役的英雄，战胜了那些有教养的英国人组成的凶悍军队，还歌颂他是平民所具有的勇气与力量的代表。大家认为：杰克逊很幸运地避开了有害于"人类的直觉与想象力"的正规教育；他是一位身体力行的行动者，"在大自然的学校中受教育"，完全未曾受到人工文明的制约；"幸运地逃过了学校教育所施予的训练与使用的语汇"；"他的思绪不受到学院人士的玄想的干扰"；他有着不凡的"素朴直觉能力、实际生活中的常识、区别与判断的能力，这些都比一位饱学之士的学问更宝贵"，因为他无须受制于"拖拉的三段论法，或是分析式理论的制约，或是逻辑演绎的引导"，他只要靠着天生的直觉就可以"随着闪电一般的灵感找到自己的方向"[19]。

班克罗夫特肯定认为自己的教师事业毫无用处，他热情地评论杰克逊的"素朴心智"：

> 大家看着吧，这位未受教育的西部人、荒野中的孩童、隐世的农夫，没读过书、不通晓科学或历史，经由人民的拥戴而走上权力顶峰，身居共和政府最高职位……他会给国家带来什么政策？他会从他的森林中带来什么智慧？他的心中会凭灵感迸发出什么行事准则？[20]

面对这样一位从森林与大自然习得知识的平民英雄，亚当斯看起来就像是"人工之物"，尤其他的身上还挂着屡屡出访国外的经历与良好的教育背景。虽然 1824 年亚当斯赢了选举，但是杰克逊已经是非常受欢迎的候选人了；所以当四年后这位将领再度挑战亚当斯时，结果可想而知。在这次困难的选举战中，亚当斯只赢得了新英格兰地区的选票，此次的竞争被人形容为"亚当斯能写，但杰克逊能打"。杰克逊的竞选发言人攻击亚当斯是个陶醉于自身世界的贵族，过着奢华的生活。最糟糕的是，在"素朴"对"人工"这样的二分法下，亚当斯的学问与政治历练成了劣势而非优势。一群杰克逊的支持者宣称亚当斯的学问并不会使国家更好：

160

> 我们都承认他学问好，但是我们怀疑这些知识是否有用……我们承认自己喜欢一位伟大的英国诗人所说的朴素心态：

不去了解遥远的事情

没有用处、微妙又模糊的事情，而要了解

每日生活中的经验

这才是最高的智慧

杰克逊将军正是这种智慧的代表。[21]

杰克逊的另一位支持者比较了两位候选人过去的行事记录，说道："杰克逊制定法律，亚当斯援引法律。"[22]

　　杰克逊最终大胜亚当斯。说这是"行动派"战胜"智识派"，会有点儿夸大，因为选民认为他们是在贵族与民主间做选择。在双方阵营为各自的候选人打造公共形象时，贵族往往被与陈腐呆板的知识相提并论，而民主则代表着天生的直觉与行动力。[23]

四　辉格党向民粹屈服

　　虽然杰克逊的拥护者有着平等与反智的强烈情怀，但绝非只有他们是这样的。因为不独杰克逊主义主张平等，全国皆然。两党的政治竞争意味着不可能有某一党独占深获选民喜好的路线，因为对方也会仿效。杰克逊的对手党即使再不喜欢 1828 年对方诉诸民粹的路线与风格，也还是会学着照抄。党内的领袖如果不这样做就会失势。

　　党内的领导者在应付地方要人——那些推动兴建水坝、运河、公路与誓言提振制造业的意见领袖或政治掮客——时所一直面对的问题是：他们必须试着与民众站在一起，而且不能在某项议题上冒失去民心的风险。政治人物如果能够不与民众脱节，同时能在政治圈与企业圈游刃有余，那就是大大的优点。[24] 克莱很有政治能力，也具有公众英雄人物应有的特质，但是到了 19 世纪 30 年代初的时候，他在政坛已经太久了，大家都熟悉他的政治立场，认为他与亚当斯太过接近。在党内的大佬中，瑟洛·威德（Thurlow Weed）看到了这个问题，他当初是靠着反共济会的强烈平等主义民粹情绪出人头地，先是成为著名的辉格党人，稍后又成为共和党的党内大佬。但是这批反杰克逊的人始终逡巡不前，找不到最理想合适的路线风格，直到原本出身于杰克逊阵营的戴维·克罗克特（Davy Crockett）出现后才得以解决。

身为拓荒者、猎人、军人与田纳西州西部垦殖者的代言人，克罗克特是美国民间的传奇人物，他的自传也成为美国边区茶余饭后的谈资。他不以自己的贫穷与教育背景为耻，靠自身强大魅力投入政坛。近三十岁时，他来到田纳西州的肖尔溪（Shoal Creek）居民点，被指派为治安官，接着又被选为当地民兵的团长，最后被选入州议会。1826 年，有人建议他竞选国会议员，他就用他经历的一些有趣事迹当作竞选文宣，结果竟然当选。于是大家都知道了田纳西州有这么一位众议员"能扛着一艘汽船蹚过密西西比河，轻易制服不法分子"。他虽是一个乡野之人，站在国会大厅演说时却不害怕，因为"他能够鞭笞驯服任何人"。

克罗克特为他代表的乡野气息与自然纯朴而骄傲。在 1834 年出版的自传中，他很得意地述说他在田纳西州议会所留下的法规，因为当时他甚至"连自己的名字也不会写"。他说，"我的判断绝非来自教育或法律知识，我根据普通的正义观与天生的直觉来决定人与人之间的事务，因为我一辈子没读过任何一页法律书。"[25] 他笃信常识可以解决问题，他成功处理的许多法案可以证明这一点，但他并不因此满足，他有意识地看不起学问的世界。他曾在国会说：

　　有一些人邀请我去马萨诸塞州的剑桥，那里有很好的大学，

为人授予头衔或者绰号。我不想去，因为他们可能会强加给我
一个文学博士的头衔才让我走，但我并不想把现在这个"美国
众议院议员"头衔换掉。如果我接受了，我的选民们一定会认为，
我这个新头衔的意思是"懒惰打瞌睡的蠢蛋"，因为他们知道我
什么学位也没有，除了让我不会追求名不副实之物的一点点"尚
称清醒的头脑"外……[26]

克罗克特于 1813 年至 1814 年时曾在杰克逊麾下从军，也曾以
田纳西杰克逊派代表的身份初入国会，代表该州偏远西部、处境和
他一样落魄的拓荒者。但不久后他发现这两个身份有冲突。由詹姆
斯·K. 波尔克（James K. Polk）领导的一些田纳西州人希望联邦
政府在该州西部划一块荒地出来设置教育机构，此时贫穷拓荒者的
利益与教育无可避免地产生冲突了，克罗克特身为这些拓荒者的代
表，自然反对波尔克的提议。当初北卡罗来纳大学的设立已经使他
的一些选民失去土地，所以克罗克特表示波尔克的提案同样会伤害
若干拥有土地的人。他指出，他的选民不会因大学的设立而受益，
因为他们都不会去上大学。他还说道："我们只希望能有一间乡村
学堂就可以了，这样大人们冬日农忙之后可以去读点东西，而小孩
子则可以终年上学。幸运的话，我们在学期末可以抓些浣熊做皮草，
或带点什么小东西给老师作为学费。"[27]

克罗克特在国会表示，他并不反对教育，但是他必须为他代表
的选民利益发声，这些选民过着"汗滴禾下土的生活"，而现在唯
一可供安身的"简陋小屋"却要"为了给有钱人的小孩盖学校而被
州议会征收"。

我再重复一遍，我坚决反对这件事，不是因为我敌视教育，
而是因为教育不应以公平为牺牲。大学教育制度区分了社会的

两个阶级，将有钱人的子女和穷人子弟隔绝开来。我的选民们的子弟从来没见过大学里面长什么样子，以后大概也没机会……如果他们因为接下来的法律程序被剥夺了仅有的家园，我就无法在此保持沉默，不为他们争取公平。[28]

我们可以在这段话中看到早先曼宁的观点：公立学校为所有民众提供基本教育，而大学则是富人的专利。对美国社会来说，高等教育与一般的大众教育被对立起来看待，实在是一件可悲之事。但对于支持亚当斯与克莱的人来说，因为他们一直处于杰克逊派的巨大压力下，现在田纳西州的杰克逊派自己分裂了，这无异于天上掉下来的礼物。所以当他们知道克罗克特的事情后，赶忙去接触他，想利用他对杰克逊总统长期的不满与他们自己阵营的分裂，拉拢他加入反对杰克逊的阵营，因为如果这个阵营内有一个拓荒的平民派人士出现，对杰克逊派会是个有力的牵制。美国第二银行总裁尼古拉斯·比德尔（Nicholas Biddle）的朋友马修·圣克莱尔·克拉克（Matthew St. Clair Clarke）先生居中为克罗克特与全美的反杰克逊阵营牵线，这个联盟至迟 1829 年已成形，于 1832 年得到巩固。于是有人开始为克罗克特撰写国会演说稿，他那本著名的自传有若干部分也是由他口述，经专人捉刀写就的。[29] 1835 年，克罗克特发文攻击马丁·范布伦（Martin Van Buren），是为 1840 年辉格党民粹风潮的前奏。

到了 1840 年，辉格党内已完全被民粹言论占领。克罗克特局限于乡野地方出身，而且性情不稳定，没有当总统的格局素养，他前往得州，在保卫阿拉莫（Alamo）的战役中阵亡，从此被塑造成神圣的人物。在 1836 年的总统选举中，像当年的杰克逊一样曾与印第安人作战的英雄威廉·亨利·哈里森（William Henry Harrison）也有相似的号召力。虽然他在 1811 年与印第安人作战中其实遭遇惨败，但是健忘的选民看见经过包装美化的竞选文宣，还是认为他像新奥尔良战役中的战斗英雄"老山核桃"（Old Hickory）*一样伟大。虽然实际上他住在俄亥俄河边一栋类似豪宅的屋子里，却还是凭借平民化的形象在1840年的选举中获胜。事实上，可能是经济萧条令他的对手范布伦陷入了不利局面，但是辉格派的确使用了丑化污蔑对手的方式来打选举战，就像十二年前杰克逊对付亚当斯一般。宾州众议员查尔斯·奥格尔（Charles Ogle）在众议院发表了一场精心设计的演说，叫作《总统官邸的王室气息》（*The Regal Splendor of the President's Palace*），演说的讲稿被制成小册子，广为印行流传，为这次选举奠定了贵族与平民之争的基调。奥格尔在白宫花费三千六百美元整修房舍一事上大做文章，夸大其词地向众议院同僚虚构范布伦的奢华生活场景，却丝毫不提亚当斯在1828年受到过同样的质疑。这一席长篇的慷慨陈词最劲爆的地方是奥格尔指控范布伦在白宫装设浴缸，规模堪比罗马皇帝卡拉卡拉的浴场。[30]

1840年，辉格党打出了一条横幅，上写着：我们甘愿臣服（We stoop to conquer）。这些辉格党人原本是富有教养因而一丝不苟的尊贵人士，当初极力反对普遍选举权，而现在却开始自称是平民的朋友，不顾一切地采用一些不怎么体面的竞选手段。许多著名的政治人物都是在过去较含蓄的政治竞争环境下长大，许多话他们说不出口，但是现在却走上了媒体所谓的"克罗克特路线"。有一位出身良好的南方保守派绅士休·斯温顿·勒加雷（Hugh Swinton Legaré）暂时放下身段，举行巡回演说。而一位叫丹尼尔·韦伯斯特（Daniel Webster）的先生也说道："虽然我运气不好，不是在小木屋中诞生的，但我的哥哥姐姐们都是的……我每年都会回木屋探

---

* 安德鲁·杰克逊在军中的绰号。

访，还会带小孩去，好让他们学着去弘扬和效仿这种生活所养成的俭朴坚毅之风。"如果有谁现在说他是贵族，则这个人"不仅在说谎，而且是懦夫"，如果被韦伯斯特撞上，就准备跟他打一架吧！克莱私下则说，他"很遗憾现在必须迎合风潮，投这些乡村人民之所好，顺应他们的感情与感觉，而不是理性与判断"。

辉格党中有些对自身形象较敏感的人，可能不习惯满口都是这些为了竞选而降低身段的俗民语汇，但是如果他们要留在政坛，就不可能完全不理这个需求。也就是说，美国政治上的绅士阶级正在进行集体自杀一般的行为。亚当斯在华盛顿看到这场喧哗的选举中令人失望的现象，感叹它代表着"人的气质与习惯的革命性转变"[31]。这个过程开始于数十年前，而他自己于1829年选举失败从白宫退位恰恰是此现象最惨痛的象征。摩根·迪克斯（Morgan Dix）评论道："这似乎是我们历史上第一次迎合中下层百姓，为了胜选，不论多粗俗低下的方式都能接受，只要可以投其所好博其欢心。从那天开始，这种趋势就停不下来了，最后甚至连良好家庭的出身、作为绅士后代的身份都成了缺点。"[32]

五　官位标准的改变

比较理智清醒的阶级持续地从政治领域撤退，而黑人奴隶问题与阶级矛盾更加速了这个过程。1835年，法国的托克维尔就曾经评论过美国的这种"庸俗风气"（vulgar demeanor）与国会议员的低微出身。如果他19世纪50年代再回美国看看，一定会发现这种退化更显著了。19世纪50年代，美国的海军部部长约翰·彭德尔顿·肯尼迪（John Pendleton Kennedy）写信给他的叔叔说："你看看那些在台面上的人，他们的言行值得人们称道吗？……绅士这个词几乎已经完全从人们的脑海中消失了！不管是什么样的绅士特质，都不复见于今天的政治舞台了。"[33] 1850 年，弗朗西斯·鲍恩（Francis Bowen）在《北美评论》（*North American Review*）发表文章，宣称国会参众两院"都变成嘈杂纷乱的辩论俱乐部了"：

> 威胁与夸大的言辞取代了以往冷静与优雅的辩论。国会山的议事厅里乱象丛生，让人惭愧，简直还不如动物园。国会的名声已经败坏，堪称所有文明国家中最无功效、最混乱、最无助的立法机构。[34]

167　佐治亚州的众议员罗伯特·图姆斯（Robert Toombs）深表同意。他写信给朋友时说道："这一届国会素质之低前所未见……其中混杂了大量成功的证券交易商、走运的服务生、没有固定教区的牧师及巡回牧师，他们不但没有智慧与知识，连礼貌都不懂，所以我们很难期待这届有好的法案出现。"[35] 到 1853 年时，甚至必须立法禁止国会议员借质询之机勒索政府或是收取贿赂。[36] 1859 年，国会的素质堕落到了谷底，甚至连议长都选不出来。约翰·昆西·亚当斯之子小查尔斯·弗朗西斯·亚当斯（Charles Francis Adams Jr.）那时正好在华盛顿探视时任众议员的父亲，他事后回忆道：

> 我对当时参众两院的记忆很深。两院都给我留下了不好的印象。众议院就像一座国家动物园，因为当时是拓荒者和监工称雄的时期，院内的景象比现在丑陋很多。议员派系林立，野蛮无礼之举到处可见。威士忌、随地吐痰与布伊刀成为议院里的三样代表。新泽西的老彭宁顿（William Pennington）是众议院有史以来最无能的议长，被选出来作为最后的手段主持会议，维持肃静。[37]

在美国成立之初，居高位的人可以轻易任命有才干的人担任某些职位，但这并非如表面看来这么不民主，因为被任用者常常出身低微，所以也符合社会公平。例如在 1808 年杰斐逊总统写信给一位叫威廉·沃特（William Wirt）的人——他是一位律师及散文作家，父母是开小客栈的移民——对他说：

> 这封信的目的是……想请你来国会工作。国会是这个国家最重要的舞台，也是获取政府职位的敲门砖。以你拥有的名声、才智与正确的观念，只要小心审慎，你就可以成为众议院的共和派领袖。经过一段时间的锻炼后，你可以选择进入军事、司法、外交或是其他政府体系工作，**只要是你喜欢的地方，都可以去**。作为我们国家的最优秀人才，你肯定可以获得最好的工作。[38]

数年后，杰斐逊过世，这封信展现出的自信已不可想象。在政界寻求发展的方式已有所改变。政治人物面对群众时能展现的魅力，远比他的才能能否折服同僚或长官更重要。许多人是因为由下到上的选举出头的，而非经由从上到下的政治甄拔脱颖而出。

对选举出身者的素质要求与担任公职者的命运息息相关。美国公务员的任用规范是由华盛顿代表联邦党人建立的，由联邦党人与杰斐逊派共同支持施行到 1829 年为止，代表着一种"由绅士管理政府"的传统。[39] 若按当时欧洲政府行政的标准来看，华盛顿的用人标准虽然有失偏袒，但要求算是高的。他要求能力，也重视个人的人品与名声，"希望所用之人都能增加联邦政府的声誉与荣耀"。从一开始，政府在选拔人才的时候就强调区域平衡的非个人化原则，也避免裙带关系。到 1792 年时，忠诚开始成为选拔人才的考量因素，但尚非关键因素，正如华盛顿的继任者亚当斯所言，"华盛顿总统任命了许多旗帜鲜明的民主派与革命派人士"[40]。选拔人才进入联邦政府服务，最大的障碍在于薪资太低，这是应乡间民意要求的结果，加之政府公务员起初的社会地位并不高，即使被选中担任内阁阁员也一样，对就业者吸引力不大。杰斐逊取代联邦党人入主白宫后，为了给选举时期引发的激情与动荡降温，避免当选后的大规模人事改组致使人心不安，便尽可能让联邦政府不要大换血。因此，除了那些最激昂、最敢言的联邦党人被换掉之外，其他人只要保持缄默，都可以保住工作。虽然杰斐逊的用人理念是在各党派间平均分配职位，但是公共官员的素质并未因此发生变化。过去要求品德与操守的选才标准保留了下来，杰斐逊带来的所谓"1800年革命"并未在行政上做出什么改变。实际上，选拔人才的标准维持不变才是了不起的事。[41]

但在此同时，在某些州，尤其是宾州与纽约州，党派恩庇开始成为用人的标准。职位轮替的概念开始从选举制的职位蔓延到任命制的职位。由于选举权的普及与平等主义的热潮，旧的行政传统被公然的党派恩庇与分赃所替代。"谁胜选谁当职"的职位轮替原则被认为符合民主信条，杰克逊派非但不认为它会损害行政效率，反而视其为一种社会改革。他们更是把进入政府任职看成开放社会下的平常百姓可以争取的社会流动机会。他们认为，选举推动的职位轮替可以避免形成一个不民主的、长久替换不掉的官僚阶级。他们认为官员轻易去职、平民轻易补缺并非行政弊病，而是民主的优点。1829年，杰克逊总统在国会的年度国情咨文中就十分正式地表达了这一观念。

杰克逊认为，即使个人拥有正直的品格，可以避免腐化，长久在位也容易使人产生不良心态或习性，有损公益。长久在位的人"会把职位看成财产的一部分，也会把政府看成他个人利益的来源，而非服务民众的工具"。不论是明目张胆的腐化，或是正确观念逐渐变质，都迟早会令政府的目标失去正当性，变为假公济私，服务少数人的利益。杰克逊并不担心新换上来的人经验不足，"所有政府职位的职责都是（至少是被设计成）浅显简单的工作，任何有脑筋的人都可以很快上手"；让人久居其位的弊病要大于任用有经验者的益处。我们从这些话语中可以看出，杰克逊决意要把向新选上来的人开放政府职位视为民主机制的一部分，也要打破政府职位被视为财产的旧习。他把政府职位轮替看成"共和政治的首要原则"。[42]

这个问题现在已经很清楚了：政府职位以往被大家看成一种私人财产，而杰克逊派认为这种财产应该为人所共享。他们对于政府职位的看法正符合他们在经济问题上的反垄断立场。如果说，一个社会的政治或经济资源之分配决定了这社会的活力或发展潜力，那么杰克逊的敌人们可能没有看到一些隐性的潜在人力资源。但是，杰克逊认为政府职责清楚单纯，任何人都可以很快上手，则会使我们忽视专家与经验在某些复杂公共事务中的重要性。[43] 绅士与绅士风范被朴素的美国选举淘汰的同时，专家们，甚至包括那些称不上专家的干练之人，他们在政府中的空间也因党派竞争与职位轮替而遭到限制。训练与智识已被彻底从决策与管理权力中清除了出去，而智识在公共生活中的地位本就不幸地取决于绅士阶层对教育与训练的重视，与绅士阶层的政治命运紧紧捆绑在一起。随着绅士没落，专家也一并遭了殃。在 19 世纪的美国，他们的处境岌岌可危。

改革者的命运

一 内涵优雅的改革者

到了 19 世纪中叶时，无论是在选举制还是任命制的职位上，绅士都已经被边缘化，在美国政坛可以说是没落了。内战一度掩盖了他们的不满，让文化差异暂时被放在一边。这场战争是一场事业，吸引了人们的注意，这个任务急需完成，北方的上流阶级因此团结起来维系这个国家的存在，不问他们意欲拯救的这种政治文化是否值得拯救。林肯总统似乎认为它值得，他做了一件让这些北方绅士很高兴的事：任命大量学者文人担任驻外大使，例如老查尔斯·弗朗西斯·亚当斯（Charles Francis Adams Sr.）、约翰·比奇洛（John Bigelow）、乔治·威廉·柯蒂斯（George William Curtis）、威廉·迪安·豪威尔斯（William Dean Howells）和约翰·洛思罗普·莫特利（John Lothrop Motley）等人。如果美国的民主文化可以产生像林肯这样的人，也许是绅士们小看了这种文化。

但当战争结束后，整个美国政治制度的失败很明显地被暴露了出来。政治制度在战前的运作失败引发了战争，致使数十万人丧命，而战后的重建工作基本上也是一场大失败，所以这整场内战除了挽救国家免于分裂这个最起码的目标外，没有起到任何其他作用，也没有让这个国家吸取任何教训。战后的新一代企业家比战前的更贪婪，政治沦落为煽动与复仇的戏码，国家的公共利益被出卖给铁路大亨和关税诈骗集团。1856 年抱持理想主义成立的共和党此时已是像本杰明·F. 巴特勒（Benjamin F. Butler）与本·韦德（Ben Wade）这类货色的党派，成了丑闻缠身的格兰特政府一手造就的产物。

　　很多想改革的人早在 1868 年就已发现这种堕落趋势，例如小理查德·亨利·达纳（Richard Henry Dana, Jr.）就站出来挑战巴特勒代表马萨诸塞州的议员席位。对这些改革者而言，事情很清楚：在马萨诸塞州这个美国特权阶级的心脏地区与贵族的智识发源地，他们自己中间有一个人要出来把那个公然以权谋私之举的代表人物赶出政坛。《纽约时报》认为："这是一场对抗竞争，一边是头脑清楚、会思考的智识者，一边是不思考、鲁莽、喧闹、满不在乎的群众。"[1]同时这也是一小群精英对抗一大群移民与工人的竞争，这从达纳笨拙的选举文宣与策略可见一斑。[2]但选举结果让达纳这个群体的人立即看到了他们暗淡的未来：他只获得了不到 10% 的选票。

　　他的惨败其实只是后续一连串事件的开端。改革者在各处都遭受挫折。莫特利因为一起流言而被杰克逊总统解除了大使职务；虽然之后他又被格兰特总统起用，却再度被解职，因为格兰特想要借着解聘他来打击查尔斯·萨姆纳（Charles Sumner）。埃比尼泽·R. 霍尔（Ebenezer R. Hoar）的大法官提名被驳回，因为政客们都不喜欢他——参议员西蒙·卡梅伦（Simon Cameron）曾说："他得罪了七十位参议员，这样的人能指望他干什么？"杰出的经济学家戴维·A. 韦尔斯（David A. Wells）因为他的自由贸易观点而被解

173

除了税务专员的职务，领导公务员改革的雅各布·多尔森·考克斯（Jacob Dolson Cox）也因得不到总统的支持而辞去内政部部长一职。到了 1870 年时，查理斯·亚当斯之子亨利·亚当斯（Henry Adams）离开华盛顿回哈佛教书，他说："我所有的朋友不是已经被踢出政府，就是快要被踢出政府，我就要没有伙伴或是信息来源了。"[3]

曾经期待林肯与格兰特政府能带来改革的若干年轻人现在已经不抱希望了。当美国从内战的硝烟中颤巍巍地站起来时，一个不得志的贵族阶级也相随出现了，他们是一群内涵优雅的改革者，他们的存在本身就代表着教育与智识为政治与经济权力中心所疏远。这些内涵优雅的改革者最在意的就是公职人员的素质，他们很想改革公务员制度，他们的理论代言人是《国家》杂志的 E. L. 戈德金（E. L. Godkin），他们的政治英雄是格罗弗·克利夫兰总统（Grover Cleveland），最能够表达他们的心声的是亨利·亚当斯所写的自哀自怜的自传：《教育》（*Education*）。

历史学者现在回顾当初这些内涵优雅的改革者的作为，发现他们的确很少讨论某些重要的议题，很多问题他们甚至都没有碰触到。大家倾向于觉得他们力有未逮，因而就很欣赏他们之中随后出现的像约翰·杰伊·查普曼（John Jay Chapman）这样能够勇往直前的人。但是这个阶级基本上是受教育水平较高的人，然而在美国政治中，头脑是否可以发挥作用端看运气好坏。他们也了解此点，詹姆斯·拉塞尔·洛厄尔（James Russell Lowell）曾要求戈德金在《国家》杂志中抗议有人认为"共和党人不用思考就能做事"，说的就是这个；而查尔斯·埃利奥特·诺顿（Charles Eliot Norton）也曾说过："《国家》、哈佛与耶鲁在我看来乃是抵御现代野蛮与粗俗潮流的最终堡垒。"[4]

这些内涵优雅的改革者并非遍布全国，也不具有代表性。他们一般出生在东北部，主要在马萨诸塞州、康涅狄格州、纽约州及宾州，只有一小撮人分布在扬基人和纽约人曾待过的中西部。这些人的道德观及智识都承继自新英格兰，确切地说，大部分人就是新英格兰人的后裔。他们传承了上帝一位论与超验主义的哲学理念、清教主义的道德观、废奴运动的精神、新英格兰对教育与智识的崇敬，以及扬基人对于公共责任与市政改革的热情。

　　他们以扬基人的自信与自负精神行事，大多数内涵优雅的改革者对于自身道德之纯净确信无疑。出版商乔治·黑文·帕特南（George Haven Putnam）在他的自传里说："每个世代都会有一些无私的人，抱持着对社会的责任感，随时准备全力为这个社会与同胞效命。"[5] 这种无私奉献的能力源自经济上的保障与家庭教育的传统。这些内涵优雅的改革者并非都很富裕，但一定有小康以上的背景。几乎没有人出身寒微，靠苦学成功，他们都是商人、实业家、律师、牧师、医生、教育家、编辑、记者、出版商的后代，且子承父业。他们受的教育比一般人好很多，在大学生尚属稀少的年代，他们中的很多人已有文学学士文凭了，没有的也多半有法律学位。有些人是历史学家、考古学家或收藏家，此外还有诗人、小说家或评论家等。这些上过大学的人大部分读的是哈佛、耶鲁，要不就是像阿默斯特、布朗、威廉姆斯、达特茅斯或是奥伯林等新英格兰有名的贵族学校。他们在宗教上大多信仰上流阶层的教派，尤其是与新英格兰传统或是商业富豪有关的，例如公理会、上帝一位论派或是圣公会等。[6]

　　亨利·亚当斯曾剀切地指出，这些内涵优雅的改革者在政治上与道德上其实是无根的漂泊者，他们没有朋友或是盟友，在美国的经济或政治生活中，一群狡黠粗俗的人已经占据了整个舞台。内战后，从英国回到华盛顿的亨利·亚当斯观察到了这种人：

　　　　我们可以看到一种跟格兰特不同的人出现了，他们代表着现在的主流。他们充满活力，不太思考，多半是农民出身，不信任自己和他人，胆小怕事，嫉妒心重，报复心强，外表看上去有些迟钝，总是需要别人指引提点，但行动永远是最能刺激他们的——他们天生好斗。这类人循着直觉做事，照本能的冲动而行，却能轻易摆平学者。许多人们都追随他们的脚步，除了追随者，他们谁也不认。所以现在在公共事务中，讨论与智识显然已经无用武之地了。[7]

有教养的人纷纷发现，他们正面临着一股敌视他们的力量与一种陌生的心态。一群暴发户与新贵逐渐占领了商业与政治圈，他们在社会层面上是危险的，在个人层面上既粗俗又爱装阔气。小查尔斯·亚当斯说，对于这些暴发户，他根本不想见第二面，他们"完全没有任何幽默感、思想与气质"[8]。而政客们也不遑多让——戈德金称他们是"一群人格卑下之徒"[9]，粗鄙、无知、低效、腐败。亨利·亚当斯回到华盛顿不久后，一位内阁阁员告诉他，跟这些国会议员打交道，再有耐性也没用："不能待他们以礼，他们是一群猪，一定要用棍子敲他们的鼻子才行。"所有波士顿、新英格兰与纽约的人都警告亨利·亚当斯，"华盛顿不是体面的年轻人待的地方"，他自己之后也发现这地方没有文明法理，不成社会，即使有教养的人也没有任何方法可以影响这些人的行事作风。

177

整个社会似乎并不比他自在多少，行政机关与国会对此都避而不谈。社会中没有人愿意听政府人士的说法。政府人士也不顾社会上的人如何想。整个世界都脱离了政治的常轨，而政治也脱离了社会。像班克罗夫特与约翰·海（John Hay）等内战的幸存者都想要出手解决问题，却都遭遇失败。他们大可以说他们想说的，做他们想做的，却无人理会。[10]

　　这些内涵优雅的改革者不但离社会大众很远，离政治与经济的权力核心也很远。他们如果发动激进社会改革，会付出太多成本，但是如果要与其他改革者结盟，他们又看不起后者。不满的农民心怀古怪的热情，觉得钱可以解决很多事，只会让他们反感。他们特有的优越感、与平民格格不入的气质，加上阶级利益的考量，使他们与劳动阶级或移民相疏离。小查尔斯·亚当斯曾说"我不与劳工往来"。他还说这样的往来"让双方都不舒服"[11]。至于移民，他们认为政府没有好好安排他们，使得各地滋生出许多政治掮客。他们又常常怀疑无限制扩大民主与普遍选举权，也尝试想要用教育程度测验与缴税记录等手段剥夺最底层民众的选民资格。[12]

　　这些内涵优雅的改革者的诉求不符合社会主流的需求与利益，所以他们无法赢得盟友，因此在政治上被边缘化。他们希望偶尔可以"得到少数智识人士与富裕者的赞同"[13]，借此获得些许自我满足。卡尔·舒尔茨（Carl Schurz）在 1874 年说："我们希望建立一个可以让本国最优秀的人引以为荣的政府。"[14] 他们真正想要的是受过教育、熟悉公共事务之人的领导——领导一个各种精英都无用武之地、受教育人士更是毫无用处的国家。但是现在，"最优秀的人"竟然被排除在政治领域之外，他们的崇高社会地位和良好的教育背景此时反而成了不利因素。在 1888 年，洛厄尔曾经如此感叹："我们很多有影响力的政治人物与报纸相信一个不证自明的道理，就是那些书呆子学究们理应被排除在公共事务外，以免他们不知好歹，大放厥词……至少一定不能让其他公民受他们影响。"[15]

　　内涵优雅的改革者深知自己并未得到一般人的普遍支持，所以也就不敢贸然批评或攻击任何政治团体或是行政单位。他们被迫采取独立自主的策略。因为两大政党的席次差异往往很小，他们有可能在中间左右局面，借此赢得与人数不成比例的影响力。[16] 曾有一段短暂的时间，他们眼看着就要获得真正的影响力了。起初，他

178

们自以为可以在格兰特的政府中有话语权，然而当格兰特让他们失
望后，他们便在 1872 年转向命运多舛的自由派共和党。继任的总
统拉瑟福德·海斯（Rutherford Hayes）殷勤善待他们，让他们又
燃起希望，但最终还是失望而去了。大致上来说，他们只能获取一
些小小的胜利，像是邮局与纽约州关税局的改革，又如像汉密尔
顿·菲什（Hamilton Fish）、霍尔、威廉·M. 埃瓦茨（William M.
Evarts）、舒尔茨或是韦恩·麦克维（Wayne MacVeagh）这些人进
入内阁这种事情。1884 年的选举是他们最高兴的时刻，因为他们相
信，代表他们的巨头（Mugwump）脱离共和党之后，纽约州便从
支持共和党的詹姆斯·G. 布莱恩（James G. Blaine）倒向了民主党
的克利夫兰。但其实他们最显著的立法成功在于公务员改革，也就
是 1883 年通过的《彭德尔顿法案》（Pendleton Act）。这点需要特
别说明，因为公务员改革，也就是绅士的阶级问题，是美国政治文
化发生变化的风向标。

二 公务员改革的障碍

改革者的核心理念——他们一致同意也深受其鼓舞的理念乃是
公务员改革，他们都认为，若不先改革公务员制度，则后续任何改
革都不可能成功。[17] 这种公务员改革的观念与政客们的信念产生了
直接冲突。政客坚持主张政党组织、酬庸机制，以及政党轮替则官
职亦应轮替的制度，而改革者则强调公共行政的能力、效率与经济
性，公务员职位应公开竞争、采取绩效制进行奖惩与保障任期等。
改革者提出好几种模式作为设计公务员制度的参考，例如美国的军
事服役制度、普鲁士甚至中国的官僚制度，然而这些知识分子因为
具有浓厚的英国气息，所以唯英国的制度是瞻。

自从 1854 年的《诺思科特—特里维廉报告》发表后，英国就

开始了公务员制度的持续变革。英国的公务员制度改革设计者非常看重公务员与阶层结构或教育间的有机联系。威廉·尤尔特·格拉德斯通（William Ewart Gladstone）指出，他们的制度将高级公务员职位给予绅士阶层，而较低层的事务性职位或不需太多训练的位置则给予较低阶层者。[18] 这样的规划主要是受麦考莱男爵（Lord Macaulay）的观念影响，他认为"高等公务员的职位应该限于有教养和文化的绅士阶级中的高级人才，经由文化考试的竞争遴选而出"。高级职位由在著名大学受过严谨古典与博雅教育的绅士来担任，而较低的职位则由不具备显赫教育经历者出任，两种公务员都经由考试来举才。到了1877年时，身为主要改革者之一的查尔斯·特里维廉爵士（Sir Charles Trevelyan）告诉他的一位美国朋友，英国所做的改革不但获得了成功，且广受好评。他说：

180

> 虽然很多人受益于之前的恩庇制度，但是还有更多人没有受到恩庇制度之惠，其中包括一些最优秀的人——他们都是各类辛劳的专业人士，如律师、各教派的牧师、学校校长、农民、商店店主等。在公务员职位上，他们很快就领悟了这种新制度的理念，也视其为一种额外的殊荣，对之欣然接受。

特里维廉爵士还说，这次改革不仅提高了公务员与军人的效率，"还显著刺激了教育部门"。之前，欲进入政府部门的上流社会子弟并不会在意自己的学业表现，因为他们一定可以获得任用；但现在，他们知道他们在学业上的实力会影响他们的机会，"所以大家开始努力学习。也就是说，公务员与军队职位开放竞争对教育的影响实在胜过千万个奖学金名额或是表扬……"[19]

英国改革者会影响美国改革者是很容易理解的。美国改革领袖关心的不是自身利益，他们并不贪图政府里的职位，因为只要是须

经考试选拔人才的职位，都不足以引起他们的兴趣。[20]但是美国社
会表现出来的态度让他们觉得受到了侮辱：社会觉得他们不应该出
任政府职务，也不应该帮助他们的友人出任。[21]他们主要关心的问
题是一种文化及政治理念：把他们关于公正与能力的标准应用在政
府中。这整件事牵涉"国民性格"的问题。他们在古典经济学课堂
上学到的自由竞争已经被应用在关税问题上，它也应该被用在政府
职位上：公务员选拔应该实行基于才能的公开竞争，就像工业生产
中的公平竞争一样。[22]但对于职业政客来说，以考试的方式来选拔
人才就意味着会出现明星学校的光环问题，这马上引发了他们对于
智识、教育与训练等一连串事物的敌视。他们说，这就变成了"教
师测验"一般。这无疑触动了政客们最敏感的神经，于是反智风潮
的潘多拉之盒被打开了。政客们抨击以考试选拔人才、保障官员任
期的方式是贵族作风，是在仿效英国、普鲁士与中国的做法；它完
全是君主制那一套，会威胁共和体制；它还是军国主义，因为它的
考选制度仿效的是军队选才方式。改革方法刚提出，就激发了人
们对智识的不信任感。1868 年，罗德岛众议员托马斯·A. 詹克斯
（Thomas A. Jenckes）提出改革公务员选才方式的法案时，伊利诺
伊州的众议员约翰·A. 洛根（John A. Logan）就加以抨击道：

> 这个法案是为了本国的贵族而设……它会导致这个国家最
> 后只剩下两种学校：军校与公务员学校。这些学校会垄断一切
> 进入政府的途径。一个人除非进入这两种学校并顺利毕业，否
> 则无论他能力多强，或是资历多优秀，都没有机会到政府工作。
> 而一旦他自己从这种学校毕业，进入政府，并获得终生工作保
> 障后，他的下一步就会是想法让他的小孩也如法炮制。要不了
> 多久，这些学校出来的人就会认为，只有他们有资格进入政府，
> 政府应该由他们管理，而非其他人。[23]

随着这个争议不断蔓延，政客们显然已将注重能力与学历的公务员选才办法看成对美国基本政治理念的挑战；面对这种挑战，他们决定无上限地动员群众反对。一位印第安纳的众议员警告说，这样干可能会引发这样一种情况：假设现在有一个人，他毕业于由南方军的李将军（Robert E. Lee）担任校长的弗吉尼亚州华盛顿学院，他来参加公务员考试，另外有一位北方军的西部残疾士兵，没受过多少教育，而且还在战争中伤了一只臂膀，也来参加考试。那么第一个人可能会比第二个人考得更好。但现在美国的人民"不会允许叛乱的南方所办学院的毕业生，因为在公务员考试中有着较优越的表现，就抢走为保卫联邦而落下伤残的士兵为政府工作的机会；这位士兵虽然没有教育上的优势，却有很好的实际经验，因此应该更胜任这个职位才对"[24]。

威斯康星州参议员马修·H. 卡彭特（Matthew H. Carpenter）以同样的语气指出：

> 在内战那段时间，当这个国家的命运正遭受试炼、我们大部分的年轻人正承受战争的洗礼时，没有参与战争的子弟们却在读大学。当一位受伤的士兵回家参加公务员考试时，他自然考不过那些当他为国流血时却正在熟读书本的大学生，因为他不会答这些琐碎的、只有学校才重视的知识性试题：好望角的潮汐时间、月亮何时离地球最近，或是流入里海的河流有哪些。这个政府公职绝对是这位受伤的士兵所能胜任的，但是他却因为不会考试而被拒之门外了。[25]

183

卡彭特参议员认为，"进天国不需要考试"，实际知识与学校教育间存在鸿沟："一群被学院的填鸭教育培养出来的书呆子，却能在公务员考试中胜过那些最成功、正直与能干的企业人才，因为后者没受过多少教育，或是一向沉浸在务实的思考中，所以早就忘记了那些学院中的呆板知识，就如同航海者离港后就自然要告别逐渐远离、消失无踪的陆地一样。"

这样的看法不只限于为参加内战的士兵发声的北方人。密西西比州众议员乔治·C. 麦基（George C. McKee）认为，以教育来取才会使得那些受教育程度较低者无法享受他们原本的优势——国家公务员按照地理区位平均分布。其实讲白了，他的抱怨就是：如果依照能力原则，那么以后他就再也无法为选民关说联邦政府的工作职位了。他说："假设现在有一位新墨西哥州的农场女孩，她完全不知道墨西哥湾的洋流方向，或者会把风马牛不相及的事情混在一起，尽管她应该完全可以胜任一些低级的联邦工作，却必定会在公务员考试中被大学女孩击败，然而后者可能在一般常识上只有前者的一半能力。"[26] 麦基说：

184
　　　　我有一位选民，他的知识比你们整个公务员系统的人加起来还多。他从密西西比州来到华盛顿，大家认为他连做最低级职员的资格都没有，但是他现在已经是太平洋东岸一家大银行的出纳员了。然后缅因州一位出身不凡的人得到了那个政府职位，但是就业务能力与常识而言，这个人连给擦鞋匠当助理都不够格（众人大笑）。这就是一直以来的状况。

长久以来，反对公务员制度的人成功地在一般人的心中根植了一种对公务员改革的错误认识，而这样的不实指控靠的是大肆诉诸平等主义与反智情怀。戈德金曾说，当公务员改革风潮刚起之时，"大家都只将它当成万千个淑世憧憬中的一个，乃是文人阶级为了打发无聊时光而发动的"。1868 年到 1878 年之间，政治圈内的人都不屑又谐谑地将之视为"假惺惺的公务员改革"。"提到这帮改革者，人们有时候把他们说得像富豪，有时又像一群没头脑的人，说他们认为政治圈就是用甜言蜜语与小奖品哄骗小孩的主日学校，对他们只能迁就而不能与其争论。"[27] 政客们深信，所谓公务员改革不过是针对大学毕业生的恩惠，它会让这些职位为一群世代拥有大学学历的贵族阶级所霸占，而且在考试时各种艰涩隐晦的不合理问题都会出现，例如 R. R. 鲍克（R. R. Bowker）曾说："这考试简直如同向应征扫街工作的人问一些古代史、天文学与梵文问题一样。"文化考试的想法不仅吓坏了反改革者，也吓坏了许多有心申请政府工作的人。一位反改革者说：

> 因此，要借着竞争激烈的考试窄门才能进入公职服务，这样实际上等于只让大学生进去，如果真是这样，那我们的政府就会在皮尔斯和林肯之间选择前者了。这些进去的少数人可以终身拥有此职位而不用担心突然失去工作。他们在这些岗位上逐年晋升，终至形成一个与社会其他人分隔的群体，他们有着共同的利益而且只服从一个人的命令，那就是美国总统。[28]

改革者一直辩护说这样的考试是民主的，是公平开放给每一个人的，因为美国的教育制度本身就是民主开放的，尤其是高等教育，但是这样的说法社会无法接受。[29] 他们甚至把考试题目印出来予以公布，想要证明不是只有常春藤的毕业生才会作答，但是这也是徒劳。他们又把纽约关税总局的人事统计表拿出来，想要证明从 1881年实行这一考试制度以来，录用人员之中只有一小部分人是大学毕业生，也依旧无用。[30] 对高学历公务员的担心始终萦绕在职业政客心头。即使在詹姆斯·加菲尔德总统（James A. Garfield）被刺杀后，公务员改革的呼声日起，继任的切斯特·阿瑟总统（Chester A.

Arthur）依旧对国会说，他对于公务员考试并不放心，因为这样选才"会将智识才能放在其他条件之上"，让有丰富经验的人反而考不过那些大学刚毕业的菜鸟。[31]参议员乔治·H. 彭德尔顿（George H. Pendleton）为了在国会推动公务员考试的法案，只好向参议院保证这个考试绝不会只是对大学生有利的"学业"测验。[32]如果不是因为加菲尔德总统被刺杀，彭德尔顿参议员提出的公务员改革法案很可能还要延迟一个世代之久。

三　改革者被批"女性化"

在公务员制度改革者对职业政客的批评中，这几个字眼曾反复出现：无知、粗鄙、自私与腐败。为了反驳他们，政客们得拿出有足够分量的回击。他们不只不能输掉辩论，同时也得合理化他们的极端愤怒。在这场竞争中，政客们与社会大众有着融洽的关系，当然是居于有利位置。但是如果这场辩论是循着改革者的思路进行，则对政客们就很不利。所有居于政治外围的非决策人士都知道，只要没有决策的负担与责任，就可以轻易宣称自身的清白。相较于政客们，改革者在这方面占有优势。多数的改革者出身名门望族，不仅小有财富，而且有不错的职业，并不像政客那样须靠政治谋生，所以牵涉公共事务时，在廉洁中立这件极为重要的事上，他们一般被认为较职业政客而言更有优势。此外，他们也的确是受教育程度较高，较富于教养。

那些政客们与地方上的权力掮客反击的方法，乃是认定对手们的高学历与好教养恰恰是政治上的缺点，并质疑这些清高的人无法应付日常政治中那些必要的龌龊事务。政客们宣称，他们与政党人士都必须面对一般人民赖以生活与谋生的具体现实世界，这并不是道德与理想的世界，或是教育与教养的世界，而是冰冷残酷的实际经济与政治活动的世界。他们认为，改革者宣称自身是无私的，但是这可能只是因为他们面对的是自己完全无法融入的领域，是身为外在的旁观与评论者所导致的附带结果。在竞争残酷的现实物质社会中，无私并非代表纯洁，也可能只是无能、懦弱与缺乏阳刚气概的表现。

美国人对男性阳刚有一种先入为主的看法，政客们搬出这套理论来批评对手，有意暗示有教养文化的人通常没有实务能力，相对更为女性化。这些改革者私下觊觎官职，但是又欠缺这些位置所需的具体经验与能力，所以只能含恨攻击那些现下在位的人。他们其实是以吹毛求疵的方式挑剔与批评当职掌权之人，在布莱恩口中，他们是"愚蠢、自欺、虚荣、无知的人，吵闹但人数不多，伪善却不实际，有野心却不聪明，好做作却没能力"[33]。

改革者与政客们的冲突在后者的脑海中留下一个永恒的印象，那就是受过高等教育的人在政治上是不实际的、靠不住的。在20世纪初，曾有一位记者可能略微添油加醋地记录了一段生动的话，这段话出自一位都市政坛从业者、坦慕尼协会的乔治·华盛顿·普伦基特（George Washington Plunkitt）先生之口，他直言不讳地宣称：

> 如果坦慕尼协会的领导人都是书呆子与教授的话，那么这个组织就可能每过四千年才能赢得一次选举了。我们的政治领袖多半是普通的美国公民，他们来自人民，接近人民。他们不需要太多的教育就可以领导受教育程度并不高的平民。……至于这个地区的普通人，我跟他们在一起的时候总是很自在，与他们相处时，我绝不会刻意显摆我的语法，或是大谈宪法，或是提到电力学的知识，总之，我不会炫耀我比他们上的学多。如果我这样做，人民绝对不会喜欢我的。[34]

187

他还说：

> 有些年轻人认为可以从书本中学到如何从政，于是他们脑海里
> 就塞满在大学里学到的东西。这真是大错特错。请别误会，我
> 并不是要否定大学教育。只要有书呆子存在于这世上，就会有
> 大学。我也认为大学有它的用处。可是在政治上，大学一点儿
> 用也没有。事实上，如果年轻人上了大学，他就不适合从政了。
> 他虽然还是可以强行尝试，但是成功概率只有百分之一。[35]

政客们指控改革者是伪君子，是不切实际之人，这都算客气
的了。他们认为改革者的教养与挑剔性格证明这些人都是些"多
愁善感的衣冠禽兽"，"喜欢喝凉茶"[36]，一点儿男子气概也没有。
有的时候，像改革者这类的人会被称为"政治双性人"（political
hermaphrodites），意思是他们的政治立场不明确，甚至性别倾
向亦然。堪萨斯州参议员约翰·詹姆斯·英戈尔斯（John James
Ingalls）对于他们的党派忠诚度非常不以为然，以"第三性"贬低
他们，"非男非女却很女性化，不能生育也不能传嗣，没有女性特色，
更无男子气概，男人看不起他们，女人也嘲讽他们，所以这些人注
定要孤立、灭绝"。[37]

从 1872 年改革者成为自由派共和党运动中的有组织力量开始，
他们就被最著名的政治掮客罗斯科·康克林（Roscoe Conkling）批
评为"一群理想主义者与学究教授的集合"[38]。康克林也贡献了美
国历史上最著名的一段恶言谩骂，指责改革者是娘娘腔。被他指责
的是著名的改革派领袖与《哈珀周刊》（Harper's Weekly）杂志主
编柯蒂斯，他曾经去德国读大学，也是布莱恩、洛厄尔与萨姆纳等
人的朋友。他以主张知识分子应在政治上扮演更大角色最为知名。
在 1877 年的纽约州共和党提名大会上，改革者与传统政治掮客间

的冲突达到顶点。康克林上台致辞时说："在报章杂志上不断攻击共和党人，并且要在党里面当老师导正别人的信念与良知的人，是哪些人呢？""这些人中有的是女装制造商、政坛里的纨绔子弟与半吊子。""男性女装制造商"（man-milliners）意指柯蒂斯的杂志最近新增了关于女性时尚与服饰的版面，因而此语一出，引来哄堂讪笑。他继续攻击这些改革者，认为他们"自命清高"，不断展示这种优越感，但其实是骑墙派与伪君子，处处显露出"自以为是的心态"，最后他下结论道："他们忘了政党不是建立在仪态、女性服饰或是连番空谈上……"[39]

很明显，康克林认为，普伦基特所说的"受教育程度并不高的平民"是可以接受的。改革者富有教养、举止得体恰恰说明他们像女人。有文化就意味着女性化，要不然柯蒂斯为何会编一本女性杂志？前些年麦卡锡等人批评国务院的人员充满新英格兰和英国贵族私校的作风，说他们是同性恋，这些话在美国政坛唇枪舌剑的历史上并非新花样。当代的许多人也都懂"女装制造商"是什么意思，不然为什么当初《纽约论坛报》（New York Tribunal）明明全文登载了康克林的那篇演讲，包括骂人的脏话，而在他的侄子为他撰写的传记里，"女装制造商"这个表述却被星号代替了？这无疑表明人们知道这个表述很下流。[40]

政客们当初之所以能如此攻击改革者，靠的是社会上的一种潜在共识：当时所有的男人与大部分女人都认为，从政是男人的专利，也就是说女人都不适合从政，而且政治能力的强弱与一个人男子气概的多寡有关。从政是男人的事，而改革（至少在美国）则意味着不断与争取权益的激进女性牵连在一起。在有关女性投票权的议题上，男人认为，如果女人进入男人政治世界的暗黑斗争中，就会失去女人味，因而英戈尔斯参议员说净化政坛只是"不现实的梦想而已"。

女人参政会变得阳刚起来，而男人倡议改革就会变得女性化娘
娘腔。霍勒斯·布什内尔（Horace Bushnell）认为，如果女人可以
投票参政，几百年之后，"女人的外表与气质就将彻底改变"。女人
的容貌将不再柔和，她们会失去婀娜多姿的体态，声音变得尖锐，
举止不再娴静矜持，她们会过度自信，满怀意志力与胆量，追逐权
力与地位。而且很容易想见，在这种女权高涨的趋势下，"她们的
生理特征都可能发生改变，身体会变得更高大与粗壮，手、脚、脑
容量都会变大"，还很有可能变得"更瘦，更棱角分明，皮肤不再
细腻光泽，就像所有失望夫人、因过度煽动而产生的性格一样"[41]。

因为女人往昔未参与政治，所以大家都认为她们在道德上比男
人更纯洁（尽管她们的纯洁被认为是一种脆弱的纯洁）[42]，相信她
们会透过妻子与母亲的角色使这样的道德在世界上得到实现。只要
她们不参与政治，她们就可永葆纯洁与理想的形象。照此推论，肮
脏与现实如果必须存在，也是属于男人的，因而自以为将纯洁带入
政治领域的改革者就遭到了对手指责，说他们把政治女性化了，破
坏了原本的性别分野。女人进入政治就会失去女人味，改革者把女
性的标准——也就是道德——引入政治就会使自己失去男性特质。
对改革者的嘲弄——长发男人与短发女人——鲜明地表达了人们的
这种感觉。

把女人争取投票权看成性别混淆与违逆天道，曾是亨利·詹姆
斯（Henry James）的《波士顿人》（*The Bostonians*）的主题，他
像布什内尔一样深恐男性的世界会被女人的激进行为与某些女权理
念所颠覆。他笔下的南方英雄人物巴兹尔·兰塞姆（Basil Ransom）
如此说道：

> 我们整个世代都被女性化了；男性的风格已经不再，现在
> 这个时代娘里娘气、紧张兮兮、歇斯底里、喋喋不休，失去了正道，

充满空虚的言辞、虚假的精致、夸张的关切与娇惯出来的感性。如果我们再不小心，就会沉沦到庸俗的境地，迎来有史以来最懦弱、最单调、最做作的潮流。男子气概意味着勇于尝试与承担，了解现实但不畏惧现实，直面世界的本来面目——它混合着怪异与卑鄙之物——这种气概就是我想要保存的，或者我得说，是我想要恢复的……[43]

亨利·詹姆斯认为，这个被剥夺了男子气概的世界当然不是卡耐基、洛克菲勒、早期铁路大亨的世界，也不是威廉·特威德（William Tweed）与康克林等人的世界；它是有教养者的世界，这种教养一度也被认为是注重行动与自信的男子气概，由波士顿代表的新英格兰社会就是这样的世界。对此，詹姆斯知之甚详。因此，今天这个社会似乎迫切需要一种人：兼顾理念、道德、行动与自信的人。

四　牛仔总统老罗斯福

不管改革者知道与否，他们都已被打上了懦弱与无能的印记，他们因此被隔绝在美国的主流政治之外。第一个直面这个挑战的改革者是西奥多·罗斯福。他有着与改革派相同的社会与教育背景，但他很早就认识到，社会对于他们的批评有几分道理，如果要推动改革，他们这些改革派就需要从这个阶级中推出一种具有活力形象的新型领导人。在他的自传中，他回忆起那些改革派的人：

他们是绅士，非常和善、有教养，他们不接受政治腐败，会在更衣室或走廊里讨论它。但是他们却总是无法真正了解现实社会中的人。他们总是高喊要"改革"，好像这是某种具体存在的东西，是像蛋糕一样的有形之物，只要社会急需改革，就

192

可以随意分发出去。这些走廊里的改革者没有任何行动力，他
们的热情都用在批评上了……[44]

当老罗斯福写下这些文字时，他早已与戈德金之类的改革者分
道扬镳，彼此非常痛恨对方。就老罗斯福这一边而言，他愤怒于他
们对他的指责，说他背离了改革者的道德信念，是个叛徒；而在戈
德金那边，他们无法理解像他这样出身背景的人，为何可以向对方
的立场妥协。但老罗斯福之所以在19世纪末受到全国性的支持爱戴，
恰恰就是因为他的个人特质——虽然出身于东部望族，又是哈佛毕
业生与作家，却能跟牛仔和义勇骑兵打成一片。

1880年，罗斯福不顾家人与朋友的反对，决定参政，加入了
纽约市共和党的基层。虽然他最初不喜欢政治的肮脏环境与为政客
拉选票的走卒，但是他还是坚持撑了下去。当他二十三岁首次进入
纽约州议会时，还是受到出身背景的烙印所苦。亨利·F.普林格尔
（Henry F. Pringle）写道："他出身于小康家庭，又是哈佛毕业生。
他戴着黑色眼镜，镜框系着一根黑色丝带，显得很女性化。简单说来，
他就是个公子哥儿，一幅漫画增刊里讽刺的那种美国人模仿英国绅
士却不伦不类的滑稽样。连艾萨克·L.亨特（Isaac L. Hunt）这位
曾多次帮助罗斯福竞选的人都说：'他简直是个笑话……他的发型、
讲话的方式，无一不令人捧腹。'"普林格尔也说，他的举止、他讲
究语法的说话方式、他的衣品让他成为笑柄，他的嗓音很尖，听起
来很滑稽，而且他在议会发表演说时，使用的还是殖民地早期的方
言，这些都让他的政治生涯很不顺利。[45]他的对手很快就说他是大
学里出来的娘娘腔。得知他所属的大学兄弟会有四位成员在纽约州
议会时，《世界》（World）杂志写道："天啊，天啊，罗斯福掌控了
议会的职位。他们兄弟会太嚣张了吧！""本州的选民如果知道他
们的议员把大学玩的那套校园政治带入议会，一定会感到吃惊与不

悦。""兄弟会那一套东西对于大学生来说可能很有趣，但是对于成熟的政治人物来说却不怎么可靠。"[46]

但是不久之后，罗斯福刻意经营的鲜明个人形象在报纸上站稳了脚跟。他做事时的活力与诚恳的态度赢得了人们的好感，他的优越教育背景与家庭出身无碍于大家对他的欣赏。一份乡间报纸说："看到一位出身富裕、受过教育的年轻人关怀社会是令人喜悦的，因为他愿意把老天给他的天赋与幸福用来服务社会。"波士顿的一份报纸说，虽然他颇有美学素养，却不妨碍他"发表人人听得懂的传统共和党式演说"。还有报纸说："即使他因怀抱新旧大陆著名大学的种种理论而被人们先入为主地看衰，但是他的确是个聪明的年轻人，也有很实际的想法。"马萨诸塞州斯普林菲尔德（Springfield）的《共和党人》（Republican）杂志一直认为，智识训练会影响年轻政治人物对于一般选民的理解，但它却承认"罗斯福的教养并未使他脱离大众"。当罗斯福成为马萨诸塞州的公务员事务专员后，报纸说："有他在，改革就绝不会变成文人的娱乐或是对党内要求的虚与委蛇。"

罗斯福熟悉美国西部荒野，也曾在农场生活过，养成了吃苦耐劳的活力和干劲儿。人家形容他是"具备男子汉风格、身手矫健、充满活力的人，他在西部有一些很不错的大农场，喜欢狩猎那里的大型动物"，在西部的那段年轻狂放的岁月中，"他学到了荒野求生的技巧"。还有一些发生于他与印第安人之间的英雄故事，被人们反复传颂着。罗斯福的打猎技术后来成了他的政治资本："他追踪政治掮客的本事不亚于他在落基山脉追踪灰熊的身手，当他向政治腐败开火的时候，就像是在猎场射杀猎物一样。"他是改革派中唯一一位让人把公务员改革类比成猎杀危险动物的人。

相较于都市、商业、自私与女性化的世界，罗斯福代表的是西部与户外旷野的世界，充满活力与男子气概，并且心怀"诚恳"与

194

追求理想的观念。他知道自己已成功将男子气概、活力与教育、改革融合在了一起，决意把这种观念传给下一代。1894 年，他应邀到哈佛为毕业生演讲，演讲的题目是《政治中的品质与男子气概》(The Merit System and Manliness in Politics)，他建议这些学生"不但要做好人，还要做男子汉，不要让坏人完全包办勇夫的形象"。19 世纪 90 年代，他大声疾呼，希望美国人投入积极、艰苦、实际但具有理想色彩的政治斗争中。他常说："艰苦奋斗"不只包括对外冲突与民族间的摩擦，还包括国内的改革。好的美国人不只会批评，还会行动。他会投入"不甚优雅的派系斗争中"，承担他应该承担的责任，不怕与"那些有时粗鄙无礼又无理想，但有能力、有掌控力、有效率的人为伍"。他应该培养出"坚强的男子汉品质，尤其是要有勇气，要有强健的体魄与意志"，"头脑和身体都必须富有活力"，拥有军人一般的品质，"这种男子汉的品质是所有民族都须具备的，没有它什么事也做不成"。如果一个人因为害怕失败或是畏惧困难而裹足不前，"就是懦夫，没有男子气概"。受过高等教育的阶级尤其需要避免"懦弱的善良"，不要逃避"必要的粗野草莽与艰难的工作"，不要沦为"半吊子"，这种人不是真正的艺术家，而是"有教养却无用、做什么事都浅尝辄止的人"。[47]

罗斯福这样的态度在 19 世纪 90 年代的经济萧条时期获得了普遍的赞赏。一份加州的报纸说："男子汉的坦率与勇气是美国政府最需要的，特别是在这个政治上与社会上正处于转型阶段的时期。"

他宣扬强势的民族主义与艰苦奋斗的人生观，这充分表现了他的进取精神。他是一个政治舞台上的知识分子，有杰克逊式的勇猛与果断，绝对不会被视为像杰斐逊一样懦弱、像亚当斯一样斯文，或是像柯蒂斯一样不男不女。他绝对是个战士。"他喜欢战斗，但都是为了让政府更完善。罗斯福就是进取精神的化身。"1896 年，美国的帝国主义正被西奥多·伍尔西（Theodore Woolsey）与赫尔曼·冯·霍伊斯特（Hermann von Hoist）等学界人士批评，而克利夫兰的《世界》杂志发现罗斯福正是反击这种懦弱的学究思想的绝佳例证。它说，罗斯福的影响力正像"一阵爱国之风……吹过缺乏爱国意识的平原，冯·霍伊斯特等教授的思想在这里甚嚣尘上，而这阵受人拥护的风来自一个学问并不比他们差的人"。罗斯福曾在美西战争中与牛仔们并肩作战，这些传奇事迹广为流传，使他成为美国英雄。1899年《哈珀周刊》曾说："他广受欢迎，因为他具有大部分人都认为很重要的男子气概。""大家喜欢骑在马背上的勇士，不管他是在对抗西班牙人、在猎熊还是在牧羊。"1900年，《底特律新闻报》（The Detroit News）说："这个男人成功将牛仔与大学生这两个反差极大的群体组合在一起，带着他们横扫美国近代历史，因此赢得了男人的赞叹与女人的尊敬。"芝加哥的《新闻报》（Journal）说："没想到那些在城里长大、文弱无力、闲游浪荡的年轻人竟然能受到罗斯福这种真男人的鼓舞。但是……粗犷、有活力、热血的美国乡村男人才知道如何欣赏他。"

　　美国当时正在逐渐城市化与商业化，却受到了经济萧条的沉重打击，首次产生了对堕落颓废的担忧，大家认为罗斯福预示着一个新世代的到来，它更有活力，更具男子气概。罗斯福为后来的进步主义打下基础，因为他帮助心向改革的受教育阶层恢复了地位，为这类人重新注入了男子气概。一向被教导应该粗犷与勇敢的美国人再也不用担心在站出来支持理想主义与改革时会被人说没有男子气概了。罗斯福的形象后来成了美国对政治人物的标准要求：如果一个想从政的人被怀疑太文弱、太理想主义、太关心智识，则只要他有从军的记录就可以过关，如果没有，那参加过橄榄球队也行。

　　不过罗斯福不只是破除了人们认为绅士／知识分子阶级从政时总是缺乏魄力与男子气的刻板形象，更证明了与他同阶级的人可以在政治上扮演重要角色。他们上一代的知识分子过于看重自己的出身与道德智识，认为凭它们便足以成为领导阶层，而罗斯福这一代的人则以事实及行动证明了自己在政治上有独特和必要的功用。对后者来说，学者在政治上的角色建立在这样一个基础上：他们具有一定的施政技巧，且这些技巧对于政府发挥积极功能正变得日渐重要。于是，绅士改革者在政治上郁郁不得志的时代即将结束。随着进步主义一代的崛起，学者以专家的角色登场的时代就要到来了。

第八章

专家的兴起

一　"进步时代"的来临

在腐败的"镀金时代"（Gilded Age），知识分子与权力间的疏离让改革者郁郁不得志，但这种情形到了"进步时代"就突然终止了。因为美国此时进入了经济与社会发展的新阶段：过去致力于发展工业、不断扩张在北美大陆的领土以及赚取外贸盈余，现在除了这些还增添了新的目标，例如管控因快速发展而出现的巨大企业与利益团体，让它们更为人性化。美国现在似乎急需精神理念的指引，希望能够以基督教的道德原则来面对若干社会问题，这些原则深植于美国的立国信条，却罕见于实际的生活中。对于这些，大家觉得需要自我检讨与分析。因此，之前改革者一直在徒劳呼吁的"善治"原则，现在似乎有点实现的希望了。

但这些善治原则本身也开始发生变化了：公务员制度的改革者对于何谓良好政府有很严格的看法，但是这么少人支持他们的原因之一，就是他们从来都解释不清为何这样的看法是对的。而现在，越来越多聪明的美国人却觉得自己知道了。工业巨子与政治掮客现在权力太大，所以有必要让他们的行为合理合法，受到政府的控制，这种净化政治的努力首先要靠强化政府的行政机能与管控能力。而一旦政府的职能越来越大，专家的需求量就会增加。为了民主政治的更好发展，过去杰克逊时代的那种对专家的怀疑心态必须改变。以前知识分子与平民民主间的隔阂现在似乎逐渐消失了，因为以前重视专家的那些人，现在也开始重视民主了，而平民们也开始尊重专家了。

　　此时，新的社会状况也要求新的探索与解释：整个社会大众都认识到，美国现在正处于转型期。整个社会对此的反省开始在日常生活中体现出来。知识分子既是专家又是社会批评家，所以他们开始回到社会的中心，这是一个世纪以来美国政治未曾有过的现象。但是在国家事务上，知识分子的角色地位恢复的方式并不符合先前改革者的预期。过去，这些改革者认为，头脑能力与阶级相关，所以他们之前总是抱怨他们的头脑未受国家重用，因为人们并不尊重与服从他们；至于该如何重用他们的头脑，他们却怀着异常保守的想法。而现在，大家对于头脑有了新的看法，认为头脑能力的高低不是看阶级，而是看对这个正在快速发展与改革的国家能在事实上做出多少贡献。智识恢复了地位，不是因为人们认为它有着保守的影响，而是因为它能够帮助与引导改变。因此，进步时代在社会批判与行政组织方面的革新，并非回应了过去海斯与加菲尔德时期关于公共行政的见地，而是预示了未来小罗斯福总统（Franklin D. Roosevelt）新政时期的福利国家观念了。

　　无疑地，进步主义者所创造的与其说是一个崭新的行政体系，不如说是一种革新的氛围。在那段时期的特殊道德与智识氛围下，知识分子与整个社会或是政界领袖有了更紧密的关系。有些知识分子是从政坛外部进入的，但是还有很多原本就是政治圈里面的人，现在受到的尊重与待遇比其前辈要好。政界开始重视有思想和学问的人，例如老罗斯福、伍德罗·威尔逊、亨利·卡伯特·洛奇（Henry Cabot Lodge）、艾伯特·J. 贝弗里奇（Albert J. Beveridge）与罗伯特·M. 拉福莱特（Robert M. La Follette）等。在进步时代的杰出政治领袖中，只有威廉·詹宁斯·布莱恩一人延续了平民政治中的反智传统。[1]拉福莱特虽然不像他的某些同僚一般是知名的知识分子，却拥有特别的地位，这是因为信任知识分子的风气是他领头树立起来的——一方面，他在担任威斯康星州州长时，成功撮合州政府与威斯康星大学教授群体进行合作；另一方面，他到华盛顿就任参议员时带去了一群有效率、有研究发展精神的幕僚，令人耳目一新。拉福莱特自一开始从政就破除了普伦基特散布的谣言，也就是大学学历在政治上是无用之物。他在第一次竞选时将以前的同学召集起来，以他们为核心，构建起一台出色的政治机器。如果说老罗斯福证明了男子气概与智识可以共存，那么拉福莱特则证明了智识在政治上是有用的。

二　威斯康星构想

进步主义的浪潮从地方层级扩展到州层级，最后到了全国的层级。崭新的管理制度与单位首先在州一级引入，而且专家被邀请参与立法过程。专家政治的试验场不是华盛顿，而是各州的州政府，特别是威斯康星州的麦迪逊（Madison），该地成为专家出来为人民与州服务的第一个范例。拉福莱特在威斯康星州的实验，无论其成败或是激起的反弹，都成了日后在全国范围内推行进步政治的先驱，也是新政以智识擘画国政的雏形。威斯康星州的试验特别具有意义，因为它从开始到结束完整示范了知识分子与专家参与政治的角色，现在大家已经熟悉如下的周期循环了：首先，变迁时代到来，大家

对现状不满，所以需要这些人来改变；接着，知识分子与专家已经
被等同于他们所带来的改革，但当人们对改革的功效不满时，就会
对改革本身不满。首先会感到不满的是企业界，他们不愿政府干涉，
抱怨改革成本太高，还企图用各种手段鼓舞大众反对改革，反智即
为其中之一。最后，改革者会被踢出政坛，但某些改革却未必被取
消终止。

第一波形成"威斯康星构想"（Wisconsin idea）的因素在1892
年出现，那一年，威斯康星大学成立了一个崭新的经济、政治与历
史学院。这个学院是由年轻的经济学家理查德·T. 埃利（Richard T.
Ely）所领导的，而 F. J. 特纳与托马斯·C. 张伯伦校长（Thomas C.
Chamberlain）乃是这整个运动的领导者，他们希望让威斯康星州
在提倡社会科学方面成为中西部各州的先驱典范，因为他们觉得社
会科学可以帮助了解与管理过去四分之一世纪以来所形成的复杂工
业社会。在他们的构想中，要把威斯康星大学规划成一所训练政府
行政与改善公民意识与行为的中心，最终使其变成能有效服务该州
全体居民与州政府的机构。

同时，这所大学应完全超越党派，它不属于任何一党，它以服
务该州全体居民而不是任何阶级为宗旨。它也不从事任何意识形态
宣传，而是提供资讯、统计资料、政策建议、技术与训练。当然，
他们也希望这所学府的声誉会因为它能有效帮助州民而提升。大学
的主事者不会去挑战任何既得利益者。特纳在给埃利的一封信中
说："请告诉我有什么实际的方法让这所大学可以服务威州的所有
百姓？其实这所学校最特别之处，应在于它可以获得这些顽固派威
州商人的支持。"[2] 稍后特纳说明了什么叫中立地运用学术：

　　如果我们用科学、法律、经济与历史教育等来训练一些行
政官员、议员、法官或专家，然后让他们担任部门长官，这些

人就会**公正和明智地处理不同利益间的竞争**。资本家与无产阶级的对立在美国是为大家所知道的一个现象，所以我们需要一批为全州人民服务的官员，他们可以，找出大家共同利益之所在，赢得所有追求美国梦的团体共同的尊敬与信任。现如今，某些州纷纷设置专家委员会，议会中有大学学历者在增加，联邦政府各机构更喜欢任用大学生，都说明这种想法在逐渐流行。我们可以这么说，要想有经济与社会方面的良好法案，并有效执行这些法案，就需要让大学扮演更重要的角色。

特纳继续说，但这些角色对于大学也是危险的。美国是个移民国家，拓荒者的民主体制一向看不起专家，专家必须力驳这种"根深蒂固的怀疑"，而他们可以依赖"创造性的想象力与人格特质"来克服别人的猜忌。[3]

到了19世纪末，威大已经聚集了一些著名学者，他们研究关于州层级与市层级的社会与经济问题，撰写了若干杰出的书籍文献。威大借着在各处设立的分校，普遍地教育威州人民。例如借着农民组织，威大拉近了自己与农业人口间的距离，也提高了威州的耕种技术水准。但是当拉福莱特在1900年就任威州州长后，威大的产学合作计划开始引发争议了。拉福莱特本人是威大毕业生，他认同怀抱各种理念的改革者们，于是开始采用专家的意见，这些专家针对税制改革、铁路管理以及基层直接选举等问题分别提出了一些建议。

随后，一个叫"立法图书资讯服务处"（Legislative Reference Service）的独立机构加入了威大面向公众的服务，它是由一位充满干劲的威大研究生查尔斯·麦卡锡（Charles McCarthy）创立的。麦卡锡对这个参考图书服务机构的期待就像特纳对威大的期待一般，希望它为社会提供最佳的服务，同时独立于各党派。在铁路、电话、电报与保险公司纷纷兴起的年代里，麦卡锡认为，州政府的任务很复杂，州议员需要大量资讯才能做出好的立法决策。"所以让专家来提供资讯是最好的方法。"但这并不意味着专家要介入正反两派在立法过程中的较量：

> 我们在威州的部门并不打算影响任何议员，我们在议案中并不站在任何一边或支持任何一人。我们只是政府中的一个部门。我们并不介入或引导立法，而只想帮助那些有心为州民服务的议员提出最好的法案，为这些忙碌的议员提供任何他们所需的资讯，收集他们依靠的事实与数据。[4]

这样的理想现在看起来既天真又真诚。拉福莱特的政绩中还是存留着好些待解决的问题，例如他得罪了那些特纳曾经想要接近的商人资本家，损害了他们的利益。更且，在 1903 年后，拉福莱特的朋友查尔斯·P. 凡海斯（Charles P. Van Hise）接任威大校长，他想要把威大变成州政府的一个分支，这个主张触怒了保守派。再加上全国媒体纷纷报道"威斯康星构想"（大多数是支持的），认为威斯康星州是一个代表"进步精神"的模范州，因而夸张地说这是因为"威大在治理这个州"。[5]

对于其他州来说，这种新闻可能会刺激它们来模仿威州，但是对于威州自身的保守派来说，这加深了他们原本的疑惧：原来威大是要跟州当局联手对付他们。其实威大的教授专家们根本不认为自己是激进派，也更不想为州政府施政带来太多倡议。如果看一下威大在州政府任职的人事统计就可以知道，大部分的人都是技术官僚（工程师、地理测量师、科学家及农业专家等）而非州政府的政策顾问，威大专家的主要角色是为州政府提供技术方面而非意识形态上的资讯。约翰·R. 康芒斯（John R. Commons）是威大最杰出的社会科学家之一，他说其实威大的教授绝大部分都很保守，"除了在进步时期外，我从来没有被咨询过，他们需要我时才会找我。我从没有主动倡议过任何事"[6]。

尽管如此，在税务、铁路管制方面与其他事情上，威大的专家们一直都是咨询对象，因而许多人对他们具有的影响力心怀不满。以往威州的重要政策都会保护某些企业的利益，往往是经由几个巨头秘密协商达成；拉福莱特当州长后，开始以周六午餐会的方式找威大的校长、院长与一群专家共商政务，并对这种决策方式的改变引以为傲。[7] 一些在进步时代的政策下失去既得利益的企业——事实上许多企业仅仅是心理上担忧可能会迎来更多管制政策而已——就认定威大与立法图书资讯服务处和铁路管制委员会、税务委员会与工商业管制委员会一样，都是他们的敌人。

1914 年，共和党在全国层面上的分裂给威州进步派共和党人造成了很大的打击，于是保守派看到了机会。他们击败了拉福莱特在进步派中的继任者，继而推出铁路与伐木业商人伊曼纽尔·L. 菲利普（Emanuel L. Philipp）竞选州长。菲利普在竞选时以反智的姿态攻击威大的专家们，呼吁减税和改造威大，使它不再"掺和"政治。他说，一定要把威大彻底"清扫干净"，因为社会主义已在那里滋生，而且它的学生毕业时心怀的理念并不属于美国。如果继续重用专家，威大就会持续入侵政治。将政治交付专家来管理，无异于承认民选官员不能胜任职责。如果州政府已经到了承认所有的施政都需要威大协助的地步，则一般百姓岂不应该自认为近乎"白痴"了？菲利普的攻击包括要求取缔麦卡锡之前支持设立的"法案工厂"，也就是立法图书资讯服务处。

但是当菲利普当选后，他对这些机构的处理手腕并没有竞选时所说的那么强硬。虽然他还是要求议会关闭立法图书资讯服务处，重整威大的若干单位，但也渐渐地变得更为圆融。尽管他限制了威

大的扩张，削弱了它的影响力，可是由于威大在全国有很多受人尊
敬的支持者，所以他跟威大校长海斯维持着和平的关系。就连麦卡
锡也躲过了他的攻击，因为当保守派借助立法图书资讯服务处的帮
助草拟法案时，发现麦卡锡确实如声称的那般保持着中立的态度。[8]

其实威大内部从来就没有对于进步主义观点一事取得绝对的共
识。康门斯说，威大很多人是保守派。不只如此，很多威大的人觉
得大学如果介入实际政治，就是对于纯粹中立的学术传统的背叛。
1920 年，J. F. A. 派尔（J. F. A. Pyre）反驳了海斯校长所说的威大
应该成为 "州政府的一部分"。他说，这种观点太 "唯物论"（因为
学校经费来自州政府），破坏了学术自主与中立，最终会对学校造成
伤害。[9] 然而多数威大教授是接受麦卡锡在《威斯康星构想》这本
书中提出的实用主义立场的。他在书中说，老一辈的经济学学者 "只
是搞些纯粹的理论工作，从未对政府施政做过第一手研究"。现在
这些老一辈的人被重视常识的专家取代，他们在实务的第一线研究
经济问题，然后用 "实际的事件与资料" 来测试他们的理论。[10] 因
此，一般百姓在争论是否应该让专家介入施政，而学术圈则在辩论
大学的未来应该是朝向实务或是纯理论路线发展。

三　学术与社会的结合

进步时代的理念在政治上的斩获虽然有限，但是它所激起的氛
围却一直扩散，而这对一直关心心智在美国社会中处于何种地位的
人来说是一种鼓舞。追求智识的风气得到普及，开始自由且旺盛地
发展，似乎已经蔓延到政界的高层乃至整个社会。梅布尔·道奇·卢
汉（Mabel Dodge Luhan）对此时文学与艺术的观察，也适用于描
述美国社会的其他领域："藩篱被打破了，以前从不互相接触的人
开始伸出触角互相联系；新的沟通方式和新的联系大量涌现。" [11]

在这个仿佛是"小文艺复兴"的时代，文学与艺术的基调是"解放"，而学术则追求影响力的扩张。处处都可以看见大家在追求新的自由与新的兴趣。凡事都可以被重新考察，从铁路政策到性解放，甚至教育儿童的方式。公众乐意听八卦记者揭发各种丑闻，媒体人要解读时事，牧师与作家要讨论道德，学者要探究进步主义在哲学、法律、历史与政治上所代表的意义，而技术专家则要从学院走出来研究实际的经济与社会问题，甚至进入新设立的管制机构服务。

　　这样的新理念热潮并没有带来社会革命，到了进步运动的末期，美国传统上的统治阶层又涌现出来，还是像进步运动出现前那般牢牢地掌握着权力，只不过他们的言行风格有很大改变。对学者与文艺界人士而言，言行风格异常重要，对政治人物亦然。这种注重风格的风尚一兴起，受益最大的是知识分子，无论是像李普曼、赫伯特·克罗利（Herbert Croly）一样的公共知识分子，或是像杜威与查尔斯·A. 比尔德（Charles A. Beard）一样的学者，他们都共同追求一个目标：消除理论与实践之间的隔阂。1914 年，李普曼出版《疏离与掌握》（*Drift and Mastery*）一书，阐扬的就是此理念。他认为，将所学贡献于实际社会的发展与运作，乃是这个时代的中心思想。当社会的管理与控制需要某种学术领域提供知识时，对于这个学科的学者而言，即使是平素研究最抽象理论者也会因此感到自己很重要。任何理念都不能再被斥为纯粹学术，因为学术与社会之间已无距离。有人观察到，"现在到处都出现了……一种新的教授"：

　　　　有的专家精通铁路、桥梁与地铁，有些熟悉天然气与电力，有些是货币与银行方面的专家，有些通晓菲律宾的关税制度或是委内瑞拉的国界线分布，有些人知道波多黎各的工业发展，有些人擅长公务员制度的分类或是信托业务。[12]

206

最重要的是，社会不仅需要这些专家的专业知识，而且高度赞赏这些专家的贡献。也许有一些观察家担心专家会损害民主精神，[13] 偶尔还有一些企业人士因为害怕管制会导致成本提高，抱怨专家的角色膨胀得太快。[14] 但总的来说，这些作为政坛新秀的专家普遍得到了好评。布兰德·马修斯(Brander Matthews)于 1909 年时写道："美国社会大众已不再对教授专家和文人抱有偏见。大家慢慢开始承认这些人对于国家的贡献……部分原因是大家现在了解专家与理论家的价值了。"[15]

更重要的是，连政坛领导人都越来越接受专家了。媒体人艾萨克·马科森（Isaac Marcosson）给老罗斯福总统看了爆料作家厄普顿·辛克莱（Upton Sinclair）在一本书中披露的事证，这在那个时代是常见的做法。结果一个有关食品卫生的法案很快通过了，这在那个时代是很典型的现象。*除了在参议院里的贝弗里奇与洛奇参议员常以自身的"学术涵养"为傲外，在这段时期，自美国立国以来总统首次被形容是"知识分子"。

如果我们细看老罗斯福与威尔逊总统的行事，就会发现两人各自用不同的方法呈现了知识与权力间的界限。这两位总统都相信知识对于治国的重要性，但同时，两人都并非完全信任他们的知识分子同僚。老罗斯福很喜欢新观念，喜欢与克罗利、李普曼、林肯·斯蒂芬斯（Lincoln Steffens）等知识分子做朋友，他任命埃德温·阿林顿·罗宾逊（Edwin Arlington Robinson）为政府官员，吸引了很多有热忱抱负的人为政府工作——这个情形已经一个世代没出现过了——还针对铁路管制、移民问题、肉食品检查与其他事务咨询知识分子和专家。因此他可说是自林肯甚至杰弗逊以来，在公共事

---

* 1906 年，辛克莱出版了小说《屠场》(The Jungle)，披露了美国屠宰场的恶劣工作环境。小说一发表就在全美引发轩然大波，推动美国展开运动，改善肉食品加工业的卫生环境，最终导致《纯净食品及药物管理法》的出台。

务上最重视智识的总统。布莱斯子爵（Lord Bryce）谈到老罗斯福总统的成就时承认："从未在其他国家看到像当时美国这么有效率、有智慧又热心服务的专家群，他们对国家所做的贡献比在华盛顿的一班公务员或是军人还要大。"[16] 这看起来完全就是镀金时代的改革者们希望看到的政府。

但是老罗斯福也有因为细微的意见分歧而对他的知识分子朋友发怒的时候，在怀有不同观念时摆出一副自命不凡的姿态。他误判了许多日渐累积的温和抗议的严重性。例如，他对那些揭发丑闻者不以为然，认为他们是社会的危险分子，会积聚"革命情绪"。虽然除了他以外，没有一位美国总统可以称得上是知识分子，但是他对于智识在我们生命中扮演的角色，以及对于中产阶级出身、受过高等教育的人，却是爱恨交织，而这些人唯他马首是瞻。他重视智识能力也重视处事能力，当然，他对于智识能力的重视更坚定。[17] 然而相比于这两者，他更重视的是"品格"。他代表了美国人在政治上与生活中重视品格胜于重视智识的立场，而且持此立场的人常认为这二者是相对立的。他在著作中常提到此点："对一个民族或是个人而言，品格远比智识重要。""正如同力量比美丽更重要，品格比智识更重要，甚至天才亦然。""我多么希望能提醒国人，千万不要盲目崇拜智识，尤其是缺乏道德责任的智识……"[18] 老罗斯福这些话的问题不在于它们是错的，而是它们毫无意义（除非他真的认为美国人现在正在牺牲道德、弘扬智识），因为当时正是美国进步主义思潮的高峰期，社会的道德感很强烈。

大家都认为威尔逊当总统后为这个职位带来了学者气息，当然这样有优点也有缺点；很少有研究他的人会认为他个人的特质很适合担任美国总统。他个性很严肃，一点也不浪漫，但是这可能是长老教会的影响，更有可能是因为他自己天生性格使然，和他是不是学者没有关系。他完全是个老旧时代的学者与知识分子。

在 19 世纪 80 年代末期，他出版了《国会政体》(*Congressional
Government*)与《国家》(*The State*)这两本精彩的书，但此时他
的学术生涯几乎已经结束。他在品位、思想与阅读的书籍上几乎像
是一位美国南方版的维多利亚时代绅士，他的观念停留在美国剧烈
变化之前的时代。他相信小型企业、竞争型经济、殖民主义、英国
清教徒的白人至上主义，以及男性才应有投票权，但在他的时代这
些观念早就饱受抨击了。他受到白哲特(Walter Bagehot)与埃德
蒙·伯克(Edmund Birke)的启蒙，却恰恰错失了 18 世纪末爆发、
209 一直延续到进步时代的批判思潮，未能受其影响。在 18 世纪 90 年代，
他事务缠身，忙于拉近学术界与一般人的距离。可当许多学术界的
同僚都在试图摆脱镀金时代知识分子的自满时，威尔逊却以等待被
奉承的态度来向一般平民做演说。从 1902 年他接任普林斯顿大学
校长后，他就与当时的思潮脱节了。1916 年时他坦承："十四年来，
我没有读完过一本重要的书籍。"[19] 可以想见，在他的政治生涯里，
他并没有受到当时美国智识领域最具创造性一面的影响，因此他的
思想很难受到那时知识分子的重视。

　　毋庸讳言，1912 年威尔逊当选时，他受到不满于老罗斯福的知
识分子的支持，他们认为威尔逊无疑具备贵族的气质。但是在一战
前，学界出身的威尔逊并没有如大家期待的那般在政治上广泛重用
知识分子。更且，他一向不信任所谓的"专家"。与老罗斯福或是
拉福莱特不同，他从不认为专家是改革的推手或是执行者，而是认
为他们在为大企业或是利益团体服务。大多数进步时代的理论家都
将由大企业控制的政府与雇用大批专家管制企业不当运作的平民政
府做对比，但是威尔逊却将大企业、利益团体与专家三者视为联盟，
与之相对的乃是平民政府。他与老罗斯福相反，他认为参与控制大
企业的专家到头来都会被大企业收买控制。在 1912 年竞选时，他说：

我害怕的是专家政府。上帝禁止我们民主国家的人民自己不理政事，而把政府交由专家管理。如果我们国家的困难都被交给一小群专家，用只有他们知道的科学来处理，我们都不用参与，那我们算什么？如果我们不了解政务，那我们就不是自由的人民。我们应该暂时抛弃我们的自由制度，找一个人好好问一下我们到底是谁。我曾经在一个工人酒吧里听过关于时事的深刻辩论，因此知道，如果一个人每天忙于谋生的话，他会用事实而非华丽的语言来讨论事物。而我只对事实有兴趣。[20]

威尔逊常去工人酒吧，讨厌华丽的辞藻，这当然是很特别的现象。但总的来说，他在内政上的立场与作为的确是如上一段话所言。无可避免地，在他任内，专家在政府事务中的地位像过去十年一样显著提升。[21] 当然，他确实从路易斯·D. 布兰代斯（Louis D. Brandeis）那里听到了许多经济政策建议，后者的企业竞争理念正好合他胃口。但是稍后他又屈服于波士顿后湾区这种上层阶级与企业团体的压力，将布兰代斯赶出了内阁。基本上他会向不同类型的人寻求意见，像是一向崇拜他的秘书乔·塔尔马蒂（Joe Tumulty），这个人善于把控政治运作与处理媒体关系，或是他那充满进步思想却不怎么聪明的女婿威廉·吉布斯·麦卡杜（William Gibbs McAdoo）。威尔逊最重要的谋士是"上校"豪斯（Colonel House），这个人头脑聪明、心思周到，尤其擅长满足他的虚荣心。豪斯代表的是有钱有势者的利益，是布兰代斯、布莱恩与麦卡杜这些进步派人士的对立平衡力量。

在一开始的几年间，威尔逊政府并不广受知识分子欢迎，特别是有一些人认为，进步运动应该不只局限于小型企业竞争理念、童工问题、黑人民权、劳动环境问题与妇女投票权。[22] 积极寻求改革的知识分子对于威尔逊是有些疑虑的，他们甚至不太能接受威尔逊洪亮的演说嗓音，认为这是过去保守派道德说教的风格。他们的疑虑是有道理的，因为威尔逊的改革经常是以高傲的姿态进行，仿佛施恩惠一般。克罗利认为威尔逊的内心"充满自以为正义的信心与骄傲，且以各种光彩言辞来包装这种信念"。他还抱怨这位总统的思想"复杂到能把最单纯的事物抽象化……他的思虑好像一束光，照到什么事物，它的轮廓就会变得模糊，好像很有启发性，但实际空无一物"。[23]

　　直到 1916 年，自由派知识分子才衷心地拥护他，这是因为他推行了"新自由运动"（New Freedom），并努力避免美国卷入第一次世界大战。讽刺的是，很多人因为是否参与第一次世界大战的辩论而获得的影响力比关注一些国内问题获得的影响力还大。历史学者与媒体评论者纷纷加入辩论，各种专家向政府献计献策。军事情报局、化学武器部门、战时工业委员会挤满了专家，华盛顿"宇宙俱乐部"（Cosmos Club）内的场景看起来就像是各大学教授群聚一处，在开校务或系务会议一般。[24] 1919 年 9 月，豪斯上校替总统组织了一个学者团体，叫作"咨询会"（The Inquiry），当时英国与法国都已有这类组织。这个团体人数最多时达到一百五十人，其中包括历史学家、地理学家、统计学家、民族学家、经济学家与政治学家等。加上他们的助理与幕僚群，整个组织有数百人之大。一直到停战前，这个组织都是秘密的，战后则转变为"美国和平协议团"（American Commission to Negotiate Peace）中的情报部门，若干人员陪同威尔逊总统前往巴黎和会，扮演了不小的角色。媒体曾嘲讽过这个团体，而若干老派的外交官也对这些用三辆军车载着文件参会的业余新手存有疑虑。[25] 但大体上来说，民众已能接受积极扮演顾问角色的专家学者，这是因为战争使全国掀起了一股热情，以及在谈判和签订和平协议、设立国际联盟时，专家都显示出了重要性。只有伊利诺伊州参议员劳伦斯·谢尔曼（Lawrence Sherman）

例外，他抱着恶意的反智心态，反对战时总统的扩权行为，尤其反对当时政府已成为"一群教授与知识分子的政府"。[26] 但是他准确地预见了未来：后来人们的反战情绪使得进步主义的精神一扫而空。

　　社会的气氛突然就发生了大转变。威廉·艾伦·怀特（William Allen White）在 1919 年时还告诉共和党全国委员会主席说，本党那些老顽固气数已尽，不料一年后就悲叹"法利赛人高居庙堂之上"，民众对知识分子当权一事不加反对。"这是什么样的世界，"他于 1920 年写信给雷·斯坦纳德·贝克（Ray Stannard Baker）说，"如果有人十年前告诉我，这个国家会变成今天这样，我当时一定会怀疑他疯了。"[27] 社会出现这样的状况，沉重地打击了知识分子，因为他们已经把自己与威尔逊总统及战争绑在一起，所以任何反对总统的力量都会反对他们。更关键的是，大多数知识分子在战争期间不顾一切地热情支持参战，这背离了知识分子原本应有的理性立场。除了社会主义者，以及像兰道夫·伯恩（Randolph Bourne）与《七艺》（Seven Arts）杂志的那些人之外，大多数知识分子不是亲自上战场，就是全心全意支持参战，期待着战争胜利与战后的改革，心怀的一片热忱不亚于当初对进步运动的支持。但战后的状况让他们感到失望、惭愧与自责。李普曼说："如果从头再来，我会反对参战。我们牺牲太多人了。"克罗利也说，他不明白"美国人在世界大战的压力下是如何思考的"。[28] 知识分子与民众间的和谐关系来得快，去得更快。大众对知识分子发动了猛烈的攻击，说他们倡导了错误与不必要的改革，打造管理型、管制型国家机器，支持战争，甚至说他们是布尔什维克；知识分子则批评美国是一个蠢材、笨蛋与狂热之徒的国度。尚能够自由活动的若干年轻人自我放逐到国外，其他人只好留在家乡，梦想着过太平日子。直到大萧条与另一个改革时代到来，这种疏离的心态才发生改变。

四 新政与专家地位的顶峰

在小罗斯福新政期间，知识分子与民众间的良好关系又恢复了。民众的政治观与知识分子的心态形成如此完美的和谐关系，以前还从未出现过。在进步时代，基本上民众与知识分子都有同样的目标。而在新政时期，他们的目标更为接近了，而且对知识分子的需要更为殷切，超过了威尔逊与老罗斯福时期。但是反对新政的那一小撮人却怀抱着美国政治史上少见的敌意。所以二战之后，就在知识分子的地位提升之时，一股针对他们而生的恶毒敌意也涌现了出来。

这些人对知识分子造成的长期伤害和知识分子的地位在短期内因新政而得到的嘉惠一样大。但是，我们且先来看看这是什么样的嘉惠！知识分子像一般人一样也受到了大萧条的影响，一样经历了失业与意志消沉。新政为年轻的律师与经济学家创造了成千的就业机会，他们涌向华盛顿，出任各个调控机构的职位；公共事业振兴署与全国青年总署推行的研究、艺术与剧场的计划更是雇用了许多失业的艺术家、知识分子与大学毕业生。但是比这些实际帮助更具意义的是新政带来的潜在影响：由于大量雇用教授与理论学者作为顾问和理论家，智识与权力取得了自建国以来都从未有过的密切联系。为刚离开校园的年轻人提供工作当然是好事，但是新政给予知识分子这么重要的角色，等于是在正式认可和颂扬所有教授或是怪异叛逆的头脑。于是，理念、理论与各式批评都有了新的价值，而要得到它们就要在知识分子堆中寻找。[29] 经济的崩溃说明社会需要专家，但是直到新政施行，大家才知道专家的表现可以有多么抢眼。除了一小撮保守者或是激进派以外，新政让所有人都耳目一新，这

并不让人意外。即使是从 1933 年到 1935 年间激烈反对新政的共产党人，也都渗透进入智识圈，希望能分享当时对知识分子的崇敬。

知识分子地位提升的明显表现是"智囊团"（brain trust）的出

现，新政施行之初的那几年，这个词几乎每天都会出现在新闻报道中。雷蒙德·莫利（Raymond Moley）、雷克斯福德·盖伊·特格韦尔（Rexford Guy Tugwell）与阿道夫·A. 伯利（Adolph A. Berle）等人都是小罗斯福信赖的著名智囊，他们最常遭受攻击，他们的受宠代表了在联邦机构中的上千顾问，尤其是从哈佛来到华盛顿的费利克斯·弗兰克福特（Felix Frankfurter）的弟子们的际遇。在新政初期，小罗斯福总统本人有很高的声望，所以他的对手们便批评他轻易听信身边邪恶顾问的建议，这么做从心理上来说更自然，从策略上讲也更容易。于是，这些智囊对总统来说还多了一个功用，就是可以作为躲避攻击的避雷针。很多对于新政的批评本来应该直接冲他而来，现在则落在了他身边的人身上——而如果攻击实在太猛烈，这些人是可以被调到其他岗位上的。

莫利很早就在攻击下退位，接着特格韦尔教授就成了攻击新政的保守派最爱的目标。倒霉的是，特格韦尔做事喜欢按计划来，所以写了几本书解释他的理念。于是，在1934年他被提名为农业部部长时，就出现了一波猛烈的攻击，揪住"这位邪恶的理论家竟被重用"一事穷追猛打。南卡罗来纳州选出的重量级参议员"棉花先生"史密斯（"Cotton Ed" Smith）就坚持认为，特格韦尔必须先证明他已从"上帝的大学"毕业（也就是在大自然的土地上劳动过），才能当农业部部长，所以这位哥伦比亚大学出身的经济学家花了很多工夫证明他的确是自耕农出身，小时候经常在农地里耕作，靴子上满是泥土。（小罗斯福还因此调侃说："告诉特格韦尔，我以前都不知道他小时候竟然这么脏。"）史密斯告诉参议院，在"上帝的大学"取得文凭"靠的是辛苦的经验，没有在旷野土地上流过汗的人绝对无法解决美国的农业问题"。（但是他却无法指出过去有哪个农业部部长具备这个资格）罗斯福最后只得以任命史密斯推荐的人当他自己选区的联邦警长作为交换，而此人有杀人的记录。总统后来对内阁说,这个人是史密斯"喜爱的杀人犯"。凭借这场政治交易——
216   一个杀人犯换一个教授——特格韦尔的任命终于在参议院以五十三
票对二十四票获得通过。

后来特格韦尔在媒体上的名声越来越糟,因为他极力支持为纯
净食品及药品立法,此法案激使某些制药商与强有力的利益团体在
媒体上攻击他,连一位并非知识分子也非激进派的人士詹姆斯·A.
法利(James A. Farley)都认为这样的公开攻击"太明目张胆,没
有必要"。攻击特格韦尔的人将他描绘成两面人:一面是个不切实
际的学究,另一面则是个有破坏性的恶毒之人,足以颠覆社会。但
是特格韦尔在各方攻讦之下仍然保持冷静,说明进入政坛的知识分
子并不必然就脸皮薄、易发怒。[30]

如果反对总统的人要把这些被倚重的智囊当作代总统受责骂的
标靶,那就一定要极度夸大他们在权力舞台的重要性才行。《芝加
哥论坛报》(Chicago Tribune)的一位编辑写道:"这些被倚重的
专家完全压过了内阁,他们对总统的影响力更大……这些从各校来
的教授让内阁变成了纯粹的行政单位。如果是一般的行政事务,内
阁来处理;如果是政策问题,则要看这些教授们怎么说了。"[31]的
确,在新政刚开始的三个月内,不知所措的国会未经仔细琢磨执行
细目便仓促通过了大量的法案,因此给新政的核心决策小组留下了
217   大量空间或灰色地带,供他们自由裁量发挥,等于是把决策权完全
交给他们。但是以美国的政治程序来说,一切的决策背后都必然有
利益团体或是选民的需要,不可能让一小群专家旁若无人地独揽大
权、肆意规划。而当国会镇定下来以后,正常的审批程序得到恢复,
便大大限制了这些技术顾问的影响力。当知识分子或是爱好创新人
士赞赏新政的某些措施时,不是因为它们获得了专家们的垂青,而
是因为美国的选民们需要它们。专家们为大众服务,但不握有统治
权。一般来说,这些自由派智囊的计划越是富含浓厚的理想与实验

色彩，就越容易被规避、限制和挫败。新政的确曾试行过学院派人士建议的通胀货币政策，且没能成功，但这是由于参议院方面强烈要求促成通货膨胀，并非小罗斯福总统手下的多数智囊之所欲。在重要的议题上，自由派专家几乎都失败了。杰尔姆·弗兰克（Jerome Frank）领导下的自由派想要保护消费者与佃农，很快就被逐出政坛。特格韦尔没能实现重建乡村的构想，自己后来也失势了。莫利与国务卿科德尔·赫尔（Cordell Hull）关于伦敦经济会议发生摩擦，失去了内阁的支持。[32]

　　尽管如此，整个国家都认为现在是教授们在治国，一场真正的反智囊战争拉开了序幕，唤醒与带动了以往的反智传统。教授们其实并没有在治国，但是民间的这种印象也有几分道理：他们代表了美国政治权力分配的新局面。他们自身虽然没有权力，最后决策权并不在他们手上，但是他们对于决策者有广泛与关键的影响力，因为现在都是由专家来确定看待问题的方式，划定社会与经济议题的讨论框架。右派人士在反对教授与专家时，虽然对权力世界怀着离奇古怪的理解，却有可靠的直觉。即使社会上大多数人并不听他们的话，但是他们至少有一把传统的武器：大众对于知识分子的偏见。更且，知识分子突然出名，使得以往掌权的政客与商人相形失色，以前这群人并不受大家重视，现在突然蹿红，遮住了他们在大众眼中的光芒，他们为此愤恨难消。曼肯一向是个语言耸动的人，他用这样的话语形容此情况："几年前这些新政的新贵们还是默默无名的无用之人，街角的警察跟他们打招呼时他们还会兴奋得脸红，现在他们已是世俗中的贵族、教会里的主教了。"他还说："专家们现在红极一时，他们相信自己可以替社会开出万能药方。"他问道：

218

　　　　如果你突然被带离只有学生喧哗声的教室，被丢入权力与荣耀的竞技场，享受着卡利古拉或是拿破仑才享受得到的一切，或者像 J. P. 摩根一样，整天被一大群华盛顿记者追着满街跑，报纸头版都愿意登载你要发表的高深理论，你会怎么办？[33]

批评新政的人不仅过度夸大知识分子的影响力，而且还将他们描绘成不切实际、不负责、怀着不轨的实验性计划的人，说他们之所以日渐骄傲，沽名钓誉，一切都是因为他们突然变得重要。《周六晚报》（*Saturday Evening Post*）是反智意识形态的大本营，随便看看里面的评论，就可找出类似这样的文字：

一群教授被从教室中拖了出来，丢到新政的旋涡中。他们非常在意公共形象与知名度，现在终于有机会获得这些东西了。如今他们就像壁炉前的猫一般，想把自己展示给所有的人看……这些人兴奋地四处走动，嘴里问着："现在美元的汇率走势如何？"仿佛汇率的丝毫变动对他们来说是什么不得了的事情，但是他们没有一个人可以产出价值一百元的东西……可就是这些只会搅局的外行人，他们在国会里提出了管制各行各业的法律……任何会思考的人都能明白，这些智囊的想法都来自苏联的意识形态……应该有人给这些年轻的知识分子或教授讲讲企业经营的真实状况。利润不是靠空想就可以得到的，汇率的变动也无法让农夫种出白菜……到头来，农民与企业家还是要靠大自然与政府的适当帮助，才能解决他们自身的问题……

我们为何愚蠢到放任这些自以为是的外行政策实验者来分析拆解我们的社会与企业，然后形塑成他们想要的样子……也就是把美国人的生活、自由与产业变成实验品……实验室的试管与真实的生活是完全不同的。我们现在受够了活体解剖……这些没有实际经验的人来乱搅和……门外汉管理政治——这些大学里出来的人，无论老少，都像伏特加喝多了一样……他们是理论家、向往政治乌托邦的梦想家、变戏法的大师……务实的两院议员没有天堂，他们是在狭小的更衣间里思考出重要政策的……[34]

为知识分子辩护的人为防外界误解，试图估计他们真正的权力有多大，并说明他们不可能表现得比被他们取代的"务实者"更差。奥斯瓦尔德·加里森·维拉德（Oswald Garrison Villard）在《国家》杂志中表示，他热烈欢迎"务实者的惨败"，并指出现在全世界的务实者都"完全陷于困惑之中"。[35] 乔纳森·米切尔（Jonathan Mitchell）是自由派的媒体人，也曾是新政的顾问，对该问题做过十分深入的分析。他认为小罗斯福任用这些学院派，是美国行政体系的特质与当时危机导致的自然结果。他认为，这些教授其实并未做决策，只是在决策过程中提供一些技术性建议。因为政府中的公务员无法起到这样的功能，总统只好临时去政府外部找人，这几乎是无可避免的。[36] 他说得对。政客无法应对大萧条引发的问题，而公务员中也没有可以处理这类问题的人才，企业界就更别说了，大多商人领袖根本派不上用场。就像塞缪尔·I. 罗森曼（Samuel I. Rosenman）向总统建言时说的那样："通常在这种危机下，总统候选人会找企业家、金融家与政治领袖会商，但我认为应该另辟蹊径。因为这些人都提不出解决今日窘境的好方法……那为什么不去大学校园试试呢？"[37]

但米切尔的分析更可能被反对新政者视为一种挑衅：

罗斯福现在需要的人是中性的、没有华尔街气味、同时也不会让有钱人害怕的人。此外，他还需要有头脑、能力与意愿执行他制定的一切政策之人。罗斯福选了大学教授；全国除了他们，没有其他人适合……

美国不能从继承土地的贵族中挑选新政官员，因为美国没有这种贵族；而最接近贵族的就是大学教授了。出仕于华盛顿的那些教授将会决定新政的成败……美国以往曾有一个阶级与其他人都不同，大家都乐意请求他们调解纷争，这个阶级就是殖民官员，尤其是新英格兰的那些。他们基本上不问俗事，而且管理政务时比罗斯福的新政还严苛，他们根据直觉来判断事情……这些殖民官员早已离开新英格兰，继承他们衣钵的就是现在的这些大学教授……以后我们一定能建立起一个有自身传统与认同感的专业公务员体系。

然而这些说法都不能让企业家、被专家替代的政客与保守派们放心或满意，因为他们从来不觉得美国需要一个专业的公务员体系，他们也不认为教授们是中性的，他们相信教授们会把有钱人吓跑，他们也绝不相信会有一个阶级能够公正地处理社会的纷争。因此没有一个方案可以让他们放心，即使是把米切尔的方案改得更温和，也无法消解他们的根本担忧，他们并不是怕这些智囊或者专家，而是害怕他们熟知的世界崩塌。实施新政为知识分子带来的新地位，正好在敌视新政者之间唤醒了根深蒂固的反智传统，令他们产生新的怀疑，变得更加怨怒了。

二战和一战一样，让这个世界更加需要专家了，不只是新政那类专家，还有更多的、更广的学术领域的专家——即使是古典学家与考古学家也突然变得炙手可热，因为我们需要增进对于地中海区域的认识。但是当大战结束后，对于新政的长期反感和对战争本身的厌恶席卷了美国。这场反对智囊的战争为这一反应打下了基础。随着这种反应流行开来，知识分子与民众间的和谐关系再度画上了休止符。

五　从史蒂文森到肯尼迪

　　1952 年，阿德莱·史蒂文森成为反对知识分子与专家浪潮的受害者，这股浪潮自 1933 年起就开始在美国右翼酝酿了。很不幸地，他的遭遇竟然变成自由派知识分子估量美国政治中智识所占分量的指标。史蒂文森所犯的错误其实难以避免：他像是一位悲剧英雄，而知识分子们都以他为榜样。在令人失望的杜鲁门政府之后，他的出现算是一股清流。但是他与艾森豪威尔／尼克松搭档组合的重大风格差异，是造成这个悲剧的主因。史蒂文森善于言辞，又和他的竞选搭档配合默契；对比之下艾森豪威尔在初期时拙于表达，再加上尼克松不当的辩护自清演说，更是拉大了双方的差距。最后就是麦卡锡参议员的丑陋形象对于党提名的候选人的帮助可能不大。美国总统选举一向不会把格调定得太高，但是 1952 年的共和党总统候选人的竞选格调，竟然比杜鲁门公然贿赂华尔街都还差。所以史蒂文森的优点更被显露出来。

　　知识分子们都一致热烈支持史蒂文森，这在美国历史上绝无仅有。老罗斯福总统受知识分子欢迎，是他自己在漫长的公职生涯中极力争取而来的，而当他接任总统时，有很多知识分子其实是既怀疑又高兴的。他与知识分子最亲近的时候是卸任的时候；他的声望在 1912 年竞选时达到顶峰，但是由于战时的强硬外交路线而下跌。威尔逊总统特殊的个人风格与学术立场使得知识界很多人对他保持冷淡，但他也不以为忤；而很多人都同意李普曼对于"新自由"政策的批评：它是一个未妥善规划的开倒车计划，主要是为中小企业的利益服务；由于战时对于民粹心态的反弹，威尔逊的名声也受到影响。小罗斯福虽然重用专家智囊，大部分知识分子在第一次竞选总统时却都对他很失望；在新政早期他也无法得到大家信任，成为左派攻击的目标。知识分子直到 1936 年时才对他变得友善起来，而且原因似乎是更讨厌他的对手。但是对于史蒂文森，一切都不一样。在他当伊利诺伊州州长时，人们还不太知道他。1952 年，他获得民主党总统提名，大家认为他是一颗政治新星，听到他接受提名演说时，开始喜欢他。他似乎太完美了，以致有些不真实。

当"麦卡锡法案"通过时，也许就已经可以结论道：史蒂文森的惨败乃是美国平民对于知识分子与智识的责难。对于抱这种看法的知识分子来说，他们对手的言行更是证明了此点无误，这些批评知识分子的人有很多根深蒂固的偏见。他们认为：美国的知识分子根本不了解或是爱戴祖国，他们傲慢而不负责，他们的天谴即将来到。所以无疑地很多知识分子受到了伤害。但是如果认为史蒂文森是因为他个人的机智与智慧受到大众攻击，这个看法禁不起考验。以这种理由解释他的竞选失败是过度夸张了。1952 年时，他的对手强过他太多。这一年任何一组共和党候选人都可以击败民主党的任何候选人，何况艾森豪威尔实力很强。他是全国性的领袖人物，具有无法抵抗的魅力，比史蒂文森，甚至比任何政治人物都受欢迎。民主党此时已执政二十年，在两党政治下，早就是政党轮替的时候了。对朝鲜战争的不满使共和党占了大优势，而希斯案 * 以及共产党渗透到联邦政府的传闻，加上杜鲁门政府的某些虽小却令人摇头的性丑闻，都给了共和党不少优势。然而如果不是共和党打这种格调不高的选战（尼克松与麦卡锡在选战中的主导性比艾森豪威尔多），让一些选民看不下去，史蒂文森注定的失败可能会更早定案。

回顾起来，没有理由认为史蒂文森的风格、智慧与正直对他的选举就毫无帮助。如果不是因为他个人声誉良好，民主党失败得可能更惨。所以如果假设大众并不在意他的个人素质，这绝对是不

---

* 即本书第一章提到的阿尔杰·希斯被指控为苏联间谍的事件。麦卡锡利用该事件激化了美国民众对苏联渗透美国国务院的恐惧。当时身为加州众议员的尼克松也因调查本案而受到全国的瞩目。

正确的。但如果像某些正反批评者所一致同意的，就是他个人的特质并不吸引人，那我们也很难解释为何在 1948 年他会以史前无例的压倒性胜利赢得伊利诺伊州州长，也无法解释为何他不想竞选总统，民主党却还是提名他（他几乎是美国历史上第一位如此不情愿接受提名的总统候选人）。史蒂文森败选的原因的确因为两党竞选活动的显著落差而被夸大。十二年前，温德尔·威尔基（Wendell Willkie）也一样是跟超级政治明星对手竞选，也得到了跟史蒂文森一样比例的总得票数，一样被公认为有着卓越的才能。所以 1952年的选举，两位候选人个人都很强，当选举气氛炒热时，他们的竞争把投票率拉高了。史蒂文森虽然输了，但是他总得票数较杜鲁门1948 年胜选时还多，也比 1940 年和 1944 年小罗斯福竞选时还多。选举战结束后，史蒂文森的信箱塞满了艾森豪威尔的选民写来的信，他们都很欣赏他的竞选风格，倘若美国选举前的社会情况有所不同，他们就会投他了。

　　但这并不足以否认史蒂文森的"人设"（借用现在流行的术语）没有问题。他本身当然知道，民主党执政二十年后，要带领这个党恢复生机并不容易。但是他不愿意承担责任则是铁的事实——纵使这还可能是加分项——这让有些人心生疑虑。史蒂文森在民主党提名大会上说："我接受提名，并接受本党的党纲。""但我多希望是一个比我更强、更聪明、更好的人在说此话。"在当时，说这样的话并不合适，有些人会不安，很多人觉得这些话不如艾森豪威尔充满自信的言语。史蒂文森的谦虚是真诚的，但是他的语气似乎有些骄傲。他分析公共事务时可以正直地独立思考，不受制于俗规，但是有人质疑他能否如同大小罗斯福一般有效率地运用权力。（我们很难不将社会对艾森豪威尔与史蒂文森所有的错误印象提出来讨论：艾森豪威尔的团队有其优点，但是他在位时却未能提振他所属政党的士气或地位；而史蒂文森虽未选上，却大大地振兴了他的党）。

224

认为史蒂文森失败是因为他是知识分子，或是认为这种形象加分少减分多，都是错误的。对于一般大众来说，知识分子的身份的确不加分，但即使我们应避免夸大知识分子阶级的数量或是影响力，我们还是要好好研究它，因为我们若要了解反智，就不得不先了解知识分子这个阶级。

史蒂文森身上最招恨的特质不是他的智识（intellect），而是他的机智（wit）。[38] 在美国，机智的形象从来不受政治领袖的垂青。大众喜欢幽默，林肯、老小罗斯福都会使用它；幽默是草根的，通常简单易懂。但是机智却是智识化的幽默，它更锋利，混合着风格与世故，有贵族气味。史蒂文森反复被人称为"喜剧演员"或"小丑"，而且被漫画家嘲讽为戴帽子铃铛的杂耍特技演员。在当时令人伤痛、愤怒与挫折的朝鲜战争背景下，他逞口舌机智的时间不对，也令反对者不快。反而艾森豪威尔笨拙的言辞与凝重的表情比较合乎时宜。虽然事实上史蒂文森并没有在选民面前开朝鲜战争的玩笑，或是笑谈其他严肃的事，但还是于事无补。所以他的机智并未弥补他的公共形象中较弱的部分，反而是拉大了与若干选民的距离（他优美的英语更是远在一般人的水准之上）。对于这次大选，有一位女士在写给《底特律新闻报》的评论里说得最好："候选人至少应该与我们有一些相同之处，这就是我选艾森豪威尔将军的原因。"

史蒂文森曾为希斯的品行做过证，所以他特别容易受到与左派有所牵连的指控，例如人们会谈到智识与激进主义的关系，激进主义与背叛美国的关系等。支持他的知识分子很容易地被抹黑，尤其是很多人来自哈佛，这点成为批评者紧抓不放的借口。《哈佛教印第安纳如何投票》（"Harvard Tells Indiana how to Vote"）——《芝加哥论坛报》用如此耸动的标题告诉读者，施莱辛格父子（Arthur M. Schlesingers Sr. and Arthur M. Schlesingers Jr.）、阿奇博尔德·麦克利什（Archibald MacLeish）、韦斯特布鲁克·佩格勒（Westbrook

Pegler）等哈佛的知识分子对他的影响，而这些人都与社会主义者有所关联。佩格勒始终记得费利克斯·弗兰克福特对于新政有很大影响，极力提醒他的读者，史蒂文森就像小罗斯福一样，都是与哈佛关系密切的人。史蒂文森曾就读于哈佛法学院，所以佩格勒认为他一定受到了弗兰克福特的影响，因为他"自1933年以来就断断续续是执行新政的那批最危险的官员之一"。佩格勒注意到史蒂文森的支持者与传记作者都刻意不提他的哈佛背景与跟左派的关系，因此不断提醒大家"史蒂文森这位从伊利诺伊州来的男孩正在追求一种左派的政治路线"。结果，史蒂文森在哈佛时期所曾有的关系，例如弗兰克福特、希斯、施莱辛格等人，都被右派描绘成与史蒂文森连体的政治恶魔。

其他的大学也没好到哪儿去。当哥伦比亚大学的教授群起联署拥护史蒂文森而批判自己的校长艾森豪威尔时，《纽约每日新闻报》（New York Daily News）用"左倾教授"（pinko professors）来形容他们。一份中西部的报纸声称哥伦比亚大学师生对于校长的反对只会对艾森豪威尔有利，因为大家早已知道"这所大学被左派思想渗透很久了，他们效忠的是共产党"。这种支持只会对史蒂文森不利。"知识分子史蒂文森一定同意他的顾问的意见，否则他不可能会选择他们当顾问。而支持普通美国人艾森豪威尔，就是支持民主。"这时，以往对于新政的怨恨又重新在各地的媒体涌现，写稿人不断强调社会主义者对国家的不忠诚："我们有一个悠久的传统，美国正是因为这个传统而强大，但现在我们已经抛弃了它。我们的大学中充满了左派分子，这些自命聪明的人想要使美国变成一个新的世界。我们只希望美国不要再出现四年的新政了。"

在1952年的选举中，人们又开始把智识和柔弱联系在一起，这在前面讨论改革者时已谈过。在此点上，史蒂文森实在无法招架。他在两次世界大战中都是以平民的身份为国家服务，所以当然完全

无法跟艾森豪威尔将军比。如果他曾经是个拳击手、猎人或是像老
罗斯福一样是个军人，或是个美式足球运动员（艾森豪威尔就是），
或像杜鲁门一样服役于炮兵部队，或像肯尼迪一样是个战斗英雄，
那么大家就不会把他从男性世界中排除掉。但是他只是个常春藤出
身的文人，没有任何"英勇"事迹可以让他免于质疑，免于被美国
人心灵中根深蒂固的"政治领域需要的是男子汉"的心态审视苛责。
《纽约每日新闻报》对他极尽嘲讽之事，甚至讥笑他说话的声音不
够雄浑男子气。至于他的支持者，他们是一群"穿着蕾丝袖口衬衫
的哈佛柔弱男人"，浑身散发着香水味，对麦卡锡加诸的尖锐指控
只能暗自饮泣。史蒂文森的敌人认为，政治是男人玩的粗犷游戏。
所以他与支持者都应该有自知之明，主动退出才是。他们应该学习
尼克松发表"为自身财务清白辩护的演讲"时的男子汉气魄。

　　即使在那些不需要粗鄙与勇猛的领域，大家也觉得艾森豪威尔
比史蒂文森更有"看得见的能力"，他击败了象牙塔内的人。有人说：
"从过去的表现来看，我觉得我们需要艾森豪威尔，因为他有杰出
的成就，而史蒂文森不过是个思想家与演说家。"杰斐逊与亚当斯
可能对以下这种曾经攻击他们的逻辑觉得熟悉："艾森豪威尔对于
世界局势知道得比美国任何人都多，他的知识并非从报纸或是书本
而来。"这种观念一直影响着美国人。八年后，艾森豪威尔在为尼
克松与洛奇助选时说："这两位的知识不是只从书本来，他们是从
每天的实务运作里锻炼出了解世界事务的经验与知识。"[39]

　　但是就在同一场选战中，肯尼迪证明了早就应该是明白道理的
一件事，那就是读书，甚至写书，不应该是智勇兼备的总统候选人
的负担或障碍。他似乎把20世纪初老罗斯福所展示的格调带回来了，
亦即智慧与品格兼备——这是一种尊敬智识与文化素养的心态，是
对于处理公共事务时所需智慧与能力的热情追求，同时再加上应对
实务需要的一些德行。史蒂文森在选举时对此尤为在意与注重，以

知识分子最喜欢的风格来呈现自己的路线。但肯尼迪则表现出权威与自信的风格，他要迎合知识分子的口味，也就是他们想要看见智识、文化与权力、责任的结合。他具有艾森豪威尔的自信，但没有他消极；他战胜尼克松是因为他在电视辩论时的积极与自信，即使他没有新教教徒的宗教信仰背景，且年纪与知名度都逊一筹。简单来说，他展现了男子气概。

　　对大部分知识分子来说，肯尼迪的头脑即使不是思想深刻，至少也是精明、世故与极具警觉性的。而且他很快就让大家知道他的态度：他认为智识与文化应该在国家政治中占有一席之地。在他之前的某些极有智慧的总统，例如胡佛（Hoover），他们对于总统常要参加的繁文缛节仪式深感不耐烦，认为是在琐碎事情上浪费宝贵的时间。但是国父们却不这样认为。他们认为在一个共和国中，一国的领袖应该是一个象征，象征着人物与大众的联结，是政府治理的重要基础。以华盛顿来说，他参与了新政府这件事本身就为新政府带来了成功，是这种联结的最好例子。在 20 世纪时，社会对于大众传播媒体与公共形象的重视，使得总统办公室承受着不小的压力。小罗斯福善于运用媒体与广播，是第一位在媒体上成功塑造自身形象的总统。肯尼迪首先发现知识分子与艺术家应该经常在国家庆典上露面，同时也是第一位让官方承认他们的重要性以争取他们好感的总统：也因为总统的公共形象在政治上很重要，因而规划白宫的重建，而重建的过程也在电视上呈现。甚至对于华府政治圈的一些人来说，白宫也可成为他们接触文化的表征——诗人与音乐家们都应邀前来，与白宫的宾客齐聚一堂。现在，大家都熟悉了"权力应该由智识来导引"这样的观念，最令人印象深刻的事就是诺贝尔文学奖得主在 1962 年应邀来白宫参加晚宴，肯尼迪总统说道："聚集在白宫的明智之士从来没有像今日这么多，想想当年杰斐逊可是一个人在此用晚餐的。"

当然，这一切都只是政治上的礼节，为了显现对于各方团体或是价值的重视。例如爱尔兰裔总统去参加意大利节庆，或是犹太领袖参加爱尔兰节庆活动。就像少数族裔的文化活动般，知识分子也需要被大众认识与接纳。在肯尼迪的政府中，他们对于各族裔文化的重视不如他们对于知识分子的重视，以致他的政府成为最重视专家的政府。知识分子在政治上的地位与名声忽上忽下，但是对专家的需求却是持续上升。例如艾森豪威尔的政府，虽然他不喜欢这些学究，也经常批评他们，可是他还是得重用许多专家，共和党的领袖们也致力于寻找能够"运用"友善的知识分子的方法。我们在最后一章会谈到一个更大的问题，就是那些进入政府工作的专家与整个智识社群间的关系，因为前者进入了权力圈之内。智识与权力的关系中很困难的一点是，大家都认为无论进入权力圈或是被权力忽视，都对知识分子的社会功能是一种威胁。在现代社会中，智识作为一种力量，它所呈现的既尖锐且矛盾的问题是，无论它与权力接近还是被排除在外都不好。

第四部分

社会文化

第九章

商业与智识

一　商人与知识分子的敌对

19世纪，在四分之三以上的时间里，美国知识分子都视商业活动为智识的敌人，而商人自己也都长久接受这种论调，以致到现在商人对智识的不友善已经被看成自然现象。当然，做生意与求知识的本质不同：二者追求的价值不同，一定会有冲突，而且智识对于任何机构或是权力机制来说都是潜在的威胁。但是这两者的对立却会因一定程度的互相需要稍加缓和，因此也不到公开宣战的地步。二者立场不同固然造成冲突，但是一些历史的因素也同样重要，能够冷却或激化二者间的敌对关系。例如美国工业化进程就曾令商人在反智阵营中担任核心的角色，以致其他的反智者都被边缘化了。

若干年前，《财富》（*Fortune*）杂志的记者约翰·张伯伦（John Chamberlain）写文章抱怨，美国的小说家们在作品中一直极度歧视商人。他认为在美国的小说中，商人总是被描绘成粗鲁、没有文化、不知礼仪、腐败、掠夺成性、反动与缺乏道德之人。在许多跟

商人或商业有关的小说中，张伯伦只发现了三本正面描述商人形象
的作品：一本是由不知名的通俗小说作家所写，另两本是威廉·迪
安·豪威尔斯的《拉帕姆传》(*The Rise of Silas Lapham*)与辛克莱·刘
易斯(Sinclair Lewis)的《多兹沃思》(*Dodsworth*)。[1] 这两本小
说的昙花一现正好证明了张伯伦的观点。《拉帕姆传》于1885年写
成，这时商人与知识分子还没有完全敌对；豪威尔斯在五年后出版
了《横财的风险》(*A Hazard of New Fortunes*)，自此小说中常见
的商人嘴脸开始出现，稍后他更是写了一些倾向于社会主义的批判
文章。而辛克莱·刘易斯则在《巴比特》(*Babbitt*)中首度创造了
美国小镇庸俗商人的形象。

张伯伦认为，大体来说，小说家对商人的描述是来自既定的刻
板印象，而非来自对企业界的实地观察或是对商人的深入了解。但
是张伯伦的指责很可能只是出于他自己的想象。我们的社会从来没
有商人作家，而小说中的商人与现实世界中的商人不一致，可能是
因为小说家们从未在商人世界中生活过，所以没有机会好好观察。
其实双方对彼此都有敌意，很难说商人面对作家的攻击时没有自卫
或是反击能力，或虽有但是没有使用。

可是张伯伦的论点还是有点儿道理的：美国小说对商人的描述
只是反映了知识界的一般看法，而这些看法多半是左派或是激进派
的观点。内战后，美国的工业蓬勃发展，商人与文人间的疏离关系
也持续加深，而新政与进步主义时代之后，商人与自由派社会科学
家的紧张关系更显尖锐。在太平时期，因为知识界没有深陷政治冲
突之中，只是说商人庸俗就可以了；但是在面临政治与经济风暴时，
二者的冲突加剧，而且商人的剥削会变得更为残酷。商人与知识分
子的价值观永远相异：一边是一心只想着钱与权的人，只在乎势力
大小与财富多少，善于吹捧与装出虚假的热情；另一方则是具有批
判精神的人，不信任美国社会文化，一心追求道德价值与素质。知

识分子非常了解商人操控社会的高明伎俩：商人到处都是，他们捐钱给政党，拥有或是控制媒体与文化机构，出任大学董事会成员或是学区委员，还举办文化活动。基本上，他们遍布于社会各个掌握权力的角落。

现代商人自视为成功者与慈善家，肩负着许多责任，也承受着某些从未经营过企业之人的轻浮批评，因此他们不愿意接受别人说他们总是恣意妄行。商人们囿于福利国家的诸多冗繁措施，而这些并非出于其意愿；他们感觉受到工会强势的掣肘，而且受知识分子鼓动的大众总是以怀疑的眼光看他们。他们也许知道，早些年时，例如钢铁大王卡耐基的时代，商界领袖多是颇具文化素养的。那时许多企业家都是全国性的知名人物，在生活的各方面都值得别人学习。但从汽车大王福特开始，这种名声消失了。商人只有从政或是在政府任职时才会上新闻。通用汽车总裁查尔斯·E. 威尔逊于1953 年当国防部部长时上报纸的次数比早先在汽车界多了十倍。[2]有钱人还是可以参政，例如肯尼迪、洛克菲勒、埃夫里尔·哈里曼（Averell Harriman）、赫伯特·莱曼（Herbert Lehman）与 G. 门嫩·威廉斯（G. Mennen Williams）等人，但是他们并非真正的企业家，而是继承了大笔财富的人，通常思想也较为开明。

有时候商人会认为知识分子刻意塑造了一个敌视他们的氛围，与其同路人一齐围剿他们，使他们的名声日渐受损。如果是这样，那就太抬举知识分子的能耐了。事实上，商人的名声不佳，主要是由于他们自己的作为：他们创设了超大型企业，却在此巨大机构的营运逻辑下变得身不由己；他们不断宣扬美国生活方式与自由企业的观念，这些观念深入人心，以致个别企业的成就与特色都湮没在大众对美国式企业环境的刻板印象中。以前是伟大之人创造财富，现在则是伟大制度造就富人。

其实知识分子与企业间的嫌隙有一个颇尴尬的内情，那就是许多知识分子原本出身于商人家庭，却背叛了它。所以企业与智识间有一种不安的共生关系。对于艺术与教育的支持，美国政府远不如欧洲政府，因而文化事业大部分都靠企业来赞助，但即使在知识分子大幅度批评企业的同时，这种赞助也未尝减少。于是这些好批评企业的知识分子的立场就变得很尴尬：他们的作品与生计要靠这些大企业设立的基金会——例如古根海姆、卡耐基、福特与洛克菲勒等基金会——以及一些较小的慈善基金会赞助，但是一谈到最高原则与价值时，他们马上就双手握拳要与商人战斗了。智识与艺术上的自由意味着自由地批判与脱离常轨、自由地毁灭与创造事物，但是在现实的日常生活中，知识分子与艺术家却都是受雇者，是被保护的人、是受益人，或者根本就是一个经营事业的人。而这种暧昧关系也影响到了商人。商人对自己的名誉很敏感，对批评害怕且愤怒，自傲于自己拥有的权力，却不得不承认奖掖教育与艺术对他们的名声有帮助。平白地说，他们受传统道德观念影响很深，认为自己有责任以自身财富襄助公益。他们也懂得尊敬知识，在现代的技术环境下，他们必须时刻仰仗知识才能做好事业。最后，他们当然希望能获得别人的尊敬，这也是人之常情。

　　商人的反智，或者狭义地说，商人对知识分子的敌视，是一种政治现象。但是若广义地将反智解释为对智识的不信任，则美国人在生活的各个面向与层次上早已习惯于"实用性"与直接经验的引导，这种心态确实对抽象智识的地位不利。美国各种阶级的情况不同，随历史发展的各时期也有不同，但是社会中经常会有一种刻板印象，认为商人阶级是最讲求实际与实用的。就反智心态而言，我们当然得承认人总是应该有务实的需要，不应该轻视"实用性"的考量，只要不是过度的反智，或是太钻牛角尖地只承认经验而不顾或嘲讽其他要素。"实用性"可能是一种美德，只不过我们历史中曾出现过一种价值逆流，要鼓吹"实用性"的神话。

二　对科技与进步的崇拜

如果我说，商业是美国反智的先锋，我并不是故意想要夸大。当然，美国一向有一些富人和大企业家乐于赞助文化，对艺术与教育的贡献很大，因此很容易针对上一句话找到反证。我们之所以强调商业领域存在的反智心态，并不是意指商业比社会中的其他领域更反智或是缺乏文化，而只是因为商业乃是美国社会中力量最强大、势力最广的团体。这里有两点事实：一方面是"实用性"本就是美国生活的最重要原则，另一方面是商人为美国的反智运动带来了比其他行业更大的力道。沃伦·G.哈丁（Warren G. Harding）在1920年时说："美国基本上是一个商业国家。"他这句话也可被柯立芝（Calvin Coolidge）的名言佐证："美国的事业就是做生意。"[3]至少在1929年之前，美国社会的主要焦点在于商业，因此我们的讨论才会聚焦在这方面。

美国商人反智颇为成功的其中一个原因是，这样做符合民间的传统想法观念。例如商人对于高等教育的看法反映了一般人的看法。爱德华·柯克兰（Edward Kirkland）说："人们对教育体系的看法究竟如何，可从他们的行为得知。他们不让小孩上学或是上大学。"左派的劳工运动领导人亨利·乔治（Henry George）曾告诫他的儿子，既然大学教的东西不实用，日后必须从脑中除去，那还不如现在就直接去报社工作，以便早日跟实际社会接轨。企业大亨也可能跟小孩说过同样的话。[4]

在有关商业的文献中，我们常可见到对于"实用性"的强调，这透露出这个社会对于智识的害怕与对文化的厌恶很普遍。这种心态的成因在于美国社会对文明与个人信仰的两种流行态度。第一，大家轻视任何关于过去的事物；第二，在自立与努力追求个人成功的目标下，就连宗教信仰都成了"实用性"的工具。

我们首先来看看美国对于过去的态度，这种态度受技术文化的影响很大。大家都说，美国这个国家没有历史，没有各式文化遗迹、废墟等——也就是说，没有祖先遗留的精神资产，而在欧洲国家，这些精神资产是伴随每个人成长的，它们所象征的历史文化感就连农民和工人也都知晓。而美国是一群逃离过去的人建立的国家，它的人民都是决定抛弃过去迎向新世界新生活的人。[5] 这些人心里只想着未来，有着广袤的土地但是缺乏人力与技术。所以他们珍视技术知识与创新发明以便开发资源，享受未来的富裕生活。技术与技艺，也就是掌握产业顺利发展的"诀窍"（know-how），才是美国人迫切需要的。历史感是不实际的虚幻之物，应该被超越或抛弃。因此，18 世纪末、19 世纪初在美国出现的不重视历史的心态其来有自，可以被理解，甚至可以被称许。美国并不是要建立一个全然技术化和物质化的野蛮文化，把一切历史丢进垃圾桶。美国对历史的不重视只体现于平等主义与共和主义下对于王权与贵族旧社会、对于残酷剥削人民的反抗。它代表了反对迷信的理性抗争，以及对旧社会的消极与悲观的抗议。它体现的是一种充满生机与创造力的心态。

239　　但是这样的心态虽然并无反文化的意图，却造成了反文化的结果。它刺激了一种智识风气的发展，这种风气将历史视为不过是混乱、腐败与剥削等现象的博物馆，它催生了对任何不实际之思考与任何无助于进步之情怀的拒斥。这样的看法一定会导致一种心态，也就是生命的目的在于寻求生活的改善与进步。它也激发了一种自负心态，就是美国式生活才是合理的生活方式，但这种生活方式在世界各地遭到了蓄意打击或排斥。[6] 很多美国人竟然认为，文明的秘诀在专利局里。1844 年，有一位应邀到耶鲁大学演讲的人对学生说，他们可以在专利局看到美国未来的希望：

哲学的时代已经过去了，并没有留下多少痕迹。光辉的时代已然不再，过去只留下了一些痛苦的回忆。效用的时代（age of utility）要开始了，我们不需要太多想象力就可以知道，它会长久支配人类历史，闪耀着神秘自然的奇迹光芒。[7]

当机器生产时代降临后，效用与传统的界限会更加分明。美国基本上是与效用站在一起，与发明、进步、金钱、舒适站在一起。大家都知道，机器生产时代会赶走守旧、落后、不适、粗野，但是大家通常不知道它也会创造不适与粗野，破坏传统、感情与美感。也许欧洲与美国在这方面的显著不同在于，欧洲一直有一种对抗工业文明的反抗传统，这个传统有各种代表人物，如歌德与威廉·布莱克（William Blake）、威廉·莫里斯（William Morris）与托马斯·卡莱尔（Thomas Carlyle）、雨果与夏多布里昂（Chateaubriand）、约翰·拉斯金（John Ruskin）与司各特等人。这些人宣扬对语言、地方风土、古典文物与自然风貌的热爱，以此对抗机器，他们延续了对资本主义工业文明的反抗传统、对工业文明的怀疑传统，以及道德、美学和仁爱的反叛传统。

但我并不是说美国没有这样的人。美国的确有人对无限崇拜进步的心态表达过逆反心理，尽管这些人自己知道他们在主流之外、孤立无援且发出的呼吁并无效果。霍桑在他的小说《玉石雕像》（*The Marble Faun*）的序言中表达了他的不满，他认为在美国写作是困难的事，因为这个国家"没有历史，没有秘密，甚至没有晦暗的一面，只有单纯日光普照下的普遍繁荣"。《白鲸》（*Moby Dick*）的作者赫尔曼·梅尔维尔（Herman Melville）在其作品《克拉瑞尔》（*Clarel*）中警告：

人类被科学欺凌摧残，走向野蛮。

他说科学与进步主义只是"在制造新的野蛮人"。亨利·亚当斯可能也一样会用讥讽的超然心态看待美国的情况，但是他们都不认为自己有代表性。梭罗（David Thoreau）在《瓦尔登湖》（*Walden*）一书中表达了人类对于此种文明发展的抗议，预见了人类精神在铁路象征的工商业文明下的逝去与生命的消融。他不受美国社会对未来充满期待与热情的影响，反对这个社会持续地发展各种"现代化"的运动，追求扩张、科技与效用。在 1853 年，梭罗写道：

> 这个国家的整个事业，不是上进，而是西进，也就是朝向俄勒冈、加州，甚至日本；对这种事业，不管是经由徒步或是铁路，我都一点兴趣也没有。这不是某种思想的结果，也不是某种情怀的展现，根本不值得人们冒生命危险去追求，甚至不值得牺牲一副手套，还不如好好看份报纸更有意义。这种事业没有价值，只是一味往西部迈进而已。他们尽管追求梦想吧，我可不会参加。[8]

泰勒·刘易斯（Tayler Lewis）是一位古典学家与研究东方的专家，他也以类似的口吻表达对于美国社会的不满。他认为美国一向以个人主义自豪，但是在教育上着重追求效用却等于是在鼓励"平庸的一致"（mediocre sameness）。"我们何时才能追寻真正的原创性？"他问道，"当我们一味地教导小孩追求进步，鄙视过去的历史，憧憬一个未知的将来时，他们的思考空间都被这些东西塞满了，哪还有个体性可言呢？"[9] 同意此看法的人虽也发出了洪亮的声音，却是少数。钢铁大王卡耐基曾说："我们不要被无知的过去绑住，它并不是教导我们应该做什么，而是应该避免什么。"一位石油大亨认为，学生不应该"学习拉丁文这种已死的语言、希腊那些无稽的神话，或者人类过去的一些野蛮事迹"。美国第二十任总统加菲尔德说，他不想鼓励年轻人"将精力投入过去已死的年代中，而是应该专注于当下时代，寻求生命的启发与活力"。汽车大王福特在一次访谈中表示："历史其实是无用的，它不过就是一些传统而已。"以上这些人的立场才是主流。[10]

　　美国社会对于过去的轻视，对于未来科技与发展所抱持的希望，很容易就成为代表性的声音。许多年前，凡怀克·布鲁克斯（Van Wyck Brooks）在他杰出的著作《马克·吐温的煎熬》（*The Ordeal of Mark Twain*）一书中有一段话脍炙人口。他批评马克·吐温"对于机器时代的热情远甚于对文学的热情。他完全接受当时社会的观念，认为机器的进步等同于人类的进步"。布鲁克斯引述了马克·吐温赞美打字机发明的一段话，后者认为这是人类所创的最美妙的东西；然后又引用马克·吐温祝贺诗人惠特曼七十岁生日的信件，信中说诗人"活在一个科技日新月异的世界，例如有着用煤渣做成的各种化工产品"。但布鲁克斯说，难道马克·吐温忘了，这个时代之所以了不起，也是因为它产生了像惠特曼一样的诗人？[11]

　　关于此点，以及其他关于马克·吐温的看法，布鲁克斯是对的，但是那封信在惠特曼看起来可能并没什么，因为这位诗人自己在三十年前也写道：

> 看看过去几十年间的无数发明所带来的便利与舒适吧，浴室的用具、冷藏室与冰箱、捕蝇器、门铃与伸缩餐桌、墨水与婴儿尿片、扫街机器等。看看专利局成千上万的资料，就可知道这个1857年是多么幸运的一年。[12]

　　在这种崇拜现代化的现象中，马克·吐温尤其令人感兴趣，在他身上折射出了人们对于科技的无比信心。为何我们说"折射出"而不说"承载着"呢？因为他是个道德主义者和悲观论者，所以他应该不会认为机器时代足以作为我们的目标。但他是个自我矛盾的人，很少有人像他这样，既热情地拥抱工业文明，又鄙夷它。他对科技最尖锐的批评是其小说《康州美国佬在亚瑟王朝》（A Connecticut Yankee in King Arthur's Court），在其中他对比了 19 世纪美国佬的心态与 6 世纪的社会，对两者一齐嘲讽。他在这个故事中寄托的寓意是：人类的恶行与轻信迷信神话的习惯会持续到机器时代之后，但是在故事里美国佬最后还是占了上风，因为他靠着蒸汽机与电力取得了主宰权。美国佬说："我拥有权力后会做的第一件事，就是设立一个专利局，因为一个国家如果没有专利局或是一套专利法，就会是一个落后之地，无法发展，只能后退。"[13] 当然，马克·吐温对于他笔下的美国佬是爱恨交织的，虽然他可能像亨利·詹姆斯所言，只是个善写小人物心灵的作家，他本人却不至于天真到连工业文明的一些局限都不知道。[14] 不过，怀着精神与道德优越感的是这个康州的美国佬，作者希望我们同情的也是他。马克·吐温在这本书中注入了民族情怀，他告诉英国的出版商，这本小说不是给美国人，而是给英国人看的。它回应了英国人对美国的批评——虽然他没说，但我们可以推知，它尤其是在回应马修·阿诺德（Matthew Arnold）的批评——想要"让英国人更成熟，像个男人"。就算他可能有心嘲讽人类，尤其是嘲讽美国佬的工业主义心态，这种意图也被日后我们称为"美国式生活"的冲动抑制住了。虽然书中有一些对美国社会的批评，但是全书主要是在回应欧洲与过去的历史，回应那种充满迷信、肮脏、残酷、无知与剥削的社会。即便马克·吐温确实想要同时讽刺 6 世纪与 19 世纪的社会，他显然也没表达好。而我们更容易认为，他的企图只有一个，就是赞叹美国文化和科技文明，这样的解释与他称赞打字机发明在精神上是一致的。他的作品《傻子出国记》（The Innocents Abroad）也有同样的宗旨，马克·吐温在这本书中承认，他更在意欧洲的公路系统、铁路与车站等，而不是意大利的艺术品，"因为我了解前者，但是无法欣赏后者"[15]。在《哈克贝利·费思历险记》(*The Adventures of Huckleberry Finn*)接近结尾处,有一段漫长扫兴的故事情节,关于这段故事的一种理解也有助于洞察马克·吐温的观念。在这段故事中,汤姆·索亚迷恋老套的欧洲浪漫史诗,他坚持要经过一系列复杂烦琐的程序把黑人吉姆解救出来,认为这是唯一的恰当方式,并否决了哈克提出的更合常识且不那么折磨人的建议。许多人批评这段滑稽的长篇大论偏离了全书的道德基调,但是对马克·吐温来说,它十分重要。在这里,汤姆代表的是不切实际的传统文化,而哈克则代表了美国注重实际的传统。

三 奖掖文化的商人

马克·吐温展露的无疑是一股弥漫于美国的复杂心态。虽然大家都对不断发明的专利与未来充满期待,但是也有很多美国人与马克·吐温一样,在一定程度上尊敬主要由东岸代表的绅士文化。我们历史中最痛苦的一场对抗就体现在马克·吐温身上,他既希望"补偿"这种逐渐没落的绅士文化,却不知为何对它表现出了轻蔑敌视——他在诗人惠提埃(John Greenleaf Whittier)的七十岁生日晚宴上就犯下了这种可怕的错误。*当然这种文化有其局限,但是终马克·吐温之一生,这可能是美国唯一的高级文化。而它主要是依靠商人来支撑的。

美国的艺术与教育由于缺乏传统贵族与国家的支持,只好靠商

----

* 马克·吐温在惠提埃的生日晚宴上讲了一个笑话,笑话的主人公是一位矿工和出席晚宴的三位文人:爱默生、朗费罗和奥利弗·霍尔姆斯(Oliver Holmes)。三人依次来到矿工的家里,用文绉绉的诗句和他说话,问他要吃要喝,然后还自顾自地玩起了牌。马克·吐温原本打算借三人的文人形象和矿工形象之间的巨大反差制造笑点,但三人并没有因此感到好笑。

人阶级赞助，因此一直以来美国商人的观念与看法对于智识文化的
发展前景很重要。美国从一开始就肯定是一个注重工作的社会，但
早在18世纪中叶时，东部沿海城镇就已经在经济上扶持艺术与教育。
也就是说，一个注重文化的商业社会已经成型。1743年，富兰克林
规划了一个通过各殖民地间的合作促进科学发展的计划，他说："殖
民初期的那种只能顾及物质生活的时期已经过去了，现在各地都有
许多人有余裕可以追求精致生活与艺术，或是增进知识。"[16] 许多
沿海城市在那时甚至已位列整个大英帝国中最大的都市，那里的商
人与职业阶层热衷于奖掖教育、科学与艺术，并为美国赞助文化与
智识活动开创了范例。

　　支撑这个阶级的骨干力量是商业财富——某些人手中的财富，
这些人显然并不以创业与累积财富作为人生的所有目标。有些商人
认为，做生意就是生活的全部，但是还有人仅把做生意视为通往丰
富人生的手段，或是人生诸多目标之一。对后者而言，赚了很多钱
以后退休过喜欢的生活才是理想的愿景。钢铁大王卡耐基是他同时
代巨富阶层的特例，因为他即使没有全然做到此点，至少也在口头
上如此宣称过。他在三十三岁时年收入就已达五万美元，他写道：

　　　　每天头脑中不是盘踞着生意问题，就是想着如何在最短时
　　间内赚到钱，这样的生活持续下去，肯定会让我崩溃。我会在
　　三十五岁时退休，不再做生意了。[17]

　　在美国，一直有许多一心只想着赚钱的人，他们自然不会同意
这样的说法。但是卡耐基所表达的愿望的确有吸引力。波士顿、纽约、
费城或是美国在19世纪初的第四大城市——南卡罗来纳州的查尔
斯顿（Charleston）——有一些见过世面的老派商人。透过做生意，
他们见识过欧洲与亚洲的不同世界，所以眼界较广。在往昔的帆船

时代，做生意的节奏就与船的行驶速度一样慢，但是 19 世纪中叶
以后，航运与通信速度都快了很多，因此商人在经商之余就有更多
的闲暇时间追求精致生活。18 世纪晚期的美国还是一个相对而言有
些阶级化的社会，上层商人阶级中的许多人都继承了家里的财富与
地位，因此他们可以将闲暇用于生养小孩、休闲活动或接受更高等
的教育。此外，他们还常常参与政治，在生意场外谋求官职或是涉
入立法与行政工作，因此他们的活动富有多样性，且勤于深思。

　　19 世纪早期美国商业圈继承了这种文雅商人参与社会事务的传
统。他们并不觉得清教徒的勤奋工作、节俭与禁酒价值观，会跟绅
士阶层追求的休闲、文化素养与丰富的生活内涵有任何冲突。这种
人生观可以在当时首屈一指的商业杂志《亨氏企业杂志》（*Hunt's
Merchants' Magazine*）中看到。[18] 这份杂志的编辑与发行人弗里
曼·亨特（Freeman Hunt）是马萨诸塞州造船商人的儿子，他和 246
19 世纪的很多发行人一样，是从印刷业入手进入出版业的。在他身
上我们可以看到继承自新英格兰的知识分子与商人精神，与白手起
家之人的务实风格融合起来的特质。他从小父亲过世，因此必须自
立。1839 年，这份月刊在首期登出了这样一段观念："商业是伟大
的行业，可以提升头脑、扩大见识与增加我们的常识。""我们的目
标之一，"亨特写道，"乃是提高商业这个行业的素质。"他强调正
直廉洁与荣誉感的重要性，认为一个商人如果缺乏这类德行，无论
有多大成就，均不足以称为真正的商人。商业对于各种不同知识的
需要甚于任何其他的行业，例如需要了解其他国家的土壤、气候、
语言、生产与消费，也需要熟悉世界各地的历史、政治、法律、语
言与习俗。他自己希望能承担起提高商人智识与道德声望的责任：
"当年轻人想要学习成为理想的商人，以取代那些心态过时的老商
人时，我们希望能帮上忙……我们希望能帮助那些想入行的人实现
他们的理想。"[19] 他出版过一本书，名为《财富与价值》（*Wealth*

and Worth）。后人不断地引述他的话："商业与文明是一体的。"多

247　年来，亨氏杂志一直维持着一个文学版面，介绍一些质量很高的书

籍。杂志还会报道纽约商会图书馆举办的讲座。杂志曾经刊登一

位牧师的文章《闲暇时间的利用与滥用》（"Leisure—Its Uses and

Abuses"）。另外，一篇名为《商业的优点与利益》（"Advantages

and Benefits of Commerce"）的文章指出："在注重商业原则与道

德的国家中，商业从事者多半都有相当程度的人文素养。"所以亨

特强调，商人的角色之所以重要，并不是因为他有助于国家社会的

经济发展，或是他在职业生涯中能够维持荣誉、正直与廉洁的德行，

而是因为他可以在企业经营之外充当国家文化领域的推手。[20]

　　老派的理想商人作风，强调实用的、道德的与文化的责任，看

起来可能不易达到，却真的有不少人尤其是在东海岸城市延续了

这种作风，实现了它的精神，例如波士顿的富豪塞缪尔·阿普尔

顿（Samuel Appleton，1776—1853）与纳森·阿普尔顿（Nathan

Appleton，1779—1861）兄弟。塞缪尔活跃于商界与政界，六十岁

从商界退休后，终其一生从事慈善事业，不遗余力地赞助学校、研

究机构、学会、医院与博物馆等。他的兄弟纳森对科学、政治与神

学有很高的兴趣，资助了波士顿图书馆、马萨诸塞历史学会及其他

文化机构。他曾说，如果不是机缘巧合进入棉纺织业，他有了在贸

易上赚的二十万美元就已经很满意了。亨利·亚当斯的外祖父彼

得·查登·布鲁克斯（Peter Chardon Brooks）有三个女儿，分别

嫁给爱德华·埃弗里特（Edward Everett）、纳撒尼尔·弗罗辛厄姆

（Nathaniel Frothingham，1767—1849）与老查尔斯·亚当斯；他

三十六岁时就从商场退休，然后从事公职或是慈善事业，同时也襄

助他两位女婿的政治生涯。以上这些人虽然都生意成功，却能急流

248　勇退，不啻是真正实现了服务社会的理想。约翰·默里·福布斯（John

Murray Forbes，1813—1898）是文化涵养颇高的铁路大亨，爱默

生对他的赞美显示了知识分子与理想商人代表间的和谐关系：

> 他不管做什么事都是一位慈善家。以出身背景论，他当然
> 应该很会骑马、打猎、驾帆船、打理豪宅与处理各种事务，但
> 是他在朋友间也是最会说话的人……我告诉自己，这位先生令
> 人崇敬，因为他对人有同情心，尊敬文学家与科学家，总之，
> 要找到一个比他优秀的人很难。所以我认为美国很了不起，可
> 以出现这样的人。[21]

纽约最杰出的文化商人是著名的日记作家菲利普·霍恩（Philip
Hone，1780—1851）。他的经验告诉我们，本地的贵族团体如何能
吸收一位新人进入他们阶层，因为没有人比他更充实地度过了一个
文雅商人的一生，而他起初只是一位不富裕的木匠的儿子。他十九
岁时与一位哥哥从事进口生意，四十岁便累积了五十万美元的财
产，然后便退休前往欧洲旅行。他在十六岁之前没上过学，但是跟
其他白手起家者不同的是，他并不以此为傲。他在 1832 年时写道：
"我知道我的短板。""我愿意用我的一半财产来换取古典教育。"[22]
他虽然没受过正式教育，却有着丰富的人生经验。这些年来，他收
集了很多书，并广泛高效地阅读它们，他还收藏了为数不多但品质
不错的艺术作品，赞助歌剧与舞台剧，指导纽约学会，出任哥伦比
亚大学的董事，支持了无数的慈善事业。他的家成为作家、演员、
外交官甚至是政治领袖的聚会所。他热衷于参与政治，曾任市议
员，甚至担任过一届纽约市市长，并给丹尼尔·韦伯斯特（Daniel
Webster）、亨利·克莱和威廉·苏厄德（William Seward）等辉格
党内的重要人物当过顾问。他与许多绅士一样，论文化涵养也许只 249
有皮毛而已，但是美国的文化与智识生活若没有这些人的赞助，一
定会失色不少。

四　经济优先时代的来临

　　福布斯与霍恩这些商人的生活足以反驳托克维尔所说的"美国没有一个阶级可以像欧洲一般，借助家传的财富与闲暇传递智识的娱乐品位，从而彰显智识劳动的荣耀"。[23] 对托克维尔而言，"家传"很重要，正是因为这个原因，福布斯与霍恩这些人的例子才无法大量复制。到了 19 世纪 30 年代，也就是托克维尔访问美国，写下他的伟大看法时，这种无法大量复制智识文化的情况更明显了，且此后有增无减。商业的重要性逐渐减弱，制造业的地位与日俱增，于是商界有一小群人只好转而接触国外市场与海外贸易，但此时美国的经济与观念却逐渐走向封闭与自我满足。商业进入了西弗吉尼亚与中西部，文化机构与闲适的生活方式却没有随之进入。人与物质移动的速度快过制度与文化。许多新商机使得企业界出现了很多财富新贵，他们的文化与品位开始主导社会。早先，特别是在沿海城市，地方上的贵族绅士人多势众，可以转化那些新贵，但是内陆的新兴城市与纽约、波士顿以及费城比起来简直像是蛮荒之地，于是新贵与当地贵族势头相当地发生融合，许多地方的新贵凌驾于当地贵族之上。像辛辛那提与莱克星顿（Lexington）这样的地方，虽然最后也成了文化中心，但是它们的影响力很小。在内陆地区，商业新贵相对不必保持温和的涵养，或是像在波士顿一般要靠与职业和商业豪门间的嫁娶活动来提升后代的地位。这里的一切都很新，很粗糙。

250　　　不只是新与粗糙，同时还日渐缺乏稳定和安全。即使连霍恩这样的人也免不了受到时代动荡的冲击。19 世纪 30 年代，他几乎失去了三分之二的财产，后来重新回来做生意后，荣景已不如前。在美国的商界，生意人很容易经历大起大落。交易的节奏很快，各种行业分工日趋精细。过去在大西洋贸易时代，船在海上时就是进出货的空当，商人可趁此偷闲，但是现在新的机会与威胁不断涌现，商人得对生意更上心才行。因此他们不再像以前那样参与政治，更不涉入文化活动中了。1859 年，英国旅行家托马斯·科利·格拉顿（Thomas Colley Grattan）如此描述美国的年轻商人：

> 他们像做苦力一般追逐生意，且极度热衷于政治。他们娶妻成家，不参加应酬，衣着简朴，虽然长着年轻的脸庞，但是看起来却老成、精明而憔悴。他们的态度、礼节与言辞都很拘谨，不论肩膀、知识或是志向都没有宽度。他们身体孱弱、意志萎靡、脑袋空空，只剩下赚钱的念头而已。他们没有常识或人文素养，一心只想着贸易、金融、法律与当地的商务资讯。艺术、科学、文学几乎与他们无关。[24]

与此同时，商业出版物的文化气息也不见了。《亨氏企业杂志》曾经那种认真、惹眼的文学版面也逐渐式微了。1849 年以后，该杂志的书评部分从八页变成了四五页，继而变成了两页，最后在 1870 年整个消失了。同年年底，该杂志与《商业金融纪事》（*Commercial and Financial Chronicle*）合并。《亨氏企业杂志》本是月刊，而合并后的杂志则成了周刊。因为商务的节奏加快了许多，在《亨氏企业杂志》的最后一期，发行人指出，月刊的形式已经过时了。[25] 合并后的刊物也在编辑上颇费心思，但是有关人文的部分就阙如了。

商业越是全面支配美国社会，它越不觉得应该向商业之外的无关因素妥协。早先商业还为此寻找一些理由，例如商业的繁荣有助于推动对上帝的信仰，能够提振人心、发展文化。虽然这种论调至今仍然存在，但是人们已不太提了。当商业成为美国生活的主角，一个物质、经济的帝国在新大陆崛起后，所有的一切都开始用财富来衡量了。美国的企业早先凭借赞助文化发展而赢得人们的尊敬，现在则只需要宣称它可以提高生活水准即可。[26] 几乎所有的实

252 业家都会说，即使商业带来的经济繁荣本身不是道德，也会帮助实现道德。1888 年，铁路大王查尔斯·埃利奥特·珀金斯（Charles Elliott Perkins）说：

> 大商人、大实业家、大发明家对世界的贡献难道比牧师与慈善人士少吗？物质生产发达与经济繁荣降低了成本，增加了享受，这难道不是文明进步的主要推动力吗？人人皆得温饱，不是比挨饿受冻更能成为好公民吗？贫穷乃是犯罪与悲惨不幸的源泉，而大规模生产物品降低了生活成本，从而避免贫穷，除此外没有其他方法。历史与经验都告诉我们，当财富得到累积、生活无虞后，人的素质就会提升……他们会有更好的思想，体恤他人，追求正义与慈悲……所以一定要先有物质繁荣，其他的所有进步都以此为基础。[27]

早先富兰克林就曾宣称，文化发展必须立足于物质基础之上，而在他之后的一个半世纪，这种"经济优先论"的看法终于受到了更为确信的肯定。

白手起家与励志型信仰的出现

一 反博雅教育

掖助风雅的理想商人形象不再吸引人，取而代之的是白手起家、自行创业的商人形象，后者的确反映了美国无数乡下小孩打拼成功的故事，他们即使未成为百万富豪，至少也是殷实商人。当代研究社会流动的学者再三强调，这些白手起家的事例，启发鼓舞的意义大于实际人数到底有多少的意义。[1]当然，即使在企业快速成长繁荣的19世纪各年代里，美国最顶尖的商人阶层还是家族性的，但是有很多白手起家之人取得了传奇式的成功，他们的创业案例富含一个又一个奇迹。除了顶尖阶层的商人外，中间阶层也可算是相当成功；当然只有极少数人能够像洛克菲勒或是范德比尔特那么成功，可是不少人也获得了不错的成就，只是逊于他们。即便有些人不能做到传奇性白手起家的地步，至少也获得了别人尊敬的地位，他们的打拼经验屡屡被人传述，以解释为何可以成功。

更且，美国对白手起家的定义即使不是从贫穷到富裕，也是不 254

靠教育知识或是遗留下来的家财而成功。白手起家最标准的定义是：不靠学历，也没有人文教养，只靠做生意的个人风格或手法而成功。到了 19 世纪中叶，这类人已经是社会中的主流，他们的生活方式广为大众注意。蒂莫西·谢伊·阿瑟（Timothy Shay Arthur）是费城的一名小作家，他的书《酒吧十夜》（*Ten Nights in a Barroom and What I Saw There*）颇有名气，其本人也是一名自学成才的作家与道德主义者。他指出："这个国家中最杰出与最有冲劲的人并不是生于富豪之家或是名门的人，而是那些靠自己的努力获得财富与名望的人。"他强调，这个国家的繁荣都是靠这类人：

> 这些人的奋斗事迹对年轻人是无比重要的……迄今为止，美国的人物传记基本上就是成功政治家或是文学家的故事……我们的年轻人只看这些是不够的，这会使他们对如何打造一个繁荣的社会产生错误印象，不知道进步的动力从何而来……我们希望社会中白手起家者的事迹能广为流传，这样大家就可以知道他们是如何力争上游的。[2]

白手起家并不是什么新鲜事。清教徒与新教关于"呼召"（calling）的教义都跟此有关。富兰克林也曾大力推广这种观念，可惜他自己的后半生并未坚守他自己所说的勤俭致富原则。他赚了一些钱后，就进入了费城、伦敦与巴黎的知识圈与社交界，投身政治、外交与科学，而非继续经商。白手起家的人在 19 世纪初的美国是社会的标杆。"白手起家者"（self-made man）这个词是亨利·克莱 1832 年在参议院有关保护性关税的演讲中提到的。他不认为这种关税会对商业家族有利，正好相反，它会带来社会公平，让一些平民有机会通过赚钱成为富人。"在肯塔基州，每一个我所知道的工厂都是上进的白手起家者设立的，他们靠着耐心与勤勉累积了财富。"[3]

三十年后克莱过世时，这类人不只随处可见，甚至已经是美国社会仿效的对象，在精神上引领了许多人。

　　这里的"精神上"并无任何讽刺意涵。欧文·G. 怀利（Irvin G. Wyllie）在他杰出的著作《美国的白手起家者》（*The Self-Made Man in America*）中指出，所有关于"自助"（self-help）的讨论都不是关于经营方法，这些讨论根本不涉及生产、会计、工程或是广告、投资等面向，而是关于企业主的个人性格，这些性格多见于新教教徒之间。毫不令人意外，在靠自己努力成名的作家中，牧师占了不小的比重，尤其是公理会牧师。[4]"靠自己努力"就是一种性格锻炼的成果。关于自助的书籍都是在讲如何锻炼意志力，如何培养勤俭、勤奋工作、坚毅恒心与不嗜饮酒的精神。所以自助书籍作者常视出身寒微为有利因素，借此可以养成日后成功所需的心理特质。

　　自助书籍的作者与"白手起家者"都强调成功与一般所谓的天才无关。这中间无疑有一些小小的模糊。谁不希望或是羡慕有一颗"天才"的头脑？但是所有自助书籍都说成功是由个人与性格而非智商决定的。此外，聪明的人常常反而缺乏培养锻炼这些性格的动机。一般人只要好好利用他的个人长处，或是尽力发挥常识，就等同于甚至胜过有一个天才的头脑。一位纽约商人说："其实天才并不是关键，即使天才的确存在，但是有些伟人说天才不过是非常具有常识的人罢了。"凭恃天赋的人往往性格懒散，或是缺乏斗志与责任感。因此，所谓"天才"头脑，可能是无用且轻浮的东西而已。亨利·沃德·比彻（Henry Ward Beecher）在 1844 年对一群年轻人说： 256

　　　　对于所谓的天才，我到目前为止的观察是，他们充斥于学院、话剧社团和辩论社团中，充斥于年轻艺术家与职业人士团体中。他们很内敛，非常敏感，也极端懒惰。他们留长发，衬衫领口不系扣子，读许多悲惨的诗作，自己写出来的诗更是不幸。他们很自负，感情易起伏，为人不好相处，一点用也没有。总之，没有人要视他们为朋友、收他们为弟子或是与之做伴。[5]

在 19 世纪时，这种对于天才的不信任感深植于商业圈的文化中，比彻描述天才的话语发表八年后，《美国杂志》(*American Magazine*)上有一篇文章，叫作《为何我从不雇用天才型的人》("Why I Never Hire Brilliant Men")。作者说，商界的天才脾气善变、神经质、不负责任。以他作为一个企业主的经验，这种人简直就是灾难。"即便有好的材料，但如果用不对地方，也不一定能做出好鞋。"他说，"而即使材料一般，但如果用心制作，最终也会做出好东西。""因此我就近从身边找原材料，这些坚固耐用的材料让我的事业取得了成功，以当地的标准来说，我已经是富有的人了。"作者说，别人可能会认为他是个平凡的人，因此欣赏不了比他优秀的人。他坦承，这样的说法可能有些道理：

> 我的确是平凡之人。但是……企业与生活就是立基于成功的平凡之上。企业能成功，并不是因为雇用天才，而是因为知道如何让平凡者尽量发挥他们的能力。
>
> 我很抱歉我的小工厂没能雇用这些天才之人。但是我知道，克伦威尔是通过训练普通人建立起全欧洲最好的模范新军。而全世界历史上最伟大的团体是耶稣从加利利海边选出的十二位门徒。[6]

257

就是这样的心态导致了对正规教育的持续敌意，以及相对地对于现实经验的崇尚。对经验的崇尚指的是让有志于商业的年轻人及早接触"从日常生活的辛劳中得到的锻炼"。学校教育，尤其是不断延长的教育，阻碍了年轻人受到这种锻炼。木材大王弗雷德里克·魏尔霍伊泽（Frederick Weyerhaeuser）认为，大学生"经常认为他们不应从基层做起，像十四岁就进公司的小弟一般逐步熬出头"[7]。但是这里必须指出的是，这些自助书籍的作者通常是赞成学校教育的，可是这些靠自己成功的人本身却不这么认为。在商界，对于义务教育的看法存在分歧，有人认为教育有助于产生素质更好的劳工，但有人心疼自己的税金，或是相信教育只能让工人更爱抱怨。[8]

但是大家都同意两件事情：教育内容应该更实际，以及各大学像以往那样的博雅教育对要从事商业的人是没有帮助的。所以商界致力于提倡高中阶段的职业教育，不希望高中成为提升人文教养的地方，在这方面他们大抵上是成功的。一位马萨诸塞州的羊毛工厂老板说，他希望工人只有小学学历就好，因为他觉得，更高的教育只对竞选国会议员的人有用，而他的工厂之所以不需要受过良好教育的工人，是因为高中学的几何代数在这里没用。像他这样的老板并不少见。1885 年，美国第一家专门出版工业与技术书籍的出版社老板亨利·凯里·贝尔德（Henry Carey Baird）说：

像拉丁文、希腊文、法文与德文，尤其是会计学这种知识，如果教给一个中下阶层出身的子弟，绝大部分都只会产生反面效果，制造出一群刻薄的"绅士"，他们适合的职业是站在柜台后贩卖丝织品、手套、蕾丝等物品，或是记账……我们的法律制定出来的教育体系，在小学阶段以上的，都是极端邪恶的，其弊端远大于收益。如果我有权力，我会要求每个男孩和女孩只读完小学就可以了，公共开支不能用于让他们接受更高程度的教育，除非是为了从事某些有用的职业。今天这种启蒙式的"高中"必须改弦更张，代之以技术学校，最好和工厂挂钩……我们现在制造了太多的"绅士"和"淑女"，但结果却令人失望。[9]

　　而大学阶段的博雅教育比高中更糟，因为它让年轻人对那些无用的东西接触得更久，结果只会让他们更虚荣、更爱好闲散安逸。有一位商人甚至为儿子没考上大学感到庆幸，这样他儿子就可以免于这些"毒害"。"每当我看见富豪临死前要捐赠遗产办一所大学，我就告诉自己，真可惜他没在发迹前就死去。"[10]

　　还好，很多富豪并不这样想。范德比尔特经常被人家认作不以自己无知为忤的典型。一位朋友告诉他，帕默斯顿爵士（Lord Palmerston）曾说，他这么有能力的人竟然没有上过学，很是可惜，他回答："你告诉他，如果我曾去上学，我就没时间学其他有用的东西了。"话虽如此，他的财富让他进入了上流社会，但他未受教育的背景还是让他在这个群体中吃了很多的苦头（据说他只读过一本书，而且是在年纪很大的时候，这本书就是《天路历程》）。他曾对牧师说："人们都说我不重视教育，其实不然。我曾去过英国，见过各种贵族与身份高贵的人，我知道我比他们聪明两倍，但是我还是不敢说话，以免暴露我的缺点。"谈话间，他的女婿进来听到了这话，就责怪岳父说，他终于承认他缺乏教育的坏处了，范德比尔特给自己找了台阶，他说："你们看，但我至少过得比一半以上受过教育的人好。"但是，他曾告诉牧师："我今天宁愿花一百万美元买下你得到的教育。"后来，他真的捐了这么多钱创设了范德堡大学。[11]

　　有传言说，有一次卡耐基走在纽约第五大道上，看见年纪比他大又远比他有钱的范德比尔特在街对面，就对他的同伴喃喃地说："用再多的财富换我读过的莎士比亚，我也不愿意。"[12]可是，总的来说卡耐基还是与范德比尔特一样有点怀疑教育的功用，只是站在比后者更高的层次上。他有一次写道："博雅教育让人有除了追求财富之外的品位与目标，得以进入一个即使百万富翁也无法得知的精神世界。我们虽然知道这种东西无益于增进商业能力，但是这恰好证明它确是一个更高的境界。"[13] 由于卡耐基慷慨兴学，并乐于与知识分子交往，我们很难说以上的话是虚矫之词。不过他的确喜欢偶尔酸一下高等教育对经营企业的用处，就如同他也常称赞文史哲素养一般。他很鄙视美国大学的博雅教育，喜欢提起跟他自己一样从辛苦的学徒生涯起步、打拼成功的人，对没读大学的人经营企业胜过大学毕业生的事迹如数家珍。他写道："大学教育为经营企业带来的几乎是致命的伤害。"[14] 因此，他极力批判传统的大学课程。他认为学生"浪费宝贵的数年时间学习历史，而历史的功用仅在于告诫我们应该避免什么，不是应该做什么"。人们送子弟去读大学，这些年轻人"把精力浪费在学习拉丁文与希腊文上，学这些语言跟学印第安语一样，是没有用的"，但是他们却因此"在脑中装了一大堆关于古时候部落民族间冲突的无聊故事"。他们受的这种教育只会让他们养成错误的观念，"厌恶实际的日常生活"。"如果他们用读大学的这几年早一些开始工作，反而可能会变成更有教养的人——且不论我们怎么解释教养两个字。"[15] 利兰·斯坦福（Leland Stanford）是一位致力于教育的慈善家，但是他也对当时的教育内涵没什么好感。他认为从美国东部来的应征者中，最令人沮丧的就是大学毕业生了。你问他们能做什么时，他们回答："什么都能做。"但实际上，"他们没有任何一项特定的专业技能"，对未来也没有清楚的目标。他很希望他捐钱创办的学校能借由"提供实际的而非理论性的教育"来弥补这种缺失。[16]

虽然如此，我们还是得小心，不要因为有人不喜欢旧式大学的传统教学内容，便对它下了不恰当的结论。事实是，很多知识分子也不喜欢这种教学内容。旧式大学想要保存西方文化的传统，也想给学生灌输某种精神素养，却疏于培养学生的批判能力。有三项因素比商人的痛恨还要更伤害博雅教育：第一，科学的快速发展；第二，这些大学以绝不变通的顽固态度来捍卫旧式博雅教育课程；第三，这些大学或学院的教学方式太过陈腐老旧。卡耐基、洛克菲勒、范德比尔特、斯坦福与约翰·霍普金斯以及其他兴学的富翁，他们创设的大学提供了改造旧式注重博雅教育的大学或学院的范本与契机，并使美国的大学焕发出新的气象。但是，如果我们仔细审视商人对于教育的看法，就可以看到其中处处充满了轻视思考、文化与历史的语汇。

二　大企业兴起之后

　　但是到了 20 世纪初，商人对于学校教育该如何培养成功企业人才的看法有了一个显著的转变。19 世纪后二十年，由于大型企业的出现，在企业工作变得和在官僚体系工作一般。因此，白手起家者创造了大企业后，反而使得后来者的创业变得非常困难。人们虽然百般不愿意，还是得承认未受教育的白手起家者越来越不能在大企业中担当某些重要角色。大家必须面对这个事实：在大企业中，正式的学校教育学历会带来稳定的工作前景，大企业需要工程、会计、经济与法律等专业人才。因此，虽然商界发声的人还是口口声声提到"实际经验才是学校"与"实地奋斗就是大学"这样的怀旧观念，大家却也不得不承认正式训练的必要性了。1916 年，《商业金融纪事》杂志说："如果一个年轻人要获得渊博的知识与更广阔的视野，以便与外国受过专业教育的企业人才竞争，往昔那种从基层做起、仅凭日常工作中累积的经验来看待事情的方式就已经过时了。"钢铁大王埃尔伯特·H. 加里（Elbert H. Gary）认为，企业人"从学校或大学中学得的知识越多，越能有效地管理企业"。[17]

　　对教育的接受态度，已可从大公司掌舵者的背景反映出来。从

261

1900 年到 1910 年间，大公司管理阶层的受教育程度只比 19 世纪 70 年代的管理者稍高而已。[18] 但是多出来的这些人都是大学毕业生。根据统计，1900 年 39.4% 的管理者有大学学历，1925 年时，这一比例升到了 51.4%，而到了 1950 年则是 75.6%。[19] 1950 年，管理者中每五人就有一人有硕士学历（主要是法学或工程学）。

262

虽然这些数字显示，过去那种不靠学历只靠自己打拼的白手起家模式已经不适用了，但是这并不能表示人文教养在商人眼中的地位获得了提升。大学提供的选修课程变得更职业化。大家都知道，19 世纪时的有钱人送小孩去读大学并不是为了让他去学就业技能，而是培养一些文化素养，以及获得良好的社会形象（这两种东西有时并没有很大的区别）。而在 20 世纪，大家送小孩去读书是一种生涯规划上的投资（1954 年到 1955 年间，男性大学毕业生大多主修商业，比修习科学和博雅教育的人加起来还多）。[20]

美国高等教育走向职业化教育的一个征候就是本科和研究生商学院的出现。第一所商学院是 1881 年宾夕法尼亚大学的沃顿商学院，第二所则是十八年后的芝加哥大学商学院。在 1900 年到 1914 年间，很多商学院纷纷成立。最早设立的商学院遭到两股力量的夹攻，一边是学院派教授的敌意，另一边则是商人的怀疑眼光，因为他们还是不太相信商学院教的东西会有用。就像美国的所有教育机构，商学院很快就在师资与学生素质两方面表现出参差不齐的现象，并对在课程中加入多少博雅教育持不同看法。索尔斯坦·凡勃伦嘲笑这些商学院身为"企业灵魂的守护者"，却沦落到和神学院一个下场，成为智识圈的外人，而智识才是大学真正的目的。亚伯拉罕·弗莱克斯纳（Abraham Flexner）以研究大学教育闻名，他认为虽然商学院有时会聘请很优秀的教授，但是总的来说，因为其职业教育的特质，商学院的学术水准是低于其他领域的。[21] 在大学中，商学院经常是非智识甚至是反智的大本营，紧紧抓住一些保守的

263

观念不放。哈佛商学院的院长华莱士·多纳姆（Wallace Donham）向中西部一所商学院提议讲授认识工会运作的课程，对方告诉他："我们不想让我们的学生学习任何会让他们质疑自己管理方式的东西。"[22]

威廉·H. 怀特（William H. Whyte）在其针对美国大企业内部文化的著名研究中显示，美国企业目前的状况与往昔有些相似。再也看不到凭借单打独斗成功创业的人了，这类人也许可以在政客演讲宣传中大展身手，成为传奇人物，但是所有头脑清楚的企业家都知道，大企业在求才与训练人员时，最重视的是曾在大企业工作的资历。在这种招聘与培训的过程中，企业传统的反智心态又出现了，并因白手起家的观念进一步被强化。这种反智心态不再表现为嘲讽大学学历，而是用某些狭隘的原则来筛选人才。怀特特别提到，其实企业高层主管并不认同这样的做法。在谈及这个问题时，或是在新人报到的仪式中，企业主管通常都会强调博雅教育、广泛的知识背景、想象力等在企业界的重要性。我们没有理由怀疑他们的诚意。他们中的大多数人虽然非常辛勤地极力维护企业文化，但一般来说仍然比他们的属下有着更高的受教育程度，还偶尔感叹自己的人文教养没有持续进步。所以他们会为属下安排艺术课程或是邀请知识分子来聚会。在这方面，旧式商人传统里视文化为发展实业的目的的观念又复苏了。然而，在公司的人事主管身上却似乎找不到这种重视受过良好博雅教育者的态度，他们才真正是每年在校园里招聘人才的人。在这个环节上，企业给予美国高等教育的压力严重地以职业能力为取向。

对于职业能力的偏好很容易就会与重视性格甚于头脑的观念相关联，也就是说，员工具有团队精神与听指挥的性格，要比有独特个性或是头脑聪明更重要。有一位总裁说，我们以往总是寻找聪明的人，但是现在"性格"变得非常关键。我们不管你是否在学校名列前茅，我们要的是一个各方面性格发展均衡的人，因为他将来要面对的也是各方面发展都很均衡的职场人。一位人事经理说，通常公司会对个人主义者持怀疑眼光，不鼓励员工身上散发出这种味道。一位员工自己也说，我宁可牺牲聪明换取对人的理解。在怀特研究美国大企业内部文化的书中，有一章名为"压制天才"（"The Fight against Genius"），这一章说，即使在工程科学的领域中也存在着这种心态。书中表示，工程科学家应该是服膺知识的，但是有一家著名的化学公司却制作了一部招聘影片，片中，三位科学家正在讨论，旁白说："这里没有天才，只有几位平凡的美国人在一起工作。"书中还说，公司中的工程科学家的创造力不如大学中的同行，而且只要出现"聪明"这样的词，旁边一定会跟着类似于"不稳定""内向""古怪""怪癖"等字眼。[23]

三　宗教沦为世俗的工具

19世纪，在美国社会越来越世俗化的同时，传统的宗教也开始注重实用性，甚至被崇尚实用性信仰的方式完全取代了。如果经久不衰的畅销书可以视为证据，则拉塞尔·H.康韦尔（Russell H. Conwell）的书《满园钻石》（*Acres of Diamonds*）与诺曼·文森特·皮尔（Norman Vincent Peale）的书有数百万读者，这个数量可以证明美国有多少崇尚实用性信仰的人。从内部证据及其他资料来看，这类信仰已是美国中产阶级最热衷的宗教信仰之一。我想要说明的是，这类书籍继承了过去鼓吹自助的图书，只是形势发生了剧烈变化，但它证明了实用性观念在美国社会的广泛传播。美国近代的励志书籍牢牢地站在世俗化一边，实用就是它的宗旨。例如皮尔就指出："基督教完全是实用性的宗教。失败的人竟能借宗教信仰翻身，着实令人惊讶。"[24]

　　这样的励志书籍当然不只美国有，在任何渴望成功的社会里，励志与信仰间的界限都会变得模糊。基督教世界一直有一种信念，就是做生意与信仰虽然看似冲突，其实应该相互关联，因为它们都和道德、人格与纪律有关。首先，它们有着明显的对立关系：中世纪禁止放高利贷的教规即是表示，教会的职责乃是约束经济上的剥削行为。其次，清教徒关于"呼召"的教义又显示出两者间正向的关联：勤勉于事业是服侍上帝的最好方式。因此，经营事业的成败可能表现出一个人的信仰状态。但是后来这种关系逐渐被颠倒过来。侍候上帝与利己间的区别已经消失。企业曾被视为宗教的工具，是服侍上帝的方式之一，现在宗教反而沦为经营企业的工具，信仰上帝被用于达成俗世的目标。清教徒曾经将现世的成功视为获得救赎的征兆，现在美国人却将救赎视为经由意志就可以获得的事，视为可同时带来现世成功的东西。于是宗教成了一种可以被"利用"的事物。皮尔告诉读者，他的书中有"简单可行的思考与行动技巧"。书中强调"科学性的救赎之道，它已在无数人身上得到了验证"。"能够改善你经营企业的思想观念，就在本章所述的教会聚会仪式中。""如果你信教，你的薄弱意志、自卑感、恐惧、罪恶感或其他任何阻碍你发挥能力的障碍都会消失不见。""如果你信教，你就会充满力量和效率。"[25]H. 理查德·尼布尔（H. Richard Niebuhr）说，美国当代的宗教有一种趋势，就是"将宗教视为可以增加个人力量的东西，而非关于灵魂如何受天启指引得到改造的东西"。结果是"人成了宗教的核心，而上帝成了人的帮手，不再是审判者与救赎者"。[26]

　　以往大量出现的白手起家的故事与书籍，不管有怎样的缺点，都与我们生活中的世事及宗教有紧密的关系。它们认为，事业成功是人的性格使然，而人的性格由信仰塑造。因此，当时的这种书可以说是新教伦理精神、古典经济学与开放流动的社会三者汇聚后的自然产物。然而，很多当代研究指出，虽然现在美国社会的流动性还是很大，但是创业成功的条件已经不同了：受过正式教育比拥有坚毅性格更重要，尽管在讲述白手起家的书籍中屡屡可以看到后者。19 世纪的商人若是被问到成功之道，他会说："需要经历贫穷与打拼的生活。"但是现在的商人则会说："要有好的法律制度和好的生产技术。"

　　近代的励志书籍承袭了过去白手起家的传统，但也有不同之处。在过去的白手起家传统中，信仰可以塑造性格，而性格则使我们可以成功处世；但是现在，信仰代表着自控能力，而自控能力可使我们拥有健康、财富、人缘或心灵上的宁静。表面上看起来，这似乎和白手起家者追求的那种俗世目标背道而驰，但是实际上它背离的是他们对世界的理解，它消除了世俗与精神的分野。在以前的书籍中，世俗与精神可以相互作用，但是在新的书籍中，这两者已经混合交融在一起。我认为，这不是宗教的胜利，而是美国中产阶级的心灵在不知不觉中被根本性地世俗化了。取代宗教的不是被某种有意识的世俗哲学，而是精神上的自控能力，是某种对魔法的信仰。因此，宗教与世俗的现实感都受到了损害。有些想往上爬的年轻商人真的在求助于教人白手起家的书籍，以此了解经营企业的约略要领，不论从中得到的收益多不多，这应该不令人惊讶。但现在仿佛只有"失败者"才阅读励志型书籍，而且女性读者多于男性读者，因为女人虽然受到商业规范影响，但是并不实际进入商业中。

　　成功学作家想要带给读者的是雷蒙德·福斯迪克（Raymond Fosdick）所谓的"日常生活的力量"。19 世纪时畅销书作家的首要任务是告诉大家，信仰能带来财富。从 20 世纪 30 年代初开始，有一股风潮在鼓吹培养身心力量。励志型信仰的书籍掺入了精神医学的元素，并对过去二十年的存在焦虑有所着墨。虽然现在讲白手起家的书没有励志型信仰的书籍热门了，但是它所提倡的原则仍适用于日常生活的运作。一整代的人都曾受其影响，它代表的意象与精

267

神经过了来自企业、科技与广告界的观念与词语的包装，所以人们得到一个观念，就是宗教信仰如同生产技术一般，可以靠系统性的良好方法得到增进。路易斯·施奈德（Louis Schneider）与桑福德·M.多恩布施（Sanford M. Dornbusch）在研究励志型信仰的专著中把这种方法称为"信仰工程学"。[27] 有一位畅销书作家告诉读者，"上帝是二十四小时营业的发电站，你只要把电接上就可以"。另一位则说："信仰是一种通过意念传递的科学……就和广播信号的原理一样。"还有一位说"我们要有像高级汽油一般富含高辛烷值的思考，这样才能带来充满力量与成绩的表现"，以及读者们应该时时"连接发电站"。也有一位说："身体就像是接收上帝广播站信息的收音机。"还有的说："搭火车可省油钱，就好像上帝的手在管控你的油门。"还有的劝告读者"向健康的上帝打开身体的每一个毛孔"。还有的提到，一位牧师在汽油广告中找到了布道灵感，布道可以让"我们灵魂中潜藏的能力发挥出来"。布鲁斯·巴顿在他的书《谁也不认识的人》中说道：耶稣"从社会上的低贱职业中选择了十二位门徒，将他们塑造成了一个征服世界的团体组织"。"用经营企业的方式来管理你的灵魂"。励志型作家埃米特·福克斯（Emmet Fox）这样劝告大众。祷告被当成了一种有用的工具。格伦·克拉克（Glenn Clark）说："如果一个人学会如何正确祷告，他的高尔夫球就可以打得更好，生意就会更兴旺，工作会更顺利，爱情会更甜蜜，对教会会服侍得更好。"皮尔说："学好如何正确与科学地祷告。""要多使用经过测试的灵验祷告方式，不要心不在焉地随意祷告。"

在励志型信仰的书籍中，有一个令人讶异之处，就是他们展现出了主观意志决定一切的思想，甚至已经到了疯狂的地步。宗教的成分在不断稀释减少。新教曾在早期历史中抛弃了许多仪式上的繁文缛节，在 19 世纪与 20 世纪时甚至连教义都被尽量简化。而现在这种励志型信仰更是让这种趋势达到了高峰，连教义——至少是一切基督教的教义——都被扔掉了。除了教友个人的主观经验外，其他都被抛诸脑后。甚至这个主观经验都被简化成个人的意志。当励志型信仰的作家说一个人可以心想事成时，就是指他可以设定目标，然后请上帝帮忙，让他把潜力发挥出来。这些潜力很惊人，皮勒说："你身上有很多力量，甚至多到可以让纽约市灰飞烟灭。这是最先进的物理学已经向我们证明的。"信仰可以释放能量，所以人能凭借信仰克服障碍。信仰绝不是让人接受命运安排，而是"让人敢于向命运挑战，决不接受失败"。[28]

霍拉肖·W. 德雷瑟（Horatio W. Dresser）曾讨论过励志型信仰早期的一个现象，也就是所谓的"新思想运动"（New Thought movement），他说道："新思想运动的目标……是要消灭智识与'客观心灵'，仿佛成为有思想的人是不好的，仿佛人只要在潜意识中不断祈求某事，某事就会实现。"[29] 总的来说，励志型信仰中的反智倾向不是直接的，它们代表着逃避现实的心态，因此也排斥旨在解决现实问题的哲学。同时，它们也是一种颇矛盾的世俗主义。虽然某些自认是基督徒或是牧师的人写出了受欢迎的励志型信仰书籍，但即使是在世俗的学者看来，这些都是亵渎性的言论。相比这些"利用"宗教的人，知识分子在保护西方的宗教传统时似乎反而发挥了更大的作用。

关于这种宗教信仰与自我激励的混淆，亨利·C. 林克（Henry C. Link）的书《回归宗教》（The Return to Religion）大概是最好的代表，这本书于 1936 年到 1941 年间卖得很好。我们不认为这本书足以代表所有励志型信仰的书籍，但是它值得我们特别关注，因为它是美国有史以来破坏文化与愚民的巅峰之作。除了书名有"宗教"二字外，它的内容完全跟宗教无关。它是一位心理咨询师与人力资源专家特别为大企业员工而写的书，作者宣称他找到了回归宗教的科学方法，而这本书视宗教为一种"积极的生活方式，每个人都可以借此掌控他的生活环境，而不是成为其牺牲品"。[30] 作者觉得，我们应该为了服从的意志而向个体性与心智宣战。

但是他用了一个自己创造的方式来定义这个问题。林克所使用的词是（一般意义上，而非荣格心理学意义上的）"内倾"（introversion）与"外倾"（extroversion）。"内倾"就是内敛、自省与个体性，这些是不好的。这就是自私。苏格拉底有句话："认识你自己。"但是林克会说"克制你自己"，因为"好的个性或是品德是靠不断锻炼获得的，不是靠内省就可以的"。与此相对，"外倾"代表社会性、亲和力、服务大众，是无私的，所以是好的。耶稣就是一位"外倾"的人，而宗教的一项功能——林克认为是最主要的功能——就是将人的个性转化为"外倾"型。林克说，他会上教堂是因为他原本不想去，但是他知道去了以后会改变他的个性。常去教会可塑造出更好的个性。同理，打桥牌或是跳舞与推销也有相同的效果，因为从事这些活动时，人需要与对象建立和谐的联系。每个人最重要的事是远离自我分析，要学习掌控事物。这样他在社会中的地位与权力就会增加，自信心也会提升。

太多思考反而有害于这些目标的达成。大学中的知识分子与学生们远离了宗教，而那些爱思考的人会变得过于脱离社会。林克在书中的一章"理性的笨蛋"（"Fools of Reason"）中说，我们高估了知识分子与理性的价值。

> 理性本身不是目的，只是人在追寻生命的价值与目标时的工具而已，而生命的目标与价值是超越理性的。正如同我们用牙齿咀嚼，但是我们不咀嚼牙齿，同理，头脑是我们用于思考的工具，不是给我们带来困扰的东西。头脑是生活的工具，不是目标。

> 所以重要的是有信仰，以及实践信仰。虽然有人称宗教是懦弱

心灵的庇护所，但是真正的懦弱"在于每个人的心灵不能认识到人类心灵的缺陷"。"不可知论是一种智识导致的疾病，即使错误地认识信仰，也比全然没信仰好。"甚至连看手相这种迷信也并非全无意义，因为它可以让人与人握住彼此的手；看颅相则可以让人好好观察别人的脸庞。这些都可以让一个人跳出自己的格局，进入一个更宽广的世界。总之，对于理性的崇拜以及知识分子对于宗教的嘲笑，只会让世界更坏，不会更好。很不幸，美国就有一种"内倾"的倾向；它有很多缺点，其中之一是让人们逃避救助失业者的责任，认为只要交给联邦政府就可以了。

心智也会威胁婚姻，因为"内倾"的性格会阻碍婚姻的幸福。离婚者通常都是智识水平较高的人。看看那些喜欢哲学、心理学、激进政治以及阅读《新共和》（New Republic）的人，他们在婚姻上很明显没有那些喜欢基督教青年会活动、研究《圣经》与阅读《美国杂志》的人幸福。林克的书中有一章叫作"教育的罪恶"（"The Vice of Education"），他批评"创造有人文教养的心灵"这样的目标"可能是教育中危害最大的事"因为这是教育理论中最迷信与最不理性的信念，正如教会历史上的任何迷信一样。这种教育只会制造出"一堆要无情打倒偶像的人"，创造出一种追求文化本身的文化，一种追求知识本身的知识。自由主义使人从传统与历史中解放出来，但是没有为人指引方向。接受这种教育的年轻人都认为父母亲古板过时，喜好乱花钱，有了知识就嘲笑长辈在宗教上的虔敬，一味寻求智识型的职业，看不起父祖辈的职业，看不起商人。他们还不如军队中的年轻人更了解充实的生活，因为人在这里每日要面对真正的价值，也会变得更加"外倾"。

其他领域的智识无用论

一　传统农民的实用主义心态

　　商人们一再强调实用性，其实这种强调在美国的民间文化中早就存在，而现在已很难分辨孰先孰后。每个时期、每个阶级的强调方式都不同，但是主轴很明显，许多职业或是政治阵营都有同样的声音。大家很看重实用性的证据太多了，美国的平民文化中一直都有一种公认的心态，就是实用性才是做事需要的，它比学院知识有用，甚至优于应用科学的知识。大家都认为，拥有学院的知识不见得有用，它似乎只是一小部分人的专利，大家对这些人趾高气扬的心态很不以为然。

　　我们可以先从农民的立场来看，因为美国有很长的一段时间主要是农业国家。18 世纪末，美国人中十个有九个以务农为生，1820 年是十个中有七个；而直到 1880 年，非农业人口才与农业人口相当。美国的农民在各方面来说都是一种商人。农民固然可以视务农为一种生活方式，但是这种生活方式很快就沾染上商业的气息。美国地

大物博，人口流动迅速，社会中充满了新教的积极精神，这些都让
农业具备了商业特点与因应市场投机的性质：农民总是想要拥有更
多的土地，即便超出他能耕作的范围；他希望地价上涨，借此投机
获利；他偏好大面积粗耕而非小面积精耕；他集中栽种某一类高单
价作物；他深耕土地，一旦肥力耗尽，就卖地离开。1813 年时卡罗
来纳州的约翰·泰勒（John Taylor）在他的著作《阿拉托》（Arator）
中发现，因为农民没有小心维护土地肥力，弗吉尼亚州的土地"几
乎已经毁了"，因此他祈求同乡："不要杀害大地之母，不是为了未
来子孙，不是为了上帝，而是为了你们自己。" 19 世纪 30 年代，托
克维尔说道："美国人把他们的商业习惯带入了农业，他们做生意
的头脑也因此进入了农业，就像进入其他领域一样。" [1]

　　农人对于何谓实用性有他们自己的看法，这种看法清楚地表现
在他们对于以科学进行农业改良与农业教育的态度中。农村的生活
很忙碌，工作辛劳，农民通常也不富裕，所以缺少喜好艺术与人文
教养的人，但是一种包容的心态，至少对应用科学的包容心态，对
农民应该是有帮助的。然而即使对于后者他们也认为没有用处。当
然也许少数人不这样想，但是大多数自耕农对于农业科技都抱持着
观望的态度。

　　就像美国社会的其他领域一样，农业也是一个广大多样的领域。
但是在 19 世纪初，农业领域有一个阶级上的区分，就是自耕农与
绅士农民的区分，区分的标准是他们对知识与科技的态度。绅士农
民拥有大型农场，是专业的农业投资人，受过大学教育，懂科学，
也可能是企业家；或者是一些不靠务农收入的农业杂志编辑，他们
爱好进行农业试验，会写关于农业改良的书籍，希望运用科技改善
产量，推广农业组织，并提升农业教育的品质等。这些绅士农民中
有些人很出名，但是多半是在非农业领域成名。像是康涅狄格州的
牧师贾雷德·埃利奥特（Jared Eliot），他在 1748 年与 1759 年间写

273

了出名的《新英格兰农业研究》(*Essay on Field Husbandry in New*
274 *England*);艾略特的朋友富兰克林也属于这类人,他在新泽西州
有一个农场,他虽然想用农场赚钱,可是也想用它进行一些科学试
验。华盛顿、杰斐逊、麦迪逊与卡罗来纳州的泰勒等人,都属于开
明农学家那个传统下的,希望能将 18 世纪英国农业革命的成果应
用到弗吉尼亚州。在他们之后是埃德蒙·拉芬(Edmund Ruffin),
以研究钙肥闻名,也是《农友杂志》(Farmer's Register)的主编。
他后来成为激烈的南方分离主义者。在弗吉尼亚州以外的地方,进
行关于农业改良技术辩论最热烈之处竟然不在乡下,而是在耶鲁大
学,那里把农业发展与高等化学研究结合在一起;在本杰明·西利
曼(Benjamin Silliman)的带领下,耶鲁的农业化学家们钻研土壤
化学、作物与科学农耕法;西利曼之后又有约翰·P. 诺顿(John
P. Norton)、约翰·艾迪生·波特(John Addison Porter)与塞缪
尔·W. 约翰逊(Samuel W. Johnson)等人。这些人都希望接续尤
斯图斯·李比希(Justus Liebig)在土壤化学方面的研究成果。伊
利诺伊州的乔纳森·B. 特纳(Jonathan B. Turner)也出身于耶鲁,
也是积极致力于农业教育,那个著名的奖拨设立农业学院的《莫里
尔法案》(Morrill Act)有可能就是他的功劳。在纽约州,自学出身
的农业杂志编辑杰西·比尔(Jesse Buel)一直呼吁大家要高标准、
高品质地进行农业栽植。宾州的埃文·皮尤(Evan Pugh)是一位
杰出的植物化学家与农艺学家,他后来成为宾州农业大学校长,在
他于三十六岁猝死之前,也帮助推动了《莫里尔法案》的通过。

上述这些人以科学精神结合农业实务,以公民责任结合农业利
润,无疑提供了融合智识与实务的范例,令人敬仰。他们在社会上
并不是没有公众支持。他们的成果普及到了绅士农民阶级中,这些
人通常是农业社团与农产品博览会的骨干、农业期刊的读者,且是
农业教育的支持者。当时,一本好的农业实务书籍,如果卖得好的

话可以有一两万本的销量。也许有十分之一的农夫会订阅农业期刊，到内战爆发前，美国已经有约略五十本农业期刊了。[2]

　　但是自耕农却厌恶主张农业改良的人与绅士农民。这种厌恶根源于阶级差异：绅士农民组织与推广各式农业活动，使得传统小农夫们相形失色。在农产品博览会上，绅士农民常能展出得奖的作物与不计成本研发出的新品种，这使得一般的传统农夫们无法望其项背。[3] 加之绅士农民又很爱批评保守、不接纳新技术与有迷信心态的人。美国农民虽然会从事土地投机，常常迁徙，也愿购买新设备，这些让他们看起来好像不是那么"传统"，但是他们对于农业教育或是农业科技的态度却异常保守。因此，专业的农业从业者与农业杂志的编辑都感觉自己身处在一个即使不是被敌视也是被怀疑的环境里。富兰克林曾写信给艾略特说："如果你家周遭的农夫害怕看到我像害怕离开祖先留下的土地一样，你就很难劝他们接受农业改良。"华盛顿则用愧疚的语气写信给阿瑟·扬（Arthur Young），他说美国农人比较愿意利用低成本的土地，不愿付出昂贵的劳力，因此许多田地都是以最少的劳力进行粗耕以获取利润，而非应有的精耕与改良式耕作。拉芬曾当着邻人的面进行农业改良，但他断定："大部分的农夫都不愿学习任何有关于化学的知识，不管它有多容易。"比尔抱怨道："我们的农人对于农业改良一直提不起兴趣，一方面可能是因为他们不了解自己的职责或是利益所在，另一方面可能是因为他们害怕改革会让某些人兴旺起来，而他们则会被排挤出市场。"《美国农友》（American Farmer）杂志的主编在1831年时说："农民绝不会阅读你给他们看的农业文章；即便别人读给他们听，他们也不会相信里面的内容。"二十年后，著名的英国农业科学家詹姆斯·F. W. 约翰斯顿（James F. W. Johnston）在美国进行巡回演讲后，说道："美国的农人反对改变，更反感别人说他们不够聪明、跟不上时代这样的话。"他还发现，在纽约"他们反对设立农业大学，

275

276

因为那里教的知识不是很有必要,而且实际应用的结果未必良好"。[4]

事实上,农民可以从农业改良专家那儿学到很多东西。即使是思想开明的农民也可能不懂基本的作物、畜牧育种原则、植物营养学、耕种法与土壤化学等。很多农友迷信农历,根据月相变化来播种与收割。因此他们的做法徒劳无功,只会耗尽土地肥力。[5] 农民讽刺整天喊着农业改革的农业教育者那一套是"书本农耕法",认为他们只懂理论,未经实务磨炼。有一位农人说:"对我来说,照着书本耕田的人根本不是农民。""耕田要的是动手实地操作,而不是照本宣科……拿畜牧当娱乐的人才会进行实验……让那些有学问的人去琢磨案例、性别、心情与时间长短吧……我们得照顾牲口、挤牛奶、整修围墙与田地。"[6] 因为社会中存有如此大的偏见,改革者被迫不断与之对抗。比尔抱怨道,在航海、战争、法律或医学等其他社会领域里,美国人都相当重视正规教育,认为它是必不可少的,

但是,对于农业这种生产由老天赐给我们的、赖以维系日常生活之物的活动,我们却不设学校、不教授课程,政府也不拨助,但它其实比法律、医学、战争或航海更需要知识。很多不如农业重要的领域都视知识为不可或缺之物,但在这个最重要的领域,我们却如此轻视知识,对它的重视还不如对小说家的虚构作品。在很多领域中,我们都视心智为重要的因素,却忘了知识在农业中堪称阿基米德的杠杆,因为农业知识带来的成果可以让全世界的人吃饱、落实道德、成就人类幸福。就我们目前的态度而言,即便说农业在大家的心目中已经成了一个像小丑一般丢脸的行业,又有什么好让人惊讶的呢? [7]

比尔认为,农业发展最大的障碍"乃是很多农人抱持着贬低农

业科学的态度，他们以为，凡是跟科学有关的，不是无助于农业，就是一般农民根本无法理解的"。[8] 农业杂志一再宣扬科学耕作，一再被迫对抗"书本农耕法"的讪笑的事实，都证实了比尔的话。虽然并非每本农业杂志都很好，例如有些只是在兜售某类骗术。但是，它们多半时间都被迫陷于自清与解释的困境，要证明它们不是杜撰了一些无理论根据的栽种法，或是它们的大多文章其实是从业农夫撰写的。1841 年，李比希关于土壤化学的伟大著作传到了美国，虽然它在农业改革者乃至少数自耕农间广受欢迎，但其中的某些发现却被《南方农人》(*Southern Planter*) 杂志描述为"过度精密的理论"：

> 李比希无疑是很有智慧的绅士与思想深刻的化学家，但是我们认为他对农业并不比对他家种田的马更了解。弗吉尼亚州所有还在耕田的老农民都会告诉他，他的精密农耕理论与他们实地耕作数十年的经验有很大的出入。[9]

二　设置农业大学的阻力

基于上述对农业科学与"书本农耕法"的反对，农民们不愿意送他们的子女去接受新式农业教育，应该毫不令人意外。即便农民们对新式农业教育可能有一丁点儿的期待，这点期待也被广设学校需要增税的担忧淹没了。1827 年，一位赞成农业教育的人在《美国农友》杂志上表示，他发现农人都"极度不赞成设立学校"[10]。1852 年，《新英格兰农友》(*New England Farmer*) 杂志的一位读者投稿说，他本人反对设立马萨诸塞农业大学，而且认为九成的农友跟他想法一样。他清楚地表达了反对的理由：农民根本不会去利用农业大学这个机构，他们会认为它"只是个开销巨大的实验"，难以保证产生与成本相当的回报；它只会让某些从无农耕经验的人"坐拥华丽的办公室"，但是他们实在不配；赞成这个计划的人实际上只是想让有钱人或是绅士的子弟学一些农业知识而已。但是，"农耕这种东西不是能在教室传授的，它只能依靠实地经验的累积"。[11]

　　这只是乡村地区普遍反对农业教育的一个侧面而已。悉尼·L.杰克逊（Sidney L. Jackson）分析了人们对于推广设立农业学校的态度，他指出，农人"在建立更好的农业教育运动中是阻力而非助力"[12]。在鼓励设立农业大学的《莫里尔法案》于1862年通过前，美国设立农业大学的一些尝试与实验，主要是地方上若干有心的小型农业改良团体努力不懈的结果，这说明，直到联邦政府介入前，美国这个以农业为主的国家，明明非常需要农业技术，[13]却缺乏任何应有的努力。1862年通过的那项法案也并非基于民间广泛的支持，而是多亏了一个游说团体坚定争取。厄尔·D. 罗斯（Earle D. Ross）研究过这个出售公地筹款盖大学的法案，他指出："我们看不见社会大众自发性的支持。"那时正值内战，新闻甚至都没有怎么报道《莫里尔法案》的通过，农业报纸也没有积极讨论此事，有些甚至都不知道这个法案的存在。[14]

　　起先，这个法案不过是代表联邦政府一种出于好意的承诺而已，改革者们在此后的三十年间发现，若立场超前于社会主流意见，便很难从事有意义的改革。参议员贾斯廷·史密斯·莫里尔（Justin Smith Morrill）推动此法案的动机很好理解：当时，其他国家纷纷致力于农业与农业机械教育，而美国的土地却因不当耕种而遭到破坏与浪费；这时，社会迫切需要进行改革实验，调查农业现状，为农民提供科学技术方面的建议；用出售公地的收入来创办良好的农业学校与农业机械学校，这与美国政府之前鼓励兴办教育的政策是一致的；这样做也不会侵犯各州的权限，或是影响既有的文理学院。莫里尔提出的法案一度被党派政治干扰，而出售国有土地兴建农业大学的构想也在 1859 年被詹姆斯·布坎南（James Buchanan）总统否决，但是三年后，林肯总统签署了一个类似的法案，而国会也开始相信农业应该有所改革，虽然大部分农民还是不赞成。[15] 不过，罗斯说，很不幸地，出售公地盖大学的法案从未深入探讨教育方面的益处。反对者拿着违宪或是其他把柄大做文章，以致国会最终通过的法案未能充分体现原提案者的意图。

　　法案通过后，依此法案设立的大学遭遇了各种困难，其中一个就是原本存在的大学对他们的嫉妒与攻击，而另外一个则是关于统一办学一事，美国一向有教育多元与分散的观念，所以美国人不喜欢国家统一的办学政策。这种学校在聘用教职员工时遇到了巨大的困难。传统的教授习惯于文理学院的氛围，往往无法真正接受农业与农业机械教育的有效性，有时还会从内部破坏这种教育制度。而在外部，有来自思想狭隘的传统农民与民间意见领袖的抵制，他们坚信科学对于农耕是无用的，这些学校没有什么"实际的"东西可以提供给农民。罗斯指出："农业改良一事，农民本身才是最困难的一环，因为他们不相信职业训练的必要性。"即使他们不抵制教育，他们也不认为应该从大学或是科学农业实验中获得农业技术。威斯康星州的农民认为，每个行业都应该是实际从业者指导实际从业者，"神父教神父，律师教律师，工人教工人，农民教农民"。某些州的州长希望农业大学尽量远离文理学院代表的博雅教育传统，例如俄亥俄州长希望农业大学在讲课时"尽可能简单实际，不要太理论化或是科学味道太浓厚"，得州州长认为设立农业大学"是为了训练与教育农场里的工作者"，印第安纳州州长则认为任何高等教育都会对劳动者的培养造成阻碍。[16]

　　除了理念上的口水战外，最大的困难是来自这个事实：送小孩上农业大学的农人不多，而当小孩真的去了大学后，他们却想利用上大学的机会摆脱家传的务农行业，通常是转去工程方面的工作。

所以，多年来农业大学的学生一直不多，其中学工程的又数倍于学农业的，而且倍数逐年增加，从二倍到三倍，再到四倍、五倍。直到 1887 年，《哈奇法案》(Hatch Act) 通过，农业科学的发展环境才得到改善，联邦政府在各地设立农业实验所，与各地的农业大学展开密切合作，增加了这些大学的研究资源与能力。到了 19 世纪 90 年代，这些农业大学终于发展健全，得以在科学研究中做出实质贡献。

出售公地盖大学的另一个缺点在于它是自上而下的改革。国会在制定法案时并未考虑到，应该在乡村地区建立一个良好的中学教育系统，让学生能够顺利进入农业大学就读。不过，1917 年通过的《史密斯—休斯法案》(Smith-Hughes Act) 解决了这个问题，联邦开始为中学阶段的农业职业教育提供经费。1873 年到 1897 年间，农业受到通货紧缩的冲击，但是之后又开始繁荣，所以农业教育的命运也开始好转。由于利润提高了，农人们开始想到企业化经营、育种、土壤科学与农业经济的问题。农业机械化的发展使得他们不必再强迫下一代留在农村工作。学习农业的学生人数持续增加，1905 年后更是快速增长。到了一战前夕，农业学生人数几乎已经赶上工程学生的人数。老罗斯福总统的农业部部长 M. L. 威尔逊 (M. L. Wilson) 回忆道，在他老家艾奥瓦州，乡亲们直到 20 世纪才不再轻视"书本农耕法"：

> 20 世纪开始后不久，农民纷纷接受了农业科学带来的革命。我在 1902 年进入大学学习农业，虽然我并非家乡第一个读大学的，却是第一个进大学去读农业的。而十几年后，所有经济上过得去的农民都送小孩去读农业了。[17]

I. L. 坎德尔 (I. L. Kandel) 在 1917 年时说得很有道理："莫

里尔参议员为了推动农业科学化制定了出售公地设办大学的法案，但这个理念直到五十年后的今天才真正得到实现。"[18]

各位读者可能不会认为农业大学与农业机械大学是智识主义的核心场所，可能会问，即使农业成功科学化，对消除反智又有什么帮助呢？当然，我们并不想在这里误导性地描述农业大学的性质，它们只是想将职业教育与科学结合起来，使其开花结果，我认为这是个有益的目标。我想强调的是，农业改革专家以坚忍不拔的精神，花了近一个世纪的时间，才终于让从不相信理论对耕作有何帮助的农人改变了态度，实现了职业教育与科学的结合。

三 劳工运动与知识分子的疏离

也许我们可以将农耕一事形容为"自然"的生活方式，所以农耕者普遍担心，如果相信专家的话，采用"书本农耕法"与科学理念，则失去的将会比得到的还多。而说到工厂的工人，则又是相当不同的另一种情况了。在社会主义者的眼中，工人的生活方式是"不自然"的，他们应该培养出某种自我意识与组织，这样才能表达他们对自身命运的态度。从一开始，智识与劳工运动的关系就比智识与农耕的关系更复杂。亨利·德曼（Henri de Man）在其杰出的作品《社会主义的心理学分析》（*The Psychology of Socialism*）一书中指出："如果劳工运动缺乏知识分子的亲身参与及理论上的帮助，那么这种运动就只会代表一群想要从无产者变成布尔乔亚的利益集团。"[19] 这样的看法对于美国劳工运动而言很讽刺，却也很贴切，因为美国的劳工运动的确是想让劳工成为一个新的布尔乔亚阶级。与其他国家一样，美国的劳工运动确实是由知识分子发动的。但到后来，劳工为了形成自身的独特认同，却与知识分子对立了起来。美国劳工运动领导核心的出现与组织化经历了一个奇怪的辩证发展过程。首先，知识分子对资本主义的批判催生了劳工意识与运动；但之后，劳工运动摆脱了知识分子的影响，抛弃了后者带来的一些意识形态与理论上的累赘与纷扰，专注于工会的组织与运作，使工会强大到足以与资方谈判。

　　从历史上来看，美国的劳工运动起初并非仅仅关注工作内容、工资谈判与罢工等狭隘议题，但后来这些却成了工运的主要诉求。一开始，工运是由布尔乔亚出身的知识分子带领，追求某些社会改革理论家所提出的目标，因此它隐含两种利益色彩，一是成就与巩固工运成员在布尔乔亚社会中的地位，二是意图全面改造社会。所以，工运早期充满理想主义色彩，沾染了某些"万灵丹"式的改革思想，例如土地改革、反垄断、绿背纸币运动（Greenbackism）[*]、生产合作社、马克思主义与亨利·乔治（Henry George）的单一税等。但是美国工运以这种运动方式持续了四分之三个世纪，却毫无建树，直到运动被塞缪尔·冈珀斯（Samuel Gompers）与阿道夫·斯特拉瑟（Adolph Strasser）这两个实用主义领袖接手，才开始集中关注工作、薪资谈判以及工会组织，希望通过掌控各行业劳动市场取得谈判的优势。

　　冈珀斯与斯特拉瑟早年都与社会主义有关，前者曾是社会主义者，后者是美国劳工联合会（American Federation of Labor）早期的精神领袖。冈珀斯曾在他的自传中似乎有些不情愿地感谢了年轻时受到的左派思想训练：

　　　　很多曾推动工会运动发展的人早年都曾受到社会主义的影

---

[*]　美国内战时期，联邦政府发行了一种没有任何担保、不能兑换黄金的绿背纸币。战后，绿背纸币贬值，政府为收缩通货，立法以100∶80的比例将绿背纸币兑换为美元。因为这项政策可能令负债农民破产，遂遭到大量农民抵制，部分农民与工人还联合成立了"绿背纸币党"（Greenback Party）。

响，随后在更实际的政策中找到了出路……他们都是有理想远
见的人……如果一个人可以超越社会主义的思考模式，那么他
的社会主义经验就是有益的，因为它可以帮助工运者在实际工
作中更快地理解事务，让他明白具体的目标不过是实现更高精
神目标的手段。

　　然而讽刺的是，社会主义也许教会了这些人发展工运的可行性，
但是到头来工运却使这些人明白，社会主义是在美国不可行的。冈
珀斯从参加工运开始，就不得不对付那些"挑三拣四的人、改革者
与沉浸在理想中的人"——这些是他给那些厕身于工运的理论家起
的称呼；有一段时间，这些人是他最大的敌人。他唯一一次争取连
任劳工联合会主席失败是在1894年，这场失败正是这些理论家一
手造成的。他认为，"工运领导人必须亲自受过劳动的洗礼"，由工
人阶级出身的人来担任。他说："我明白与知识分子联盟的危险性，
因为他们并不知道,把工运拿来当实验,等于把人命拿来当实验。"[20]

　　知识分子之所以被冈珀斯这样的工运领袖冷落，是因为双方
对于工运的期望完全不同。知识分子将工运视为达成更大目标的手
段，也就是实现社会主义或是社会改造。他们来自工运外部，极少
出身于劳动阶级。因此，他们往往瞧不起工运领袖与工人们想要达
成的目标，也就是获得中产阶级的体面形象与生活方式。以追求更
好薪资为诉求的劳工联合会并不对他们的胃口，他们也一直看不起
劳工联合会的领袖。而我认为，工运领袖本质上是一群白手起家、
靠苦干出人头地的人，就像成百上千的企业员工一般。斯特拉瑟有
一次在与知识分子争辩时说："我们都是讲实际的人。"[21] 他们都是
劳工出身，而且一直希望有一天劳工可以享有像商人一般的地位，
被人重视与尊敬。他们都接触过反资本主义与反垄断的思想，但是
跟知识分子不同的是，他们并不熟悉伦理学与政治学前沿对于布尔

284

乔亚文化的全面批判。他们爱国爱家庭，有的还是优秀的共和党或
是民主党员。[22] 他们早先曾与知识分子——或是他们认为的知识
分子——接触，却为此深感不安。一开始，工运内部发生了针对社
会主义信条的争端。工运领袖常遭受学院经济学家的批评，[23] 后者
长久以来都是一股反对劳工的团结力量。冈珀斯说，这些学院教授
"或公开或暗地里与劳工为敌"，是一群"挑剔的人、空想的理论家
与没有男子气概的人"。在 20 世纪初，"科学化管理"的风潮被劳
工视为严重的威胁。冈珀斯认为这股风潮的领导人是"学院中的观
察家"或"知识分子"，只想充分利用工人的能量，之后便对之弃
若敝屣，无益于增进工人的信心。[24] 工运事实上是在一个不友好
的环境中成长起来的，而在 1900 年以前，这种不友好的环境总体
上是由官方知识分子造成的。至于那些不具敌意的人，虽可被视为
盟友，但是多半既不聪明也不受欢迎。直到进步时代，中产阶级知
识分子才开始真正同情工人，到了新政时，双方才有了稳定的结盟
关系。[25]

　　冈珀斯之后到现在的这些年中，工会不断成长，稳定发展成了
组织庞大的机构，自然需要聘请法律、精算与经济等领域的专家，
需要研究与媒体、宣传与游说等部门。于是，领导全国一千八百万
组织工人的总工会主席便成了众多员工与知识分子的老板。但讽刺
的是，在工会工作的知识分子并不觉得自己的权益比在其他机构更
受尊重——事实上，他们与工会领袖的关系并非迥异于商业机构的
知识分子与企业领导的关系。

　　有三个原因使这些为工会工作的知识分子疏离了组织。第一个
原因可能只适用于部分人。这些人为了意识形态的原因而选择为工
会工作，但是稍后可能发现工会不如想象中那么激进，而且连他自
己也被吸收进了这个赋予工会领袖以权力与地位的机器。无可避免
地，这些工会专家的理想破灭了，因为他时时可感觉到，工会想利

用他的才能，却不愿沿着他希望的路走。（通常工会中的专家是基于像宣教士一般的情怀参加工作的，所以领的报酬没有在外面工作多。）第二个疏离的原因是，研究问题的职业习惯，以及追求真相与真理的倾向，常会和工会作为斗争团体的需求以及工会领袖的个人命令发生冲突。有一位专家抱怨他在工会的同事时说：

> 我给的数据资料他们从不认真用。他们根本不在乎。他们是相对主义者，认为没有绝对的真理或是科学的客观性，要不然就是认为找到真相太困难，于是干脆放弃，并借口说："谁在乎真理？难道是资方吗？"基本上，这是因为他们抱持的是一种马克思式的或是社会改革的态度。于是凡事都以此为考量……他们只想加深工会领袖的偏见……我有时希望当初是到大学教书就好了。[26]

这些专家有时会说一些不受欢迎的实话，有时会强迫工会领袖面对不想看到的现实。他们的这种能力既被人讨厌，也被人需要。劳工杂志的主编也许想要登载一些来自内部的批判性意见，但是工会领袖却希望工会杂志拥护他。工会的教育主管可能想要为工人提供一些类似博雅教育的内涵，但是领袖却可能只希望劳工能坚定他们的意识形态立场。

最后一种疏离因素是纯粹个人性的，与专家个人的教育与成长背景有关。他不属于这团体，他个性不适合，如果不是因为他的专长，工会根本不会用他——他常在工会办公室听到这样的抱怨，就好像他是在流水线或者扶轮俱乐部工作一样："他们就是刺儿头……你没法儿跟他们合作……没人喜欢他们……他们和一般人不一样。他们不喜欢那种女人……"

工会领袖对这些知识分子的态度是爱恨交织的，与社会上的商人与大部分人对他们的态度一样。哈罗德·威伦斯基（Harold Wilensky）在对工会专家的研究中指出，工会领袖有时会被知识分子动辄摆出来的专业知识震慑住，感到无比佩服，但是另一方面他又会说一些轻蔑专家的话来安慰自己，不是说他们很古怪，就是说他们的想法不切实际。有一位工会高层干部曾吹嘘："我是在社会这所大学的摔打中受教育的。"但是他随后又怀着这种复杂情绪以同样骄傲的语调说道："我告诉我儿子要在大学里修一些劳动法的课程！"在某些地方，工会的非知识分子干部会嫉妒这些专家："浑蛋，为什么这些狗崽子能得到这种轻松的好差事……我要在基层拼死拼活，一晚连着一晚地参加各地的集会，而他们却坐在办公桌前，写些莫名其妙的东西。"工运领袖像商人一样极力称赞实务的重要性，称赞从事劳工运动与组织的一手经验。"你在书本上是学不到这些的，经验是无可替代的。"工运领袖一路打拼奋斗才有了今天，然而专家从未亲临工运现场，也不了解劳工的心理。"只能说你们对这事的想法……妙极了。你有一颗讲法律的头脑，你和台上那些风光的人一样，是从哈佛、耶鲁这种名校出来的，所以你不了解劳工的想法。"在这种情况下，难怪那些专家有时对自己没信心，或是尽量保持低调，甚至隐藏伪装自己。他们的工作氛围可能很有启发性，但是根据工运专家的研究，这种氛围却存在一种成分，那就是"无处不在的反智"。[27]

四　社会党的反智

因为美国工运最终是朝向布尔乔亚的目标发展，所以它与知识分子并不能完全契合，这一点儿也不令人惊讶。但是在非共产主义的左派阵营中，尤其是社会主义政党中，也出现这种状况，就令人奇怪了，因为他们受知识分子影响很大。说当年的美国社会党（Socialist Party）是一股反智力量，或是敌视知识分子，那必然是错误的。从 1900 年到 1914 年，美国社会党吸收了大量的知识分子，他们的支持产生了很大贡献，他们的著作为社会党树立了威信，扩大了该党的影响力。他们之中不只有如厄普顿·辛克莱与约翰·斯帕戈（John Spargo）等惯于揭露丑闻的人，还有像路易斯·B.布丁（Louis B. Boudin）、W. J. 根特（W. J. Ghent）、罗伯特·亨特（Robert Hunter）、阿尔吉·M. 西蒙斯（Algie M. Simons）与威廉·英格利希·沃林（William English Walling）等经典作家，他们的某些作品讲述了社会主义或是美国生活的各方面，很有批判性，至今依旧值得一读。美国社会党不像之后的美国共产党，前者具有多元的智识氛围，创造了一系列不限于学院派马克思主义的理论作品。美国的社会主义力量在社会构成上很多元，思想也比较自由化，鼓励创新探索，甚至有一些支持者为它带来了些许波希米亚气息。一份社会主义杂志《群众》（*Masses*）曾写道："群众很有幽默感……请享受革命吧！"

289

　　但即使在社会党内部也存在着若干对无产阶级的过度崇拜。在党内的派系斗争中，知识分子常被贴上"中产阶级学者"的标签，拿来和社会主义运动的骨干力量——真正的无产阶级劳工作对比（但讽刺的是，当大家在讨论革命热情时，知识分子又被归为偏左而非偏右的阶层）。所以无可避免地，当这些出身于中产阶级甚至富裕家庭的知识分子想要去除身上的阶级标签，[28] 迎合马克思主义的无产阶级理念时，就必然陷入自我贬抑与自我异化的困境。所以，党内的反智群体不乏"投诚"过来的知识分子为其发声。[29] 其中有一位这样的人，就是根特，他认为《群众》杂志对于阶级意识的要求太宽松，所以不可能做好让工人服膺社会主义这种基础工作：

　　　　这份杂志竟然熔社会主义、无政府主义、共产主义、新芬

主义、立体主义、性别主义、直接行动与破坏运动于一炉。这
简直是一群城市小团体内部的胡搞，他们崇拜另类、新奇的程度，
甚至近乎疯狂。

另外一个知识分子罗伯特·里夫斯·拉蒙特（Robert Rives La
Monte）指出，虽然党内需要大量的智识，但是智识绝不应等同于"受
过布尔乔亚式教育"。他还断言："党内对知识分子和空谈社会主义
者存在一定程度的怀疑"是"令人安心的事情，因为它代表无产阶
级正在逐渐成长为一个成熟的阶级"[30]。而党内右翼分子，像乔治·H.
戈贝尔（George H. Goebel）也同意此言。在谈到知识分子、牧师、
教授或是工人谁适合担任党代表时，他认为："真正的劳工阶级和
每天都在劳动与斗争的人才有资格代表劳工。"[31]

而党内最反对知识分子的既非右翼，也非自我异化的知识分子，
而是受世界产业工人联盟（Industrial Workers of the World）的精
神所影响的西部各州的党员。例如西部最主要的分支俄勒冈州支部
就是一个好例子。据传，1912 年在印第安纳州开社会党大会时，俄
勒冈州的代表拒绝在有桌布的餐厅用餐。托马斯·斯莱登（Thomas
Sladden）是该州的党书记，有一次他拿走了总部办公室内的痰盂，
因为他认为无产阶级的硬汉根本用不到这种文绉绉的布尔乔亚之
物。他还在《国际社会主义评论》（International Socialist Review）
上写了一篇文章痛批知识分子。他认为，社会主义运动只属于工人。
社会党与工会"要以那些用肚子思考的粗俗人为主干，把他们赶走"。
斯莱登是这样形容真正的无产阶级工人的：

　　　　他有自己的语言，这种语言不同于为人所接受的文明语言。
　　他没有文化，也不重外表。他有一套社会尚未认可的道德观，
　　也有一种自己的宗教，这种宗教既不见于正统教会，也不见于

异端教会，它就是仇恨……他的智慧不为知识分子所理解，因为他们出生、成长与生活在截然不同的另一个世界。

他像森林中的野兽一样，耳聪目明，始终保持警觉，生性狐疑，但是拥有一股无法征服的精神……他会把卖弄智识的人撕碎，把故作清高的人踢开，他见识过各种事物，知道什么是对，什么是错。

这就是真正的无产阶级……他没受过教育，没有教养，也不在乎人们怎么看他。人类的全部生活经验就是他的学校。[32]

在此，对于无产阶级意识的崇拜混杂了某种原始主义，一种小说家杰克·伦敦（Jack London）理想中未能实现的社会主义运动。更能代表社会党中的非知识分子的感受的是党的领导人尤金·V. 德布斯（Eugene V. Debs）的温和立场。德布斯看见许多人"嘲笑知识分子，认为他不属于这个党"，便劝告大家，"知识分子"不应该是个负面词汇。社会主义运动需要知识，所以党应该想法吸收他们。对他来说，重要的是"党内的干部、党代表与公职候选人应该由工人出任，在党内担任职位的知识分子应属例外，就像他们本不属于工人群体一样"。所以工会不应该由知识分子领导，正如知识分子的组织不应该由工人领导一样。德布斯认为，工人有足够的能力担任党内要职。他对知识分子占据党职的恐惧和他害怕社会主义党内部的阶级化与官僚化有关。德布斯就像杰克逊主义者一样，承认自己很相信职位轮替。他说："我承认，我对官僚和官僚主义有成见。"[33]

五　共产党与知识分子

社会党容许些许的多元，而共产党则是步调一致：它不需要那些不想服从它一贯严格的纪律的作家。社会党在一战前是最兴盛最有活力的，那时被社会党吸引的知识分子各自都曾接触马克思主义，他们以理论家的角色接下了党的领导位置。但共产党吸引了更高比例的创作作家和文学批评者，他们虽不怎么懂马克思主义或者正规的社会学科，但至少在一段时间里愿意听从党的指导、遵守纪律。20世纪30年代是共产党最有影响力的时期，那时党内的反智倾向，特别是对无产阶级的崇拜正值巅峰，而在社会党中，这种情况只是约略出现而已。所以这两个党的氛围差异很大：社会党内的无产阶级对于知识分子在党内有这么大的影响力深感不悦，而共产党内则是知识分子在为他们的出身或职业不是工人而苦恼。

美国早期的激进派，例如爱德华·贝拉米（Edward Bellamy）与亨利·德马雷斯特·劳埃德（Henry Demarest Lloyd），都会刻意显示出对劳工屈尊与照拂的姿态，但到了20世纪30年代，这样的心态升级了：一些左翼文人感伤无产阶级的悲惨境遇，期待他们能实现自身背负的"历史使命"，所以认为他们比中产阶级知识分子更具有道德优越性。于是不少知识分子因为自己的错误阶级属性，以及惭愧于自己沾染了中产阶级的习气，深觉一定要为党做出牺牲和贡献以弥补过错。而共产党知道这些知识分子是有用的，同时也明白，独立思想的涌入可能会威胁到党内的纪律，它利用知识分子的愧疚与自我厌恶的心理，以此约束他们。一方面，知识分子从共产党这里得到了一种信仰信念，同时也获得了一部分听众，人数虽不多，却在日益增长；另一方面，共产党又会借助他们在心理上的脆弱性，防止他们偏离党的路线。这样的策略有好有坏，因为党希望一些很有名的作家能为他们说话，例如西奥多·德莱塞（Theodore Dreiser）、辛克莱、约翰·斯坦贝克（John Steinbeck）、海明威、阿奇博尔德·麦克利什与多斯·帕索斯（Dos Passos）等人。但是这些作家是最难约束的，他们不愿驯服于党所设的尺度规矩；而一些名气较小的作家，由于较缺乏自信也较需要

党给他们接触大众的机会，就比较顺从，尽管在党看来他们并非
总是足够听话。保罗·罗森菲尔德（Paul Rosenfeld）在1933年指
出，这类作家已经忘了他们身为文学艺术工作者的社会责任，而是
"一味顺从所有政党都会有的庸俗作风"。[34]

　　共产党也不例外，如果硬要将布尔什维克的纪律套在这些左翼
作家身上，则在《群众》杂志时期那种波希米亚式的氛围就必须被
摧毁殆尽。党必须让这些作家知道波希米亚风格或即使是各种小小
的个人叛逆尝试，都是不够严肃、不够虔诚与神经质的。约翰·里
德（John Reed）曾经是一个波希米亚式的文艺青年，他首先赞同
这种改造。他说："阶级斗争会毁了你的诗歌。"如果它这么做了，
诗歌就必须被丢弃。他又说："布尔什维克主义不是为了知识分子
存在，是为了人民存在。"他对孟什维克理论家说："你们这些人没
有真实的人性。你们充其量只是书虫，永远都在想着马克思说什么
或是他的话是什么意思。但我们需要的是一场革命，我们会发动一
场革命——不是用书本，而是用来复枪。"里德没活多久，所以我
们不知道他要如何实现他的理念。他死后，共产党内刺激知识分子
的责任就落在迈克尔·戈尔德（Michael Gold）身上。戈尔德在阶
级意识与信念上的自我改造比任何知识分子都彻底。[35]弗洛伊德·戴
尔（Floyd Dell）是共产党同路人，也是个无可救药的波希米亚文
艺作家，他认为戈尔德虽是个文人，"却很惭愧他自己不是工人……
所以他每次碰到工人时都敬畏他们，极力地称赞他们"。比戴尔年
轻一辈的作家都能了解为什么戈尔德会有这样的心理。

　　共产党人对于知识分子功能的看法，其实颇为讽刺地体现了遍
布于美国整个民族的特性：重视实用性，崇尚男子气概与原始主义。
有趣的是，共产党的行事准则和商人表现出的某些态度很类似，只
有些微的不同。对共产党来说，重要的任务是艰巨而实际的，那就
是发动革命。其他的则都是次要的。艺术与知识如果无助于革命，

就没什么用。作家要是不能服务于革命，就会被指为资产阶级的文学娼妓，这是共产党批评他们时惯用的形象：他们是"最古老、最受仰慕的娼妓"，（用一位出身无可指摘的无产阶级年轻作家的话来说）"是文学害虫……是施了胭脂水粉的浪荡女人，为了些许银钱就愿意模仿传说中的东方女人扭动腰肢跳起艳舞"。

革命不但必须有道德纯净性，还要有无比的男子气概，但是作家大都缺乏后者。所以，政治上所需要的实际与威猛就与文人的气质不合。有一次一位党的领导干部就公开说党内一位作家的诗作与短篇小说只是他工作之余的"休闲嗜好"，这充分地说明了党认为文艺对革命大业而言并不重要。而最糟糕的是，作家们若不在作品中处理有关阶级斗争的主题，便会被视为缺乏男子气概。党内的知识分子对此事意见不一，但是最鹰派的会严词谴责这些所谓的文学人文主义者，认为他们的作品是"同性恋文学"。有一次戈尔德告诉辛克莱·刘易斯（Sinclair Lewis），他认为这种作家其实是陷于一种疯狂的嫉妒心理，因为他们的"雄性经验"被阉割了。戈尔德与索顿·怀尔德（Thornton Wilder）有过一次出名的论战，他说后者的小说"简直是在宣扬一种小花小草似的小确幸人生观，缺乏真正的血肉与勇气的存在意识，就像是一个同性恋者的白日梦般，穿着华美的袍子在花园穿梭"。

在这种无产阶级意识战斗情怀最高昂的时刻，主张把党的信念与文学完全合一的人希望那些工人作家能够勇于为这个社会提供一些"无产阶级现实主义"（Proletarian Realism，这是戈尔德的用词）的意识，因为布尔乔亚的作家做不到。《新群众》（New Masses）是共产党的刊物，有一个工人作家说，希望伐木工人、流动工人、矿工、小职员、机械员、餐厅侍者等都能来投稿与阅读本刊，因为他们比那些三流作家重要多了。"虽然可能内容很粗糙——因为可能作者才刚刚下工脱下脏鞋子洗了把脸，但是我们何所惧？怕文学批评家吗？怕他们会说《新群众》这刊物登些劣质、文法不对的东西吗？
见鬼了，兄弟们，街边杂志架上满是文法高雅的垃圾文献。"当然，
这样的话语可能会让作家对于无产阶级运动敬而远之。让他们疏远
共产党的是一位作家所谓的"将无产阶级理想化的情怀，单调地弹
奏没有感情的琴弦，敌视关注其他阶层的思想观念，看不上经过特
意调节的写作和批评，回避讨论"。

　　这些差异反映出共产党在面对作家与知识分子时的一个重要问
题：既迫切地想要用到他们，却又无法维系能够留住他们的氛围。
戈尔德本身是文人，他的文学风采使得一些文人还愿意徘徊在共产
党旁边，而他有时也为党内同志对于作家的态度深感焦虑不安。他
有一次承认，知识分子太常被迫自认为是革命运动的局外人，"知
识分子"这个词已经与"浑蛋"等同，在美国的共产党圈子中的确
有此现象。党内有些人在内部派系斗争时也会利用这种对知识分子
的敌意作为武器：约瑟夫·弗里曼（Josepf Freeman）在 20 世纪
20 年代时有一次党内斗争，有一派人竟然散布谣言，说另一派人是
大学生、资产阶级与犹太人。这样自然产生了严重后果。马尔科姆·考
利（Malcolm Cowley）是无党派都市大报的记者，他曾严肃地指控
托洛茨基："我从来就不喜欢像他这样的都市知识分子，他们把每
一个有关人的问题都简化成为三段论逻辑，而他们自认为在推论上
自己都是正确的……"

　　对每一位左翼作家来说，一定曾经有过这样一段时间，大家都
接受党的教条而承认知识分子以及造就出知识分子的机构都是不好
的。多斯·帕索斯在"一战"期间曾写道："我认为我们都是虚假
的革命家，我们在茶桌上谈革命信念与激进主义，但是却都是花拳
绣腿而已……我真希望取缔这些误导年轻人的大学，以及相关的中
产阶级虚矫文化。"吉纳维芙·塔格德（Genevieve Taggard）说道，
在革命的紧迫任务之下，作家都是无用的，

296　　只有实际的人才能搞革命，如果想要组织战斗部队或是采行某种体制改革，却碰到一个两眼茫然不知所措的文艺青年，着实令人愤怒。如果我负责一场革命，我会把艺术家都赶走，我只相信务实的事情，一分耕耘一分收获。我自己就是艺术家，我像任何一个小孩子一样知道母亲何时在忙、我不应打扰，所以我不想成为革命大业的绊脚石，我只希望革命成功，我可以安静地有一个属于自己的位置。

　　很多作家参加革命运动，是因为他们认为反对资本主义就是反对资本主义对于艺术文化的不敬与压迫。但是无论对于生活的体制怎么抉择，总是有一个实际的事情挡在前头，那就是我们到底要资本主义式的工业化发展，还是要共产主义者所讲的"新经济政策"？到底是追求个人的成就，还是组成一支无产阶级"革命队伍"？

第五部分

民主社会与教育

第十二章
学校与老师

一　"教育是我们所能从事的最重要之事"

任何人谈到美国的反智传统，一定要注意到美国历史的一个特色，那就是始终极度注重平民教育。从以前到现在，很少有人会真正怀疑美国人的这种信念。亨利·斯蒂尔·康马杰（Henry Steele Commager）曾对 19 世纪的美国做过研究，他认为"教育就是那时的信仰"，虽然他随后补充，美国人对教育的期待和对宗教的期待一样，希望它能"很实用，有收益"[1]。近代以来，美国是第一个效法普鲁士建立免费基础教育制度的国家。美国最早的法律就曾规定，政府要拨出一部分土地用于建立学校。美国的学校与图书馆快速增加，证明他们很重视知识的传播，而不断增加的学院（lyceum）与"肖托夸运动"（Chautauquas）*显示出这股对教育的热忱会延续

---

*　19 世纪末至 20 世纪 20 年代的美国成人教育运动，主要发生于美国乡间，因为起源于纽约州的肖托夸湖（Chautauqua Lake）而得名。

到成人终身教育之中，而不会随着学校教育结束而终止。

从一开始，美国的政治人物就坚持教育对于一个共和国的重要性。华盛顿在他的告别演说词中力劝国人设立"可以普遍散播知识的机构"。因为这个新的国家体制需要公共意见的参与，华盛顿认为"开启民智是很重要的事业"。1816年，年老的杰斐逊警告国人："如果一个国家的人散漫无知，国家就没有未来可言。"当1832年林肯总统初次踏入政坛从事竞选活动时，他告诉选民，"教育是我们作为一个群体所能从事的最重要之事"[2]。对成千上万的美国学童来说，林肯总统躺在一堆柴火前就着火光读书的景象深深印在他们心中（我相信，我们之中没有谁不曾好奇他当时到底正在读什么书）。在各种场合中，很多演讲者、作家与编辑都习惯在发表长篇大论时先说一下教育的重要性。一位中西部小镇的编辑在1836年时说：

> 假设现在这个坚固的社会结构有一天会瓦解，欢乐的阳光……会变得暗淡，那么这一切都是由于民众的无知。如果我们可以一直团结下去……如果我们希望土地不受独裁者的践踏，如果我们希望幸福的日子一直持续，如果你想要太阳永远照耀着我们每一个自由人的脸庞，就请好好教育这片土地上的每一个儿童。只有这样才会让想独揽大权的暴君害怕，才能让受压迫人民的能力得到解放。因为只有智慧才能成为支撑民族荣耀的梁柱，唯有智慧与道德才可让这些梁柱免于倾圮覆灭。[3]

如果我们将注意力从过去的一些言论转到今天的现实状况，我们一定会讶异，很多人都在批评我们今天已经不再对教育怀有热情了。许多问题都是因为漠不关心——老师薪资低、教室爆满、在同一时间安排两堂课、教室破旧、设备老旧以及其他种种衍生出的问题，例如过度重视球队与乐队、不良学区内的破烂学校、对学科程度要求过低、忽视重要科目的教授与忽视资优学生等。有时候美国的学校似乎被运动与相关的商业化活动、媒体的批评所主导，这样的情况还蔓延到了高等教育中，最糟糕的例子是俄克拉荷马大学校长竟然说他想办一所以橄榄球队为荣的大学。有些最终极的教育价值似乎永远和美国人擦身而过。美国人每年花很多钱与力气把子弟送进大学，但是这些年轻人到了大学后，似乎连对阅读都不太提得起劲儿。[5]

二 美国公立教育的失败

虽然我们在口头上一再夸耀我们的教育体系，但是尽责的教育人员一直都知道，这个体系有若干严重的缺失之处。历来诚实检讨教育制度的书籍对目前的一些教育观察家构成了严峻的挑战，因为他们只知沉湎于过去的一切，可就现在看来，过去也没有那么美好。这些检讨教育的文献是由一群令人敬佩的人所撰写，其中包含尖锐的批评与沉重的抱怨。美国人愿意设立公立学校制度，却吝于对该制度给予足够支持。他们愿意紧跟广泛传播知识的世界潮流，但是却聘用一些不适任的老师，并给他们车夫一般的薪水。

美国教育改革推动者的历史，其实就是他们对抗不利教育环境的历史。教育领域的书籍里常提到种种诉求，就如同清教徒讲道时的诉求一般。教育改革的文献充满抱怨并不令人意外，因为任何想要进步的人都会抱怨，但在这种抱怨之下还潜藏着一股几近绝望的暗流。更有甚者，这些抱怨不单存在于偏远西部，或是密西西比州的最深处，同时也在马萨诸塞州出现。马萨诸塞乃是公立学校系统办得最好的地方，在美国各州中一向以办教育闻名。但是在1826年，马萨诸塞州的教育改革者詹姆斯·戈登·卡特（James Gordon Carter）发出警告，如果马萨诸塞州议会不改变政策，其公立学校

302

制度在二十年内就会瓦解。[6]

马萨诸塞州教育局局长霍勒斯·曼（Horace Mann）在 1837年对他辖下全美最好的公立学校系统发出了一番警告，很有启发性。他说："学校的房舍太小，且区位不佳；而学区教育委员会为了省钱，没有让教科书统一化，导致一个课程有时候要用到八种或十种课本；学区教育委员会成员薪资不高，社会地位也不高；如果社区中有一部分人不关心教育，自然就不会为学校付出任何努力，而有钱人早就对公立学校失望透顶，送子弟去私立学校就读了；很多城镇的学校不能达到州政府对于学校管理的要求；公立学校普遍缺乏合格称职的教师，但是现任的教师无论多么不适任，得到的评价却是'大众可以接受'；阅读课程指定书籍的难度明显需要提升；在过去的一代里，学生的拼写能力退步了；我们学校阅读班的小孩十二个里有十一个根本不理解他们读到的字词是什么意思。"因此，他生怕"学区教育委员会不尽责、老师不称职、社会大众不关心这三方面的问题可能会继续恶化下去"，直到有一天公立学校系统整个瓦解。[7]

303   抱怨持续不断，从新英格兰蔓延到了全国各地。1870 年，美国正处在中学教育大改革的前夜，威廉·富兰克林·菲尔普斯（William Franklin Phelps）时任明尼苏达州一所师范学校的校长，后来出任全国教育协会会长。他说：

　　这些小学主要落在了无知的校长或不合格的老师们手里。小孩们只学到了一点点的表面知识，他们没学到什么技能就离开学校，进入社会舞台，没有智识能力，也没有道德耐性……这个国家大部分的学校都不好，老师也差，所以哪怕这些学校关门了，也没有什么不好……他们花着纳税人的钱，却陷于无知与故步自封之中……美国太多的学校简直跟少年暴民的聚集处一样。[8]

1892 年，约瑟夫·M. 赖斯（Joseph M. Rice）巡视全国各地的公立学校体系，发现每个城市的状况都不好，只有少数例外：教育成了政治的牺牲品，无知的政客聘用无知的老师，教学变成了重复而无趣的事情。[9] 十年后进步运动正要展开时，《纽约太阳报》（*The New York Sun*）接到这样一个投诉：

> 在我们小的时候，学生在学校多少要做一点儿功课。不是哄着我们做，而是强迫我们做。拼写、作文与算术都是必学的，一定要学会。但是现在小学教育变成了杂耍特技秀，老师逗小朋友学习，小孩儿只学他们喜欢的。很多自作聪明的老师嘲笑老一套的教学基础，而现在让小孩儿学习阅读简直快成一种灾难或是犯罪行为了。[10]

一个世代之后，美国发展出了一套伟大的中学教育体系，教育本身成了一门专业。一位师范大学的托马斯·H. 布里格斯（Thomas H. Briggs）先生到哈佛大学演讲，评价了美国在中学教育上的"伟大投资"，说它很不幸地把路走歪了。他说："没有什么成果，就连课程表都不行。"他认为，以数学来说，学生以这样的程度去做生意一定会破产，不然就是被关入监狱。如果给出圆周率与其他必要条件，只有一半的学生能正确算出圆的面积。学外语的学生既不能读也不能说。学了一年法语的学生只有一半人能理解 je n'ai parlé à personne（我没跟任何人说过话）这句话。学法语的学生只有五分之一学了两年以上。拉丁语的成绩一样糟糕。学了一年古代历史的学生甚至连梭伦（Solon）是谁都不知道。学生学了一年美国历史后，却不知道门罗主义是什么意思。大多数人学了英语的课程后还是无法培养出"对于文学的欣赏能力"，"写作能力也未能得到充分提升，实在惊人"。[11]

今天的世界很容易取得各种调查数据，而我们在教育上失败的证据已多到不需要再详细举证的地步。[12] 现在的焦点在于如何解释这些证据的意义，对此各方的观点差异很大。很多专业的教育家认为，这些证据更加证明了他们一贯的主张：在全国普遍性大规模的中学教育体系下，传统的课程与教学方法并不适用。而批评现有教育体系的人则说，这些数据证明，我们更应该恢复传统教育那种高标准的要求，以严格与严肃的精神面对教育。几乎无异议的是，大家都承认教育失败了，这个失败反映了美国社会的一个巨大的尴尬之处：大家如此重视教育，教育体系的成果却这么令人失望。

三　学校是公民的培训所

我们当然可以合理地怀疑，这些数据与批评有误导之虞。学校当局与教育改革者一向的不满，难道不能被看成健康的自我反省吗？不满之后才会有一些改革，不是吗？退一步来说，如果衡量美国教育体系的成败，不是基于某些抽象的成就尺度，而是看它是否达成了当初设立的目的，那它不也是一种成功吗？关于此点，无疑有很多可以补充的地方。美国公立学校制度在设计之初，本来就是要大规模教育来自不同族群、高异质性、高流动性的学生群体，他们成长于不同的环境，有不同的生活方式与目标，而教育体系希望把他们融合成一个民族，教大家识字，培养出一个民主社会的公民最起码应具备的素养。它完成了这些任务，即使美国在 19 世纪时没有变成具有高文化水准的国家，但美国的教育至少产生了意见与能力相当的公民，这一点屡屡为外国人所称道。

当然，要彻底讨论这个争议，我们得先仔细检视美国教育的信念。大规模教育的目标不是要培育出优质的头脑能力，或是对于知识与文化的深厚兴趣与素养，而是要注重教育在政治和经济上的益处。当然一些著名学者与像霍勒斯·曼这样的教育改革者确实强调了培养头脑能力的重要性，但是在对社会领袖或是大众说明教育的目标时，他们会更在意教育对于公共秩序、民主政治与经济发展的作用。他们深深了解，在推动教育上，最无可抗拒的理由一定是打造民主社会，而不是成就高度发展的文化。他们秉持着一种美国式的观念：民主大众的政治制度一定需要大众化的教育来支持。社会上的有钱人一直担心教育会过度花费他们的税金，但是大规模的公立教育体系大量培育公民，可以避免社会失序，让劳工不致无知识、无技能，降低犯罪率，防止社会走向极端激进等。而对于中产阶级与下层阶级的人来说，公立学校教育为人民提供了参与民主政治的基础，这是提供社会位阶晋升机会的敲门砖，是公平竞争的天平。[13]　306

　　对于大众而言，他们缺乏自我表达的机会，我们很难了解他们对于教育体系的真正态度，只知道他们认为教育为其子女提供了向上流动的机会。对他们来说，送子女去学校读书的首要考量固然明显不是发展其智识能力，但是有证据显示，我们先前讨论过的在宗教、政治与商业上都有的反智倾向，现在也在教育上出现了。似乎大家觉得不应该教导小孩子太过于重视智识。露丝·米勒·埃尔森（Ruth Miller Elson）夫人最近的研究指出，19 世纪教科书的作者希望小孩对于智识、艺术与教育等的态度能与成人社会的态度一致。[14]过去的学生读本中有很多好的文章，但是它们能被选入并不是因为它们能够教导小孩智识的价值。

　　就如同埃尔森夫人所言，这些教科书所蕴含与传递的价值乃是"效用"。早年的一本教科书中写道："我们都是学习实用知识的人。"杰迪代亚·莫尔斯（Jedidiah Morse）所编的著名地理课本上写着："当世界上的许多国家致力于保存他们的文化遗产时，在共和主义下的美国人则在学习公共部门与私人部门的各种效用。"教科书作者乐于见到知识被大规模地、普遍地传授，即使这样会牺牲产生大学者的机会也无妨。"我们没有像牛津、剑桥这样的伟大学校，花大钱聘请像修道院修士一样每天无所事事的文学教授……我们国家的人不会如此附庸风雅，我们注重实用性。"美国人自豪于美国的大学并不像欧洲那样只注重知识，也关心学生的人格：人们赞美美国大学，说它们是塑造学生的德行与操守之所，而非仅仅追求真理之地。

公立学校体系当初就是为了这个目的出现的。1882 年，有一本三年级的读本上写着："小孩子要品性好而非聪明""人的智慧不是最重要或是最吸引人的特质"。在学校的读本里经常可以见到这样的观念，就是认为良好的品德比聪明的头脑更重要。欧洲的英雄常被描绘为傲慢的贵族、威猛的战士，或是"拿着钱阿谀强权的学者，以及纵容腐败宫廷、糟蹋了一身天赋才华的诗人"。而美国的英雄则是单纯、真诚且正直的人。华盛顿就是这些读本中的这种例子，书上形容他是靠自己奋斗成功的务实之人，没受过多少教育，也不靠智识立身。19 世纪 80 年代与 90 年代的历史教科书上如此记载："他是个踏实的人，并非绝顶聪明，他有好的判断力而非天才的头脑。他不喜欢担任公职，不太阅读，没有什么藏书。"即使连富兰克林都没有被描绘成 18 世纪的知识分子领袖或是顶尖的科学家，而是一位自学成功的人，时时以节俭与勤奋自勉。

这些读本收入了一些富有格调的内容，足以证实这样的情结是存在的。华兹华斯（Wordsworth）作品中的反智诗句在 19 世纪上半叶很出名，而爱默生的反智诗句则在下半叶很出名。1884 年的一本五年级读本收录了爱默生的《告别》（*Goodbye*）：

> 我嘲笑人们的知识与傲慢，
>
> 也嘲笑高等的学府与那些饱学之人。
>
> 人与上帝在伊甸园见面时，
>
> 就是因为知识才想要躲躲藏藏。

对于智识带来的快乐存在偏见，反对学童阅读小说的告诫与教诲也被反复重申，甚至有时有人会提出，为了消遣与愉悦而阅读不是好事。"看书时把书翻坏或是拆散就是糟蹋书，但是为了愉悦而看书就是对书的误用。"埃尔森密集分析了这些课本后，下结论道："反智在美国文化中不是新的东西，它深深埋藏在教科书中，从开国以来学童就在一代代地读。"

虽然社会有时很重视艺术，但是这并不能补偿其对于智识的贬抑。当大家在讨论自学成才的艺术家、国家文化纪念碑与作品，或是在弘扬美国本土艺术时，无可避免地会谈到音乐与美术。对于编纂教科书的人来说，重要的不是艺术家的作品内容，而是他的艺术生涯，因为这可以证明他是个勤奋努力的人。本杰明·韦斯特（Benjamin West）就被描绘成童年非常穷苦的少年，买不起画笔，只好从猫尾巴上拔毛做成笔来画画："我们可以看到，凭借努力、天赋与毅力，一个美国小男孩终于成为最著名的画家。"但是，学习艺术虽然可以锻炼一个人的性格，可同时也有其危险。18 世纪英国道德主义者汉娜·莫尔（Hannah More）留下的一份文献载明："在所有文明高度发展的国家中，崇仰艺术的其实是陷溺于女色的根源……过度崇仰艺术导致腐化，腐化使得国家衰退，因此崇仰艺术就是国家行将瓦解的确切前兆。"意大利总是被拿来作为例子：正是它在艺术上的卓越成就导致整个民族的性格落入遭人非议的地步。需要提到的是，欧洲人常常批评美国文化，于是美国学校的读本日益重视普及美国艺术与文学发展的状况，以此回应这些批评。因为艺术与民族荣耀有关，且被视为一种工具，所以至少能被接受。

当然我们无法知道这些学校读本对于小孩有多大影响。但是任何接受书中观点的小孩，都难免会以为学术与艺术不过是欧洲那些较不稳定社会的装饰品，认为艺术是为了民族主义服务的，完全从它对性格的影响来看待它的价值。如同埃尔森所言，这样的学生将

308

309 来会"更诚实、勤勉、有信仰与有道德。他会成为一个有用的公民,
不会受到艺术与学术这些东西的坏影响或是失去男子气概"。所以
归结言之,读本中有关文化的观念会使学生"将人生投入对物质生
活的追求以及坚强完善人格的锻炼之中,而艺术与智识只有在能带
来某些具体用处时才变得重要"。

以上提到的学校读本的种种现象都表明 19 世纪的美国人有了
一种更为清晰的教育信念。也许这种信念最令人感动的一点,就是
其中有一股坚定的善意:大家都认为教育不应该只属于一部分人,
而应该是所有人都有机会接受。这样的决心在美国历史中成功延续
了下去:学校成为普及社会与经济机会的机构。美国人不太知道教
育的适当标准何在,即使他们能找到这些标准,也很难在这个国家
的大规模教育体系里落实。在美国,教育的目的是教授有用的技能
与提高社会竞争能力,这是很清楚的。但是提高智识能力或是享受
思维的乐趣这种目标就没那么清晰,且未必都得到大家的赞同。很
多美国人都怀疑:像这种"高级"的教育只适合富裕有闲的阶级、
贵族子弟,或是过去的欧洲社会;它的用处没有多么明显,危险却
不小;如果教育太注重智识的发展,可能会带来傲慢或是孤芳自赏
的心态,而这种情况通常在道德败坏的人身上才会出现。

四 被同情却不被尊敬的老师

美国人在教育上不愿意重视智识的养成,这样的态度并不会因
为有了好的师资而改变,更何况从来就没有好的师资。社会从来也
没有重视过师资的问题,因为在美国的社会环境下,要吸收优秀的
人来当老师是很困难的。

可以说,在任何现代社会中,老师的数目与际遇都能精确反映
这个社会的本质。老师是第一个以专注于走进学童经历为己任的人,

是全职智识专业的代表。学童在心中对老师的感觉与对老师社会地 310
位的认知，都会在塑造学童的教育与知识态度上扮演关键角色。当
然，这个因素在小学阶段没有在中学明显，因为小学主要是教导生
活与学习上的基础，但是在中学阶段，学生在心智上会快速觉醒，
开始接触智识世界。但从小学到大学的任何一个阶段，老师都不只
是一位指导者，也可能是学生潜在的标杆或学习对象，学生可从老
师身上得知成人世界的许多价值观。学生从老师那里习得如何思考，
并借着观察社会如何看待老师而得知老师的社会地位与角色。

　　在德国、法国与斯堪的纳维亚诸国等国家中，老师的地位较受
重视，老师——尤其是中学老师，在乡间很受敬重，因为他们在人
格与职业上都代表着一种可以仿效的典范。所以在那些社会，年轻
人愿意从事教职，因为老师的工作有意义且报酬不差。有些聪明的
小孩虽然家里并没有好的智识环境，但是如果碰到留心智识、富有
教养的老师，就可能受到启发。在学校里碰到好老师是这些小孩获
得智识启蒙的唯一机会，但是在美国教育史上的大部分时候，中小
学老师并未担负启蒙智识的责任。这些老师不但本身没有智识发展
上的企图，有时甚至连教学能力都不足。不管老师素质如何，待遇低、
缺乏个人自由使得老师这个行当与被剥削和胁迫联系在了一起。

　　当代几乎所有的教育评论家都同意，美国的老师待遇差又不被
重视。若干年前，美国的卫生、教育与福利部部长马里昂·福尔瑟
姆（Marion Folsom）谈到，美国老师的薪资水准几乎可称为"国耻"，
这表示"社会大众根本不尊敬老师"[15]。媒体也常常提到这种状况。
例如有人报道，密歇根州有个城市的老师年薪竟然比收垃圾的清洁
队员还少四百美元。另外，佛罗里达州的一群老师向报纸投诉，州
长私人厨师一年的薪资是三千六百美元，比州内许多拥有大学学历 311
的老师薪水还高。[16]美国老师与其他美国人一样，他们的绝对薪资
（薪资购买力）高于欧洲老师，但是薪资水准在社会中的排名却低

于除加拿大之外的其他西方国家。1949 年，美国老师的收入是国民平均所得的 1.9 倍，而英国是 2.5 倍，法国是 5.1 倍，西德是 4.7 倍，意大利是 3.1 倍，丹麦是 3.2 倍，瑞典是 3.6 倍。[17]

教书这个职业在美国的地位比在其他国家都低，比美国的各种行业更是低得多。迈伦·利伯曼（Myron Lieberman）指出，美国教师的特色就是他们多半出身于中下阶层社会的顶部。上层社会与上层中产阶级这两个部分的人都不会想去当老师。而当老师的人常在学期中，尤其是暑假时，找副业以弥补生计。这些副业通常都是较低级的工作，例如餐厅服务生、吧台服务员、管家、清洁人员、农场帮工、赌场帮工、挤牛奶工或是任何杂工。他们出身的家庭通常是低阶或是中等家庭，而家中的读物多半限于《周六晚报》（Saturday Evening）或是《读者文摘》（Reader's Digest）之类。[18]对多数的教师而言，虽然工作收入不算高，但是比起他们父母辈的经济地位来说已经是某种进步了，而且他们的小孩也会活得更好，因为会接受更好的教育。

虽然《黑板丛林》（The Blackboard Jungle）一书揭露了教育界的弊端，美国城市中的一些破败区域也有很糟糕的学校，但我们还是有理由相信，美国中学教师与学生间的关系还不错，尤其是与中产阶级或是上层阶级学生的关系，他们是学校的教育焦点，一般来说较受老师宠爱，即使能力与中下阶层家庭学生一样时也是如此。可是有趣的是，美国的青少年一般都同情他们的老师，而不是尊敬他们。青少年们知道老师待遇不好，都认为应该给老师加薪才对。因此，较积极、能力好的青少年都知道教书是没前途的，他们不会走这条路。[19]于是，老师这个行业就一直难以吸引最好的人才，因而持续平庸下去。而如果在学生心中，老师和他们的收入代表着智识与其所获得的报酬，那么老师们的表现与社会给他们的待遇不啻让智识这个东西失去了吸引力。

其实老师们的艰苦处境早在美国立国时就存在了。美国人对教育的热忱从来就没有高到足以大力支持老师的地步。这一部分得归因于英美传统对于老师的态度一向是无法与欧陆国家相比的。[20] 不管如何，在美国总是会有缺乏合格老师的问题，而且早期美国的社会里，要找到适任的教师且能留住他们是很困难的。殖民时期受过教育的人本就很少，他们的机会很多，因此大多不愿意屈就较低的教育工作薪资。于是大家想到一些解决的办法。有一些小学干脆就由中上阶层受过教育的妇女团体来"承包"，虽然学校是私人设立，但是一部分或大部分的经费都由公家来支付。直到 19 世纪为止，美国小学教师的责任一直是由妇女来担负。在某些小镇里，牧师也 ₃₁₃ 兼任教师，或是教师兼任小镇各类的行政或教会工作。也有的情况是，既然不可能找到永久性的教师，那就把老师工作给一些立志要成为律师或是牧师的年轻人作为暂时的寄居之处。这种做法的好处是可以找到优秀的年轻人来教书，但是如此一来又造成一种印象：教书不过是胸怀大志的年轻人暂时栖身的职业。

在这种状况下，长久待在教师行业的人就被看成没有大志或是能力不足无法跳槽。也许只有坏事能传千里吧，威拉德·S. 埃尔斯布里（Willard S. Elsbree）的书《美国的老师》（*The American Teacher*）里记载的尽是杏坛丑闻：酗酒、诽谤、亵渎、互相诉讼与外遇出轨等事。[21] 既然老师难找，殖民时期就出现了"契约工教师"这样的情形。1725 年，一位特拉华州的牧师指出："每当一艘船载着新移民从欧洲来到美国时，一些殖民地的人就会说，让我们过去买一位老师来吧！" 1776 年，《马里兰报》（*Maryland Journal*）有这样一则广告：有一艘船刚从爱尔兰来，船上待出售的有"各种爱尔兰货品，其中包括老师、猪肉、牛肉与马铃薯"。大概同时间，康涅狄格州的报纸有广告悬赏缉拿"一位逃跑的老师，浅色皮肤，短发，皮肤和腿有毛病"。残障的人因为找工作不易，所以常常就

当了老师。1673 年，纽约州首府奥伯尼（Albany）在三位教师的阵
容外又雇用了一名面包师傅任教，理由是"他的手受伤了，无法做
面包了"[22]。虽然这样做是出于一种错付的好意，然而到底还是真
实反映了美国缺乏合格老师的窘境。只有马萨诸塞州因为历来是全
美受教育者比例最高的州，所以有许多大学毕业生会先去当老师。

314   虽然能力强、乐于奉献的老师偶尔还是会有，但是不胜任者实
在太多也太明显，以致老师的社会形象都是由他们决定的。一位观
察者在 1725 年说："真相乃是，教师的学校与老师形象实在太糟，
连大众都认为小孩子应该由自己来教。"[23] 这样的想法一直持续至
19 世纪，当时留下这样一则报道："这个人的身体实在残疾到无法
从事任何劳动——他跛脚、太胖、没有力气、得了肺结核、病恹恹
的或是太懒根本不想工作——唉，他们经常从这类人中挑选学校老
师，把他们丢到教小孩的岗位上。"对于这类老师，人们有一系列
刻板印象：独眼或是单腿老师、牧师因为爱喝酒被逐出教会而改行
的老师、跛脚老师、该去当小提琴手的老师，以及"周末喝醉酒因
此周一处罚全班的老师"[24]。

       全国上下，凡是有心的教育专家无不担心老师的素质。卡特在
描述 1824 年马萨诸塞州的学校状况时说：[25] 男性教师可分成三类，
一是认为教书好混，比一般工作轻松；二是受过良好教育者，将教
书视为过渡性工作；三是那些没有才能、无望成功或是在其他行业
混不下去的人——有句俗话说："如果一个年轻人的品行不至于糟
到被抓去坐牢，那么他就应该够资格当一个学校老师。"

       若干年后，北卡罗来纳大学校长约瑟夫·考德威尔（Joseph
Caldwell）对于该州老师的素质愤懑不已：

315   如果有一个人极度懒惰，成为他周遭之人的沉重负担，那
       么有一个方法可以摆脱他，那就是让他去当老师。大家都认为，

教书是除了发呆以外最轻松的事。如果有一个人将家财挥霍殆尽，或是因行为不检点而陷入债务，那他随时可以来教书，因为这是最不需要任何技能的事，他一定可以胜任。有没有人因为酗酒或做尽坏事而快要毁了他自己？不会的，他可曾为触犯法律而悔过，并从监狱里出来了吗？虽然他没有品行，也不被人信任，但是他可以到学校教书带小孩子，因为只要他有意愿，只要他会读会写，会解数学平方根，我们就承认他会是个好老师。[26]

很多美国小说里对老师的描写，不正和华盛顿·欧文（Washington Irving）的小说《沉睡谷传奇》（*The Legend of Sleepy Hollow*）里描绘的那位"鹤人"伊卡博德·克兰（Ichabod Crane）一样吗？

　　这个鹤的绰号对他来说还挺合适的。他很高，但是极瘦，窄肩，长臂长腿，手伸出袖外很多，腿像铲子似的，整个人的骨架像是要散掉一样。他的头很小，前额很平，大耳朵，绿色的眼睛又大又清澈，鼻长而尖，头像是挂在脖子上随风摇晃。如果他迎着强风走在山坡上，衣服随风飘动，我们会以为他是精灵或是玉米田中的稻草人。

欧文笔下的鹤人不是坏人。他游走各家，打杂工，挣饭钱，尽可能让农民们觉得他好相处，尽量帮忙农事，照顾儿童。在妇女面前他也有些地位，因为与她们常碰见的土包子比起来，他算是读过书的人。但是这个"有点儿狡猾又有点儿可信赖的奇妙之人"，男人都看不起他，而他们却认为他可以做村中的老师。

316

五　缺乏男子气概的老师

考德威尔与卡特都是积极想要改革美国教育的人，所以他们的抱怨有可能会被夸大一些；果真如此的话，也只是反映出老师深植于美国人心中的刻板印象。但这会产生恶性循环的效果。美国社会本来就难以找到、培养好老师并向他们支付足够的薪资。所以大家都将就了，找到什么人就用什么人，结果招徕了一大堆不适任与能力差的人。于是大家只好认定教师这个职业会吸引不良之人前来应征，如此认定后，社会自然不愿意给这些不良的人付高薪。的确有证据显示，如果找到很好的人来当老师，大家都极度欢迎，而他马上就会受到尊重，得到比其他地方的教师好很多的声誉与地位。然而，若要普遍提升教师水准，则需要很大的努力与很长的时间才行。

最后终于使得美国教育体系摆脱这种恶性循环的，是学校的年级制度与大量女老师的出现。学校的年级制度是因应大都市地区的问题而产生的，首先出现于 19 世纪 20 年代，在 19 世纪 60 年代大为流行。之后大部分的城市都如法炮制，在这种分年级的学校里，儿童六岁入学，十四岁毕业。分年级制度仿效自德国，它减少了班级人数，同班同学的学业水平相当，这样老师就较容易开展教学。如此一来，老师的人数就需要增加了，因此女性开始大量进入这个行业。在 1830 年之前，大部分老师是男性，女老师只负责教幼童或是暑期班。以往有一个观念，就是女老师不易维持教室秩序，尤其是面对大班或是高年级。而实行分年级制之后，事实证明这样的看法并不完全对。很多地方虽然还是反对聘请女老师，但是只要告诉他们，女老师的薪资只有男老师的三分之一或一半时，他们马上就不反对了。这就是美国可以提供普遍的大众教育但是又不用花太多钱的秘诀。到 1870 年时，有的州女教师人数已经超过男教师，而内战的征兵又使得男教师比例越发降低。到了 1870 年，女教师已经占了近 60%，而且还在快速增长。到 1900 年时，70% 的教师都是女性，又过了二十多年后，比例已达到 83% 的最高峰。[27]

聘用女教师同时解决了两个问题：教师素质不高与成本的问题。大量素质不错的年轻女孩进入教育界，她们愿意接受低薪，且品行符合教育委员会所设的严苛标准。但是教学能力的问题并未在此时一并得到解决，因为这些女孩很年轻，而且准备不足。在很长的时间里，政府并未推出培养她们的政策或机构，民间有一些相关机构，但是数目不够多。不过在 19 世纪中叶之前，欧洲国家已经花了一个世纪的时间研究教师培养的问题。霍勒斯·曼于 1839 年在马萨诸塞州帮助设立了第一所师范学校，但是在内战前夕，美国总共也才有十来所师范学校。虽然 1862 年之后师范学校数量迅速增加，然而直到 19 世纪结束时还是满足不了大量的需求。1898 年，只有一小部分新老师（也许占五分之一）乃是从公私立师范学校毕业。

更糟糕的是，这些师范学校提供的培养也不是太理想。首先，入学标准就不高，即使到了 1900 年，大部分师范学校仍然不需要有高中毕业证书就能读。对于两年制或是三年制的师范学校，只要读过两年高中或是拥有同等学力就可入学；而四年制的师范学校在 1920 年后才开始流行，那时教育学院已经开始兴起，逐渐替代师范学校了。根据联邦教育部的调查，即使到了 1930 年，全国从教育学院或是师范学校毕业的教师也只有 18% 受过四年的培养，有三分之二以上的人仅接受过一两年课程学习而已。[28]

虽然到了 20 世纪之后，美国社会各界都在努力改善教师素质，但是学龄儿童的大量增加使得合格教师的人数始终跟不上，教师市场的需求远大于供给，让提升教师素质的努力大打折扣。1919 年至 1920 年的统计指出，美国半数的老师年纪在二十五岁以下，半数教师到职不到四年或五年，半数在高中毕业后只接受了四年或更少的教育。此后数年内，情况有了快速改善，至少教师学历在数量方面取得了进步，但是总的成绩还是不行。1933年，美国教育部公布的《全国教师学历调查》(*National Survey of the Education of Teachers*)显示，小学中只有10%、中学只有56%、高中有85%的老师有学士学位。除了高中老师外，学士学位以上的教育完全不被重视，高中老师中约有六分之一的人有硕士学位。比较一下美国与西欧老师的学历，会发现美国明显居劣势，落后英国不少，更远远落后于法国、德国与瑞典。这个调查的作者说："让我们担心的是，学生们或是老师中的重要成员并不比一般人群更聪明。"[29]

优秀的学生不愿当老师，在多大程度上是因为钱太少，又在多大程度上是因为师范教育的内容乏善可陈？这些我们都不知道。但很明显的是，老师们并未就他们所教的科目接受过良好的培养。更令人惊讶的是，不管他们在拟教授的课程上做过多好的准备，最后却不一定会教这个科目。调查报告指出，高中老师即使对某一课程善加准备，也只有不到一半的机会真的被安排教这个科目。这部分是因为行政的疏失，但主要归因于小规模的高中实在太多，因此在教师不够的情形下，老师只好各种课都教。直到1959年，詹姆斯·布赖恩特·科南特(James Bryant Conant)还在抱怨这个问题。[30]

我们若是检视美国师资培养的历史，就可以发现很难逃出前述埃尔斯布里先生的结论："我们若要让公立学校有足够的师资，就必须牺牲质来换取量。"[31]这个国家对教育的看法是，每个人都应受国民教育。大体上，除南方外，这个目标算是实现了。但是很奇怪的是，国家要完成全民受教育的目标，却不愿意多花点钱来培养合格的老师。一直以来，美国都在寻找廉价的师资。老师被视为国家公务员，而美国立国传统的平等精神告诉我们，政府官员的薪水不应该太高。在殖民期间，老师的薪资差异很大，但是总的来说大致等同于或略低于技术工人的工资，比起职业人士就更要低很多了。

1843 年，霍勒斯·曼对马萨诸塞州各种职业的薪资做了调查，发现在同一城镇中，技术工人的薪资比教师多了 50% 到 100%。他发现女老师的薪资比工厂的女性作业员还要低。1855 年，新泽西州的一位学校主管说，虽然老师们的教学能力"一般来说都不太合格"，但是他们似乎"表现得比他们的实力还好"。他又说，如果要求有能力的人来教书，又只给他这么低的薪资，那是荒谬的，也因为如此，"老师这个词从过去到现在都是含有贬义的"。很多农夫宁可花多一点儿钱给马钉马掌，也不愿意"请一位合适的人来教他的小孩"[32]。

当然，美国社会并没有以高尊严或高地位来补偿教师的过低薪资。况且，女老师人数上的优势虽然解决了以往教师品行素质很低的问题，但也带来了一个严重的新问题。世界上除美国以外，都认为男性应在教育上扮演重要角色，在中学教育中则更看重男教师的角色，各国男老师实际上的在职人数证明了此点。在西方国家中，美国可能是唯一一个把小学教育完全托付给女老师，把中学教育大致上托付给女老师的。1953 年，美国在教育人员女性化方面拿下头筹：女老师在小学中占 93%，在中学里占 60%。西欧国家中只有意大利的女老师占中学老师的一半以上（52%）。[33]

这里并不是在说女老师比男老师差（其实小学低年级由女老师教更合适）。在美国，因为教书一直被认为是不够阳刚的行业，男人在这个行业中很难找到角色的正当性。美国社会里一直有这样的观念，文化与教育之所以女性化，就是因为男孩子受学校所见所闻耳濡目染而自然形成的。在学校中，男孩没有足够的男性角色可以模仿，也没有这样的角色可以彰显智识乃是有男子气概的表现；最后，学校里也没有合适的男老师可以成为在社会中奋斗成功的榜样，使得小男孩将来亦愿意成为老师。若是小男孩长大后认为男老师都是娘娘腔，缺乏男子气概，那他就会在互动中刻意客气与谦恭地对待他们。[34] 也就是说，这个男老师也许会被学生尊敬，但是他并不被视为"男性中的一员"。

321　　有关老师的男性气概这个问题，其实只是更大的问题的一部分而已。19 世纪，男人经常以当老师作为最终成为律师、牧师、政客或是大学教授的过渡职业，或是其他行业失败后的退路。根据调查，即使到了今天，能力强的男人还是抱着以后能成为教育行政官员的心态担任教职，如果不成的话就干脆离开这个行业。最近几十年，有一个新的机会可能会吸引中学教师行列里有能力的男女：这就是如雨后春笋般出现的社区大学。社区大学的学生很多，这就使得有野心的中学老师想尽办法增进自己的学历或能力，以便进入社区大学任教，那里不但薪水更多、工作更轻松，社会地位也更高。在那里，他们所教的东西可能与一流高中教的难度差不多。国民教育到了第十三和第十四年时，学制上多一个选择可能是好事，但是此举不保证能强化中学的师资。美国寻求人数足够且素质好的老师，却同时

322　陷入了一个永远无法达到的目标。教育体制的高级阶段也就是大学或是专科学校的回报越高，年轻人就读这些学校的比例越高，就越会把教育体制初级阶段的人才吸走。因此，在一个教师不受重视的社会里，永远很难找到足够的人才，来教育基础教育与中等教育系统中的众多学生。

第十三章

适应生活的高中教育

一 中学教育普及化后的问题

美国的职业教育中存有一股反智潮流，这可以说是美国文化中最奇特的现象之一。要了解这个对于青少年有重大影响的现象，我们一定要先研究美国1870年以后的公立学校制度。美国从1870年开始大规模发展免费就读的公立中学体系，不过要等到20世纪后，公立高中才随处皆是。

美国的教育制度有一些奇特之处，我们必须留意，最重要的是它强调民主与大众化。其他的国家并不认为所有的孩童直到高中毕业都应该接受同样的教育。虽然现在已经没那么明显，但欧洲大多数国家的教育制度是根据他们的社会体系量身定制的。在欧洲，学生大约只有在十岁前接受同一教育，之后就分流到不同性质的学校，或是上不同性质的课。十四岁以后，80%的学生就不再接受正规教育，而其他的学生则进入大学预科。然而在美国，学生的义务教育持续直至十六岁或更久，且进大学的比例高于欧洲。美国人还喜欢

324 让中学生在同一间学校就读，通常是社区的综合高中，而且所有学生无论能力高低差异，都放在一起接受教学，尽管学生选的课可能不同。理想上，他们不会因为属于不同的社会阶级而被在交际或学业上分开；虽然美国民主的教育哲学一向反对阶级化的社会，可是在残酷的社会现实下，贫穷与种族等因素最后还是会造成阶级分层。无论如何，在美国一个小孩一生的职业发展方向并不需要像其他国家那样过早被决定，因为美国教育没有很早就分流的制度设计。一般来说，得等到研究生时期或是大学最后两年才有根据职业规划而来的专门教育。美国为大量的学生提供长时间的教育。它更为普及、民主，节奏更缓慢，要求更宽松。但是它也会造成人才浪费：阶级化的教育固然会阻绝有天分的穷人家子弟的成功之路，但是美国式教育也可能糟蹋任何阶级出身的资优学生。

　　美国以往的中学教育相比其他国家并没有很大的结构差异。美国在普遍设立公立高中前，关于中学教育的理念较不符合美国式民主所指的方向，而是更接近欧洲的理念。19 世纪，大多数美国人念完小学后就不再求学。小学之后的公立学校教育制度是在 1870 年后的三十年间建立的。在美国或是欧洲，学生在十三四岁后是否继续升学，基本上由他身处的阶级来决定。有钱的父母亲若是负担得起学费，或是希望小孩将来在智识上与专业上有所成就，就会送他们去读私立寄宿学校。自富兰克林时代起，这些学校开授混合传统与实务的课程：包含希腊语、拉丁文与数学为主的博雅教育，并辅以科学与历史；很多学校的中学生可以从拉丁文与英语中选择一科来读，英文显然更实际，而且当时的课程通常会强调可应用于商业的知识。这些学校素质不一，较差的只是照抄公立学校的教学大纲，而最顶尖的则会开授大学才有的课程。因此，私立学校最好的学生

325 进入大学后，在大一与大二时就可能因为需要重复修习那些曾经上过的课程而感到厌烦。[1]

美国奉行教育民主的道德观念，却又在中学教育中高度仰赖私立学校，这中间的落差与矛盾没能逃过教育批评者的注意。美国教育体系的一头是普遍设立的公立小学，另一头则是如雨后春笋般出现的大学与学院，这些机构当然不是免费的，但是学费很便宜，且几乎来者不拒。在这两头中间的乃是一个很大的中学教育缺口，填补它的是一些新创设的公立高中加上许多私立中学（1850年约有六千所）。早在19世纪30年代，就有人批评这些私立高中贵族化，专为有钱人而设，不符合美国精神。对于一个一向致力于免费公立学校教育体系的国家而言，将此体系延伸到中学似乎是很合理且必要的事。工商业在发展，职场所需的技能也越来越繁杂。由于职场缺乏人才，公立中学的设立似乎是既能满足需求又符合公平的精神。

主张大量设立公立高中的人有着强大的道德和职业论据，而且这种主张的法律依据已经存在于美国的公立学校制度之中了。有些短视的人或是不愿把税金花费于此的人曾发出一些反对的声音，但是并不持久。所以在1860年以后，公立高中的数目大幅增加。从1890年（此时我们才开始有统计数字）到1940年，高中的就读人数几乎每十年就会翻一番。1910年，全国十七岁的人口有35%在高中就读；而在今天，这个比例已经超过了70%。在这样的增速下，高中成了美国几乎所有年轻人都会就读的教育机构，其中约莫三分之二可以毕业。

美国各地的高中教育质量当然可能有很大差异，然而不管大家对其整体看法如何，都很难否认这种免费的公立高中教育是人类教育史上的重大成就，也是美国人想要实现社会公平与提升社会流动性的重要标志。由于稍后我将会对美国高中的课程有所批评，所以现在不妨先谈些正面的东西，以及这种教育制度对提升民主素养的帮助，已使得美国公立高中制度被欧洲国家纷纷仿效。

高中教育若是成为一种普及教育，性质就会发生改变。在20

世纪初时，由于高中数量少，所以入学竞争很激烈。来读高中的学生都是因为他们想读，并且他们的父母供得起。有一种似是而非的说法：当时会读高中的学生主要是为了继续读大学而来。过去十多年来确实是这样，但是之前并非如此。现今，大约半数的高中毕业生会继续读大学，这个比例已经很惊人了。我不知道 20 世纪初的高中生继续读大学的实际比例，但是我有相关资料显示出想读大学的人数比例。1891 年，约有 21% 的高中毕业生是想上大学的；1910 年，想上大学或者进入其他高等学府就读的毕业生比例是49%。此后，这个数字一直在上下波动。[2]

高中教育最大的改变在于，以往学生是自愿就读的，学校数目少，因此竞争较激烈，改成免费公立高中制度后，就读高中变成了义务，且入学者学业程度不一。正好在公立高中数量增长最快的那些年，进步主义者与工会人士一直在批评社会中的童工问题，而解决这个问题的最好方法当然是延长义务教育的年限。到了 1890 年，已经有二十七个州规定高中是义务教育阶段。到了 1918 年，美国所有的州都如此规定了。议会也日益积极地立法严格规定义务教育的毕业年龄，在 1900 年，有相关法律的各州规定的平均法定毕业年龄是十四岁零五个月，到了 1920 年，平均法定毕业年龄已经和今天差不多了：十六岁零三个月。社会福利制度与劳工团体都严密地监督这些法律的执行，以免年轻人被劳动市场剥削，防止父母让儿女太早进入职场。

但是在今天，进入中学读书的年轻人越来越良莠不齐，也越来越不情愿。他们读高中不是因为想求学，而是因为法律的规定。社会的情况翻转了。免费公立高中刚出现时，对想求学的年轻人来说是宝贵的机会，现在很多年轻人却成了"被绑在教室里的听众"，而学校当局不得不满足他们的要求。1940 年，美国青年理事会的教育委员会出具的一份报告说："如果中学里有一个学生的课业很不好，我们应该要记住，他是被强迫来上学的，因此我们应该尽可能帮助他，这是他对于社会的合理权利诉求。"[3]

随着时间推移，学校里对上学感到疑惑、违心乃至怨恨的学生所占比例越来越大。因此，我们可以合理怀疑，学生的平均能力以及学习意愿降低了。1890 年时，全国三十五万九千名高中生所用的程度较高的经典课程教材，已不适用于今日的数百万高中生。如果公立教育制度只涵盖小学教育，那么美国关于所有人都应该受教育的信念很容易就可以实施；但如果要涵盖中学教育，那么是否每一个人都适合接受此教育就是个问题了，而可确定的是大家都用同一套方式或教材学习是行不通的。因此，现状无疑需要改变。

然而学校行政当局的素质与观念本身就是个大问题。早在 20 世纪 20 年代，学校基本上被社会看成一种半托管机构，学校必须让对课业丝毫没兴趣的年轻人留在学校，因为这是法律规定。然而学校的压力不仅来自法律，它还必须能吸引大部分年轻人乐于在此学习。[4] 在勇敢地承接下此任务后，教育当局开始规划能吸引学生的课程，可是这些水准降低、性质多元的课程按传统教育标准看来是不合适的。长此以往，他们不再在乎高中教育的初始目标或是学科要求——当然，想要上大学的学生自然会努力，学校放弃高标准而开设的一些只求吸引学生的课，针对的是其他人——渐渐地，对高中教育的讨论开始掺入一个新的、重要的评估标准："留住学生的能力。"

学生众多，每个人来学校的目标都不相同，学习能力也不同，因此学校必须引入不同的课程体系。这时，高中的课程自然不可能再与 1890 年或是 1910 年时的课程一样了。于是，教育决策者面临着一个问题：学校是否应该不论学生的意愿与能力，尽量对他们的课业程度与表现提出高要求？还是应该干脆放弃这种以提升学业能力为目标的教育？如果一直强调学业能力，那无异于要求大众与教

328

育界正式肯定智识的价值，这将给教育行政单位达成目标带来更大
的压力。对许多地方来说，意味着需要增加额外的经费才有可能。

　　不过，这些都是想象中的问题。职业教育重量不重质与重视效
用不重视智识的风气最后横扫美国。学校本来是要培育对知识有兴
趣或是有学习能力与天分的学生，但现在大家却都不认为平庸、不
愿学习或是能力不足的学生是学校的障碍。美国的教育当局反而把
没有兴趣学习或是天分不好的学生视为英雄。他们不只认为是美国
的社会特质让美国的教育不那么重视智识能力的培养，还进一步宣
称，这样的教育已然过时，没有实际效果，民主社会体制下的教育
329 应该满足儿童的需要，教他们在实际生活中有用的东西。这种心态
最终促成了 20 世纪 40 年代与 50 年代短暂出现的"生活适应教育
运动"（life-adjustment movement）。这场运动值得我们特别关注，
因为它代表了社会对于儿童成长、教育学习、职业规划与智识地位
等问题的普遍看法。

二　智识派的教育理念

　　全国教育协会与联邦教育办公室的若干半官方声明透露出了对
于高中教育定位的新方向。当然这些声明对于各地的学校或是督学
是没有拘束力的。它们代表了教育思想的转变，但是尚未到将其具
体反映在课程上的地步。

　　19 世纪末，关于高中教育的目标就已经有两种相对立的观点。[5]
其中一个（端视我们的立场是否同情）可称为"老派"或是"智识
派"，1910 年时很强势，十年后也尚有影响力。持这种立场的人认为，
高中教育就是要透过各个学科来培养青少年的智性。他们中间很多
人知道，其实很多青少年高中之后并不升学，但是他们认为，为读
大学所做的智识训练正好也是进入社会的准备工作。因此，主张强

调学科教育的威廉·T. 哈里斯（William T. Harris）认为，不管学生继续升学与否，高中教育的目的都在于培养他称之为"心智文化"（mind culture）的素养。这一派的人非常强调的一件事，就是不管学生修习什么课程，目标都应该是最后能精通此学科的相关知识（在这场辩论中，智识派的人都有"精通"学科内容的想法，而反对者则重视学生实际上的"需要"）。

主张高中教育应提升智识这一派的最著名文献，是 1893 年全国教育协会的十人委员会提出的报告。这个委员会设立的目的是解决高中与大学间的关系与各自定位的问题，并且据此来修订高中的课程。它的成员多数都是大学教授，正好与之后为讨论同样议题所设立的委员会成员结构相反。委员会的主席是哈佛校长查尔斯·威廉·埃利奥特（Charles William Eliot），成员有教育办公室主任哈里斯、四所其他大学的校长、两所著名私立高中的校长、一位大学教授，以及仅有的一位公立高中校长。这个委员会举办了多场研究高中课程的听证会，但会议也是由大学教授绝对主导。多位高中校长与很多著名的大学教授都参加了听证会，他们都是美国文化史上的知名人士：本杰明·I. 惠勒（Benjamin I. Wheeler）、乔治·莱曼·基特里奇（George Lyman Kittredge）、弗洛里安·卡乔里（Florian Cajori）、西蒙·纽科姆（Simon Newcomb）、艾拉·雷姆森（Ira Remsen）、查尔斯·K. 亚当斯（Charles K. Adams）、爱德华·G. 伯恩（Edward G. Bourne）、艾伯特·B. 哈特（Albert B. Hart）、詹姆斯·哈维·罗宾逊（James Harvey Robinson）和日后的伍德罗·威尔逊总统。

十人委员会推荐高中开授一组由四个科目组成的进阶课程：古典研究课、拉丁文/科学课、一门现代语言的课与英语课。这些课程的组合可以各有侧重，例如侧重古典学、现代语言或是英语。但不管如何，所有的课程规划都至少要求学习四年英语、四年外语、三年历史、三年数学与三年科学。这些要求与近年来研究高中课程、建议高中教育应该适应生活的科南特的结论很像，他认为这是对那些"聪明绩优的学生"的最低要求。[6]

十人委员会提出的课程建议显示出他们认为高中是培养学业能力的地方。虽如此，他们并未犯下一个错误，就是误以为高中一定是大学预科。他们的观点几乎正好相反，认为"只有少部分"高中毕业生会继续读大学。因此高中的主要功能在于"让学生准备好进入社会"，而不是上大学。如果各学科都能有良好的教授与学习条件，则各学科都能训练学生观察、记忆、表达与推理能力，因此学生无异于接受了无论进大学或是进社会都需要的智识训练。"不管学生将来如何选择出路或是念到哪个阶段就停止，高中都应该以同样的方式与同样的深度把每个科目的知识教给每位学生。"[7]

委员会也同意高中可以适度加强音乐与艺术的课程教学，但他们明显认为这些并不是最紧急与重要的，可以留给学区自行决定。委员们也曾建议，小学最后四年就应该开始语言课程，很可惜这个建议没有受到重视。他们明白，只有改善高中师资，才能落实他们的建议，所以他们建议提高师范学校的质量，并且大学也要负起培育师资的责任。

事实上，高中并未按照委员会偏向保守的理想改造自身。从19世纪80年代开始，高中就开设了很多技艺课程，例如手工技艺、机械操作与其他相关课程。关心高中教育与课程的人士早就对偏重学科能力的教育方针心怀不满，认为这是由于高中教育依附于大学的结果。他们主张，高中的目的是教育出负责任的公民，为工业界培养需要的人力资源，而不是替大学培养新人。高中应被看成"民众的大学"，而不是大学的预备班。他们认为，在民主原则下，我们应该多考虑不上大学的学生的需求。如果考虑到这些人的需求，尊重学生的人格发展，就不应再死守"精通"的原则，学生应该多一点选课的自由，并把这种摸索得来的宝贵经验传承下去。让学生被某些学科绑死，只会让他们更容易灰心辍学。

很多历史变迁的因素都有利于持这种新观点的人。商业界在思考教育体制时，都赞成新一派的做法。学生人数急剧增加，更使得他们的路线易被接受。1890年后，教育中的民主原则被重新提出来，大众都有响应。大学太多了，竞争太激烈了，质量也太良莠不齐，因此急于扩大招生规模，但招生时把关不严，导致学生素质参差不齐。大学也开始怀疑自己的传统博雅教育课程的价值，自1870年开始试着开发更有弹性的课程与选课制度。大学与教授们不再对高中教育问题感兴趣，高中教育的改革者因此免去了别人的批评与反对。大量州立师范学院的毕业生进入高中任教；以往高中教科书都是由大学教授撰写，现在则由高中校长、督学们执笔，或是由研究教育理论的学者负责。

三　新式教育理念与《中学教育的基本原则》

十人委员会对新潮流所做的些微让步并没能让不满的声音停息。委员会没能预见高中学生的数量暴增，也没有注意到学生的能力差异，所以提出来的课程规划很快就被证明是错误的。到了1908年，全国教育协会已经壮大，于是它提出决议"高中并不是大学的预科"（说实话，视高中为大学预科并不是十人委员会的立场），期望高中能"同时满足学生升学与找工作的需要"，并建议大学与学院也以这种方式安排课程。[8] 所以先前的情势转变了，现在高中不再是为配合大学而存在，相反，大学应该试着配合高中。

1911年，全国教育协会辖下的一个新委员会——高中与大学学制接轨九人委员会，发表了一份报告，指出一场教育思想革命已经开始。这个委员会在组成结构上与以前不同。大学校长与教授不见

333

了，著名私立高中的校长也不见了。主席是纽约布鲁克林一所职业高中的老师，而且委员会中没有任何督学、校长与教育研究所教授等制定基础学科课程的权威人士。之前的十人委员会由计划制定高中课程的大学人士组成，但现在的九人委员会却由公立高中的人组成，他们通过全国教育协会向大学施压："作为大学入学条件、在高中必须连续修习四年的科目，若非所有高中学生皆须修习的必要科目，则现在必须停止。"

九人委员会还说，"高中教育的目标是造就优秀公民，帮助他们选择职业"，当然同时也要帮助每个学生开发个人特长能力，这个目标"与学习文化知识一样重要"。委员会督促学校必须探索"当时每个男孩和女孩"的主要兴趣。委员会不认为博雅教育应该优先于职业教育："先进的教育理念会及早帮助学生找到各自的专长所在，因此应兼顾博雅与职业教育……"它期望学校多重视机械、农艺与"家政科学"等，认为这些是学生所需的基本教育。传统观念认为，高中是为上大学做准备，所以公立高中

> 过去让成千上万的学生远离了他们本应该学习的东西，而去学一些他们根本不需要的东西。这种完全偏重智育的教材设计令学生对于知识文化有了错误的看法，并因此在物质财富的生产者、分配者和消费者间制造了鸿沟。[9]

到了 1918 年，至少在理论上，把高中教育从依附于升入大学的理念下"解放"出来的努力几乎完成了，虽然课程改革还未成功。就在同一年，全国教育协会的中学教育改革委员会提出了公立学校改革方案，埃德加·B. 韦斯利（Edgar B. Wesley）称"这个三十二页的小册子可能是教育史上最重要的文献"[10]。这个报告的标题是《中学教育的基本原则》（*Cardind Principles of Secondary*

Education），由联邦教育局正式核准通过，发行了十三万份。此举激发了全国对于教育政策的讨论，有些师范学校甚至还要学生背诵其中的重要部分（因而违反了这个新教育方针中的一项核心原则）。

这个改革委员会指出，进入四年制高中读书的学生中有超过三分之二没能毕业，而毕业者中大部分也没有继续升学。这部分学生的需求应该被正视。以往的教育理念认为，应该向学生提供智识训练，现在必须重新考察这个理念。教育应该关注学生在能力及兴趣上的个体差异。新的教学法应该兼顾学科内容与教学技巧，不应该"将所有学科视为理所当然、必须知道的知识"。[11] 简而言之，课程设计的逻辑要改变，应从学习者的立场来看，这才是"新的教育原则"。

更且，国民教育的目标不再是开发学生的智识能力，而是培养未来公民。支持新观念的教育者相信，智识充分发展的公民不一定会是好公民，好公民来自在学校时直接学习到的民主精神、公民德行与公民精神。所以这个委员会提出了一套新的教育目标，发展智识能力与掌握高中学科知识在这套目标里甚至连提都没提。它再三强调，高中教育的目标在于巩固这个国家的民主制度，所以要培养学生成为好公民的能力："我们教育的三个目标是让学生成为在家庭、职场与国家中的优秀成员。"所以这个委员会罗列了七项教育目标：一、健康；二、读、写、算术（3R's: reading, writing, arithmetic）；三、成为好的家庭成员；四、成为好的职场成员；五、成为好公民；六、有良好的休闲嗜好；七、陶冶品德。

这个委员会认为，以往的高中教育忽略了对音乐、艺术与戏剧等兴趣的培养，这个看法是对的。但是，委员会并未把这些看成对核心"智识"课程的补充，而是用它们来取代现行的课程体系。委员会认为："高中教育一向注重智识科目，因此忽略了文学、艺术与音乐等课程对于学生情感教育与品位的帮助。"更且，高中过去

过于强调高强度地追求各科知识，对于不继续升学的学生，这些科
目只要学习一年就好，在这一年中，他们对于这方面的知识可以建
立起最基本的、对日后最有用的概念。这样的课程设计对于升学与
不升学的学生都好。

委员会更进一步指出，连大学与学院也都应该仿效高中，调整
他们的教育宗旨，以使自己成为为大众服务的教育机构。"在民主
制度下，高等教育只是为少数人服务的观念将不再适用"，小组提
出了这样的预言。这无异于表示，以后高中毕业生到大学不只是学
习博雅教育学科，也学习职业技能，他们在大学可以学到对自己、
对社会有用的学识与技能。为了能容纳大量入学的学生，大学应该
将现有的学术性院系改成高等职业教育院系。委员会建议所有身心
发展正常的学生都应该接受国民教育，直到十八岁。

委员会颇为合理地提出，高中课程应该差异化，为学生提供广
泛的不同选择；但是它表达这一观点的方式却耐人寻味：

> 高中课程差异化的基本考量是为了学生将来的就业，所以
> 课程体系应该区分为农业、商业、宗教、工业、艺术与家政等。
> 当然，对于那些成绩优异的学生，也要有适合他们需要的课程。

此处，"也要有适合他们需要的课程"这句话代表这已不是高
中教育的最主要考量，这显示出自从上次的十人委员会之后，教育
观念改变的程度。

从小组的用词可以看出，这些成员不认为自己的做法是在教育
上开倒车，而是朝着实现民主理念迈进。这份报告充满了进步时代
的理想主义气息，它期望能够透过教育巩固美国的民主制度，为每
一个小孩带来成功的机会。小组认为，美国中学教育的"首要目标
应该是让每个年轻人能够过上完整且有价值的生活"——因此，教

育已经远远超出以往只注重开发心智的狭隘目标。小组希望高中老师"尽量了解与发掘这股沛然莫之能御的伟大民主浪潮的内在意义"。高中一方面要能够开发学生的潜能，同时也应该"热心于培养那些共同的观念，共同的理想，共同的思维、情感与行动模式，以使美国通过一种丰富、团结和共有的生活经验，在人类朝向民主的目标迈进时做出真正的贡献"。

四　教育的民主与精英之争

在整个生活适应教育运动时期，《中学教育的基本原则》这份报告主导了美国的中学教育理念，为后续所有关于中学教育政策的半官方声明定了调，而这段时间，正是美国中学教育人数急剧增长的时期。1910 年，美国有一百一十万名中学生，但是 1930 年，人数就增加到了四百八十万。这份报告出炉时，所有的州都已立法实施义务教育，密西西比州是最后一个，于 1918 年立法保障义务教育。

从 1880 年到第一次世界大战前，大量移民涌入美国，美国的学校都在忙于应对快速增长的就学人口。例如，1911 年，美国三十七个大城市的公立学校中，有 57.5% 的学生来自移民家庭。[12]移民的小孩过去读小学时就曾带来阶级、语言与融入美国社会的问题，现在他们进入中学就读，同样的问题还会发生。因为这些学生迫切需要融入美国生活，甚至有些还有基本的卫生问题，所以学校的校长们就以此为重，把传统教育的宗旨理念先放在了一边。我们不难理解，对这些校长而言，比如说，要一个在纽约州布法罗（Buffalo）的波兰移民小孩学好拉丁文绝对不是最重要的事。刚移民过来的移民父母亲还不了解美国生活与文化，因此也无法给小孩提供指导，这时学校就取代了父母的角色。小孩早上在学校学习美国的生活模式，例如行为方式与卫生习惯等，下午就会带回家影响其父母亲，成为让上一代"美国化"的手段。这可以让我们更了解，为什么《中学教育的基本原则》会提到成为"良好家庭成员""公民"与养成"卫生习惯"等字眼。常有人批评现代学校承担了过多的角色，例如家庭的角色，指的就是教育政策设计者在这方面的用意。

　　职业教育发生的改变也影响了高中教育。师范学校往昔曾是落实教师培养的机构，现在纷纷被教育大学或是教育学院取代。培养教师的工作与研究教育理论的教授现在变得更专业了。但很不幸地，劳伦斯·克雷明（Lawrence Cremin）观察到，发展起来的教育大学与教育学院极具自主性。[13] 专业教育学工作者与其他一般学院的教授之间的差异逐渐扩大。例如哥伦比亚大学教育学院与该校其他学院间的差异就反映了美国教育结构的现况。教育理论家不与其他学科交流，发展自己的教育理论。与艾略特当教育部部长时大大不同，现在各领域的学者们不再关心国民教育了，认为只有"笨蛋"才会执着于这个问题；许多教育学者为外人纷纷离开自己的领域而感到开心，这样他们就可以放手去实现他们对于国民教育的理念了。

　　当《中学教育的基本原则》推翻十人委员会的理念时，一个新的教育理念成型了，它立基于"民主"与"科学"之上。杜威就是这种主张教育民主是核心议题的代表人物，而爱德华·李·桑代克（Edward Lee Thorndike）则代表那些追求将科学应用于教育中的人。大家都不相信把民主与科学结合起来会有什么问题，因为大家相信它们内部应该有某种预先存在的和谐关系（不过必须说的是，桑代克不这么认为），因为两者都是好东西，所以一定有同样的目的，通往同样的结论。他们相信，一定存在着一种叫作"民主科学"的东西。[14]

　　对杜威理念的应用与误用，我们下一章会讨论。现在我们可以先来讨论一下对测验与教育心理学的研究。这些研究虽然是尝试性的，但是很重要。它们本来应该是持续不断的探究行为，但是在教育理念变革的浪潮下，却有被奉为至高信仰的趋势——信奉它们的不是当初的研究设计者，而是急于利用此"科学研究"的结果来支持其理念的狂热改革者。美国人似乎很容易相信数字，他们认为，以数字表示出的知识就必定是真理。例如第一次世界大战时军方的智力测验就是一个例子。人们很快就普遍相信，军方有一种衡量智力的测验，可以测出人的心智年龄；他们还相信，测量出的心智年龄，或者说智力，是永远固定的，而一般美国人的心智年龄都只有十四岁，所以教育体系永远都在面对一大群只有儿童心智的人。[15]这种对测验结果的诠释过度自信，曾遭到很多人的批评，例如杜威，但是美国的教育一直都在误用这些测验。对于测验得到的低心智年龄，不同的人可能有不同的解读。对于不赞成把教育理念与美国民主扯在一起的人，例如桑代克，这个测验的结果鼓励了教育上的精英主义。[16]但是对于坚信"民主"价值不可动摇的人来说，测验结果显示的低心智年龄就是在鞭策美国人必须改革教育的手段和内容，以满足智力处于中下水平或者没有学习动力的学生的需求。支持民主的教育人士可能会仿效林肯说："上帝一定爱着那些进步较慢的学生，因为他造了太多这样的人了。"精英主义者会忽视这些广大的平庸者，但是民主教育者则会像慈祥的母亲照顾残障小孩一般，找寻符合这些孩子需要的课程。

　　进步时代对于教育理念造成的冲击之大，再怎么强调都不为过，因为这种新的教育理念形成于一种温暖的慈善心态与令人窒息的理想主义氛围之中，希望不怎么有天赋和地位的学生也能受到重视。教育学者多年来一直在找寻一种教育理念，由民主作为其道德支撑，由科学的测验结果作为其理据。这种理念在美国渐渐风行，到处可以听见这样的口号：为民主而教育！为公民精神而教育！为儿童的需要与利益而教育！为年轻人而教育！美国教育界人士的脑海中有一种执着与坚毅不屈的认真，较为世俗化、务实的人可能永远也理

340

解不了他们。这些教育界人士的目标越是艰巨，他们的歌声就越是
嘹亮，精神越是抖擞。当他们找到一个促成美好家庭生活所需的新
课程时，他们就开始拨弄理想主义的琴弦。当他们找到可以给予学
校清洁人员尊严的理由时，他们的眼中就会充满光彩，加快他们的
节奏。当他们让学校厕所的标识变得很清楚，连最笨的学生都可以
轻松找到时，他们就会陶醉于兴奋之中，奏响民主与自我实现的狂
野华彩。

于是，教育学研究的愚蠢时代开启了。教育的专业化使得每一
个简单问题都被郑重其事地处理，教育学者开始严肃而又可悲地陷
入对迂腐学术界的滑稽模仿之中。他们不认为自己是在做效用低下
的事情，他们开始用冠冕堂皇的社会与教育理念包装最基本的、简
单的、常识性的东西。例如，他们会问，学校应该教导孩童关于安
全的知识吗？如果是的话，学校校长就应该对全国教育协会宣读一
篇关于此问题的正式研究论文，不是讨论如何在日常教学中教育孩
童要注意安全，而是讨论这样一个严肃的主题：《意外防范作为学
校整体课程设计的一个因素之探讨》。所以，现在最重要的事不再
是教导孩童如何避免烫伤或被汽车碰撞本身，最重要的事是教导他
们所有这类融合了更高价值的东西，而大家竟然都假装这样的态度
是对的。有一位发言者甚至断言："我可以说，教导如何防范意外
发生不只有助于课程整体规划，也确实减少了意外的发生。"[17]

五　智识无用论

如果有一个外国人只读到这些教育改革者批评过去教育的文
章，可能会以为美国的中学教育还是停在严谨僵化的传统中，受缚
于大学或学院的需要，注重学业成就，无法满足各类学生的多元需
要。1920 年，全国教育协会的一位发言者说，"高中教育还是充满

大学要求的规则和标准"，校长与老师的理念仍然是"学业至上主义"[18]；这样的抱怨似乎永远充斥在教育改革者的文章中。而事实上，改革者早已对旧的高中课程做了大幅度的修改。但是，一般人甚至专业教育工作者，很难判断修改到什么程度才是合适的。有两件事情是可以确定的：第一，1910 年以后的课程改变幅度并不够大；第二，到 20 世纪 40 年代与 50 年代，支持生活适应教育运动、主张课程设计不应以学业为主的教育界人士提出的要求变得难以满足。

十人委员会背书的那种旧的高中课程在 1910 年达到顶峰。当年，修习外语、数学、科学或英文等科目的单科学生人数超过了修习其他科目学生人数的总和。在那之后的四十年里，学术科目在高中课程里所占的比例从四分之三掉到了五分之一。1910 年，九到十二年级的学生中有 49% 修习拉丁文，到 1949 年时剩下 7.8%。外语从 84.1% 掉到 22%，代数从 56.9% 掉到 26.8%，几何从 30.9% 掉到 12.8%，基础数学从 89.7% 掉到 55%，基础科学从 81.7% 掉到 33.3%，而英文课程的修习人数比例在许多学校机构中也被稀释了。历史与社会科学方面的情况太复杂，无法量化表达，但入学人数的变化使得这两门课的教学内容无论是在时间或空间上都变得更加地方主义——教学更为关注美国历史与近代历史，对于欧洲史与远古的事情已较少顾及。[19]

十人委员会在 1893 年检视高中课程时，发现全国的学校总共教授四十门科目，但是其中有十三门只有极少数学校开设，因此基本科目有二十七门。但是到了 1941 年时，全国高中开设的科目超过两百七十四门，其中只有五十九门可算是学术科目。特别之处并不是科目增加了十倍之多，也不是学术科目的比例降到只有五分之一，而是理论家的态度——他们认为中学教育还是被学术科目绑住了。20 世纪 40 年代与 50 年代，在联邦教育办公室的鼓励下，高中教育"适应生活"的发展方向形成了一股风潮，于是全国的中学纷纷开始思考：教育制度是否应该更关注那些能力不佳的学生的需求？[20]

343　　在某种程度上，高中教育出现生活适应运动，可能是美国二战后年轻人士气低落这一危机导致的后果。但原因不止于此：这场运动乃是教育界领袖与教育办公室的决策官员有意全面掀起对智识主义的反抗而做出的举动，而这种智识主义的浪潮是从 1910 年开始涌现的。约翰·W. 史蒂贝克（John W. Studebaker）是二战刚结束时的教育办公室主任，他谈到当时的中学教育时说，只有七成的学生进入高中就读，不到四成读到毕业。[21]之前数十年政府花了很多力气想让高中生留下来念书，但还是有很多学生不想念完。所以课程改革的主要目标其实没能达成，于是有人又会想到，这可能是因为课程改革的程度还不够深。

　　生活适应教育运动的目的是根据学生未来的社会生活实际需要来设计课程，希望能改善高中生辍学的现象。于是教育部门需要设计出"让学生满意、让社会受益的教育，使学生平等地、民主地生活在这个国家"。1947 年 5 月，芝加哥举办了一场全国教育会议，参与者通过了一项由明尼苏达州工业教育专家查尔斯·A. 普罗

344　瑟（Charles A. Prosser）博士起草的决议。草案中表达了全体与会者的立场：美国的中学教育并未满足大部分年轻人的需要。有 20%的人会继续念大学，另外有 20% 想要学习专门的职业技能，但是还有 60% 的人并不适合以上两类课程，因此需要"适应生活"的教育。规划这种教育的专家清楚地说明了此类学生的特性：他们多出身于不具备专业技能或是只有半专业技能的家庭，家境不好，文化程度低，通常入学较晚，而且在校学习进度迟缓，表现不好，不管智力测验或是学科测验得分都不理想，因此对学习缺乏兴趣，而且"个性也较不成熟，易紧张，缺乏安全感"。

　　在列出这 60% 的学生的特质后，教育部门为生活适应教育运

动编写的第一份手册指出：“具有这些特质并不意味着这些学生就比别人差。”这些教育专家心目中有着一种特别的“民主”概念，他们主张从文化水准较低家庭出来的不成熟、没安全感、紧张与迟缓的学生，“绝对不差于”较好家庭出来的成熟、有安全感与自信、资质优异的学生。[22] 这种口头上对于“民主”观念的顶礼膜拜使得这些专家并未意识到，他们这是在以惊人的自信，将全国大部分的学生都归为无法教育的类型——若按照普罗瑟博士的说法，这些学生不只不适合升学，也不适合接受可以帮其找到理想工作的专业技能教育。那么，对他们来说，这些不幸的广大群体到底适合什么样的教育呢？当然不是智识教育了，应该是教给他们日后成家、作为社会上的消费者与公民所需要的实际技能。他们应该学习在社会上生活所需的伦理与道德，如何经营家庭生活，如何做个好公民，如何享受休闲生活，如何保持健康，等等。正如同《给年轻人的生活适应教育》（ *Life Adjustment Education for Every Youth* ）的作者所言，这是一种“将生活的价值置于知识的获得之上”的教育哲学。这种观念背后隐藏的正是在日常生活与生命中的“知识无用论”立场，它是整个生活适应教育运动的基本前提。推动这个运动的专家们一再强调，智识的培养无助于一般年轻人解决“在真实生活中面对的问题”。

六　实验心理学的误用

　　我们虽然难以从美国教育部所编纂的大量布告文献中，发掘推动生活适应教育运动背后的真正原因，但是在这个运动被命名前，它的一些基本理念已经被职业教育专家普罗瑟博士提出来了，这可见于他在 1939 年于哈佛大学所发表的演讲《中学教育与生活》（ *Secondary Education and Life* ）之中。[23] 虽然在这份已出版的演

345

讲稿中偶尔可见受到杜威推动教育民主化的热情之影响，但普罗瑟主要依据的是教育心理学的若干研究，而且他对"科学"结论显得很尊敬（很讽刺的是，这些生活适应教育的专家一再借科学之名，却不鼓励儿童学习科学）。普罗瑟认为，桑代克与他的追随者已经证明，没有一个学科可以让我们的智识具备从抽象整体演绎到个别事物的能力。也就是说，"科学已经证明，一般性理论或是智识并没有处理具体事物的能力"。如若我们抛弃这样的观念，教育就应该教授个别具体的技能。所以没有"一般性机械技能"这样的东西，只有透过练习与应用得来的各种（详细具体的）机械技能。心智也是一样。没有记忆这样的东西，只有我们需要时能想起的具体事实与观念。

346　　　旧式的教育观念认为启发智识发展最重要，但这些人的看法恰恰相反，他们认为并没有一般心智能力这种东西存在，只有个别的事物可以被得知。因此"实用性"与"可被教授"这两件事高度相关；一种知识越是实用，就越是能被教授。学校中某一学科的价值，可以用它到底能应用于生活中的多少地方来衡量。所以现在重要的不是教给儿童"一般"的东西，而是直接向他们提供日常生活中所需的信息，例如不必教他们生理学的知识，而是应该让他们知道如何照顾好身体。传统课程只包含"一般"的知识，但现在这种知识已经没有用了。"所以，总体原则是，学校所教的东西越新，它在课堂外的实用性就越强，教的东西越旧，就越是跟生活需要的知识脱节。"学校教的东西越直接、越贴近生活，学生就越容易掌握，且越不会忘记。一门学科越是有实用性，就越有助于心智的培养。"所以做生意要用的算术，其重要性高于几何，学习如何健身比学法文重要，学习如何选职业比学代数重要，学习如何过日常生活比学地理学重要，简单的商用英文比读莎士比亚重要。"

普罗瑟说，根据科学研究得出的无可否认的结论可知，最好的教材乃是适于"适应生活"而不是"为了学习而学习"的教材。那么，为什么大学坚持要求高中要教一些无实际用处也无法教授的传统学科呢？普罗瑟认为，原因不是要保住这些高中科目任课老师的饭碗，而是大学需要凭借某种学科分辨出高中生的智识能力水平，以便招收优秀学生，将其他的淘汰掉（例如代数与语言课程就有这种效果，它们不是任何学生都可以学得来的科目，有些学生甚至会因此而打退堂鼓，不想念大学了）。为了这种老旧的淘汰筛选技巧，需要花四年的宝贵时间让学生修习这些"学术性学科"。普罗瑟认为，现在筛选适合读大学的学生只需要几小时的心智测验就可以做到，而且非常准确。所以，也许"我们可以试着说服那些传统派的人删除一半的现有课程，只留下一些也许有残余价值的课"。如果是这样，"所有语文课与数学课都应该从进入大学的必修课程表中除名"，留下的则是"物理科学、英文与社会科学"。

　　此外，许多有直接应用价值的学科都应该加入课程表，例如：应用英文，可以提升"沟通能力"；有关现代生活的文学作品；非计量性的科学课程，以帮助年轻人顺利舒适地过日常生活，最后迈向富裕繁荣；年轻人需要知道的简单经济学与企业经营概论；公民道德与乡里社区发展问题；实用的代数；社会科学；礼仪、休闲、家庭问题指引与美国社会史；纯艺术欣赏与应用艺术欣赏；最后则是职业教育。这样一来，所有课程都会符合近年来教育心理学指出的学习原则，所有的小孩都可以从中学教育中获得更大的收益。[24]

　　很多教育学家想用实验心理学来证明传统教育是无效的，普罗瑟就用了一种相当粗糙的方式来表达这种相同的立场：科学已经否定了博雅教育背后的假设——这种教育可以促进所谓的"心智锻炼"（mental discipline）。他因此非常有自信地认为，科学已经证明博雅教育背后所持的根据是错误的，"没有比这更确定的事了"。其实在这种强硬立场后面是有一些故事的。19 世纪，美国与其他地方的传

347

统式博雅教育立足于两个假设之上。第一个假设就是所谓的官能心理学（faculty psychology）。它的要旨就是认为我们的心智是由若干官能构成，例如推理能力、想象力、记忆力等。这些能力就像我们身体的各个器官一样，可透过锻炼来强化；而博雅教育正是意在经常性地锻炼这些官能，增强它们的能力。大家也都相信某些学科在心智锻炼方面有着卓越的效果，尤其是拉丁语、希腊语与数学。因此学习这些科目的目的不只是为了增加这方面的知识，更是因为它们可以锻炼心智能力，以应对任何需要。[25]

　　但是稍后大家发现这种官能心理学的理论禁不起哲学或是科学对心智运作的检视。而且，由于人类知识在量方面的积累与课程内容的逐渐增加，这种依旧相信经典语文与数学富于心智锻炼功能的想法就显得太狭隘与自负了。[26]

　　但是大部分当代的心理学家与教育学者都知道，即使官能心理学、经典语文与数学教程没落了，也无法证明心智锻炼是不是一个可以实现的教育目标。如果这个目标毫无意义，那么过去千百年来博雅教育的宗旨就都处在错误的立足点上了。心智到底可否被锻炼？或者是否有培养心智能力这种事？这个问题在历经官能心理学的争议后，现在又以新的形态呈现：在某一个学科上获得的某种心智能力是否可以增强另一种心智能力？我们可以用不同的方式呈现此问题，例如对某类知识的记诵有助于对其他知识的记诵能力吗？对于某类知觉辨识能力的锻炼有助于其他的知觉辨识能力吗？学习拉丁文有助于学习法文吗？如果这种迁移是可能的，那么博雅教育就有助于锻炼我们心智能力。但如果不是，则现有的课程安排，对于课程以外知识能力的发展与追求就都没有助益。

　　受桑代克启发，某些实验心理学家从 20 世纪初开始累积关于学习能力迁移的实验证据，希望针对此问题提出科学上的解答。但是任何看过他们报告的人都知道，他们对这个问题只研究了一小部分，而且根本不足以提出有助益的解答。桑代克在 1901 年与 1924 年发表了两篇很被重视的论文，它们对迁移学习理论提出了否定证据，一些教育理论家以此为据，认为心智锻炼理论缺乏有力支撑，支持改革课程。W. C. 巴格利（W. C. Bagley）曾说，"任何赞成放松学科能力标准的做法都会受到欢迎"，因为这些人不自觉地就会曲解实验结论，以便支持他们的高中课程大众化改革。[27]

　　事实上，这些实验证据有时很矛盾、很混乱，那些宣称从这些数据中得到确定结论的人，大多只是扭曲了研究发现，以支撑自身观点。他们这样的做法成了教育思想史上的大丑闻。即使定量研究得出了什么有意义的结论，大量的材料也被这些教育改革者完全忽视了——有五分之四的研究都显示，在特定条件下，的确会有能力迁移的情况发生。即便主流的杰出实验心理学家都赞同普罗瑟等教育学者反对能力迁移的立场，斩钉截铁地说"科学已经证明了"，也没有用。今天，实验心理学的研究成果没有给他们带来任何可喜的证据。杰尔姆·布鲁纳（Jerome Bruner）在他的名著《教育的过程》（*The Process of Education*）中指出，过去二十年，几乎所有关于能力迁移的研究都发现……如果经过适当的学习，会有广泛的能力迁移现象，甚至在最佳学习情境中学习，还会启发我们"如何学习"。[28] 其实，博雅教育从人类在教育方面的实际经验中得到的支持，原本就应该比实验心理学的研究更有说服力。但即便我们真的以科学手段来检视它，得出的结论也依然是更支持相信心智锻炼的人，而不是相信生活适应教育的人。

七　资优生被漠视

　　生活适应教育运动是过去四十年来教育发展方向的最极致代表，它认为在中学阶段的国民教育中，严格的学科训练要求对于不

350

少学生来说是不可能达成的事。这场运动的代言人斩钉截铁地说，
这部分学生的比例可能多达 60%，批评者认为这个数字过于武断。
这个立场的根源似乎来自对于"科学"的绝对信仰。1940 年，普罗
瑟博士在全国青年总署任职，他对青年问题的看法与联邦政府相近；
当年，智力测验专家刘易斯 · M. 特曼（Lewis M. Terman）在全国
青年总署发布的一份研究报告中估计，传统高中教育的课程需要
一百一十以上的智商才可应付，而 60% 的学生智商达不到这个水准。
不过，这个数字和支持生活适应教育的人士给出的数字有很大出
入。[29] 但最重要的是，仅凭这样一个数字决定全国重大的教育政策，
显然不太负责。对于智商是否固定不变，心理学家看法不一。目前
有一些研究显示，只要对于孩子加以特别关照和教育，孩子在智力
测验中的成绩可提高十五到二十分左右（如果对于落后学生给予特
别照顾，效果会更明显。纽约市实施"提高眼界"的政策后，很多
贫民区初中小孩的智商测验成绩和学业表现都提高到了足以进入大
学的程度，有些甚至还得到了奖学金）。更且，智商成绩绝对不能
作为判断小孩是否应该继续升学的唯一标准。还有一些其他指标也
很重要，例如老师的教学能力、学校作业的多少以及小孩的学习动
力强弱等，而这些指标都不是固定不变的。所以关于有多少学生适
合重视学业成就的传统型高中教育，心理学家与教育工作者还是存
在看法上的分歧。[30]

　　最后，生活适应教育运动关于美国高中生是否适合传统教育的
看法，是在并未参考其他国家的教育成就下得出的。改革派的教育
工作者经常说：西欧国家那种"贵族式、阶级化、选择性、传统式"
的中学教育对美国追求民主化、普遍化与前瞻式的中学教育并没有
启发作用。因此美国的教育者在制定政策时经常忽视欧洲的经验，
而是向"现代科学"取经，并且以实现"民主"作为精神上的指引。
也就是说，欧洲式教育法已是陈旧的过去，科学与民主才面向未来。

冷战时，与苏联的科学竞争尤其导致了这样的想法。苏联的中学教352育不如美国普遍化与平等化。它既非贵族式，也非传统式，但是的确是借鉴自西欧的中学教育模式。它在某种程度上显示出，大规模、高要求的学业课程设置是可行的，对此美国无法以忽视了事。

　　但我们千万不要以为这些主张生活适应教育运动的教育工作者只满足于针对那被忽视的、在底层的 60% 学生发声。如果我们轻视这个运动的理想主义色彩，那就大错特错了。1947 年，普罗瑟在生活适应教育大会上致辞，结尾时说："历史上从来没有过像这次一样的会议出现……在这场会议上，我们大家都诚挚地相信，现在是为所有美国年轻人提供他们一直想要的教育方式的一个黄金时机。现在各位规划出来的制度，值得我们为它奋战，甚至为它战死……上帝保佑你们。"

　　因此，这些教育工作者相信，他们的规划不仅适用于那被忽视的 60%；有益于这些人的制度一定有益于所有的美国年轻人，不管聪明与否都一样。有一份宣传生活适应教育的小册子还大方地承认："这是一个乌托邦式的高中教育蓝图,需要天才的老师才能落实。"[31] I. L. 坎德尔嘲讽说，这个运动竟然相信"一种课程方式，只要它可以帮助那 60% 的留在学校、一无所获的学生，它就一定对所有学生都有帮助"。[32] 换句话说，这些运动者是把支持经典课程之人主张的普遍适用性换了一种说法。以前，大家认为博雅教育对所有学生都有好处，现在这些人则宣称，所有学生都应该接受本来是为学353习迟缓的学生设计的课程。这样一来，美国的实用主义与民主就可以在对所有年轻人的教育中得到实现。这个运动想要永远地确立一个信念：学习迟缓者绝非不如聪明的小孩，学校里所有的科目都应像学校的学生那样多元且平等。1952 年，全国教育协会的教育政策委员会宣称，至少在乡村地区，理想的教育方式是：课程应该一律平等，"各科目中没有哪一科是'贵族'。数学与机械、艺术与农业、历史与家政都一样"。[33]

现在很多教育工作者以效用、民主与科学之名，把那些学习迟缓的或是无法教育的学生视为中学教育的重心，却把资优学生放到一边。有一群教育工作者，他们期待有一天"教育中贵族式与高等文化式的传统完全消失"，他们认为面对天赋异禀的小孩，应该怀着这样的态度："他们固然需要我们的帮助，但是这些天之骄子通常自然有良好的环境可以帮助他们。我们给他们的教导对他们而言只是锦上添花，不是那么关键。因此学校不用针对这些资优学生特别规划什么课程。"[34] 在这样的氛围下，有人指出："公立学校排名前四分之一的学生将来会是这个社会的智识领导阶层，但或许也是最近这些年来最为我们的学校制度所忽视的一群人。"[35] 这个群体的确被很多教育工作者忽视了，其中有些人竟然不把他们视为教育体制的希望、挑战或是标准，而是视他们为非主流群体、无关痛痒的问题，有时甚至将他们视为病态之人。也许我说话夸张了，但是如果不这样说，就实在难以解释，为什么教育部门的某位官员会写出下面这段冷酷麻木的话：

有大约四百万的儿童，在心理、生理与行为方面并不正常，需要接受特殊教育。其中包含失明与弱视者、聋哑者、残障者、脆弱者、癫痫病患者、智障者、社会适应不良者，以及特别资优者。[36]

八　教育改革的保守本质

这种改革理念，尤其是呼吁重视教育普遍性的理念，一直遭受着来自全国各地的家长、学区委员会与老师的抵制。虽然如此，为了响应新教育理念，很多中学已经"充实"课程，纳入了乐队、合唱团、汽车驾驶、人际关系、家庭生活、家政与消费教育等课程。

现在，任何一个美国的小孩都不用担心他在家乡学校所上的那些
"充实"的课程，在某些地方可能会被视为异类，也不用担心学校
的课程可能不合他的兴趣。数年前，耶鲁大学的校长提到这么一个
案例，这是各校的入学审查小组可能都碰过的情形。中西部某城市
的一位学生想要申请进入耶鲁大学，他应该很有能力，且应该很有
希望获准入学（如果不是他所上的课程），但是他交上来的高中成
绩单反映出他最后两年只上过英文与美国历史，其他都是些合唱、
演说、打字、体育、媒体、婚姻与家庭、个性发展之类的课程。[37]

如果我们检视高中开设的这些新课程的内容与性质，以及新旧
两派教育学者的论调，我们就会发现，关于生活适应教育运动的辩
论，是一个更大的议题在教育面向上的显现，这个更大的议题就是
大众文化。当然，有关高中教学的一个重要问题是：对于像全国高
中生这么大的一个群体，什么样的知识文化才能算是他们全部人都
需要学习的？传统教育立基于各种科目训练的价值，以及一个信念
之上：学生在一定程度上掌握了各种学术科目，心智就会得到发展，
足以应对生活中的一般目标，为职场、生意或其他行业做好准备
（至于那些不适合从事白领工作的学生，职业教育可以满足他们的
需要）。传统教育并非像改革者所指控的那样毫不重视学生的需求，
这种教育认为，学生透过对学术学科的学习，可以从中渐渐得到运
用心智能力的乐趣，而循序渐进地学习下去后，会逐渐产生成就感。
如果在学习过程中因遭遇挫折而产生了烦躁与厌恶，则不啻是培养
自律能力的好机会。传统的教育方式在政治上偏保守，因为它接受
社会现存的秩序，希望学生能安于这种框架中——这种秩序很大程
度上是 19 世纪的个人主义秩序。但是它也算是民主的，因为它并
未预先假设，在这么广大的青少年群体中，任何一个阶级的任何一
个小孩一定不适合这种激烈竞争的学科式教育，与其对心智与性格
的训练。

356 　　改革者所提出的新式教育本质上也是保守的，但是它使用的民主词汇与亲和青少年的风格使它至少在其支持者的眼里看起来是"进步的"或是"激进的"。它以现实主义的精神承认，在广大的群体中，大部分人的智识能力是有限的，它接受、鼓励并服务学生群体中最落后的那批人，并为这种现实主义精神感到自豪。它的出现源自对于学生学习状况的关怀，而且避免高估他们的能力。它不会乐观地假设学生对于被迫接受的智识训练感兴趣，尤其是当学科内容很难时；它也不假设他们达成目标时，一定会有学习上的成就感。相反，它假设学生在学习上的乐趣——改革派认为这是教育的最高目标——来自学习到他们想学的东西，因此将学生的兴趣视为规划教育内容的基础。改革派的人不相信他们的教育未能教会学生思考，他们只是在两个问题上与传统教育者存在不同看法：学生应该思考什么，以及做出好的思考需要什么准备与知识基础。他们从学生的视角出发，愿意配合学生自身的世界去引导他们的思考，不在乎学生的世界是否狭隘与浅薄。他们不承认他们的教育方式放弃了对学生品德与个性的塑造——他们坚称，他们是在鼓励学生形成更社会化、更合群、更民主的性格。

　　如果我们检视新教育提倡（某种程度上其实已经成功实行了）的"改良后"的课程内容与范围，就可以知道，新教育想要教育出"完整的小孩"（the whole child），也就是想塑造受教育者的品行与人格；我们还可以知道，新教育并不想让小孩被这个满是生产、竞争、野心、职业、创造和分析思考的世界所限制，他们想帮助小孩了解消费与休闲、愉悦与满足的世界——简言之，就是让他们以优雅得体的姿态变得被动和懂得享乐，用那个关键的词来说，就是"适应"。在这个世界里，重要的不是了解化学，而是知道哪种洗洁精较好用；不是学习物理学，而是学会开车与保养车；不是通晓历史，而是明白地方上的天然气工厂如何运作；不是熟悉生物学，而是知道如何

可到达动物园；不是阅读莎士比亚或狄更斯，而是懂得如何写一封
商业书信。新教育不把消费与个人生活品位等事留给家庭或是其他 ³⁵⁷
机构，而是把家庭的生活或事务转变成仔细研究的目标，有时还会
令人不适地重新评价它们（例如"我家怎样才可以更民主？"）。一
位新教育的提倡者说，他希望小孩在学校的学习生活中能够坦然
问出以下的问题："我怎样才可以更健康？""我如何才可以更漂
亮？""我怎样才可以交更多的朋友？""我的休闲嗜好如何才可以
让我更成熟？"[38] 学校教授的东西应该符合青少年的兴趣，包括电
视与媒体灌输的兴趣。举个例子，纽约州某个地方从七岁到十岁的
学生都要学一门"家庭生活课"，这门课程包含以下主题："如何做
个好学生？""如何当保姆？""如何融入团体生活？""如何建立
人缘？""如何处理粉刺？""如何整理自己的卧房？"等等。八年
级的学生会碰到这样的考试题目："只有女孩才用除体味的芳香剂
吗？""肥皂可以用来洗头发吗？"[39]

　　今天，美国教育中的生活适应运动已经过了最顶峰的时期，渐
渐走下坡路了。这里有一部分原因可能是，在美国社会中，中学教
育的角色已经发生了长期性的改变。马丁·特罗（Martin Trow）指
出，美国的中学教育"起初是精英式的，完全是为进入大学做准
备；后来公立高中大量出现，变成了一个大众化国民教育的终点
站；而现在高中正在经历第二次转型阵痛，要成为大规模的大学预
备教育阶段"。[40] 新教育的倡议者当初要改变的问题现在已经不存
在了，而且现在也不再有一大群"需要被解救"的学生了。从 20
世纪初到 20 世纪 30 年代，大部分高中生的父母都没上过高中，而
且很多是刚移民到美国，也不会英文，所以他们就只好被动地接受
新教育拥护者所提出的改革方案。今天，高中生的父母亲至少也有 ³⁵⁸
高中学历，还有一大群学生家长是大学生，而且很关心教育问题。
这些家长对于高中教育应该怎样、对于智识文化，都有他们自己的

看法，所以对新教育提出的方案不会照单全收；同时，还有很多人赞成对新教育理念日益增长的批判，其中以阿瑟·贝斯特（Arthur Bestor）与莫蒂默·史密斯（Mortimer Smith）为代表。更且，高中现在已不是上一代时那样的教育终点站了。由于一半的学生要继续读大学，加之以前高中教育可以满足毕业生成为一般白领阶层的需要，但是现在恐怕要有大学学历才行，所以高中教育的理念与课程需要调整。于是家长都担心自己学区的高中质量不好，会影响小孩进入好大学的机会，因此纷纷向学校施压，逼学校提高课业要求。最后，苏联发射卫星的事情促使那些主张提高学业要求的人加快了行动脚步，他们认为美国正在与苏联进行一场教育竞赛。这些年，这种声音开始取得成果。但是当初生活适应教育运动背后的理念并没有完全从教育界或是这个社会消失。在职业教育领域，行政部门和师范院校仍然充斥着大量对追求学业成绩毫无兴趣的人。想象一个刚上台的执政党，它的所有政策都要靠行政系统来落实，但是这个系统中却满是态度坚决的反对党，这个执政党可谓步履维艰。而美国教育界的情况，现在正是这样。

第十四章

儿童与他们将面对的世界

一　杜威的教育哲学

新教育政策在理念上有两个支柱：运用（也可能是误用）科学
发现，以及杜威的教育哲学。但在这两个理念中，杜威的教育哲学
较为重要，因为他的教育观本就包含一种科学能启发教育思想的信
念，除此之外，它还给予教育者一种包容与体谅的世界观，使他们
可以尽情发挥博爱的精神，实现以教育促进民主的热情。杜威的贡
献乃是他有一种对儿童的新看法，这种看法在 19 世纪末逐渐流行；
他把这种看法与实用主义哲学以及社会日益增长的改革需求相联
结。由此，他在这种新的儿童观与新的世界观之间建立了一种令人
满意的联系。

任何关心新教育的人一定知道它与杜威思想间的关联。在研
究反智问题时讨论这个，可能就会被认为是要把杜威归类为反智人
士——但是杜威一直宣扬应该教导儿童如何思考，所以这样看待他
实在是不对的。这样做还可能被人认为是要把教育失败的责任推给

他——这好像是无可避免的推论——但是我提到他的目的并不是这样的，我只是想要检视过去存在的一些观念与想法，而杜威乃是这些想法最有影响力的阐释者。

360 　　我虽然想要讨论这些想法的局限与对它们的误用，但我并不是想不分青红皂白地批评和谴责进步主义的教育思想。根据克雷明的出色研究，进步主义教育包含几股思想与倾向在内。虽然在这种思想的外围，一些极端分子的言行对它的形象造成了些许伤害，但是总的来说，进步主义的核心观念是好的，而且很重要。今日，部分因为保守派对进步派理念的曲解，我们可能很容易忘记保守派教育理念的缺失与自满：它如何接受甚至鼓励儿童在教室中被动地面对教诲，它如何赋予老师以过多的权力，它提倡的学习方式如何依赖死记硬背。而进步教育最大的优点在于它采用了新的教学方法。它想激发学生的兴趣，它想要利用学生需要活动的心理，它在关注老师与教育者的心态时能充分考虑到对方的自然特质，它研拟出的教学法使得老师不致享有过多权威，它还尝试开发儿童的表达能力与学习能力。它最大的优点乃是：在教育这个领域中，大家认为所有的好方法都已经被发掘了，但它还是在不断尝试与实验新的方法。例如在一个实验性质的学校中，挑选出一些学生及老师，引发他们对于教学与研究的奉献精神与热情，然后我们就可能看到了不起的结果，过去很多进步主义的学校都做过这种事，现在也还在做。[1]但是很不幸，不管实验结果多么令人鼓舞，我们都无法普及推广，因为它是在特殊情境下产生的。

　　进步主义的价值在于它的实验性与对儿童所做的诸多研究。它的缺点则在于它努力地想推广它的信念，想将其一般化，却无法估计实验项目在实际应用中的局限性，最重要的是，它倾向于改变既有课程体系，特别是在中学教育中，因为这方面越是需要复杂的、有组织的研究项目，课程问题就会变得越严重。迄今为止，我一直避免提及"教育中的进步主义"这个表述，而是以更宽泛、更具包容性的名词"新教育"来称呼。"新教育"是指将某些进步主义原则熔铸成为一个信条，并希望把这个信条落实于大众教育之中；把对孩童教育的实验成果扩大适用于所有年龄的国民教育规划上，最终的目标是以进步主义之名批评现行课程与博雅教育。这个过程从头到尾都在援用杜威的教育思想。他使用的名词与观念很明显地出现在 1918 年的《教育基本原则》（*Cardinal Principles*）中，出现在新教育后续的每一份文件中。人们赞扬、引用、重复他的话，讨论他的观念，甚至有时还阅读他的著作。

　　大家常认为杜威遭到了误解，而且很多人反复指出，他迟早得出来抗议某些以他的名义施行的教育措施。也许杜威的本意被经常性地、广泛地曲解，但是说实话，他的文章的确很难懂。他写作的文章极度模糊，解释空间很大，威廉·詹姆斯曾说他的文章"很糟糕，甚至可以说糟糕透顶"。他的文章读起来就像是远方传来的隆隆炮声，使读者觉得好像一个无法接触到的地方有着什么很震撼的事情正在发生，但是又无法确知是什么事。杜威的文字表述令人难以理解，而这种风格最极致的情况竟出现在他最重要的教育理念著作中。这不禁让人怀疑，他在教育理念上的影响力之所以这么大，部分原因可能是大家根本不知道他在说什么。有不少教育思想学派都在打着他的旗号，但其实他们可能只是自以为是地在诠释他，或是假借他之口而已。因此我们很容易陷入这样的结论：杜威的著作被广泛地，尤其是被那些反智的新教育主张者误解与误用了。不过，似乎更公允的说法是，即便是生活适应教育运动的主张者，也是经过仔细和正确地解读杜威的作品之后，才引用他的。克雷明曾说："不管从杜威的《民主与教育》（*Democracy and Education*）到生活适应教育运动的思想线索有多么曲折隐晦，这条线索还是可以画出来的。"[2]

　　我们有理由怀疑，这条关联线索事实上是不应该如此隐晦的。文章风格带来的缺点很少属于"纯粹的"风格问题。比杜威的文章被他的狂热粉丝们扭曲更有可能的是，他的思想有内在的模糊与断裂，以致产生了解读上的困难。而这些断裂与模糊又代表着我们的教育理论与文化中本来就存在的困难与未能解决的问题。不管有没有杜威本人的背书，他的粉丝们对他的思想所做的诠释与引申，都是为了批评教育上"领导"与"指导"的观念，批评文化与思辨的价值，主张自发性、民主与实用性。就这一点，他们其实是将政治上的平等思想、宗教上的福音主义与商业上的实用主义应用到了教育领域。在检视杜威的思想究竟如何产生这些影响之前，我们先来看看这种思想的内容本身以及产生它的背景。

二　用教育重新建构社会

　　杜威的教育理论是他整体哲学的一部分，而这个教育理论的目标内含高远的抱负。首先，他想发展出一种与达尔文主义相契合的教育理论，着重于培养学习者的智慧，强调知识的重要性。他生于达尔文《物种起源》（*The Origin of Species*）一书问世的年代，而且求学于进化论风行的时期，当然会觉得现代教育应该以科学为本。

　　首先，杜威认为，所谓学习者，乃是学习以他的心智为工具，去解决身处的环境给他带来的各种问题，因此他提出教育就是学习者的成长。他认为，现代教育体系必须在民主、科学与个人主义的时代下运作，所以教育一定要符合这个时代的精神。尤其重要的是，教育一定要先清除基于往昔前民主时代与前工业时代的旧观念，那时人们认为，知识就是对永恒真理的沉思，是有钱有闲的贵族干的事。杜威认为，他与他同时代的人应该试图超越过去留下来的二元对立看法，这其中最主要的乃是"知"与"行"的对立。他认为，所谓的"行"，其实包含了"知"，但不是像他的对手所说的那样，"知"从属于"行"，而且不如"行"重要——杜威认为，"知"本身就是一种"行"，而"行"乃是获得与应用"知"的其中一种表征。

　　杜威想要找到民主与进步的社会所需的教育制度。现行社会的缺点就是照着现有阶级来塑造儿童，那么如何才能让这种情况不再一代代延续下去呢？如果一个民主社会真的想要增进所有成员的福祉，它就必须有特别的教育体系，在人们小时候就要让他们能够培养能力，而且教育不能只是把现行社会的特质复制到他们身上，而是要学习如何改善它们。因此杜威把教育看成重新建构社会的一个主要方式。简单来说，如果要重新打造社会，我们一定要找出儿童如何才能对此目标做出贡献。但是杜威认为，除非实行以下改革，否则这个目标便难以达成：儿童一定要被放在学校教育的中心位置，老师和传统课程的权威要让位于学生的学习兴趣。在成年教师的温和指引下激发学生的学习兴趣，有助于推动学习进步，也有助于形成一种适合从事社会改革的性格与心智。

　　以上无疑是对杜威理论的过度简化式描述，但我们至少可以从中知道他是如何阐述他的问题，以及可以将注意力转移到解决这些问题的关键——儿童身上。我们不妨从这里开始讨论他的理论，因为儿童这个概念乃是新教育的核心；对于新教育而言，儿童这个概念并不单纯只是一个智识上的概念，它是一系列情感承诺与要求的焦点。对于这个概念，我们稍后必须做详细的考察。杜威与他同时代的人为儿童这个概念赋予的特别意义，后来被新教育潮流采用，而它确实是比后达尔文时代更具浪漫与原始的色彩。杜威及他的跟随者想要破除先前提及的二元对立现象，但是现在这个儿童的概念与儿童自然成长的假设让他们更难办到这件事了。而且，尽管杜威不断地极力澄清，但这种概念也使得儿童的核心地位难以与诉诸权威与秩序的教育手段相调和，事实证明，这种手段仍是必要的。最后，因为儿童形象周围笼罩着圣洁的光环，所以我们很难现实地讨论民主在教育中的角色。

如果我们要了解杜威及其同时代的人如何充满感情地看待儿童教育的问题，就必须回到 20 世纪初的智识氛围中，那个时代，人们正着手改革美国的教育。当时在美国及欧洲，大家都突然对儿童教育产生了兴趣，而且专业教育者也有了心态上的转变。1909 年，瑞典女性主义者埃伦·凯（Ellen Key）出版了著名的《儿童的世纪》（*The Century of the Child*），代表了那些觉得儿童已被重新发现的人们心中的期望。慢慢地，这种态度变成了潮流。1900 年，佐治亚州公共教育部门的主管在全国教育协会的年会中递交了这样一篇文章：《这个小孩会成为什么样子？》（"What Manner of Child Shall This Be?"）。他宣称：

> 如果有人问我，本世纪最伟大的发明是什么？我不会在人类对于物质世界的伟大改造中寻求答案。我不会说是印刷术、望远镜、蒸汽机、轮船、海底电缆、电报、无线电、电话、照相机等。我也不会说是太阳系某一颗新行星的发现，或是大幅促进医学检验技术的 X 光机等。我更不会说是那些节省大量人工的机器发明。我会略过以上这些人类文明进步的标志，毫不犹豫地宣称，对儿童的重新发现与重视乃是这个行将结束的世纪的伟大发现。[3]

在表明他认为"发现儿童"现象的重要性后，这位教育官员总结了这个世纪以来教育进步的情况：教育从本是"少数贵族群体的专利"变成了"民主的广大群众们可拥有的权利"。美国的小孩子们已经有了机会的平等，现在更进一步的改革正在路上。"我们美国人已经发现旧的教育制度并不适用……我们已不再强行将小孩塞入教育制度中,而是让制度配合小孩的需要。"他采用了宗教的意象,把老师比喻为耶稣,因为他们将小孩从裹尸布与死亡之火中解救出来,就像耶稣当时让拉撒路复活一样,让小孩子们可以继续成长。他充满信心地预测,未来老师的角色还会更重要,因为他们要拯救神创造的最天真的儿童。"过去评判老师的能力高下,端视他能否教导出聪明的小男生和小女生而定。而现在则是看他能否教好迟钝或是有障碍缺陷的儿童。在世界教育史上还从来没有出现过这样的情况:老师的教学能力并非以对资优生的教学效果衡量,反而是以对最差学生的启迪能力来看的。"[4] 于是新的教育方法就变成了精通"天才与放牛班心理学"。当对儿童心理的研究与对学校制度的改善已充分到使得教育系统能够触及与启迪每一个儿童,美国生活的"最大欣喜"就到来了。"如果我们能够好好地启迪每一个儿童,使他们在未来能对我们的民主做出经济、智识与国力方面的贡献,那就是我们成就与喜悦的来源。"

　　上述的话是由一线教育工作者而非学者所说,我详加引述,是因为它们总结了那时的若干教育理念。这些理念反映出"新教育"所具有的基督教情怀与仁爱、"新教育"所认为的儿童在现代世界中的重要性、教育成果上民主与机会的重要性、对迟缓儿教育的重视、对儿童心理学与教育学研究的乐观、相信教育就是教导如何成长,以及相信教育经由教导出能自我实现的儿童,会有助于民主制度的维系。

　　这位佐治亚州的教育官员可能读过这方面专家的著作,因为他对于儿童的看法与当时这些专家的看法一致。杜威博士那时四十岁出头,刚开始讨论教育,当然就是所谓的专家之一;但是我们不妨先来看一下在他之前的两位当时更有影响力的前辈的说法。他们是教育家弗朗西斯·韦兰·帕克(Francis Wayland Parker)与心理学家 G. 斯坦利·霍尔(G. Stanley Hall)。杜威认为帕克是进步教育

之父，是一个非常有活力的人，非常有成效的教育家，也是一位出
色的学校主管。19 世纪 70 年代，他改造了马萨诸塞州昆西（Quincy）
的学校体系，即使以最传统的教育理念标准来看，他也获得了很大
的成功。不久后，他接任芝加哥库克县师范学校校长，在那里他发
展出了更全面的教育理论与教学技巧。由此，他为杜威立下了一个
典范，因为杜威在 1896 年创设他自己的实验学校前，很欣赏库克
县师范学校。帕克同时也为赫尔立下范本，后者每年固定去参访他
的学校，"以便时时跟得上趋势"。

　　但是帕克的教育理论所使用的概念太老派，跟新潮流不合。例
如，他的概念都属于达尔文理论出现前的时期，缺乏复杂的功能心
理学（functionalist psychology）元素，而后者正是杜威理论能广
泛吸引人的原因。帕克关于儿童的理论虽然大部分师承自弗里德里
希·福禄培尔（Friedrich Froebel），却是非常重要的。他认为，"儿
童是神的创造物中最宝贵的东西"，所以如果要回答这个问题："小
孩是什么？"那我们要先了解上帝。"上帝把他的神性放在儿童身
上，而且……小孩透过追索看得见摸得着的事物来寻求真理，而这
个神性就显现于这个追索过程中。"他也认为，"儿童许多自发性的
行为倾向，其实就是天生具有的神性的痕迹。"他呼吁老师们："我
们在这里只为了一个目的，就是试着去了解这些行为倾向，并让它
们继续发展下去，跟随着自然而行。"如果儿童带有神性，而且"代
表了过去历史的果实与未来世界的种子"，那么我们应该可以很自
然地得出结论："任何教育措施的重心都应该放在儿童身上。"帕克
关心儿童自发性倾向，这是很有意义的事，我们可以大胆猜测，部
分原因乃在于他认为儿童对各方面都非常好奇，对什么事都表现出
自然而然的兴趣，好像天生就是一副科学家、艺术家与巧手工匠的
样子。因此，帕克推出了一个很有挑战性的课程规划，完全不同于
之后的进步教育，他甚至相信，小学的每一年级都需要教文法，因

为他认为小学生应该要"完全掌握文法"。

像稍后的杜威一样，帕克也强调学校应该像一个社区："学校应该像一个模范家庭、一个完整的社区，以及一个民主团体的雏形。"如果学校这个机构经营得好，它可以帮助我们达成改造儿童的非凡目标："我们必须相信，我们可以拯救每一个小孩。"每一个公民都应该在心里记住："靠着美国中小学的教育，我们等待着世界的重生。"[5]

在帕克写下以上文字的时代，儿童教育运动的领袖霍尔也正好发表了这样的看法："儿童的保护者首先要做的事就是排除阻碍自然发展的东西……这些保护者应该很欣慰人在儿童时期最纯洁，因为刚从上帝手中诞生，代表了世界上最可贵之物……儿童成长中的身心最值得我们去爱、尊敬与照顾。"也就在这时，杜威说道："儿童的本能与能力就是各种教育的起点与素材。"他又说："我们如果让小孩贸然接触他在成长阶段不需要的特殊学习活动，让他们大量阅读、写作、学习地理知识，等等，就会戕害他的自然天性。对儿童来说，学校教育课程的重心不在科学、文学、历史或地理，而是他的社交活动。"[6]

很明显，"新教育"不是作为工具性的东西而是作为一种信条来到世界上的，它的意义不仅仅是教育技术上的某些改进或结果，它还关乎一个人或整个民族的最终得救或重生。霍尔就曾预测，适合儿童天性与成长过程的教育会造就未来的超人。杜威早期对于教育的看法也是如此。他在《我的教育信条》(*My Pedagogic Creed*)一书中指出，"教育是社会进步与改革的基本方法"，因此必须把老师的职责看成"不仅是在教育个人而已，更是在塑造整个社会与其生活方式"。因此，每个老师都应该把自己看成"为了维持社会适当秩序与社会成长而出现的社会工作者。因此老师真可谓上帝派来的先知与带领社会进入上帝国度的使者"[7]。很明显，这种对于教

育的高度期望，会使得任何怀有教育改革想法的人肩负很重的心理
负担。

　　这样的信条，这样的战斗性信仰，一定需要先面对顽强的抵抗，
然后才会取得成为主宰性信条的正当性。想加入改革阵营的人通常
不会关心细节，不会探究他们的理念的极限或是危险何在。但很不
幸地，像教育这种实际的领域，重要的不是抽象的东西，而是实际
执行上会面临的政策焦点何在、某项措施应该推行到何种程度等问
题，而且我们无法从一堆理念中得出协调执行程度或比例的方法。
例如，新教育早年的支持者要求我们要尊重儿童，但是要尊重到何
种地步呢？会不会太过头反而变得病态？虽然自 20 世纪 30 年代起，
杜威自己开始警告大家不要过度诠释或是过度简化他的理论，但是
在稍后的著作中，他还是承认执行某些项目时的分寸很难掌握，过
与不及都会扭曲他的原意。

三　儿童的自然与神圣天性

　　杜威与他同世代的人对于儿童的想法之所以受欢迎，可能是因
为西方文化中的浪漫传统，这个传统就像达尔文主义一样吸引人，
或是更甚之。对儿童这个概念最精致深刻的描述见诸欧洲的一些思
想家，他们以浪漫的观点来看待儿童——杜威有时会带着敬意引用
卢梭、裴斯泰洛齐（Pestalozzi）与福禄培尔等人，同时也会引述爱
默生，他的《文化》（“Culture”）一文给了杜威不少启发。20 世纪初，
教育改革者提出的理念具有浪漫色彩，这是因为他们将个人的成长
与社会秩序的要求做了对比，前者指个人的感性、想象力与成长的
迫切性，后者指知识、道德礼仪与个人在社会生活中所需具备的能
力。他们希望能在人为的社会建制下教育出自然的儿童。对他们而
言，每一个儿童都是带着荣耀来到这个世界，所以老师的神圣责任

是让儿童保有天生的自由，而不是将一堆规则强加在他身上。他们希望儿童能够在自然中长大，在活动中学习，而不是竟日被灌输只对大人有意义的社会习惯，或是阅读与学习大人制定的、儿童却不感兴趣的东西。[8]

20世纪初，这种教育观点在西方思想界再度开始流行，其中又以美国接受度最高。美国一向对儿童采取放纵的态度——19世纪来到美国的旅行者一致同意此点。更且，美国的教育体制因为较有弹性与较自由化，所以不太抗拒新想法，而欧洲因为教育体系很传统，所以无法如此。美国的福音信仰传统也与此有关："新教育"支持者的用词中包含"拯救"每一个儿童，并认为每个被"拯救"的儿童未来会"救赎"文明，就是明证。1897年的那些年轻教育改革者诚挚地相信，好的老师会带来"真正的上帝国度"。

如果我们注意那些"新教育"改革者在声明中强调的自主性、本能、活动与天性等词语的弦外之音，我们就会知道教育的问题是如何被表达出来的。儿童同时是一个自然与神圣的现象——此处，达尔文之后的自然主义与浪漫传统联结在了一起——而儿童那些自然的需要与本能则是教育者不应该冒犯亵渎的东西。

我们现在可以来好好地咀嚼"新教育"的核心理念了：学校的教材不应该顺应社会的需要，也不应以造就一个智识者为目标，而是应该配合儿童的需要与兴趣。但是这并不仅是消极的警告而已——教育不能忽略或无视儿童的天性，如果只是这样说，就没有多大意义。它表示儿童的天性应该积极指引教育的过程与目标——儿童会自然且自发地展现出他们的需要与兴趣，而这些才应该成为设计教育过程时内在的精神指引与教学灵感的来源。

1901年，霍尔写了一篇文章《基于儿童研究的理想学校》（"The Ideal School as Based on Child Study"），讨论理想的儿童教育原则是什么。他说，他想要"暂时抛开现行的所有措施、传统、方法与哲学，然后考虑**如果教育完全立基于对儿童天性与需要的全新理解之上，则会如何？**"[9] 简言之，他想要除去传统的教育观念，这些都是从陈旧的历史中传下来的。现代的儿童教育研究的成果远比那些有用。从词源上来看，学校（school）这个词表示休闲、不用工作，也就是伊甸园所指涉的无忧无虑、不用工作与谋生、类似天堂这种意义的无限延伸。果真如此，则学校意味着健康、成长与继承，"这些东西的一小部分就需要很多很多的指导"。

因为儿童的健康、闲暇与成长是神圣与自然的，所以我们如果想占用他们的任何时间、要求他们学习任何东西，都必须先谨慎地试验，确定没有坏处后才能施行：

> 我们必须克服对于字母、乘法表、文法、度量衡等的依赖与对书籍的莫名崇拜，我们必须反思……当初人类发明字母不啻是在脑中装了利刃折磨自己，查里曼大帝与一些伟人其实并不识字，学者也说但丁、莎翁笔下的知名女主角甚至圣母本身可能都不识字。中古的骑士是他们时代的精英与领袖人物，他们把读写看成小文职工作人员的把戏，伟大的脑袋不需要花时间去了解别人想什么，因为他们自己的想法就已经足够好了。

霍尔受过他那时代最好的、同时也很传统的教育，他曾就读于哈佛以及德国的著名大学，所以当然，没有人会想象到他竟然认为"新教育"应该是以颠覆智识传统为目标。[10] 他的看法的重要性，在于他相信儿童的成长有一个自然且正常的途径，而不是一味地啃书本。他提出的某些建议尤其有道理，[11] 而另外一些至今还在执行，成效不错。有趣的是，帕克很注重学习文法，而霍尔则认为即使注重自然发展，也无须放弃对古典语文（希腊文、拉丁文）的学习。他认为，至少一部分儿童可以学习这些。他提出这个理论至今快过去一个世纪了，我们现在回顾起来会觉得特别有趣或奇怪，因为他认为他完全知道，这些"困难"的科目要读到什么程度才能称为"自然"。如果要教授这些已经不使用的语言，则拉丁文至少要在十岁或十一岁前开始，而希腊文则不能晚于十二岁或十三岁。可是一个世代以后，多数"新教育"的主张者已经不赞成再教这些科目了，他们若是看见霍尔曾提议在小学教授这些科目，一定会被吓到的。

霍尔认为，我们应根据针对儿童教育的科学研究结果来制定政策，这明显有乌托邦色彩。他曾获得大量研究经费，进行过五年实验，因此"他完全没有怀疑或害怕"，深信可以开发出一个既能满足改革者也能说服保守派的学习规划，"因为最好的课程都在其中了"。

　　　但是这个规划主要是以儿童为中心而不是以学校为中心。它有一点儿像是宗教改革，主张安息日、《圣经》与教会等都是为人而造的，而非说人是为了它们而存在的。因此，这样的教学设计将符合现代科学与心理学的理论与实践结果，它会让宗教与道德更有效；最重要的是，它会使学校教育中的个体性更张扬，有助于巩固共和制政府，提升整个国家民族的素质，令其达到更高的超人的成熟，这种成熟就是发展的高效性，它是艺术、科学、宗教、家庭、国家、文学等每一个社会领域的终极检验。

从霍尔希望十岁的孩子学习拉丁文，呼吁超人的未来，到生活适应教育运动反对学业课程训练，建议课堂讨论类似于"我如何才能让所有人都参加派对活动""我读初中的时候应不应该约会"[12]　　372这种问题，这之间无疑有很远的距离。但是构想乌托邦的人，总能找到通往乌托邦的捷径。

四 "成长"被无限上纲

因为"新教育"有着浪漫主义与达尔文主义的背景，因此我们很容易就能理解，为何杜威认为教育就是使受教者"成长"。杜威对于教育的定义并不是随意的，也不是空泛的隐喻，它是在定位和重述教育过程的本质。在杜威的《民主与教育》一书中，有一段话经常被引用，这段话既可以反映杜威的文笔有多么难以理解，也可以显示将教育视为"成长"的观点于他而言有多重要。他写道：

> 我们一向关心"成长"的条件与意义……当人们说教育是发展时，一切就都取决于发展应如何定义。我们认为生命是一种发展，而发展、成长就是生命。如果从教育的角度理解这句话，意思是：一、教育过程没有除了它本身以外的目的，它本身就是目的；二、教育过程就是不断地重组、重建与转换的过程……
>
> 现实中，除了成长以外没有其他成长，所以除了教育以外没有比教育更重要的事……所谓教育，就是不论年龄，提供成长或是充实生命所需的条件。
>
> 成长是生命的特质，而教育等于成长，所以教育就是最终的目标。学校教育的优劣端视它能创造多少追求成长的动机，以及提供多少实现这一动机的手段。[13]

我们来看看以上这些话的意涵：它告诉我们不要把教育看成"如同成长"，或是"与成长有关"，或是"属于成长的一种模式"。它要我们认为"教育即成长""成长即生命""生命即发展"；且最重要的就是不要给教育设定任何目标，因为除了更多教育外，教育没有其他目标。"教育的目的就是让每个人追求更多教育。"[14]

乍看之下，"教育即成长"这个观念似乎无可抗拒。当然教育不可能是"反成长"，不可能是倒退。但是若说教育即成长，似乎是在假设学习过程与自然之间有某种关联。但这种看法的正确性难以衡量。我们一般都会认为教育是累积性的，它会帮助我们提升心智能力、改善格调与扩大视野，也就是让我们变得更充实、更"大"。但也有人说，视教育为成长，会给我们带来无尽的问题，而且我相信，这个观念到了杜威追随者那里以后就变成了教育史上最难理解的比喻之一。成长是一个自然且动物性的过程，而教育是一个社会化的过程。小孩子的成长是自然的，只需要正常的照顾与营养就可以；成长的最后结果大致上由基因决定，但是教育的目标却由人来决定。当我们规划小孩的教育时，我们可能思考是否让他学习两种语言，但是在想到小孩的成长时，我们不能规划他是否应该长出两只手。

成长是一个生物学概念，且以个体为单位，此概念很自然地让我们从教育的社会化功能转向个人化功能，不注重儿童在社会中的角色位置，而是让他在社会的压力下能够追求或实现他自己的兴趣。[15] 这种成长的概念使得教育思想家将自我决定、自我引导的成长与外部塑造出的成长做对比，认为前者是好的，后者不好。杜威思想的追随者强烈反对别人将他们的教育思想看成过度重视生物性与个体性而忽视社会性与集体性。他们认为，没有人比他们更强调教育过程包含的社会性，以及教育过程最终具有的社会功能。

但是，问题可能并不在于杜威他们对于教育的社会面向缺乏关注，而在于强调个体成长的观念已被这些执迷于"以儿童作为学校中心"的教育思想家用来绑架教育政策。虽然杜威自己并不接受儿童与社会是终极对立的——事实上，他希望二者能取得和谐的关系——但是"教育即成长"这个观念实际带来了历史性的影响：它提高了儿童的地位而贬抑了社会的传统，因为儿童的成长代表健康，社会的传统（包括课程传统）则代表过时的、过度仰赖权威的要求。曾有一位支持这种传统的著名教育心理学家认为："社会的权威，或者说社会的任何一个部分对小孩而言都并不是行为规范。每个小孩都会靠自己的经验来判断。每个小孩对整个社会建立起的行为规范都有他自己的看法，他同意这些规范，才会遵循。"[16]

杜威的支持者与批评者常常认为他赞成教育不应有既定的方向，但是杜威本人其实从来没有如此说过。关于这一点，他表达得非常清楚。他在早期与稍后的教育著作中都说过，如果儿童没有人引导，就无法得到适当的教育成果；并不是儿童的每一个行为、外显的兴趣或是突发的冲动，都是有意义、有价值的教育线索，老师必须在不借助"填鸭"手段、不强行施加外在目标的情况下，想办法引导、管理与开发学生显现出的学习兴趣与冲动。[17]

杜威的困境其实来自另一面向：因为他一直坚持"教育即成长"，教育除了不断追求更多教育外不能有其他目标，因此社会无法透过老师来指导或是管理学生的学习兴趣或冲动。教育专家希望老师给学生指引，了解学生的需要、学习兴趣与冲动，但不去干涉学生应走的方向。[18]学生的学习兴趣与冲动应该被鼓舞继续发展，但是往哪个方向发展呢？如果要预知往哪个方向适合，则必然得先有一个教育目标，以及大人必须先考虑一下小孩应该知道什么、应该成为什么。杜威主张，"让小孩的天性自然发展到其应有的方向"[19]，但是如果有这个"方向"的话就表示前方有一个小孩现在看不见的目标存在。因此，虽然进步教育的教学方法令人耳目一新也很有效，但是它的教育目标却常是模糊不清、无政府主义的；它的教学方法是极富价值的，但是应该把这种方法用在何处，它却语焉不详。它在启发儿童学习的兴趣方面很成功，但是这些昂扬的兴趣有时却替代了学习本身。所以进步教育对于其教学技巧越是有明确的信心，则越是说不清教学的目标——也许这正是美国式生活的写照吧？

　　如果以"教育即成长"的概念来看，杜威在课程方面的模糊不清是可以理解的。当然，他在职业生涯中写了很多关于课程的文章，但奇怪的是，从他主要的教育著作中很难看出他认为好的课程应该是怎样的，或是他为美国的学生设计了什么可供选择的替代课程。他没有提出课程建议，当然与他一贯主张的教育不应该预设目标是一致的，因为教育唯一的目标应该是继续教育。杜威在写《民主与教育》时认为，现行的课程安排"一直被传统束缚"，所以"需要经常地接受检视、批判与修改"。他也认为，课程"反映的也许是大人而非儿童或青年的价值，或是前一代而非这一代的价值"。有些人认为，课程应该反映儿童的需求，而且因为专家建议应该反思课程，所以即使不每年都做修改，也应该随着每个世代进行修改；在这一点上，他似乎很支持这些专家的看法。[20]

　　杜威完全坦率地承认他尊重儿童的学习兴趣："只要某个话题具有吸引力，就无须问它的优点何在。"在这里，他罕见地向读者具体说明了他的看法："我们不能因为拉丁文是一门高深的学问，有抽象价值，就认为学校应该教这门课。"当然，我们很容易会同意这个观点，但是杜威还指出，拉丁文的价值并不在于学了它将来可能会有用。"当儿童真正想学拉丁文时，它自然就有价值了。"[21]

　　这样的说法当然不能算错，因为杜威只是说，如果儿童主动自发地学习，那么所学之物就有价值。但这不表示儿童觉得学什么高兴就让他们学什么。杜威曾在著作中警告教育界，不要因为某些东西"学起来开心、刺激或是费时短"[22]就让儿童去学。但也因此，我们很难避免这样的结论出现：如果儿童应该学习什么内容都视当时情境而定，就很难因制定课程的需要而对某一学科进行长期评估。杜威以为，从理论层次来说，"并没有一个价值序列供我们参考"，因此，"我们无法把学科按照价值大小排列起来"[23]。

　　如果说价值序列就是指学习带有一种外部价值，平等适用于所

376

有学生，那么可能有人就会同意杜威的观点。但这种看法很容易导致一个结论，认为任何一门学科都很重要——全国教育协会就是这么说的："数学与机械、艺术与农业、历史与家政都一样。"如果有一个学童"真的很想"学拉丁文，杜威会认为这就是它有价值的证明了。但是，如果某人用"汽车驾驶"与"美容保养"的课程取代拉丁文，因为前两者对学生都很有吸引力，那么这个人就是像后来的教育界那样，是在玩弄杜威的理论了。杜威自己可能不会做这样的替代，但是他的理论并不能防止出现这种状况。

因此，总的来说，杜威的教育哲学对于课程设计的影响是个灾难。即使我们知道在学科间建立的价值序列会受到特定环境与条件的影响与限制，我们在心中还是一定会有这样一个价值序列，以便规划持续数年的课程安排，因为低年级的某些课常是修习高年级课程的准备。对小孩来说，急切地想要学习拉丁文或是任何一门学科，绝对不是"自然"的冲动。用杜威的话来说，儿童之所以会"真的很想"学拉丁文，只是因为成人社会断定选择学拉丁文对他们中的一些人来说有益、决定他们应该从什么时候开始学，也是成人社会安排了优先的课程、决定他们接受何样的社会和知识的经验，这样一来他们才能真正知道是否应该选择研读拉丁文，以及此选择是否有意义。简言之，大人们需要先对课程有某种信念，而且愿意以此信念来安排课程。[24] 但是，若以这样的方式来安排课程，虽然能给予儿童很大的选择空间，却会使老师提供的"引导""管理"超出杜威允许的范围。

五　教育如何实践民主与其挑战

杜威的"成长"观念表达的主要是对于个体的关怀，而在他看来，教育的社会功能则是可以巩固民主制度。虽然很多教育者把成长的概念拿来用于支持个人对抗社会，但是这并不是杜威自己的看法。他认为个人的成长与民主社会秩序并无冲突，完全可以和谐共存。在他眼中，"新教育"绝不是无政府主义式的或是极端个人主义式的。从传统束缚下解脱的儿童，还是会被教导要接受社会责任，这种责任是对于其他人与对于未来的责任。"新教育"对于社会责任的要求其实比旧教育更严格，因为它的目标是完全实现民主。为了达成这一目的，杜威坚定地站在美国传统下，因为往昔建立起公立学校制度的教育改革者也看重这种制度对民主的潜在价值；杜威还与他时代的精神保持完全一致，因为进步时代最主要的信念就是美国民主的振兴与扩大。

378

杜威相信传统教育是建立在民主社会出现前的若干知识理论与道德信念上，所以如果民主社会中还有传统教育的残迹，就会阻碍民主理想的实现。从古希腊开始，社会就被分成有闲的贵族阶级与被奴役的劳动阶级，前者独揽知识文化，后者竟日工作与学习实用知识。于是，这种情况催生出了知识与劳动的致命性分裂。[25]

然而在民主社会中，每个人都有其社会功能，大家共享许多利益与目标，因此这种分裂有可能被弥合，社会也可以产生一种对知识的正确看法，就是每种劳动都有其相应的知识，这些知识不分高下。因此民主与进步的社会"一定要有新的教育，赋予个人以一种社会关系与社会控制方面的个人利益，以及能够保证社会在不失秩序的前提下发展变化的心智习惯"[26]。

杜威从来不会天真地幻想将整个社会变迁的重担压在教育之上。他在《民主与教育》一书中说，光是老师的教导与称赞，并不能使学生的心智与品德产生变化，这些变化需要的因素很复杂，例如也需要有"政治与经济情况上的变化"。教育当然很重要，"我们可以将学校打造成我们想要的理想社会的雏形，学生在学校内习得的心态与行为，可以作为改造未来成人社会的基础"[27]。这段话当

379

然显示了杜威代表民主社会对学校角色提出的要求，但同时也显示出他教育哲学中的一个核心问题：他必须先假设儿童的需要与兴趣与我们未来的理想社会是一致的，不然的话，"教育即成长"这个理念，或是"教育就是根据成人理想社会来塑造儿童心灵"这个想法就都必须被抛弃，后者显然是外部加诸儿童的目标。

关于教育如何可以为民主服务，杜威的看法与先前的教育改革者不同。这些改革者认为，公立学校体系不但可以增进一般国民在社会中的爬升机会，也同时可打造出一群有素质的民主国家公民。他们认为成年人应该制定教育政策，并且提出能满足政策目标的课程规划，从这点看来，他们是挺传统的。但是杜威认为这样不对，他希望能找到一种方法，更精致、更广泛、更"自然"地构筑民主与教育的关系。也由于此，他的《民主与教育》在讨论有闲贵族与劳工时，几乎不提美国的阶级结构问题，或是阶级与教育机会间的关系，或是应该尽量普及教育以增加社会流动性与打破阶级壁垒等问题。简言之，他讨论教育与民主间的关联，并不从经济、社会甚至政治方面着手，除非是很宽泛地论述；基本上，他是从心理与社会心理学的角度谈。在他看来，民主教育的目标就是儿童的社会化，儿童要养成合作而非竞争的心态，并且在受教育过程中"熏陶"出服务的精神。

在这本书中，杜威一开始就批判了以阶级为基础的教育体制，往昔有闲贵族阶级与被奴役的劳动阶级的并存造成了抽象知识与实际效用的区分。打破这种类似知与行的区分，唯有靠民主教育体制才有可能，在此体制中，不同家庭背景的儿童被混杂在一起学习，学校并不会复制社会中的阶级关系。他认为："民主不只是一种政体形式，它主要是一种社会生活体的模式，是大家共享生活经验的一种共同体。"[28] 因此，民主体制下的教育者，其任务是把学校打造成一个特别的环境，一个小的社会、社会的雏形，其中并没有真实社会里那些不好的特质。一个好的社会不会把它所有的特质都传递给下一代，"只会传递那些有助于形成更好未来社会的特质"[29]。

那么，一个民主的学校有什么特色呢？当然，老师不会是威权严厉、强迫灌输东西给学生的。他会非常注意儿童自发性与天生的学习冲动，帮助学生把握住那些可以有良好发展的学习冲动，适时给予些微的指引。儿童在教育目标的制定及执行中也会扮演积极的角色。学习不是个人的、被动的，而是集体的、主动的；在学习过程中，学生学着如何分享观念与经验，如何相互体谅、尊重以及合作。这些习惯将来都会被带入社会，从而改变社会。就如杜威所说："社会规划如何教导年轻人，而决定年轻人的未来其实就是决定社会自己的未来。"[30]

追求民主这个目标，当然会对教育的内容与方法产生深远影响。当我们抛弃了"学习知识是有闲贵族阶级专利"的想法后，早先的教育形态便会跟着受到质疑，认为它不适合民主、工业化或是科学时代的需求。现代的知识传播，要摒除传统教育的那种阶级气味。事实上，智性的东西到处可见。"纯粹智性的生活，也就是除学术与智识外别无其他的生活方式，现在不是那么受尊敬了。学术不再是荣耀的标志，正在变成被责难的原因。"现在大家正在挣脱"中世纪学究"的枷锁，也就是认为"追求学问是我们本能之中智识方面的反映，求知欲、累积信息和掌握语言文字都是天性；追求学问跟我们创造效用与艺术的倾向或冲动无关"。

事实上，智性式的教育方式只对少数人有意义："大部分人的心灵并不是被智识兴趣所支配的。大家都只对实际的事物有兴趣。"因此，很多年轻人学会了基本的读、写与算术后，就不再读书了。除此之外，"如果我们不把教育的目的看得那么窄，如果我们在教育内容中加入一些可以让喜欢动手创作的学生感兴趣的活动，学校的氛围会变得更活泼、更有文化，学生会在学校待更长的时间"。

杜威指出，教育已经在朝这个方向前进，当这些新趋势"全面彻底地贯彻于学校体系"时，我们教育的未来就大有希望了。"当儿童们被引导训练成为学校这个小社会中的一员，受到服务与奉献精神的熏陶，具备自我管理的能力后，我们建构一个其乐融融社会的愿景就有了最坚实的保证。"[31]

杜威及其跟随者在实现他们的社会理想的过程中，也就是破除成人的威权性格与推动社会改革的两项目标上，很自然会碰到一些敌意。我们之前已提过，杜威支持老师在课堂上要做一些指引，他反对的是老师与学校单方面设定教育的目标，因为"教育即成长"这个理念是不预设任何教育目标的。但吊诡的是，教育者越是怀抱有社会改革的理念，就越是可以明显地看出社会改革其实是一件"大人的事"，要实现它就不能寄望于儿童的参与合作。

382　　在大萧条时期，这个事实变得特别明显。到了1938年，杜威写了《经验与教育》（*Experience and Education*）一书，他在书中明确警告说，"新教育"使得老师不敢在教室内对学童做任何提议或指导，这已经过头了。他说，他甚至听过老师完全把教材或材料丢给学生自己摸索，因为他们觉得不应告诉学生该怎么做。"既然如此，那为什么还发教材呢？难道教材本身不就是某种建议或指引吗？"杜威认为，老师还是该扮演团体活动里的领导人角色，他应该在"为了团体利益"的立场下给予一些指示，而不是"为了展现自己的权威"而给指示。

可是反复提醒老师应避免权威化的声音仍然存在，他们担心老师"强迫学童达成一些老师自己设定的，而不是学童自己要的目的"。杜威强调，"新教育"中最好的一件事，"就是它注重让学习者参与确立学习目的，而这个目的决定了他的学习过程"。可是，他也说道："学习目的的形成是一个非常复杂的思考过程。"然而他没有提及的是，小小年纪的学童应该怎样参与这个目的的形成过程。[32] 他知道进步主义学校屡屡在规划课程时遭遇困难，他也着实为此头痛。[33]
但我们并不确定，他是否认为这种困难来源于人们期望小孩子可以
参与课程规划这种含有高度知识复杂性的工作。

　　杜威对老师权威化的焦虑，来自他想要改变以往培养儿童顺从
心态的教育观，我们现在还一直在努力改变它，但很困难。在教育
上，杜威最不喜欢的一件事，大概就是让儿童养成顺从听话的习惯。
他认为"顺从听话"乃是源自成人社会的危险观念，而老师正是成
人社会的代言人。杜威是这样看传统教育的：

　　　　培养顺从感乃是它的目标，因此儿童的个体性被放到一边，　　383
　　被看成品行缺陷或是团体无秩序的原因。顺从就等于全体一致
　　化，因为希望学生顺从，所以教育使大家变得对新奇事物缺乏
　　兴趣，不想进步，害怕不确定或是未知事物。[34]

　　由于杜威视老师为对儿童自由发展的威胁，所以他看不出来其
他的小孩也可能是个威胁。我们很难相信他真的想要从成人世界中
解救小孩，因为他把小孩丢进了更富侵略性的同辈环境中。现在，
杜威所向往的课堂几乎已没有空间留给那些好学深思的儿童，他们
无法适应"新教育"把上学当成社交活动的做法。杜威写道："作
为社会的一员，儿童需要设法融入群体活动中。"[35]因为在这样的
活动中，参与者可以发展出一种共同的意识。他认为，不合群或是
不参与活动的小孩不是有点儿奇怪吗？他写道：

　　　　依赖是一种力量而不是弱点，它意味着互相需要。一个人
　　过度独立会减弱他的社会性。独立让一个人自立,让他自我完满,
　　但也会导致孤立与漠然。独立会让人不重视人际关系，误以为
　　自己可以一个人活着或是成就任何事情，这其实是一种尚未得

名的疯狂表现，也是这个世界上很多苦痛的来源，但这苦痛是可以医治的。[36]

在 19 世纪的美国，这些话是可以理解的。杜威年轻时所盛行的经济个人主义，造就了很多独立性强的人，他们虽然还不致被称为疯狂，但是至少是排斥社会的。传统的教育给了老师倾向于在课堂上充当权威的空间。在 1916 年，我们很难想象戴维·里斯曼（David Riesman）在《孤独的人群》（*The Lonely Crowd*）一书中所描绘的那类"与他人密切互动、深受他人影响"的人会在儿童中出现，也很难想象成人在课堂与生活中对小孩的权威会减弱。今日，当我们悲叹儿童缺乏顺从性时，我们其实是悲叹他们太顺从同辈与大众媒体，而不是顺从父母与老师。现在我们已经知道，若大人的权威被过度弱化，带来的问题不亚于他们的权威被过度强化。

在杜威建立他的教育理论时，当时的人们还考虑不到这些问题，但是他的理论本身有可能会带来原先意想不到的后果。有些教育者援引杜威的直接、效用与社会学习原则来鼓励学生在学校中讨论"我如何能够受欢迎？"或是鼓励学生暗中反抗父母权威，比如"为什么我的父母这么严格？""我的父母太老派，我该怎么办？""我该听朋友的话还是服从父母的愿望？"[37] 这些话题都代表，将同辈压力反映到课程内容中所采用的方式肯定是杜威不能接受的。虽然顺从与权威确实是一个问题，但它并未通过改革旧式课程得到解决。

也许杜威太过于重视学习的社会面向。他与同时代的学者，如乔治·H. 米德（George H. Mead），都关切如何确立学童心灵天赋的社会性，而他们在这方面的努力取得了显著的成功。但杜威的教育理论对这种心灵观念也许过度适用了。如果心灵活动在本质上是社会性的，则我们当然可以说所有种类的学习都具有社会的面向，而且不是仅仅限于教室中的社交合作。也许支持"新教育"的人不愿意承认，一个儿童独自坐在教室中阅读书籍其实也是一种社会性的经验，它跟一群小孩在学校的手工室和其他小孩一起组装模型玩具一样复杂，尽管二者是不同的两种活动。杜威的著作中屡屡出现一个特别的观念：一件事之所以形成意义，是由于其具有社会性；但这个重要且有说服力的看法，有的时候却变质为一种可疑的观念：所有的学习都必须在社会性活动中分享进行。[38]

更重要的是一种教育过程与结果间的必然因果关联性，尤其是杜威这种提倡多元化与丰富人生的人，更会重视此问题。他们认为权威的老师与学校教育风格会造就呆板驯顺的儿童，而具社会性与亲和感的学习却会产生容易共处的人格，这样的说法乍听之下很吸引人，但是有时人生却不是照着这种似乎严谨的因果规律走。例如，难道杜威真的认为传统的教育方式已经使得美国产生了"变得对新奇事物缺乏兴趣，不想进步，害怕不确定或是未知事物"的心灵吗？立基于威权的传统教育一定会制造出只知服从的小孩吗？怎样的教育风格必然产生怎样的小孩吗？杜威可曾想到，法国的启蒙社会思想家伏尔泰竟是由耶稣会所教育长大的？他可想到，极度威权的清教徒家庭教育出来的子弟竟然是近代民主的重要支柱？认为教育过程与结果的关系是"栽什么就收获什么"，其实是违反历史经验的。

最后，若是认为不应该把教育看成为儿童的未来生涯所做的准备，而以为教育就是生活本身，就是试着生活、累积生活的经验，则这样的看法是有严重缺陷的。想要把学校中的经验与外面的经验联系起来，这样的想法值得称赞。但是杜威不只是说教育即生活，他甚至认为学校应该为儿童提供一个选择性的环境，把社会中好的东西留下来，不好的除掉。但是，学校在这件事上越是成功，离"教育体现实际社会生活"的理想就越远。我们一旦承认学校中为学童设计的"环境"并非整个社会的缩影，就只好承认我们是"选择性"地模仿外在社会，而这正是在将一种特定角度、外在目的加诸学童，也就等于是在支持传统的看法，认为教育毕竟不是在"复制"社会生活，只是全体儿童与他们将面对的世界生活中的一部分，是有特定功能的一种专业化活动。

如果"新教育"提倡者真的想要在教室中复制整个社会生活，那他们一定先要有一个关于什么是生活的理想图像。对于任何一个成年人来说，生活乃是成功、欢乐、竞争、输赢、挫折与失败等，当然有的时候人与人会合作。但是"新教育"提倡者并不认为这些东西应该在课堂上被"复制"。相反，他们最大的希望是保护小孩子纯真的感觉，希望他现在不会提前接受以后在成人社会中会面对的批评或者辛酸苦楚。他们的立场很接近玛丽埃塔·约翰逊女士（Marietta Johnson），她是"有机教育"的先驱与进步教育协会的创立者。她曾说："小孩不应知道什么是失败……学校应该顺从小孩本身天性产生的需要，而不是主动制造需要。如果学校中出现某个小孩输了而另一个赢了的状况，这种教育就是不公平、不民主与反教育的。"[39] 她在亚拉巴马州费尔霍普（Fairhope）创设的实验学校被杜威夫妇在《明日的学校》（*School of Tomorrow*）一书中视为典范，在这所学校里，没有考试、评分、留级，成功不是以学习科目的数量或是不断升级来衡量，而是以学习时的努力与愉悦来决定。姑且不论这样的教育是否比传统教育更好，但它绝没有拉近与"生活"的距离。

对于这样的质疑，"新教育"提倡者提出了他们自认是满意的回答："新教育"并不想让儿童熟悉或融入过去这种充满自我个人主义、很辛苦的社会生活，而是想让他们知道现在或未来的生活是怎样的，这种生活应该更具社会性、合作性，更为人性化，更接近杜威所说的"今日的科学民主社会"的生活[40]。

设计儿童教育以适应他们的成长并且打造出新的社会，是"新教育"的重要目标，但追求这样的愿景却使得这工作变得更困难。

渐渐地，有一些"新教育"提倡者开始怀疑，杜威并没有顺利整合他所提出的两个目标：教育即是儿童的成长，以及教育即是重建新社会。博伊德·H. 博德（Boyd H. Bode）于 1938 年观察到，以现在的状况来看，"成长"这个信条"阻碍了老师认识到他需要一种指导性的社会哲学"[41]。如果要我们相信，杜威已成功整合了上述两个目标，就得相信儿童的天性和并非每个人都能享受的民主文化之间存在预先建立的和谐关系。有些人似乎认为，我们应该放弃两个目标中的一个：要么强调适应儿童的天性或是自发性的教育；要么强调教育是为了重新打造民主社会。毕竟儿童迟早会变得叛逆，所以我们很难假设他日后会想要改造社会，或是让他们的思想"充满服务精神"。在大萧条期间，所有主张教育可以帮助改造社会的人都承认，儿童并没有这种热情，承认如果未来的社会要变好，所有的教育就都需要一些灌输行为，在教育过程中无可避免地需要将一些"外部"目标加诸受教者之上。[42] 人们对以教育来重新打造社会的兴趣并未持续多久，但是至少这种想法让一些激进的教育者开始察觉，学校体系中存在若干"外部"（也就是成人社会的）目标是无可避免的事。一些人相信杜威在 1897 年说的，教育乃是"社会进步与改革的基本途径"，但我们不可能像他希望的那样把这件事交给儿童。

六　杜威思想的乌托邦色彩

杜威发展其教育理论的原因，是想借着一个核心观念来克服之前教育思想中存在的两极对立观念。他认为，儿童与社会、兴趣与纪律、专业技艺与文化、知识与行动等二元对立关系都需要被化解或消融掉；这些对立关系本来是贵族社会的气氛导致的，而在今日的民主社会中应该是可以被超越的。这种乐观的心态对杜威教育理论很重要：他不认为这些教育上的对立关系是了解人类问题本质的线索，而是应该淘汰掉的不良文化传统。当杜威出版他早期那些最重要的教育著作时，他认为这世界是一直在进步的。科学与民主会比人类往昔任何事物更好、更理性，蕴含更多的智慧。因此，它们会提供更理想的教育，同时受益于这种教育。

388　　　因此，杜威的教育思想中有一种隐约的乌托邦色彩——很多教育理论家认为，这种乌托邦色彩很吸引人。杜威的乌托邦思想并非立基于对一种理想教育制度的想象。他当然不会笨到替一个现在已经成型固定的社会擘画一幅蓝图，而考虑到他理论的要旨是"教育即成长"、不断地成长，他当然不会赞成所谓蓝图的存在。他的乌托邦思想是在方法上的：他认为那些传统的二元对立并不是真实社会的属性，需要改正或消除掉，而是以往对这个世界错误的看法所导致的。仅仅想办法消除这些对立观念是不够的，人们可以通过在更高层面上将它们统一起来，从而彻底克服这种对立。

在这一点上，杜威呼应了他之前很多美国思想家对历史的看法。他的语言显示出，他认为整个人类的历史充满了错误，需要被改正。要让现在的任何一项事业成功运作，就需要改正过去残留的缺点，教育就是这样。在《民主与教育》一书中有一段隽永的话："现在并不只是过去之后出现的时间而已……它是将过去抛在脑后的生命状态。"因此，研读过去的文化产物无法帮助我们了解现在。重要的是过去的生活本身，虽然这些文化产物是关于这种过去生活的印记，但是这个印记是死的——而完美的生活本身正是超越过去生活的过程。"对于过去及其遗产的了解在当下的生活中有着重要的意义，但反之则不然。"因此，如果教育的主要材料是对过去的研究，就会使现在与过去失去关键的联系，"而且会让过去与现在对立起来，让现在变成对过去的无谓模仿。"杜威于是提出了最关键的论点："这样一来，文化就成了一种点缀和慰藉，一种避难所。"[43]它将因此失去改造的能力，失去改善现状与创造未来的能力。

　　在这里，我们要再度把焦点放在儿童身上，因为儿童是走向未来的关键，儿童可以把这个世界从它沉重的过去中解放出来。但是首先儿童本身应该得到解放——而只有在一个适合的教育体制下，他们才能真正得到解放——摆脱这个世界的压迫，摆脱文化中的陈腐之物，摆脱社会对于学校体系的限制。杜威本人很现实，他明白，以儿童自发的学习兴趣与冲动来指引教育过程，是有局限的。但是美国的教育者恰恰就对这个学习兴趣与冲动感兴趣。杜威要把儿童从历史的枷锁中解放出来，好让儿童可以用新的方式来面对过去的文化，美国的教育者因此认为他是在贬低过去的文化，斥其为装饰与慰藉"产品"，认为他的理论是为了开创一种解放儿童、使他们获得自由与充分成长的教育计划。杜威的理论将儿童放在教育的最中心，将教育视为无止境的成长，他主导了美国对教育目标的讨论，可即使花了四分之一世纪的时间来澄清，他还是挡不住别人误用他的理论所造成的反智倾向。

　　像弗洛伊德一样，杜威将社会教化年轻人所用的规则、禁令与习惯等，都看成一种强加于他们身上的束缚。但是杜威的立场比弗洛伊德稍微乐观一些。弗洛伊德认为，个体的社会化过程会阻碍自然本能的发展，是无法避免的悲剧。而杜威认为，社会毁了儿童"韧性"与"自由"的特性，这些正是他们改变现存传统的力量来源。教育以其"傲慢强制、钻营贿赂、僵化死板的方式，扼杀了儿童鲜活的好奇心与想象力"，已经成为"剥削无助年轻人的一门艺术"[44]，而教育本身则为社会所利用，以扼杀其自身内推动自我改造的能力。对杜威来说，这个世界给儿童带来了灾难，但是这个状况可以借助适当的教育过程来避免；对弗洛伊德而言，世界与儿童是完全对立的，这种对立虽然可以被扭转，甚至可以在细节处得到某种程度的改善，但在本质上，这个对立是无法克服的障碍。[45]

390　　　　超过一个世代的进步教育实验证明了弗洛伊德的理论。旧式教育的一些缺点被成功地改正了,但是其他问题反而被"新教育"强化。在"新教育"下,儿童对成年人独断命令的服从性降低了,但是同辈压力却成了严重的问题。老师的权威减弱了,取而代之的是一种微妙的操控手段,它要求老师进行自我欺骗,常常引发学生的怨恨。学生害怕课业失败的心理依旧存在,而教育界引入的一些原本意在消除这种心理的机制,却因为缺乏标准、不被认同,无法给学生带来成就感而折戟沉沙。

在杜威最后一次关于教育的重要论述里,他观察到"旧式教育机构一心想要改变新的机构,变得像它们自己一样"。他对一些进步教育做出的努力颇为满意,但也承认他的一些想法与原则后来在制度化的过程中变质了。例如,"在师范学院等地,这些想法和原则变成了一种固定的主题,有着死板的条条框框,学校把这些主题按照某种标准化的步骤教给学生,让他们死记硬背……"又是记诵与标准化过程!他说,这样训练老师"是用错的方法来教对的原则"。杜威最后一次郑重提醒这些学习进步教育的老师,只有正确的训练方法才能造就老师应有的性格,而不是教给他们什么课程或是标准。遵循好方法,就可能开创民主社会;如果采取"威权原则",教育就会"扭曲和摧毁民主社会的基础"[46]。于是,人们开始寻找一种反制度的制度化方法。

第六部分

结论

第十五章

知识分子：与社会疏离或被同化

一　知识分子与主流的"和解"

虽然各种形态的反智持续地充斥在美国生活的各个层面，但同时，智识这种东西已经有一个新的、正面的意义，而社会也比较接受知识分子了，甚至在某些方面，他们的地位还提高了。但是这种"接受"并不十分好受。知识分子早已习惯被拒绝，而且多年来他们一直有一个强烈的制式反应，就是社会对他们的拒绝会是长久的，所以很多人甚至开始有一种感觉，就是在此情况下最有尊严与最合宜的反应，就是保持与社会的"疏离"（alienation）。有趣的是，他们害怕的竟然不是被社会拒绝或是对他们公然的敌意，因为他们早已学会面对这些，也几乎把这个当成他们必然的命运；相反，他们害怕的是失去这种疏离状态。很多雄心勃勃的年轻知识分子最怕的是，如果他们渐渐地被社会重视、接受和任用，就只得被同化，不再有创意或是具批判精神，因此就不再真正对社会"有用"了。这就是知识分子面对的两难处境——他们固然痛恨反智，也把这看成社会

的严重缺点，但是对于社会的接纳，他们却感到头疼，而且关于如
何面对这状况存在很深的内部分歧。因此今日在知识分子群体内最
大的争议，来自如何看待以往的疏离与现在的接纳。我们先来讲讲，
这个问题在近年来是怎么出现的，然后再回顾一下知识界的历史地
位，看看能给我们什么帮助吧！

394

面对 20 世纪 50 年代的普遍反智运动，知识分子群体，尤其是
那些中生代与老一代，并不像 20 世纪 20 年代时的前辈一样，想要
对美国社会的主导价值进行反击。相反地，即使在他们被严厉攻击
与被指控对国家不忠之际，他们仍很讽刺地"重新拥抱美国传统"，
连当时的麦卡锡主义也挡不住他们：人们生怕麦卡锡与他的暴民党
羽会摧毁某些美国的传统价值，这正好提醒他们这些价值的宝贵。
有些挺麦卡锡的著名旧式保守派参议员就被认为是美国式正直人格
的代表。

在 1952 年时，代表美国知识分子立场的《党派评论》(*Partisan
Review*) 杂志连续几期刊登了一个重要的研讨会"我们的国家与我
们的文化"(Our Country and Our Culture) 的论文，以半官方的
方式承认了知识分子的这种新的心态。[1] 他们认为，"美国的知识
分子现在用新的方式来看待美国及其制度了……很多知识分子或写
作者现在感觉与这个国家和它的文化更亲近了……现在他们中的大
多数已经不认为疏离是宿命，不论他们认为这是好事还是坏事；相
反，大家很想成为美国生活的一部分。"

编辑针对二十五个研讨会参与者，问了一些关于美国知识分子
与这个国家间关系的问题，绝大部分受访者都说，他们知道知识分
子与这个社会正在"和解"，而且也乐见于此。尽管他们的回答有
限制条件，并提醒说不应为此过度自满，如果忽略这点，可能会夸
大他们的肯定态度。但总体上，他们的答复显示出一群过去极度疏
离的知识分子现在已经改变了观念。过去大家总是习惯于"加剧疏

离"，但是现在多数回答者认为，这个态度是不对的。他们之中有些人强调，疏离其实是一种爱恨交织的复杂情绪，过去有一些伟大的作家与思想家在抗议美国社会的同时，也夹杂了对这个社会的深刻认同与对其价值的强烈肯定——伟大的成就往往伴随着抗议与肯定之间的拉锯。

395

没有人否认，知识分子作为不顺从社会的批判者，有着根本性的价值，也没有人认为知识分子应该放弃这种角色，成为社会现状的传声筒或辩护者。大家都承认，现在美国的知识分子已经不再视他们的国家为文化沙漠，想要逃离了，他们也不再像一位作家所说的那样，"带着青少年的羞赧"来比较欧洲和美国。比起二三十年前的同道，现在的知识分子在美国感到更为自在，已经能接受美国的现状。有一位写道："我们正目睹美国知识分子阶层的布尔乔亚化过程。"不是只有知识分子改变了，这个国家也改变了，而且是变得更好。美国在文化上正变得更成熟，不再处处仰仗、受教于欧洲。有钱与有权势的人已学会接受甚至遵从知识分子与艺术家的看法。也因此，知识分子或是艺术家都开始乐于在美国创作，而且在此地创作的报酬还不错。所以，有一位研讨会参与者甚至说（他起初还感觉这个研讨会是带有一点儿自满气味的）："现在如果还宣称美国是没文化的地方，就太愚蠢了。"

二　对"同化"的反抗

在这二十五位研讨会参与者中，只有三位——欧文·何奥（Irving Howe）、诺曼·梅勒（Norman Mailer）与 C. 赖特·米尔斯（C. Wright Mills）——完全不同意《党派评论》的问卷默认的"和解"心态；第四位，德尔莫尔·施瓦茨（Delmore Schwartz）则认为一定要抗议"现在流行于知识分子之间的同化的意愿"。这四人都认为，

"重新拥抱美国"就等于向目前的保守主义与爱国主义的压力投降，也无异于投向舒适与沾沾自喜的怀抱。这场研讨会的主题所用的字眼，"**我们的国家**"与"**我们的文化**"，激怒了这四人——米尔斯说，"这是屈服于现状"，"软弱与焦虑下的顺服"，用这样的字眼简直是"想尽办法苟且地将这种投降观点合理化"。老一辈的知识分子还记得20世纪30年代甚至20年代时的文化争论，在他们看来，现在的做法等于是主动放弃他们曾经"被误导采取"的疏离立场，但对于稍年轻的人来说，这无异于一场道德上的失败，令人无法理解。

396　　　　两年后，有人正式在《党派评论》写文章抗议当年研讨会的"主流"立场，这篇文章是时任布兰迪斯大学教授的何奥所发表的《这个同化的时代》（"This Age of Conformity"）[2]。他认为这个研讨会就是"知识分子向文化妥协时步调不一的一个表征"。他说，"晚近的资本主义已经替知识分子找到了一个荣誉位置"，所以他们并不反抗，而是乐于选择"投入祖国的怀抱"。"我们多多少少都是'同化派'。即使有人还想要坚守立场，他们批判的力道也变得"温和、负责且驯良"。大众文化产业蓬勃发展，大学数量剧增，让知识分子被卷入现在的经济体系中，由于冷战以及国际情势的影响，这个体系永远都将是战争经济。"因此智识上的自由在美国社会正受到严重破坏，大体说来，知识分子根本没有站起来坚决捍卫他们的言论思想自由权利，而往昔这个权利正是知识分子存在的前提。"

何奥对这种归顺与同化现象的攻击其实渊源久远，它来自波希米亚人群体。法国小说家福楼拜（Flaubert）曾说，波希米亚"是我们这类人的故乡"，而何奥也相信这种思维与生活方式乃是美国文化创造力的先决条件。"美国智识生活最活跃的时期正是波希米亚之风兴起之时"，何奥如此主张，尽管这个主张给他带来了麻烦。

他还说："马萨诸塞州康科德（Concord）*也有一种波希米亚的氛围，它同时体现出稳重、颠覆与超越的精神。"波希米亚曾经把艺术家与作家们团结在一起，这样他们才能够集体对抗这个世界或征服这个世界，可是它的这种角色已不复存在了。"波希米亚作为我们智识生活的氛围，它渐渐地消失了，剩下的只是刻意表现出来的，或是装出来的。"波希米亚的消失给知识分子带来了很大影响，导致"很多知识分子感到寂寞与隔绝，扼杀了自由式的乐观主义"。曾经，年轻的作家们一起在城市的角落里面对这个世界，但现在他们都"住到郊区的舒适住宅与大学城中去了"。

　　何奥说，我们不是要训斥任何知识分子"出卖了理想"或是呼吁大家远离物质主义的诱惑。重要的是，"这些会慢慢腐蚀我们坚守立场与保持独立的能力"，众多小的妥协会慢慢造成大的改变。"最值得我们警觉的是，知识分子这个群体——把生命奉献给商业文明所无法实现的价值的人——渐渐失去吸引力了。"在何奥看来，对抗商业文明这场战争本身就代表着一种价值。我们以往一直认为，艺术价值与商业间的矛盾是急迫的大问题，但如果现在改变了，"就等于我们抛弃了 20 世纪中最好的文学、批评与抽象思考的成分"。

　　何奥悲叹："以往那种让我们较容易抵抗商业物质文明的自信都不见了。"他对莱昂内尔·特里林（Lionel Trilling）在研讨会上提出的看法特别反感，后者说，20 世纪 50 年代的文化风貌即使有缺点，也比三十年前好。何奥认为，"任何将 1923 年那种自由昂扬的文化精神与 1953 年沉寂的文化界做比较，或是将两者的文学成就做比较的行为"，都只是可笑的幻想。如果金钱收买了知识分子，那只是因为知识分子已经变乖了，不再想着挑战金钱了，转而"无耻地拜倒"在它面前。知识分子比以往任何时候都无力，尤其是那

---

* 美国著名的文化小镇，包括爱默生、霍桑、梭罗在内的多位美国文学家都曾居住于此。

些新现实主义者，他们"追逐权力，放弃表达自由，甘当政治龙套"。因此，当知识分子"被吸入'体制内'时，不但会失去传统的反叛精神，从某一方面来说也已经不能称为知识分子了"。不管做什么，都比出卖他们的智识好："完全远离权力与名望，或者甚至是盲目批判现行文化，也比为了五斗米折腰好，因为至少那样做可以自由自在地发声。"

何奥的文章并非仅代表他个人，它也是左派知识分子的宣言。若干年后，有一位年轻的历史学家洛伦·巴里茨（Loren Baritz）站在类似的立场上反思社会科学，表达了这样的信念："任何知识分子若是一味赞同他的社会，则无异于智识娼妓，背叛了他所承袭的传统。"他提出了这样的问题："知识分子在定义上是否就意味着他必须永远是一个批判者？他是否有可能在遵从社会潮流的同时忠于他的良知与智性？"[3] 他呼吁，知识分子应该远离任何社会机构："如果知识分子被吸入社会机构中，就有被其吞噬的危险……当他接触权力时，权力也会接触侵蚀他。"正确的做法应是刻意远离社会责任："当知识分子向社会而不是智识负责时，他的心灵必定会失去至少一部分自由与韧性，而这两样东西是他身为知识分子的最基本条件。"如果知识分子退回到象牙塔中，那是因为"为社会负责的需要、中立的需要，以及隔绝与疏离带来的自由的需要"。

三 19世纪的巨头文化

我们若看看贯穿于该期《党派评论》的立场，再看看像何奥这样对此持异议的学者的说法，就会发现这是两种古老而熟悉的声音间的对话。两百年来，西方世界的知识分子一直有一种对疏离的自觉性关怀，这绝不是今日美国知识分子独有的。在中世纪，知识分子的生活与创作不是与教会就是与贵族密切相关，或是同时与两者

相关。因此，经常性地疏离于社会并不常见。但是从 18 世纪开始
的现代生活有着新的经济与社会环境，孕育出了新的精神意识。西
方早期资本主义的丑陋面貌、物质主义与对人的剥削令有识之士受
到冒犯。艺术家与知识分子的作品与思想不再由贵族来支持，转而
受到市场机制的宰制，这使得他们与中产阶级进入了不愉快的尖锐
对抗。知识分子当然在各方面都对这个新的布尔乔亚世界不满——
他们始终浪漫地坚持社会制约下的个体性、波希米亚式的团结与政
治上的激进。

　　在寻找这种知识分子在历史上的著名先例时，何奥首先就想到
了福楼拜，这位不断挖掘法国布尔乔亚阶级之愚钝的作家。[4] 在英
国，马修·阿诺德用稍不一样的方式在《文化与无政府》（*Culture
and Anarchy*）一书中同样针对市场分析了知识分子的处境。而在美
国，某些超验主义者持续地关注现代社会中的"个人感性"（individual
sensibility）所面对的困境。

399

　　就如每个国家都有自己的布尔乔亚发展历史，每个国家在这个
问题上也有自己的情况。美国知识分子产生疏离的历史背景，使得
不妥协的完全疏离成了 20 世纪知识分子眼中的正统与标杆，因为
在 19 世纪美国的社会中，那些被社会接受认可的"典型"作家就
有些许疏离，而先锋作家更是极度疏离，我们可以如此描述 19 世
纪中叶。当时的美国社会，即使那些被认为"归属"于这个社会的
知识分子，也并非真正如此"归属"。因此，在今天，对某些知识
分子来说，他们对于自身角色的认识受过去历史的影响，所以他们
会为知识分子的成功或与权力的结合而感到不自在，甚至厌恶。

　　但其实情况并非总是如此。在美国初期历史中，有两种知识分
子具有权力，一类是清教徒的牧师，另一类则是国父。最后他们虽
然都失去了权力，一部分是由于自身的缘故，一部分是由于历史环
境的变迁，但也都留下了各自的影响。清教徒牧师创立了新英格兰

的智识主义传统；当新英格兰人成群地大规模向外迁移时，这个传统便被扩散到了其他地方，成为美国迎来整个 19 世纪甚至直至 20 世纪蓬勃智识风潮的主因。[5] 虽然清教徒也有他们的缺陷，可是他们至少敬重智识，而且培养出坚毅的精神，这对于成就卓越智识是必需的。当这种精神显现时，经常会有鼓舞与振奋的效果。

而国父们的影响也同样重要，他们留下的遗产其实深受清教徒思想的熏陶。在殖民地独立的过程中，民众们努力摆脱被殖民的地位，打造新的认同感，这期间，知识分子扮演的角色很重要。在这场美国启蒙运动中，领袖们发挥了很大的效果：他们给这个新国家一个融贯完整而可行的价值体系，给予其认同上的定义和历史上的定位，为民族提供了存在感，以及一个政治体系与政治规则。

大约在 1820 年后，原本的共和秩序已经为一连串的经济与社会变迁所摧毁；这个共和秩序曾历经了革命与制宪，而联邦党人与杰斐逊派的人也都在其中成长。当美国经历了逐渐向西部扩张、工业急速发展、政治上渐趋平等、南方力量的衰落后，原先领导与控制美国民主政治的贵族阶层越来越没落了。教会的信友与福音派人士早就已经使神职人员体系瓦解。而现在一种具有新政治风格的新型民主领袖将要把"商人律师集团"（mercantile-professional class）赶出领导位置，就像新的工业家与行销专家会在商业界中把他们赶走一般。

现在还未被社会变迁浪潮横扫到的只剩下有钱有闲、有文化的绅士阶层，他们已经没有影响力了，但是他们是文艺与文化机构的受众与赞助者。他们阅读"标准"的作家所写的东西，订阅知识分子们常看的杂志，赞助图书馆与博物馆，将子弟送到老派的学院读古典的博雅教育课程。他们发展出了社会抗议的温和传统，因为他们怀抱着贵族的偏见，反对各处纷纷兴起的平民民主的野蛮之风，他们注重行为礼节，反对那些资本暴发户与庄园主愚不可及的物质主义。美国最精彩的道德批判传统是由一些强硬的绅士子弟开创的。

　　但我们若以为这些人继承了旧共和秩序下的、由国父们体现出的若干质朴传统，那我们马上就可以看见这些人虽有贵族阶级的礼仪、抱负与偏见，却没有他们拥有的权力。旧共和秩序领袖们的思想虽由后续的贵族阶层所继承，此时却已缺乏精神与动力。接续国父文化的是另一种文化，我一般称其为巨头文化（mugwump culture）——"巨头"并非仅指传统上所称的镀金时代上层社会提倡的改革运动，同时也指没落贵族阶层的文化与智识风貌。在整个19世纪，这个阶层是美国知识文化界的主要受众。[6] 巨头文化受新英格兰影响很大，且从清教徒继承了庄严与高尚的风格，却后继无力。它从国父与美国启蒙运动那里直接继承了若干智识上与政治上的价值。然而在巨头文化的氛围中，18世纪的共和式智识文化逐渐枯萎，原因主要是巨头文化的思想家无法将这些精神落实于实践之中。国父的文化中有一股重要的信念，就是关心理念是否能诉诸实践，以及理念是否能够解决现实权力政治的问题；但是在巨头文化中，理念与现实经验间的距离、理念与实际政治间的距离都变得越来越远了。

　　巨头文化再现了国父的古典主义，和他们渴望秩序、尊重智识、让世界合理化、让政治制度合于理性的愿望，它也相信社会地位是政治领导的合适支点，想要为个人扮演的社会角色树立庄重得体的模范。但是，这些贵族阶层远离美国最急迫、最刺激的变化，从最重要的政治与经济机构的管理中被排挤了出去，并拒绝认同一般人的欲望，而是创造了一种特别精致、枯燥、冷漠、傲慢的文化——这些都是桑塔亚纳（Santayana）认为的绅士传统所具有的特性。这种文化的领袖们在意的是智识能否被尊重，而不是它有多少创意。G. K. 切斯特顿（G. K. Chesterton）在别处说的一句话正足以描绘他们：他们会因为拥有智识而非使用智识而感觉骄傲。

这些人跟一般的美国人不同，他们对传统有强烈的情怀。但是传统在他们看来并非力量的来源或是崇拜的对象。在传统与个人思想自由间存在无可避免的张力，他们反对过于个人化或是创意化，因为在他们的哲学中，这种倾向必然被视为自我中心、自我放纵。他们批判事物的立场充分显示出这是一个急于维系自身地位的阶级。他们认为，所谓批判，就是要引发"正确的品位"与"合宜的道德感"——他们小心翼翼地将品位与道德定义为拒绝挑战政治或是美学现状。因此文学应该是"道德"的守护者，而道德永远是指传统的社会道德，不是个别艺术家的艺术形式训练或者思想家的真理观呈现出的独立道德性。文学应该乐观，致力于发扬生命的积极面，不能鼓励现实主义或是悲观情绪。幻想、晦涩、神秘主义、个体性与反叛都绝非正道。

因此，华兹华斯与罗伯特·骚塞（Robert Southey）被美国文学评论家塞缪尔·吉尔曼（Samuel Gilman）谴责。他在 1823 年的《北美评论》（*North American Review*）中说他们的作品"违反了正确的智识风格与一般大众的价值观"。吉尔曼认为，这样的作家不应该出名："他们写的是独白式的诗句。他们写的东西跟世界无关，而是把自己置于世界之上。他们的初衷不过是想炫耀自己的才华与抒发诗情以自娱而已。"[7] 当然，此处他们被攻击的理由与 19 世纪欧洲许多优秀诗人被攻击的理由没多大不同。差异只在于欧洲的环境较复杂，因此给诗人的空间多一些。美国的文化环境很单纯，容易受到某个单一阶级的主宰，但是这个阶级很可能立意良善，只是智识格局有限。

这个阶级面对一位真正的天才时所显露出的不适，可由托马斯·温特沃思·希金森（Thomas Wentworth Higginson）对女诗人艾米莉·狄金森（Emily Dickinson）的话语得知。希金森非常鼓励这位女诗人，对她很和善，甚至有时还很理解她，但也仅将她视为一个想成名的女诗人而已，因此常常在提到她时说："我那个有点儿不正常的阿默斯特女诗人。"他也忍不住建议她，如果她太寂寞的话可以去参加波士顿妇女俱乐部的聚会。[8]

多少年来，文学批评的作用就在于鼓励作家们传扬这个特殊群体的创作精神："与世界保持距离，也居于世界之上。"但是清教徒坚强的信仰精神已经消失，这股精神曾经造就了热情的信仰异议者和遵守律法的人；同样消失了的还有对抗现实世界的精神与强大的力量，正是这两样东西造就和试炼了国父的心智。我们看看清教徒社会，它虽然人口不多且屡有经济困窘问题，却能够建立起令人赞叹的智识传统，产生优秀的宗教与政治文献。国父们当时在政治严峻的压力下，向世人示范了如何将理性应用于政治之中，他们那个世代在文学、科学与艺术的道路上大步前行。巨头文化虽然出现于较富裕的年代，却缺乏好的政治文献与对科学的兴趣。它擅长历史评论与上流社会文学，但是它对于知识分子原创性与自发性的冷漠，使得它更适合支持二流而非一流人才。当有二流人才出现在它面前时，它就不会颂扬一流人才。它忽视美国历来最卓越的心灵——霍桑、梅尔维尔、爱伦·坡、梭罗与惠特曼等人——而是大力赞扬小说家库珀，这是它认为的最杰出的作家。它也支持欧文、布赖恩特、朗费罗、洛厄尔与惠提尔等人。我们很容易轻视巨头文化阶层的人，尽管他们毕竟赞助了美国大部分的文化创作。但他们未能欣赏或鼓励美国的一流人才，这一点必将留在关于他们的记录中。

无论如何，巨头文化不尊重心智的心态对美国文学所造成的影响，在文学评论圈中早已得到公认，人们为此大为遗憾。1915 年，凡怀克·布鲁克斯曾经抱怨，美国的文学被两极化了，不是极端精英化就是极端通俗化。而晚近的菲利普·拉夫借用劳伦斯的话，指出现在的分歧有如白人与印第安人、亨利·詹姆斯与惠特曼的差异一般。他们想要指出的是，在美国的文学与思想界存在着两个阵营，一边是感性、精致、理论与纪律，另一边则是自发性、活力、感官现实与对机会的把握。简言之，就是存在着一种令人悲叹的分裂：抽象的心智素质与实际的生活经验之间的分裂。这种分裂肇因于巨头文化时期，现在仍可在美国作家的身上见到若干残迹。霍桑曾针对"入世"作品的盛行写下这么一句话："我没有活过，只是梦到自己活着……我见过的世面这么少，我实在无法凭空编造出故事……"他这么说，可能不只是为他自己，也是为了19世纪美国怀抱思考与教养的人发声。

这些都可以帮助我们理解，为何19世纪产生了那样的反智浪潮。当主张吃苦耐劳、阳刚务实、批评贵族化与女性化以及离尘脱俗的文化的人表达反智立场时，他们的观点是有一些道理的。但是他们却把身边那些更苍白、更没有实效的智识表现以偏概全地认作智识本身。他们不知道自己的行为在一定程度上影响塑造了智识，今日美国的智识之所以发育不良，部分原因恰恰是他们的责难——例如彻底的民粹、无脑坚持"实际性"等。所以，反智人士等于是亲手实现了自己的预言。智识之所以被人和失败联系在一起，被一个缺乏生命力与影响力、困在无法穿透的世界中的社会阶层所代表，部分是因为反智者自身的缘故。

四　精英文化与民主意识的冲突

如果我们把焦点从公众转到作家身上，就会发现，直到19世纪末，他们主要关心的还是关于他们的身份和技艺的一些基本问题。他们必须找到自己的民族声音，避免一味模仿英国文学，避免过度依赖英国的文学批评，同时还要避免因此陷入文学沙文主义。他们必须注意，不可太过于偏向贵族式风格，虽然可能只有少数人才会犯这种毛病——库珀可能是其中最突出的例子——因为他们深深同情着美式民主散发出来的诱人活力、吃苦耐劳的精神和希望。他们之中最杰出的人不得不面对他们自己的孤立，这是一个扣人心弦的主题。他们不得不面对美国生活为富有创造力的作家提供的这片物质土地，它与欧洲作家所拥有的物质是完全不同的。在美国，没有历史纪念碑、没有遗迹、没有伊顿公学、没有牛津、没有赛马场、没有古代、没有传奇，甚至没有传统意义中的社会——从霍桑到亨利·詹姆斯，甚至更后来的作家，都曾为此感到遗憾，尽管偶尔会有像克雷夫科尔这样的作家认为这样没什么不好，至少不会有封建与压迫；而其他人，如爱默生，则认为如果想要把美国视为一个充满潜力的文学主题，则无须史迹，只需要有适当的想象力即可。[9]

　　因此，当时有绝对的必要为这些文人（以及在学院教书的学者，这些学院大多很可怜，没有图书馆，只有一些给教官和粗野的年轻人居住的小型公寓，处在这个或者那个教派的监管之下）打造一种合适的职业。一开始，几乎没有什么作家能靠严肃的原创写作获得版税，稿酬也很少，再加上英国著名作品盗版成风，当时又缺乏国际版权协定的保护，无良书商更是以低价倾销图书。直到19世纪40年代朗费罗与惠提尔的作品开始获得大众喜爱前，整个阅读市场能靠创作赚到钱的只有欧文与库珀，但是他们两人都不太需要版税的支持。几乎每个作家都需要在写作之外有一份稳定的主要收入来源，版税只是作为补充；这个稳定的收入来源可能是遗产、妻子的信托基金、演讲、大学教职、杂志编辑，比如梭罗就曾当过几年工人。[10]　406

　　在这几十年里，美国作家曾用不同的方式抗议他们的处境——转行、出国或是公开批评图书市场。但那时他们更倾向于将自己的疏离视为他们追求其他价值的结果，而不是视疏离本身为某种价值。他们并没有现代思想家面临的最大困境——现代思想家在一定程度上是他的自我意识的产物。他们虽苦于在社会中的困顿处境，但未被这种处境压垮。（这让人不禁想到梭罗的冷笑话。他的《在康科德河和梅里马克河度过的一周》[*A Week on the Concord and Merrimac Rivers*] 印了一千本，有七百多本都卖不出去，只好堆在房间里。他说："我现在有一间藏了九百本书的图书馆，其中七百本是我自己写的。身为作者，守着自己辛劳的成果有什么不好吗？"如果换成现今作家碰到类似的状况，恐怕早就因此对现代文化大做文章、发表成篇理论了。）我们若是把美国作家的状况与国外的类似案例比较一下，例如爱尔兰的詹姆斯·乔伊斯（James Joyce），则会发现情况似乎也没那么严重。美国的作家对祖国其实是爱恨交织的，而后世那些强烈感到自己与社会相疏离的文学评论家一定可以在这些前辈的作品上找到相同的感觉。梅尔维尔曾说过："我觉得我好像在自己的国家被放逐了。"但在其他地方，他也表达了对这个国家的认同感："我希望美国能注意到她的作家正变得越来越伟大，我这样说是为了美国，而不是为了美国的作家。如果其他国家赶在美国之前为拿笔的英雄们加冕，那多遗憾啊！"整体而言，理查德·蔡斯（Richard Chase）在《党派评论》杂志的研讨会上说得很中肯：他从不相信"美国过去伟大的作家觉得很疏离或是失落，就算有，可能也不到批评家所宣称的一半程度"。

    大约在 1890 年以后，美国的作家与知识分子凝聚成了一个比以往更紧密的阶级，他们开始对温文儒雅与保守心态感到不耐烦，因此向美国社会宣战了。从 1890 年到 20 世纪 30 年代间，他们积极争取表达与批判的自由，他们与社会的疏离成了他们团结在一起的理由，成了他们的美学与政治抗争的一部分。在此之前，美国的知识分子大多在维系旧价值。而现在，无论是就历史现实还是公共认识而言，他们都走向了宣传创新的道路——宣传政治、道德、艺术与文学上的新观念。19 世纪时，美国的知识分子曾被温和安全的理想主义笼罩，现在则迅速建立起了知识圈谈论腐败与剥削、性与暴力的权利，甚至是义务。长久以来，智识被其敌人与友人视为消极与无效之物，现在却渐渐开始参与政治，与权力扯上关系。早先，它被大众视为属于保守阶级的东西，有着偏右的意识形态立场，但在 1890 年以后出现的知识分子阶级却展现出稍微偏左的姿态，在大萧条期间很多人更是走向极左。

这就把我们带到有关知识分子地位的一个最尖锐的问题上。如果我之前的论述足够清楚的话，我们就可以知道美国的反智是立基于民主制度与平等信念的。无论知识分子是否享有传统精英的特权，从思想与行动的方式来看，他们都肯定属于精英。直到 1890 年，多数美国知识分子仍然具有有闲贵族阶级的背景，无论这个阶级在其他方面有什么局限，但仍可自认为精英。但 1890 年后，这种情形便不复存在。自我认同的问题再度困扰知识分子，因为每当他们与社会大众看法不同时，他们都认为自己提出的政治主张——不论是以民粹主义、进步主义或是马克思主义的面貌呈现——是在代表人民对抗特殊利益集团。

因此，20 世纪的知识分子突然就置身于一个很尴尬的处境中：他们一方面想要成为支撑民主社会的好公民，另一方面却在不断抵抗社会文化的持续低俗化。他们自身阶级的精英文化性格与民主意识间存在着无法化解的矛盾，而他们很少能够坦然面对这种矛盾。最能代表这种普遍不情愿心态的是某些作家，他们一方面抨击阶级间的隔阂，另一方面又渴望民众听从他们的看法。须知，知识分子与民众的联盟注定是不完美的，服膺民主的知识分子阶级注定时常令民众大失所望。当政治气氛充满希望与活力时——也就是民主事业繁荣的时期，例如进步时期与新政时期——这些失望可能会被掩藏乃至遗忘，然而这种情况通常不会持久。进步时期之后是 20 世纪 20 年代的反动风潮，而新政之后则是麦卡锡主义。迟早，大众与知识分子间对政治或文化的看法要分道扬镳，于是知识分子在受伤与震惊之余，只好去寻找既能表达他们的感受又不会牺牲其民主

408

情怀的方式。大众文化的各种庸俗现象给了他们疏离人民的发泄借口。社会主义的希望幻灭，而任何新的社会改革运动看似也不可能了，这就使他们对与大众"和解"不抱希望。因此很多知识分子迷恋大众文化的原因之一，竟然是他们可以在其中找到疏离民主社会的正当（也就是非政治性的）借口。有一些对于大众文化最尖酸的批评就来自民主社会主义者。他们悲叹大众实在不长进，这种心态也许可以部分解释为何会出现对大众文化的一些刺耳的甚至无人性的批评。

　　1890年后，我们第一次可以将知识分子看成一个阶级，这可能是20世纪知识分子地位转变的最重要表现。当他们失去了有闲贵族阶级的背景后，知识分子与他们的社会之间的关系这个老问题需要整个被重新定义了。19世纪初有许多智识人物，其中有一些是职业的知识分子，但是那时还没有出现某种机制或是机构可以将知识分子凝聚成一个人数众多的社会阶级，彼此可以在全国范围内相互联系。到了19世纪末，美国才发展出了以下这些东西：真正的大学系统，满足先进学术研究需要的大型图书馆，引介新理念、发行量大、支付稿酬的杂志，大量受到国际版权法保护、奖掖本土作者也不拘泥于上流社会文化的出版社，各类学术领域的专业组织，各类学术期刊，需要大量专业技能的政府机构，最后还有一些慷慨赞助科学、学术与文学的大型基金会。以往从来没有过的一些智识行业，现在都出现了。如果我们要想象那时变化的幅度，对比下列属于改变之前的例子就知道：19世纪30年代那些爆料杂志、杰克逊时期的《哈佛法律评论》（*Harvard Law Review*）、波尔克总统时期的古根海姆基金会，或是克利夫兰总统时期的剧院计划。

　　知识分子的人数和影响力大增，且更有组织地参与到了美国社会、各类制度与市场的运作中；然而在同一时间，他们也更加意识到自身的疏离。之前这种疏离感是在巨头文化时期出现的。这一时期，某些不得志的作家、受挫折的贵族催生了巨头文化，它最有代表性的宣言乃是亨利·亚当斯在此时段末期所写的小说《教育》（*Education*）。这本书在稍早的时候就写成了，但在 1918 年才首次公开流传，被一战后的知识分子广泛接受，他们认为这本书代表了他们的心声与他们在美国文化中的处境。这个世代的知识分子也重新发现了久被遗忘的梅尔维尔的重要性。他们对亚当斯的书产生巨大共鸣，不是因为同情他个人在时代环境下的孤寂落寞，而是因为他对一战后美国社会的描述与他们对 1920 年的美国的感觉一致：二者都是粗糙、物质化与没有心智的社会。虽然巨头文化的疏离不同于这一代先锋派的疏离，但是两者都觉得自己被抛弃，都怀着不安、失败、感叹的悲情。他们中有一些人甚至认为，现今"民主派"知识分子在这个社会的处境还不如有闲贵族阶级知识分子的处境好。

在一战前，年轻的知识分子感到疏离成了一种颠扑不破的定律，这是有些讽刺的。因为这段时期，美国发生了所谓的"小文艺复兴"（Little Renaissance），文学与政治文化都充满了原创性与活力，与之前明显产生对比。但是，知识分子与艺术家们陷入了对美国传统文化的不满，他们的疏离感开始凝结成一股特别的意识形态。他们并不是疏离于一般的、现代工业主义或者现代资本主义的当代社会，而是疏离于这些东西在美国所呈现的样貌。　　　　410

1915 年与 1918 年，凡怀克·布鲁克斯分别出版了《美国成熟了》（*America's Coming-of-Age*）和《文学与领导》（*Letters and Leadership*），敲响了早期的文化警钟。这些书充满激情与雄辩（尽管他后来有些后悔），他说出了一个可悲的事实："美国这个民族从来没有为了文化而文化的观念。"他认为，从一开始，美国人的心灵就遭到双重夹击，一边是清教徒的严苛生活纪律，一边是移民者追求商业与财富的野心，以致这个民族从来就不喜好文化创作和一流的思想或艺术家。它的心灵一方面产生了远离尘世、高度抽象模糊的宗教愿景，另一方面则催生了追求金钱的物质欲望。而被夹在中间的是一个思考阶层，这个阶层飞快地从年少进入中年，然后又进入迟缓、残酷的凋零期。美国的文化生命"处在一个发展停滞的状态"，"美国人的心灵远离文化创造所需的经验"，大批的文化人才遭到浪费，或生长畸形：

> 诗人、画家、哲学家、科学家与宗教家都被这个社会残酷对待，他们在成长中受到阻碍，吃不饱饭，处处受打压，郁郁而不得志，甚至在自我成长的一开始就遭到社会阻碍。这个社会需要睿智的领袖，却无可救药地排斥领袖，破坏了一切有助于产生好领袖的元素。[11]

布鲁克斯认为，美国的历史缺乏一种智识传统或是有助于产生这种传统的土壤，结果"美国是所有民族中最需要伟大领袖与伟大思想引领的，却因为缺乏这两样东西而无法开发这个民族所蕴含的伟大潜能，失去了成就丰功伟业的机会"。一方面，一种过度的个人主义使得美国无法形成集体式的精神生活。立基于征服与占有的殖民拓荒精神导致了不利于创造与批判的物质主义；另一方面，这种物质主义被清教徒精神进一步强化，这种清教徒精神乃是拓荒者的心灵寄托，它贬抑人性在精神上的自主可能，让人只得去追寻物质层面的拥有、压制美学的想象。而美国的企业在移民精神、清教徒精神与拓荒精神下发展，的确比其他地方的企业更具挑战冒险心态，但也因此吸收和改变了太多"美国性格"中的优点。随后，美国得到了一个多元的社会，但就是没有"有机的本土文化"，所以，"我们的标准文人，不管他的目标为何，都无法超越原始的、部落式的素朴艺术观，也就是把文化或艺术仅视为娱乐或是催眠"——有这样的观点，是一点儿也不令人讶异的。

　　布鲁克斯在发出这一番尖锐无情的批评后，接着研究了马克·吐温与亨利·詹姆斯的作品，而且可以说，他还在某种意义上把自己的批评写入了这些研究中。他的看法影响了与他同时代的作家或是批评家。曼肯对美国文学作品——例如关于斯蓬河（Spoon River）、温斯堡（Winesburg）、齐尼斯（Zenith）的作品——的批评更为辛辣，这些作品描绘了美国小镇偏狭、停滞、贫瘠的生活，它的禁忌与霸道，以及小人物阴郁、辛酸的文化。[12] 这种对于美国的看法在 19 世纪 90 年代民粹的温和反抗中活跃起来，并在"小文艺复兴"期间得到了清晰的表述，此时，它在旅居国外的"迷惘的一代"之间发展成了一种固定的信念，甚至可以说是一种执念。1922 年，哈罗德·斯特恩斯（Harold Stearns）编了一本文集《美国的文明》（*Civilization in the United States*），布鲁克斯与曼肯的文章都收录在内。其中有几位作者甚至认为，美国根本没有文化。他们道出了当时美国人的想法，所谓美式正义观就是由萨科和万泽蒂案代表的，美国对科学的看法就是由斯科普斯案所代表的，美国的宽容由三 K 党代表，美式的礼仪由禁酒令代表，美国对于法律的尊重就由大都市中的匪帮们代表，而美国人最深远的精神事业则体现在股市狂潮之中。

五　大萧条与二战带来的改变

　　知识分子竞相疏离于社会的原因很可能在于他们并不认为美国的文化问题属于现代社会的通病，而是独一无二的。他们仿佛觉得，在其他国家的布尔乔亚阶级与叛逆的艺术家、失意的作家以及流浪海外、自我放逐的文化人之间，并不存在令人难堪的对立。于是这种纷纷崇尚疏离的风气扭转了往昔社会对比欧洲与美国时的看法。

以往大众认为欧洲代表了压迫、腐败与颓废，而美国则象征民主、纯真与活力。但现在，这种意象在知识分子间已经颠倒了过来：欧洲是有文化的，而美国则庸俗粗野。从本杰明·韦斯特和欧文开始，艺术家与作家纷纷将这种疏离感付诸实践，在创作生涯的大部分时期都流浪于国外，20 世纪 20 年代，更是有一大批知识界人士旅居巴黎。

但在 20 世纪 30 年代及以后，这种美国与欧洲的简单对比不复存在了。大家慢慢觉得这种对比其实并不正确，甚至有可能从来都不符合现实。欧洲国家也沾染上了商业化气息，跟美国一样也出现了庸俗的大众社会（mass society）；虽然有些欧洲人会生气地说，欧洲其实是被"美国化"或是被"可口可乐化"了，仿佛所谓大众社会是来自美国的舶来品，或是美式文化入侵的结果，但是像托克维尔一样聪明的欧洲人都知道，美国本就是工业化与大众文化的先锋，它仅仅预示了日后欧洲也会出现的景象，而不是做了什么会改变欧洲的事。

从 20 世纪 30 年代开始，美国与欧洲在文化上的相对态势大大改变了。大萧条使得那些羁旅在外的人士回到美国，他们发现美国变了，一个新的美国出现了。30 年代中期，美国的确出现了一股全新的道德与社会氛围。大萧条唤醒了美国人已然麻木的政治智慧。新政虽然起先受到知识分子怀疑，但最后赢得了绝大多数知识分子的赞赏。大家突然觉得，这个国家似乎又需要知识分子了，于是开始敬重他们。重新涌现的劳工运动决定，不仅仅要成为又一种利益团体，而要当社会改造的动力。民众比以往更为积极了，会表达自己的失望，勇于在统治者面前捍卫自己的权利。整个社会到处都是抗议和重新发现。20 年代那种愤懑和对美国的随便否定似乎都已经过去了，凭借那种普遍的失落感与道德的无政府状态，并不足以对抗国内的民主反动派与国外法西斯。现在，最需要的似乎是寻找方向，借鉴历史。

当旧情怀退去而新的心境开始形成时，这种变化竟如此广泛普遍，实在令人惊讶——众多风格、动机、出身迥异的作家与思想家重新集结起来，会聚在一个新的共同精神目标之下。文学上的民族主义重新涌现，阿尔弗雷德·卡津（Alfred Kazin）在他的著作《现代美国文艺思潮》（*On Native Grounds*）中把这种现象观察得很清楚。知识分子热切地重新观看美国，报道、记录与拍摄这个国家。作家们怀着一种全新的兴趣和敬意看待美国。例如 20 世纪 20 年代出版的人物传记以嘲讽贬抑为基调：W. E. 伍德沃德（W. E. Woodward）疯狂地批评华盛顿；埃德加·李·马斯特（Edgar Lee Master）毫不留情地批驳林肯；凡怀克·布鲁克斯猛烈地抨击马克·吐温，诸如此类。但是，到了 30 年代与 40 年代，情况就完全不一样了，这个时代的典型代表是卡尔·桑德伯格（Carl Sandburg），他对林肯的生平做出了完整、生动与细致的描绘。

有趣的是，布鲁克斯曾是疏离派的领袖，现在却引领着重新拥抱美国的风潮。1936 年，他出版了《新英格兰的光彩》（*The Flowering of New England*），这是系列丛书"创造者与发现者"（*Makers and Finders*）的开山之作，从此，他踏上了我们这个时代最具历史性的征程：他潜心埋首于美国从 1800 年到 1915 年所有一流、二流与三流文学家的作品之中，横跨一个世纪之久。美国所有的文艺作品于他而言都不再陌生，除了他自己的早期作品，因为他后悔当时那么尖锐地批评美国的文化。他的态度改变很大，从无情地批评重要作家的局限，转向赞扬不甚知名的作家。他就像是在追寻家族史，对某个家族的过去心怀永不餍足的兴趣，以无尽的耐心去追索任何一件逸事，凭着这股精神，他几乎重新书写了整个美国文学史，他的作品往往充满超凡的洞见，不复往昔那般尖酸。

当然，不是只有布鲁克斯有如此转变。曼肯的幽默式嘲讽曾与

414

布鲁克斯严峻的批评齐名，但现在他也开始缅怀以往的美国文学景象。的确，当初他对新政发起了刻薄反动式的批评，因此被视为上个时代的人：他的傲慢无礼简直就是哈定与柯立芝总统那个时代的标志，在罗斯福时代完全不合时宜，他的幽默天分似乎也已经被用光了。可是他撰写的三册令人爱不释手的自传却充满了如同布鲁克斯文学史一般的怀旧情绪。只要是知道他过去有多么不可一世的人，都能发现当时的环境的确可以让他充分发挥自己的讽刺天分，尽情地施展才华。同样地，辛克莱·刘易斯也在他的小说《多兹沃思》（Dodsworth）中展现出了新的气息，而到了1938年，他在《浪荡父母》（The Prodigal Parents）中已经公开且得意地体现出了美国特色，用美式布尔乔亚价值来对抗年轻人的叛逆。最后，他还对一位心怀疑虑的欧洲读者宣称，他并不是像有些美国批评家怀疑的那样，是因为恨美国文化才写下了《巴比特》，恰恰相反，他是因为爱它才写了这部作品。甚至还有多斯·帕索斯这样的年轻小说家，他曾率先在激进小说中表达对美国文化的厌恶，后来在《我们站立的这片土地》（The Ground We Stand On）这本书中也认为，美国在过去有若干文化素质有助于日后产生一些新政治信念。

　　这种美国特色之所以日渐兴起，原因在于欧洲在文化与道德上正逐渐失去对于美国知识分子的吸引力。美国与欧洲在文化上的相对地位正在渐渐发生变化。艾略特、加特鲁德·斯坦与埃兹拉·庞德（Ezra Pound）大概是最后一批羁旅外国的重要文人。大萧条后，美国旅外的知识分子纷纷回国，而欧洲法西斯主义的猖獗也制造了大批流亡美国的学者与艺术家，旅外浪潮因而扭转为人才的大量移入。欧洲的知识分子把美国作为移居的目的地不只是为了保命而外逃，有时也是因为他们认为美国是一个舒适的、充满机遇的地方。1933年之前已经有少部分人移居美国，随后更是形成浪潮，其中包括阿道司·赫胥黎（Aldous Huxley）、W. H. 奥登（W. H.

Auden）、托马斯·曼（Thomas Mann）、阿尔伯特·爱因斯坦（Albert Einstein）、阿诺德·勋伯格（Arnold Schoenberg）、斯特拉文斯基（Stravinsky）、米约（Milhaud）、欣德米特（Hindemith），以及许多较不知名的人士。艺术史家、政治学家与社会学家等都大批大批地移居美国。美国曾经是世界的工业领袖，现在则成为西方世界的智识首都，如果真的有这么一个首都的话。[13] 尽管从许多欧洲人的立场来看，这是令人难以接受的事，但无论如何，在文化层面，大西洋两岸都已不再将美国与欧洲作为对比。过去的欧美对话不再重要，大家现在把所有西方人与西方世界都视为一个整体了。

　　欧洲在 20 世纪 30 年代时失去了政治与道德上的世界领导地位。法西斯向美国人展示了前所未见的极权政治与暴政，而欧洲民主列强对它的绥靖显露出西方政治制度的瑕疵。纳粹与苏联在 1939 年的协定——只有那些最易受骗的人才看不出来布尔什维克的外交手段与法西斯一模一样——戳破了苏维埃是民主同路人的假象，使得世人再也无法像过去近十年来那样将平民民主与马克思主义混为一谈。美国不再需要为了道德或意识形态上的启迪而借鉴外国的政治制度。在"二战"末期，当法西斯死亡集中营被发现以后，即使是美国历史上最丑陋的事件都是小巫见大巫了。与此同时，欧洲承受的巨大苦难让美国以一种新的姿态承担起对世界的责任。1947 年，美国发动了救援欧洲的马歇尔计划；同年，最具国际视野的作家埃德蒙·威尔逊（Edmund Wilson）在从欧洲回到美国后说"目前的美国在政治上是全世界最先进的国家"[14]，美国的 20 世纪文化是"曾主宰建国之初的美国、在内战后蓬勃繁荣的民主创造性的复兴"。他认为，20 世纪让"美国的艺术与文学又活了过来"。

六　知识分子的悲剧性困境

　　现在我们已经了解了《党派评论》研讨会的来龙去脉和当时表达的情绪。20 世纪 20 年代与 30 年代的过度悲观氛围在知识分子圈中所引发的疏离感已成为过去，但是新的疏离感在心怀异见的作家之间又开始出现了，它尤其吸引着富有活力和批判精神的战后新一代作家。这些新的异见者以充分的理由认为，现在是有史以来社会最需要批判与建言的时候，因此他们认为昔日对疏离的推崇在今天仍然具有意义。这些人并不喜欢今天的文化环境或是世界的政治局势——这不能怪他们——因为这种不满，他们关于思想家、艺术家和知识分子的角色提出了一套自己的看法和理解。但是我认为，他们的这种看法过度简化了历史，它对应该如何经营智识生活提出的建议存在一定的误导性。

　　这些作家关心的问题是：将疏离视为道德上的绝对必要之举，究竟会促进还是会阻碍帮助人们了解社会的启蒙工作？他们的观点显示出，无论如何，20 世纪 30 年代以后，知识分子的抱怨已经大大不同于以往了。以前他们不满的是美国学者和文人不受重视，甚至不为法律所容，因此得不到社会的认可与鼓励，收入也很微薄。这样的感觉并未完全消失。但是从过去二十年来的媒体文章中可以看到，一种新的说法已出现：人们越来越多地听到有人说，知识分子在有了自由、机会与社会影响力以后，正在因此以微妙的方式变得腐化；还有人说，知识分子获得了社会的重视与认可，却失去了独立性，甚至失去了作为知识分子的身份。知识分子是成功了，但是他们为此付出的代价太高了。他们获得大学教职，进入政府，或是在大众媒体工作，享受着舒适甚至优渥的生活，却因此不得不服从这些机构对他们的要求。他们身为作家，失去了一流创造力所需的敢怒敢言的气势；身为社会评论家，失去了否定或是叛逆的能力；

身为科学家，失去了成就杰出科学研究所需的开创性与独立性。

因此，知识分子似乎只有两个选择：一是拒绝财富与功名的引诱，二是带着愧疚感接受这些动人的诱惑。他们固然会为掌权者忽视和践踏智识而苦恼，但是因为他们担心自己腐化堕落，所以更会为掌权者重视智识而苦恼。借用何奥教授的话：当布尔乔亚社会拒绝知识分子时，只不过是又多了一个证据证明这个社会有多么无知和庸俗，但是如果这个社会给知识分子以优厚的"礼遇"，则无异于是在收买他们。摆在知识分子面前的有两条路：要么被蔑视，要么被收买。

敌视知识分子的人可能会认为这些彼此矛盾的抱怨根本匪夷所思、令人发笑。但实际上，这样的说法精确地捕捉到了知识分子的悲剧性困境，因为知识分子一方面拥有高尚的理想，另一方面却也受制于现实的野心与利益的诱惑。异见作家表达的忧虑来源于一个事实：历史上，每当美国社会收编它的知识分子时，往往正是这个民族最需要自我批评的独立良知之际。我认为，这些作家之所以受到批评，不是因为他们的忧虑，而是因为他们没有意识到这种忧虑之下的悲剧性困境。

在西方世界的知识分子中，美国的知识分子也许是最容易受到良心谴责的，这可能是因为他们觉得自己总是需要为自己的角色辩护。比如英国与法国的知识分子，他们从不怀疑自己的行为是否有价值，他们之于国家民族的权利是否有合法性。但是，以往就曾困扰过美国知识分子的罪恶感于今尤烈，这一方面是因为今天的美国在世界中的领导地位，另一方面则是因为美国主流政治对话呈现出令人恼火的盲目和道德优越感（我们有多少政客敢负责任地公开谈论红色中国的问题？），美国的知识分子自然会为此而担忧。不过也许还有一个同样重要的因素：在此之前，疏离的传统已然变成一种强有力的道德规范，老一辈的知识分子最开始面对这个规范时都

417

选择遵从它。但是现在他们不再如此了，经过了二十多年失望的疏离经验后，他们已经从这种规范中解脱了出来。他们从不同的角度看到了自己的道德立场是有问题的，于是便不再认为这是一个简单的问题。就像所有习惯了深思熟虑的人一样，他们不再冲动武断。而那些年轻一辈的知识分子，不管是直接或间接受到马克思主义影响的人，都认为这样的变化是不可原谅的，因此开始用年轻人天生的残酷语言与自诩纯净无瑕的左派立场来谴责这样的态度。

美国今日的年轻知识分子，几乎从职业生涯的起点就开始感觉到伴随成功而来的压力与诱惑，这当然是美国文化环境改变的结果，这结果令人鼓舞，但是也令人气愤。1890 年到 1914 年间的知识分子积极奋力争取的东西，现在已经实现了：艺术与政治自由、自然主义与现实主义的呼吁、自由讨论性、暴力与腐化问题的权利，以及批评政府当局的权利等。但是这些成果现在却有点儿变质了。在我们生活的这个时代，先锋本身已经被体制化，不再像从前一样是社会尖锐批判力量的桥头堡。这个社会已经习惯于接纳新奇事物，而这种包容心态甚至成了一种传统——"新事物的传统"。昨日的先锋就是今天的流行和明天的陈词滥调。美国的画家惯于在抽象的表现主义中追求艺术表达的自由，几年后发现他们的作品价格飙到了不可思议的高度。各地大学校园中都出现了"垮掉的一代"，被人们当作乐子，然后变成了像是精致文化争议的舞台中充满喜感的表演者般的存在。在社会批判的领域，扮演警世先知的万斯·帕卡德（Vance Packard）变成了畅销书作家；而具有严谨学术气味的作者，例如米尔斯严厉批判了美国社会的各个面向，得到了大家的称赞，吸引了广泛的读者群。里斯曼《孤独的人群》悲观地描述了美国人的性格，成了社会学历史上最畅销的书籍，而威廉·H. 怀特（William H. Whyte）分析精辟的书《组织人》（*The Organization Man*），也是被各类机构中的人广为阅读的书。

不难了解，为什么许多有识之士认为这些并不是好现象。不实际的成功可能比失败还糟糕。这些书籍受到了广大自由派中产阶级读者的接纳，但他们是以无动于衷、全盘接纳的包容心态面对知识分子的作品，并未做出富有活力的回应。对这些刚刚摒弃自身生活方式，走出疏离的作家，读者现在会说："太有趣了！"甚至有时会说："讲得真有道理！"但这样消极的、不痛不痒的接纳态度只会惹恼作家，他们并不在乎版税，他们在乎的是经世致用，是在时代的道德观念中留下印记。因此，他们无法接受自己经过严肃思考写出的作品被别人当作消遣而非精神挑战来阅读。作家常常会怀疑这是不是他们自己的错，是不是他们个人的妥协削弱了他们意欲传递的信息，或是他们与自己谴责的大众根本就相去不远？[15]

我们当然期待作家这种诚实的自我检讨会带来进步，但很不幸，实际上它带来的是沮丧，虽然这种沮丧本身也许令人同情，可是往往最后的结果只是沦为寻找某种"立场"或是姿态而已。异见知识分子时常觉得身为知识分子的他们承担着道德责任，并认为这种责任主要是谴责社会上的某些作为与破除某些不好的事物，以致知识分子的好坏不取决于是否具有想象力或意见是否准确，而是取决于最大限度的否定能力。知识分子的首要责任不是启蒙社会，而是反对社会现状——因为他们认为，只要是对社会现状的批判都应该是一种启蒙，而且能够为知识分子重新树立起正直与勇敢的形象。

大肆宣扬疏离的左派文人显然想要建立一种负责任的批判抗议文化，而当社会思考知识分子的角色地位时，他们支持疏离的主张就更坚决了，他们认为即使是盲目无理的抗议都胜于道德上的退却妥协；他们缅怀过去，因为"那时许多事都是确定无疑的，所以很容易提出抗议"；他们说知识分子要凶一点，不可以像"妓女"或是"叛徒"一样出卖自身作为知识分子的根本立场；他们还对比了社会责任和智识责任，说前者不好，后者好。他们说这些的意思是，知识分子不仅应当视疏离为追求真理或是某种艺术性表达的必然结果，而且还要认识到，在面对社会时，唯有保持否定的立场或姿态，才有助于他们产生艺术原创性、社会批判洞见与道德上的正直品格。他们这么说，并不是因为他们认为追求真理或是创造性是知识分子的主要责任，或是认为即使自己可能会因此与社会对立也不得放弃真理和创造性。真正的原因乃是，他们认为知识分子首先应该担起回绝社会的责任（这是巴里茨教授的用词）。他与社会疏离并不是为维持自身的正直而冒的风险，而是承担作为知识分子的各种责任的首要条件。因此，疏离不仅是一种生活的事实，更是成为一个真正的知识分子的必需品格。

我们若是循着崇尚疏离的光谱更进一步，就会发现一些更为激进的人，他们的核心观点不为左翼作家所接受，但是他们同样将疏离当作一种首要原则——其中等而上之者是浪漫的无政府主义者，而等而下之者则是那些"垮掉的一代"的叛逆青年，或是像诺曼·梅勒笔下的那些道德虚无主义者。他们的主张最大的特色在于，虽然总是强调维持和平、推动民主、发展文化与解放个性，但他们在讨论政治与文化时却出奇地粗陋、呆板、缺乏幽默感，有时甚至没有人性。

这些怀有政治异见的知识分子表达的疏离心声至少在政治上是有意义的，而且不管他们是否过于极端，他们这样做已经是在与其他知识分子进行某种对话，意识到自己对智识世界承担着一份责任。但是在他们身后，今天的"垮掉的一代"在相当程度上主宰着社会舆论，成了一个棘手的文化问题。"垮掉的一代"不可能比政治异见者更左——用今天的话来说，政治异见者简直是左到没边了（farther out）。用我之前描述知识分子气质的词来说，政治异见者往往过于"虔敬"，而"垮掉的一代"则是心怀"玩兴"放飞自我。如果问他们对社会的看法，他们会同意政治异见分子关于商业主义、大众文化、核武器与民权运动的主张，但整体而言，他们并不想跟布尔乔亚阶层进行什么严肃的辩论。"垮掉的一代"所呈现出的这种疏离，用他们自己的话来说，就是"脱离"（disaffiliated）。他们已经走出了"常态生活"（the world of the squares）[16]，也基本放弃了追求严肃智识成就与坚持社会抗议所需要的"工作使命感"（sense of vocation）。

　　"垮掉的一代"用他们自己的方式回绝智识主义，拥抱感性的生活——劳伦斯·利普顿（Lawrence Lipton）写过一本有关他们的书《神圣的野蛮人》（The Holy Barbarians），对他们深怀同情，说他们是在尝试当另类的圣者，放弃正常的职场生涯与收入，甘愿过着贫穷的生活。因此，即使最同情他们的人也承认，他们没有也不屑于留下什么好作品。到头来，他们对我们文化最鲜明的贡献可能就在于那些好笑的黑话。可虽然他们实验性地解放了语言的形式，却未像达达主义者一样提供一种新的风趣或者幻想，或者像加特鲁德·斯坦那样为散文开创一种新的方向。这场运动始终不能突破它的青涩稚嫩。他们的代表人物之一杰克·凯鲁亚克说："我们要把文学上、文法上与句法上的限制通通拿掉，只剩下激烈的情感表达与抗议的话语即可。"这让人觉得，他们这么做并不像之前的那些文学实验，而是更像进步教育改革中对孩子的过度放纵。就像诺曼·波德霍雷茨（Norman Podhoretz）说的一样："'垮掉的一代'表现出的原始主义……为一般美国人的反智心态提供了最好的借口。"[17]

　　"垮掉的一代"脱离社会的风格说明他们继承了波希米亚的传统，只不过远远不及老一代波希米亚人士那么幽默和善于反思，更不如他们那样重视个性。哈利·T.摩尔（Harry T. Moore）曾指出，"过去有某些天才会自我隔绝、远离社会，尤其是艺术方面的天才；但是大规模远离社会则是另一回事。多数的'垮掉的一代'都不了解历史或政治，也不想了解。他们一心只想离开常态世界……"[18]

他们这种群体性的疏离与消极生活态度让人想起一位大学生关于现代文化的课堂报告里那段令人难忘的话："除非个人大规模逃离社会，否则这个世界就无法被拯救。"这些"垮掉的一代"常受大众媒体或主流社会的文章嘲笑，其中一个原因是他们的思想行为太一致了，一致到他们甚至有自己的服饰。因此，他们制造了一个有趣的矛盾"疏离的同化"（a conformity of alienation）。他们摆出的疏离姿态滑稽和夸张到让其他的疏离者觉得他们背叛了疏离本身，不可原谅。

当然，我们可以理解，"垮掉的一代"既会被某些疏离的理论大师视为这种运动下的一种尚不成熟的混乱发展，也会被这场运动的教父肯尼思·雷克斯罗特（Kenneth Rexroth）愤怒地批评，被同情他们的评论家梅勒抱怨。梅勒认为他们对于感性与情欲解放的追求是值得肯定的，但是受不了他们态度消极、缺乏主见与自我。对他们最直率的批评，可能是梅勒数年前在《异议》（Dissent）杂志上很有名的一篇文章，名叫《白种的黑人：对嬉皮士的反思》（"The White Negro: Superficial Reflections on the Hipster"）。梅勒甚至认为，嬉皮士比"垮掉的一代"更好，因为他们从黑人那里了解到了生活的痛苦，"没有一个黑人走在路上不畏惧下一秒也许会遭遇突如其来的暴力"。

当下，我们现代人的集体生命困境不是在核战争中迅速死亡，就是"在同化的桎梏下缓慢死亡"。因此，像嬉皮士与黑人一般时刻准备面对暴力与死亡成了一种重要的美德。梅勒之所以欣赏嬉皮士，是因为他们愿意接受死亡的挑战，愿意接受"脱离社会，无根地存在，踏上漫无目的的人生旅程，追寻反叛的自我意义"。简言之，不管这样的人生是不是在犯罪，"他们都决定在心中鼓励精神的变态（psychopath），探索一种视安全为乏味与病态的生命体验……"嬉皮士们有他们自己"精神异常下的智慧"，这种智慧很难解释，

因为"嬉皮士是广大人类丛林中具有智慧的原始人，一般文明中的
人无法理解他们的魅力"。嬉皮士现象的重要性并不在于他们的人
数——梅勒估计，自认为嬉皮士的人顶多不超过十万——而是在于
"他们乃是一群精英，具有精英可能会有的冷酷，他们的语言通常
很容易为青少年所理解，因为嬉皮士对于生命的激烈看法与他们的
经验相近，也与他们的叛逆欲望相契合"。

423

梅勒说，一旦嬉皮士陷入犯罪行为中——例如，两个年轻的流
氓把糖果店老板的脑袋打开了花——这种行为当然称不上是"十分
治愈"的勇敢之举，但至少也是"某种必需的勇气，因为他们杀死
的不仅是一个手无寸铁的中年人，更是一整个制度：他们挑战了私
有财产，挑战了警察，让自己的生命陷入不确定的危险中。所以，
这两个人是在未知中冒险……"[19]当然，美国早期的疏离者是绝对
想不到这些的。

七　朴素决绝的孤立

虽然 20 世纪 50 年代的"垮掉的一代"与 60 年代的嬉皮士及
左翼分子对于疏离与其表达方式有着各自的看法，但是他们一致相
信，如果要充分发挥艺术家的创造性与个体性，或是要维持社会观
察者的批判力道，防止他们被腐化，知识分子就应该保有一种适合
他们自己的风格、立场或是姿态。他们相信，疏离本身就是一种价
值，源自浪漫的个人主义与马克思主义。一个半世纪以来，创造性
人才在资本主义社会中的处境让我们得以了解到，在创造性的个体
与社会的需求之间，有着持续不断的紧张关系。更且，西方社会的
艺术家与智识圈对他们的地位越是有自觉性，就越是知道社会并不
能随意操控天才乃至杰出人才的头脑，而是必须接纳他们的本来面
目。我们看到的创造性的伟大案例越多，就越是可以明显知道这些

人绝对不是"好人",不是能适应环境、包容他人、脾气温和的人,天才往往有着某种不符合常规的个性,如果社会要从他们身上获益,就必须容忍他们的怪异——埃德蒙·威尔逊在其著作《伤痕与弓》(*The Wound and the Bow*)中讨论菲罗克忒忒斯时思考了这个问题——我们能如此了解艺术家的疏离,主要拜浪漫主义之赐;而思想家的疏离所具有的社会价值则是马克思主义确立的,因为后者提出,当资本主义陷入危机时,就会为知识分子所抛弃,他们宁可迎接即将到来的历史运动,也不愿意固守逐渐衰败的秩序。

疏离可能是坚持某些艺术价值或是政治信念的必然后果,如果我们明白此点,就很容易得到疏离本身就是一种价值这样的结论,但这是个错误的逻辑,就如同我们知道天才通常有怪脾气,所以误以为只要我们培养出怪脾气,就自然会显现出天才的气质一般。当然,没有人会笨到宣称,如果某个年轻作家也和陀思妥耶夫斯基一样沉迷赌博,就会有跟这位大作家一样的才华。但只要上述的错误假设一直埋藏在潜意识里,我们就真的会误以为知识分子如果没有怪异人格或风格,就无法尽情表现才华。同样地,我们有时也会误认为,只要是怒斥世事,就都算是知识分子式的批判。当然,严肃的观察家一定会避免这样的混淆,但无疑地,这种迷思已成为一般人对知识分子或艺术家最强烈的印象。

此外,美式生活在文化上的局限总是使得美国作家不断在寻找一种与自身社会相对照、可供效仿的社会秩序,一种适合智识生活的理想环境。19世纪,美国的学术界向往德国的大学,艺术家向往法国或意大利的艺术圈环境,作家则羡慕法国"大作家"(grand écrivain)的地位。[20] 但是,虽然以往这些想象攸关美国知识界的自我认知与进步,现在却因为各种原因而褪色了。从古到今,知识分子在以个人对抗社会时都需要一个团体作为避难所,或是作为自信心的支柱,因此,寻找这样一个理想团体的何奥教授是在遵循一个古老的传统。如今，既然欧洲已经不能提供这个理想模范了，那就只剩下无国界的波希米亚人士可资仿效，它提供了开启自由与创造力的钥匙。但即使对于这样的方式，我们也必须提出反对。没有人会否认波希米亚社群在智识上与政治上的意义，但是它的主要价值不是在于为每个人提供年轻时的理想天堂吗？一个年轻的作家或艺术家可能会在一段时期内处于实验性的创作过程中，此时的他需要找寻自我与风格，需要自由，波希米亚式的解放生活因而可以提供很大的帮助。但是在这个世界上，只有一小部分的重要文学作品是在波希米亚式生活中创作出来的；认为许多知识分子在他们的成熟与多产时期过的都是波希米亚式生活，这不合于史实。在美国特别如此。越是有名的作家，就越是孤僻。何奥所说的马萨诸塞州的康科德是一种超越现实的波希米亚，我们可把它看成玩笑话，但绝不合事实。

康科德的知识分子们都不喜欢波士顿，因此康科德算是逃避波士顿者的乡间寄居处。但是在这里并没有所谓的波希米亚式社群集结，出乎意料地也没有什么称得上知识分子团体的社群。我们只要回想梭罗和爱默生的冷淡关系，或是霍桑与他邻居的不睦，或是布朗森·奥尔科特（Bronson Alcott）几乎不与任何人来往的事迹，就会明白为何康科德的知识分子相邻而居，却未形成某种知识社群。

这里不但没有波希米亚式的狂欢——何奥在描述康科德时连忙澄清这是个平静的小镇——甚至连社群都谈不上。梭罗曾在他日记中说，当他"跟爱默生说话或试着跟他说话时，他不但不知所云，甚至还忘了我是谁"，两人简直鸡同鸭讲；而爱默生抱怨梭罗"不听他说话，只顾着反驳他"。关于这些离世独居者，爱默生写道："这些作家的书房很寂寥。"[21]

所以，与创作的关系更密切的是朴素决绝的孤立，而不是波希

426

米亚式生活的打扰。我们要认识到，在知识分子受到外来压力时，他们之间的凝聚力或是相互的认同与支持是很重要的；但是这个与波希米亚式生活不能混为一谈，后者的标志乃是人与人间的亲切往来。对于真正具有创造性的心灵而言，想要与他人交往的时间绝对不会少于想要独处的时间，但从事创作的知识分子通常会想办法独自面对世界，而不是借着波希米亚式生活来与他人"共同面对世界"。"共同面对世界"是一种政治战术，但独自面对世界则是典型的创作姿态。

对于那些关心如何才能有效表达政治异议的知识分子而言，波希米亚的历史并不怎么振奋人心。在第一次世界大战前的美国历史中，曾有一个光辉的时刻，美学、社会批判与波希米亚生活交汇在一起——以《群众》杂志的主编马克斯·伊斯门（Max Eastman）时期为代表。但整体来说，美国的波希米亚风格较趋近于个人的炫耀与叛逆，而不具政治效力——至少从这方面看来，"垮掉的一代"是属于波希米亚传统的。文化社会缺少波希米亚风是一种遗憾，但是如果要把它用到严肃的创作或政治目的中，那对它的要求就太过了。

八　知识与权力

崇尚疏离的人不喜欢和"体制内"（accredited institutions）扯
427　上关系，这显示出他们在根本上厌恶智识与权力有任何联系。知识分子一旦进入"体制内"，就不再是知识分子了（这个观念会将所有的大学教授从知识分子的队伍中清除出去），这种观念可视为在粗略表述一个现实的问题：充满创造力的事业所需要的条件与"体制内"的机构所要求的心态是不同的，二者间必然存在冲突。学者们早就知道，在这种机构中工作要付出的个人代价小于失去这种机构的支持所要付出的代价。确实，他们实际上没有选择，他们需要的图书馆与实验室——也许还包括学生——都是某个机构才能提供的。

对于纯粹以创作为业的作家来说，这个问题更严重。学院提供的便利设施与种种行政要求并不都契合富有想象力的天才，可能会扼杀个人真正的创造气质。此外，学院生活会限制人的经历。设想一下，如果我们的文学作品都出自学院中那些教授文学创作的老师之手，他们写作的经验也全部来自课堂的训练，那将会如何呢？如果一个很有才华的诗人把时间都花在例如开会讨论大一作文课程的改革上，会造成极大的浪费。尽管如此，大学对作家与艺术家提供的若干支持，在很多方面还是很有帮助的；且很多时候，若是不如此，则社会恐将出现一大堆文化无产阶级。

对各种专业学科的知识分子而言，大学只是折射出了一个更大的问题——知识与权力间的关系：我们几乎本能地反对知识与权力的分离，但从现代的观念来看，我们也反对它们的结合。然而以往可不是这样：古希腊罗马的知识分子，或是中世纪的教父、文艺复兴的学者、启蒙时期的哲学家，都一致地寻求知识与权力的结合，同时接受其带来的风险，并没有任何过度乐观或是天真的心态。他们都希望知识可以借着与权力的结合得到扩大，而权力一旦与知识结合，也可以沾上一些文明的气息。我们之前提及，在国父那一代，知识与权力的结合方式就符合此理想。在社会群体或是个人的脑海中，知识和权力以平等的地位相交汇。有些人可能会认为这是因为国父们素质较高的缘故，虽然他们的确如此。这可能不只是因为杰斐逊总统读的是亚当·斯密的著作，而艾森豪威尔总统读的是西部小说。其实原因是 18 世纪的社会没有那么专业分化。富兰克林时代的任何人都可以在他自己的木棚中做科学试验，一个有政治天分的人也可以从庄园主变成律师，再成为驻外大使。但是今天知识与权力各自已经有了不同的功能。当权力寻求知识时（现在的趋势就是这样，且在渐渐增强），它并不是在寻求推理批判性的智性，而是在寻求专业能力，以服务其需要。拥有权力者通常并不尊重有专业能力的专家所标榜的客观中立原则：有一次，某一位州长请来几位著名的社会学家为某一个争议中的议案做民调，却在事先告诉他们，民调需要得到怎样的结果。

如果有权力者只要求知识成为他们实现目的的工具，那么在美国，拥有这种知识的人乃是"专家"这个身份。稍早我们曾经指出，拥有国家各项施政所需的专业知识使得知识分子重新成为美国政治中的一股力量。但接下来的问题是：当知识分子变成专家时，他还算是知识分子吗？他是否只是一个从事心智工作的技术人员，为雇用他的人效命？此处，如同在大学与其他机构中，答案不易出现，但是真正的答案一定不会让当代的知识分子满意。现在事情的真相乃是，美国的教育只培养专家而非知识分子或文化人，而这些人到政府或企业或大学服务时，他们不会一下子就变成知识分子。

但是有一些人确实具有知识分子的气质，而且也进入政府服务，这些人的情形就比较复杂了。当一位真正具有智识与思考力的人担任驻外大使或是总统的幕僚时，他就突然不是知识分子了吗？当然，如果一个人开始从权力的角度看世界或是在权力领域的逻辑制约下行动，他就不可能再以知识分子的气质来思考或行事。但我认为，这是一个个人可以选择的事情：要么牺牲一些智识的自由以换取权力与智识间的接轨，要么像浮士德一般出卖自己的灵魂，以便认识这个从学院中无法认识的世界——这不是强行套上强加的疏离道德规范便能解决的。

那些拒绝与权力结合的知识分子非常了解——也许太了解了——他的无力感正好有助于看清事物。但他可能容易忘记，接近权力与面对相关的问题也可带来其他的洞见。批评者企图透过舆论来影响世界，接触权力者则希望直接使用权力来实现知识界的理想。这两者并非必然互斥或是敌对。每一种选择都有个人的或是道德上的风险，我们无法把每个人的抉择化为普遍化的规范。批评权力的人所犯的典型智识错误乃是他们不了解行使权力的限制，而他们所犯的道德错误则是总关注自身的纯洁性，但是当一个人没有职责在身时，保持纯净并不困难。而掌权者身旁的专家，他的错误在于不愿意用他具有的独立思考能力来批判当权者。他可能会因为被吸入权力旋涡的观点中而失去中立批判的能力。美国的知识分子长期以来与权力隔绝也不被社会接受，因此突然与权力结合容易让他们迷失自己。

　　如我所说，对于知识分子个人，这是一个个人选择的问题。但对于社会整体来说，重要的是知识分子不应该就这样被分成两类，一类是只寻求权力与在权力下自我妥协的技术专家，另一类则是故意疏离的知识分子，他们在乎的是自身的纯洁而不是实现他们的理念。我们永远不会缺乏专家，也不会缺乏与社会保持距离同时批判社会的知识分子，这两类人都会源源不绝地出现也不吝展现自身。双方间的争辩应该会持续下去，而知识分子圈内也会出现可以仲裁权力世界与批判世界的方式。果如此，则知识分子群体就可以免于分裂为数个互不沟通的敌对阵营。我们的社会在很多方面生病了，但是一个健康的社会需要有多元的组成部分，彼此能自由地沟通。如果所有的知识分子都想要为权力服务，那就是一种悲哀，但是如果所有跟权力接触的知识分子都因此自认为不再是知识分子了，只向权力负责，那也是一种悲哀。

九　不可归类的风格

　　几年前，马库斯·坎利夫（Marcus Cunliffe）在一篇颇有洞见的史学文章中建议，我们可以把在知识界活跃的人分成两种类型：一种是"入世知识分子"（clerisy，这是柯立芝的用语），他们是与社会脉动一致的思想者，是社会的代言人；另一种是"先锋知识分子"，他们远远超越时代的氛围与主流价值观。[22] 社会上精彩绝伦的创造力与知识界的原始动力都是来自"先锋知识分子"，但是我们可以理解，享有盛名的是那些"入世知识分子"。富兰克林、杰斐逊与亚当斯乃是"入世知识分子"，此外还有库珀、爱默生（至少在他的成熟期）、大法官霍姆斯、威廉·詹姆斯、豪威尔斯、李普曼等。"先锋知识分子"的名单更是亮丽，但是人类的心灵与才华多姿多彩，所以在这之外还有第三类人，他们的思想混杂多元，很难被归入前两类。例如马克·吐温，他的心灵显然可以分割成数块，有极端的疏离也有与社会同调处；再如亨利·亚当斯，他的情况与马克·吐温相同，只是风格不同。哦！不……其实最令我们激赏的是这些人才华的闪烁多变，而不是可以被清楚归类。在疏离问题上是如此，在心灵状态与生活方式上也是如此。让我们觉得惊艳称奇的不是纯粹的波希米亚或是布尔乔亚，而是无尽的混杂与多元风格。像是在马萨诸塞州阿默斯特独居时期的狄金森，或是生活多元、强健的惠特曼，在保险公司总裁办公室写作的华莱士·史蒂文斯（Wallace Stevens），可同时兼顾金融业工作与写作的艾略特，以及医生作家威廉·卡洛斯·威廉斯（William Carlos Williams），等等。所以，如果我们看看以下这份名单，就知道硬要将谁归类于某一种类型其实是徒劳的事：杜威与查尔斯·S. 皮尔斯（Charles S. Peirce），凡勃伦与威廉·詹姆斯，豪威尔斯与亨利·詹姆斯，霍尔姆斯与布兰代斯，马克·吐温与梅尔维尔，爱默生与爱伦·坡，亨利·亚当斯与 H. C. 利（H. C. Lea），亨利·米勒与福克纳，查尔斯·A. 比尔德与弗雷德里克·杰克逊·特纳，伊迪丝·华顿（Edith Wharton）与海明威，多斯·帕索斯与 F. 斯科特·菲茨杰拉德（F.

Scott Fitzgerald）。

　　任何一个有才华、有创造性心灵的人，在成为作家或是思想家之前，都会先降生于一个特定的环境中，被赋予一种后天难以改变的个性与气质。这些是命运给他的东西，他必须与之共处。要说明这一点，我们可以用大法官霍姆斯与经济学家凡勃伦作为对比的例子。他们是同时代的人，都有着饱含热情、横跨不同领域的心灵，又很讽刺地与世界保持一定的距离，但除了这些以外，他们再无一处相同。他们中的任何一位，如果企图在生涯之初重塑他们自己，一定是徒劳的——我们如何能够想象霍姆斯抛弃他的清教徒贵族传统，变成一个波希米亚人士，或是凡勃伦变成一位严守规矩的人，成为美国经济学会会长呢？霍姆斯出身于典型的新英格兰绅士家庭，这个背景限制了他看这个世界的方式，他最后进入了最高法院这个"体制内"机构，但是大家都认为，他在那里并未放弃作为知识分子的责任，或是停止生产有益于世界的思想。而凡勃伦则是在扬基文化与祖先的挪威文化的夹缝中长大，对于前者他从不以为然，可是作为一个出生在美国的人，后者也不是他的真正文化。因此，他注定了永远都是一个边缘人，徘徊在美国社会的主流信仰之外。作为一个学者，假如他想要追求某种学术生涯，他就必须进入体制内，但是他在每一个地方都水土不服，与人处不来。我觉得，他可能具有某种天生的智慧，所以即使在这世界友善地对待他时，他还是刻意与其保持距离。他本人一定感觉到，他的特殊天才有一部分正在于总是给他惹麻烦的乖僻性格。我们当然可以把这个看作他始终不得志的原因，但正是这种乖张的性格令他屡屡有杰出的社会理论问世，成为当时最富创造力的心灵。

　　过去，自由民主社会的一个主要优点，就是可以容纳很多不同风格的智识生命——我们可以见到热情叛逆的人、优雅华贵的人、质朴内敛的人、精明复杂的人、耐心睿智的人，以及某些有着敏锐

432

观察力、能适应环境的人。但最重要的是,要有一种开放包容的心态,这样才能在狭小单一的社会中欣赏和理解各种杰出的心智。有人认为, 现在的自由文化与精致文化必然会慢慢瓦解, 对于这种武断的、悲观的预言, 我不知道它是对是错, 但是至少有一点可以确定 : 这样的看法会令人陷入自怜或失望的心态, 而不是产生抗拒崩解的决心或是发挥创造力的自信。当然, 在现代的情境下我们的选择很可能是有限的, 而未来的文化恐将由头脑单一、只具某种信仰的人掌控。这是有可能的, 但是只要我们立志从历史中吸取教训, 我们就有信心认为 : 未来不会如此。

致谢

　　1953 年 4 月 27 日，我受到密歇根大学的邀请赴海沃德凯尼斯顿讲座发表第一次演说，开启了撰写本书的机缘。该演讲经扩充之后，于当年 8 月 8 日发表于《密歇根校友季刊》（*Michigan Alumnus Quarterly Review*）之上，名为《民主与美国的反智》（"Democracy and Anti-Intellectualism in America"），此时，我意识到这其中还有许多待解之疑问，逼迫我继续探索下去。后来我分别在许多演讲中提到书中处理的主题，首先是在剑桥大学讲给历史学会的大学生听，1958 年至 1959 年间，我在那里担任美国史教授。随后，我在 1961 年至 1962 年间分别于俄亥俄州的海勒姆学院（Hiram College）、南加利福尼亚大学（University of Southern California）以及史密斯学院（Smith College）办讲座。最后，在 1962 年至 1963 年间，我成为普林斯顿大学人文委员会的访问学者。我得感谢他们之中许多人的热情招待。

　　本研究的许多方面都得到了哥伦比亚大学社会科学研究委员会以及高等教育基金会的美国史教育影响委员会的赞助。卡耐基基金会的赞助让我可以将轮休的一年投入本书的撰写，让我得以更早完工，且有了更充分的研究资源。哥伦比亚大学不吝于给予我更自由的研究时间，但仅仅提到这一点绝不足以道尽我在与它的联系中收获的智识回报：我与它走过了二十五年的时间，先是作为研究生，后来成为历史系的一员。

我的妻子比阿特丽斯·凯维特·霍夫施塔特（Beatrice Kevitt Hofstadter）总是会为我提供无可衡量的宝贵建言。我的同事彼得·盖伊（Peter Gay）与弗里茨·斯坦（Fritz Stem）通读了全书草稿，并提供了关键的评论。在我写作本书的这几年，我的研究助理小菲利普·格雷温（Philip Greven. Jr）、卡罗尔·格鲁伯（Carol Gruber）、尼尔·哈里斯（Neil Harris）与安·莱恩（Ann Lane）等人帮我收集了许多原始资料。在我构思、修改、收集资料、补充修正本书的七年里，以下朋友给予了各式各样的协助：丹尼尔·阿龙（Daniel Aaron）、丹尼尔·贝尔（Daniel Bell）、李·本森（Lee Benson）、约翰·M. 布卢姆（John M. Blum）、卡尔·布里登博（Carl Bridenbaugh）、保罗·卡特（Paul Carter）、劳伦斯·克雷明、芭芭拉·克罗斯（Barbara Cross）、罗伯特·D. 克罗斯（Robert D. Cross）马库斯·坎利夫、斯坦利·埃尔金斯（Stanley Elkins）、朱利安·富兰克林（Julian Franklin）、亨利·F. 格拉夫（Henry F. Graff）、罗伯特·汉迪（Robert Handy）、H. 斯图尔特·休斯（H. Stuart Hughes）、爱德华·C. 柯克兰、威廉·E. 路希滕伯格（William E. Leuchtenburg）、埃里克·麦基特里克（Eric McKitrick）、亨利·梅（Henry May）、沃尔特·P. 梅茨赫尔（Walter P. Metzger）、威廉·米勒（William Miller）、欧内斯特·内格尔（Ernest Nagel）、戴维·里斯曼、亨利·罗宾斯（Henry Robbins）、多萝西·R. 罗斯（Dorothy R. Ross）、欧文·萨内斯（Irving Sanes）、威尔逊·史密斯（Wilson Smith）、杰拉尔德·斯特恩斯（Gerald

Stearn）、约翰·威廉·沃德（John William Ward）、C. 范恩·伍德沃德（C. Vann Woodward），还有欧文·怀利。因为我们之间的对谈经常没有得出肯定的结论，因此不能说他们都同意我的意见。

　　本书涵盖的题材很广泛，我所做的研究恐怕不能超过我所仰赖的文献。我的注释显示了那些我所依靠的资料来源，但它们无疑仍未能穷尽我得益于当代美国史学界的丰硕成果。我最常引用的书与文章大多撰写于过去的十五到二十年间，它们本身就是非凡的成就。在我们考察美国的智识成就时，也许应该也把这个纳入考量。

注释

第一章 我们时代的反智现象

1. Arthur Schlesinger, Jr.: "The Highbrow in Politics," *Partisan Review*, Vol. XX (March-April 1953), pp. 162-5; 时间见 p. 159.

2. 就我所知，唯一研究过此问题的美国历史学者是 Merle Curti，在他的专著 *American Paradox* 与 "Intellectuals and Other People"，*American Historical Review*, Vol.LX, 1955, pp. 259-82 中都谈到了此问题，后者是他就任美国历史学会会长的就职演说。Jacques Barzum 在 *House of Intellect* (New York, 1959) 中用当代的视野与从知识分子内部的角度来看此问题。*Journal of Social Issues* 有一期专门以此为主题 (Vol. XI, 3, 1955)，数位作者一起讨论了反智现象。

3. Morton White: "Reflections on Anti- Intellectualism", *Daedalus* (Summer, 1962, pp. 457-68) 一文，对此词做了有趣的定义。怀特提出了一个相当有用的区分，就是"反智的"(anti-intellectual) 意指敌视知识分子，而"反智主义的"(anti-intellectualist) 指反对在一切知识及生活上都以智识为依归。他分析了两种主张下各自的策略及异同。

4. 这些事情深深提醒我们，在世界各地与美国，知识分子社群通常都是多元的。不管是否属于这个圈子的人，多少都知道（纵使偶有例外）此情形才对。而知识分子圈子对此有双重标准：如果是发自内部的批评，则多以善意视之而且采纳其有见地处；但若从外部而来，即使是同一种批评，也会被认为是恶意的而被贴上"反智"的标签，视为危险。例如数年前很多人批评各基金会纷纷推动大型研究计划，因为它们挤压了个体研究者获补助的机会。但是当里斯委员会介入调查此事时，同一批学者却表达不乐见由学界外部来干预此事的看法。这并非他们已改变态度，而是对他们而言由谁来批评是重要的。

　　当然，并非只有学界有此现象，这其实是任何组织都有的情形。政党成员或是少数族群成员都有可能对某些批评持双重标准，视其由内或由外来而定。然而这种双重标准有其历史而非逻辑上的理由，因为批评的动机常会与批评是否合宜有关。批评基金会的知识分子希望能建设性地扭转基金会的不当政策，但里斯委员会采用的批评路线却可能使基金会受损或瓦解。同理，我们都知道关于犹太人或黑人的笑话，由自己人说或是外人说，它的寓意就可能不同。

5. 这个名词是作家 Stewart Alsop 在他的专栏中首先使用的，他在其中记录了与弟弟 John 的一次谈话。作家说许多政治倾向偏共和党的聪慧之士，都很仰慕民主党总统候选人史蒂文森，他弟弟回答，"当然，只要是学究都会喜欢他，可是你认为有多少学究呢？" Joseph and Stewart Alsop: *The Reporter's Trade* (New York, 1958), p. 188.

6. Louis Bromfield: "The Triumph of the Egghead" *The Freeman*, Vol. III (December 1, 1952), p. 158.

7. White House Press Release, "Remarks of the President at the Breakfast Given by Various Republican Groups of Southern California, Statler Hotel, Los Angeles...September #4, 1954," p. 4; 强调为作者所加。很可能总统是听国防部部长威尔逊说过类似的话，因为有人引述部长曾说："学究就是那些不理解一切自己所知之事的人。" Richard and Gladys Harkness, *Reader's Digest*, Vol. LXXI (August, 1957), p. 197.

8. *The New York Times*, August 1, 1957.

9. Ibid.

10. U. S. Congress, 84th Congress, and session, Senate Committee on Armed Services: *Hearings*, Vol. XVI, pp, 1742, 1744 (July 2, 1956); 强调为作者所加。

11. 这一形象的大杂烩来自 20 世纪 50 年代 Immanuel Wallerstein 未发表的硕士论文："McCarthy-ism and the Conservative," Columbia University, 1954, pp. 46 ff.

12. *Freeman*, VoL XI (November 5, 1951), p. 72.

13. *Congressional Record*, 81th Congress, 2nd session, p. 1954 (February 20, 1950).

14. Jack Schwartzman: "Natural Law and the Campus," *Freeman*, Vol. II(December 3 , 1951), pp. 149, 152.

15. "Shake Well before Using," *National Review*, Vol. V (June 7, 1958), p.544.

16. *Congressional Record*, 81th Congress, 1st session, p. 11584 (August 16, 1949); 也见 Dondero's address on "Communism in Our Schools," *Congressional Record*, 79th Congress, 2nd session, pp. A. 3516-18 (June 14, 1946), 以及他的演讲，"Communist Conspiracy in Art Threatens American Museums," *Congressional Record*, 82th Congress, 2nd session, pp. 2423-7 (March 17, 1952).

17. William G. McLoughlin, Jr.: *Billy Graham: Revisionist in a Secular Age* (New York, 1960), pp. 89, 212, 213; on the Gallup Poll, see p.t.

18. *Judging and Improving the Schools: Current Issues* (Burlingame, California, 1960), pp. 4, 5, 7, 8; 强调为作者所加。遭到猛烈抨击的报告文件是 William C. Bark et al.: *Report of the San Francisco Curriculum Survey Committee* (San Francisco, 1960).

19. Robert E. Brownlee: "A Parent Speaks Out," *Progressive Education*, Vol. XVII (October, 1940), pp. 420-41.

20. A. H. Lauchner: "How Can the Junior High School Curriculum Be Improved?" *Bulletin of the National Association of Secondary-School Principals*, Vol. XXXV (March, 1951), pp.

299-301. 这场演讲发表于该协会的一次会议上，见 Arthur Bester's comments in *The Restoration of Learning* (New York, 1955), p. 54.

21. "G, E, Moore," *Encounter*, Vol. XII (January, 1959), p.68；但是他说这话是有特定背景的，不应被过度解读。

22. *Note towards the Definition of Culture* (London, 1948), p. 23.

23. 比如，我觉得应该讨论一下杜威的理论蕴含的反智意味和它造成的反智结果。但如果说杜威是反智派，那就大错特错了。

第二章 智识不受欢迎

1. 我无意说这现象只存在于美国，很多地方都会存在，只要存在某个讨厌知识分子又不愿一并舍弃"才智"的社会阶级时，就会如此。例如在法国，当知识分子成为一股社会力量后，莫里斯·巴雷斯（Morris Barres）在 1902 年写道："我宁可有才智，也不要成为知识分子"。Victor Brombert, *The Intellectual Hero: Studies in the French Novel, 1880-1955* (Philadelphia, 1961), p. 25.

2. 吉布斯的状况常被认为是美国文化带来的结果。关于这种文化态度的讨论，请参见 Richard H. Shryock: "American Indifference to Basic Science during the Nineteenth Century," *Archives Internationales d'Histoire des Scien*ces, No. 5 (1948), pp. 50-65.

3. W. D. Niven, ed.: *The Scientific Papers of James Clerk Maxwell* (Cambridge, 1890), Vol. II, p. 742.

4. Julien Benda 在 1927 年出版的 *La Trahison des Clercs* 中指控，有许多当代知识分子为了追求这种救世的政治而牺牲了知识的价值："今天，如果我们提到莫姆森（Mommsen）、特赖奇克（Treitschke）、奥斯瓦尔德（Ostwald）、布吕内蒂埃（Brunetière）、巴雷斯、勒迈特尔（Lemaître）、贝玑（Péguy）、莫拉斯（Maurras）、丹农齐奥（d'Annunzio）、吉卜林（Kipling）等人，我们必须承认他们展现了无比的政治热情——即知即行、渴望立即的成效、专注于心中的目标，并蔑视论证。"

5. 其实在知识分子内部也有很多讨论，具有专业知识是否对他们反而是不利的事情。大家在问，是否作为一个专家会把知识分子降格为只是一个"心智技师"（mental technician）。例如可参见 H. Stuart Hughes: "Is the Intellectual Obsolete?" in *An Approach to Peace and Other Essays* (New York, 1962), chapter 10. 最后一章我们还会回到此问题。

6. 关于民选的政客对抗专家的种种背景与社会氛围，社会学家爱德华·希尔斯有很好的观察。见 Edward Shils: *The Torment of Secrecy* (Glencoe, Illinois, 1956).

7. Testimony before a subcommittee of the Committee on Interstate and Foreign Commerce, House of Representatives, 79th Congress, 2nd session, May 28 and 29, 1946, pp. 11, 13.

8. *Journals* (Boston, 1909-1914), Vol. IX (July 1862), p. 436.

9. 关于知识分子（intellectual）这个词在法国的沿革，请参考 Victor Brombert: The Intellectual Hero, chapter 2. 俄罗斯则是用 intelligentsia 这个词，19 世纪之后开始出现，起初是用来指涉某些自由的职业，但不久就变成反抗统治政权者的代称。见 Hugh Seton-Watson: "The Russian Intellectuals," *Encounter* (September, 1955), pp. 43-50.

10. *The Letters of William James* (Boston, 1920), Vol. II, pp. 100-1.

11. 美国知识分子的这种心态与立场，可参见社会学家 Seymour M. Lipset: "American Intellectuals: Their Politics and Status," *Daedalus* (Summer, 1959), pp. 460-86. Lipset 对此主题多有观察，但是我可能不同意他说美国知识分子的社会地位很高的看法。

12. *Nation*, Vol. 149 (August 19, 1939), p. 228.

13. 这种心态曾被参议员巴里·戈德华特（Barry Goldwater）露骨地表示出来，他在 1959 年 7 月说："我绝对不接受美国已无共产党这样的说法，只要我们尽力搜寻，就可以找出来。" 见 James Wechsler: *Reflections of an Angry Middle-Aged Editor* (New York, 1960), p. 44.

14. 甚至似乎在不能自由发挥的情况下也是如此。我们看看知识界在苏联与东欧卫星国中的悄然发展就知道了。

15. *Characters and Events* (New York, 1929), p. xi.

16. B. R. Hall 写到关于早期美洲印第安社会时说："无知的坏人也比聪明人好些。所以聪明人的品格常受莫名其妙的怀疑，因为聪慧常被与狡诈连在一起，而无知则与善良一起。" Baynard R. Hall: *The New Purchase, or Seven and a Half Years in the Far West* (1843; ed. Princeton, 1916), p. 170. 这种观念甚至存在于注重理性与智性的清教徒之间。约翰·科顿（John Cotton）说："人越是聪明，就越容易受撒旦诱惑……" *The Powring Out of the Seven Vials* (London, 1642), The Sixth Vial, pp. 39-40.

17. 乔治·里普利(George Ripley)在 1839 年攻击反三位一体的唯一神教派与哈佛神学院时说："我曾见过对于虔敬者的心灵与良知的洗涤，福音展现出很好的效果，他们依赖灵魂的直观能力而找寻到了神性的启发……我虽然知道逻辑思考的重要性，但是我确定上帝不是要我们以它来对抗原罪的致命吸引力。逻辑可以发现错误，但是无法让我们看见上帝的荣耀。逻辑可以驳斥谬误，但是无法让心灵爱慕圣洁……诸位强调博学是宣教的基础，但是耶稣当年却不是以此为标准来从众人中挑选十二门徒；他将福音传给'粗鄙无知'的低下百姓；最高的真理是由最一般的心灵来显现；也因此，'神岂不是叫这世上的智慧变成愚拙吗？'（《圣经·哥林多前书》1；20）……耶稣……认为书本传达的知识，在启迪人的天启之光面前是微不足道的。耶稣生平行谊所传达的信息是贫苦者才是受上帝差遣来世间传播福音的……耶稣并未替门徒设立学院，也未恢复先知的书院，他并不重视学识，事实上他曾警告这反而是寻求真理的障碍；他曾经对聪明人隐藏天国的秘密，却将之展示给无知的百姓。" "The Latest Form of Infidelity Examined," *Letters on the Latest Form of Infidelity* (Boston, 1839), pp. 98-9, 111, 112-13.

     这段话的论据与福音派使用的说法类似。他们常说，宗教信仰不是靠逻辑或学识来传播的，这的确难以驳斥。接下来就可以推论（从耶稣的行谊可知），由无知及未受教育者来传播福音是最好的。他们所具有的智慧与真理高于饱学之士或是有教养的人。事实上，学问与教养可能是真理传播上的障碍。而既然传播福音是人最重要的使命，则无知的人反较博学与沉溺于逻辑者来得有用。也就是说谦卑的无知者其心灵状态较有学识者为佳。类似这样的观念深植于美国福音教派与美式民主之中。

18. 关于特纳的原始主义，见 Henry Nash Smith: *Virgin Land* (Cambridge, Massachusetts, 1950), final chapter; 关于美国原始主义的宝贵见解，见 Charles L. Sanford: *The Quest for Paradise* (Urbana, Illinois, 1961).

19. *Democracy in America*, Vol. II, pp. 525-6.

20. Ibid., pp. 642-3.

21. 观察美国学界的人常不解地问道，为何美国老是注重运动能力优秀的学生，却对学业优秀的学生有些敌意？我认为这种敌意来自我们的民族总是不愿大方承认智识的重要性。
运动技能被视为短暂、特殊之物，我们大部分人都知道它对人生重要的事情并没多大帮
助。社会给运动能力优秀学生的礼遇是因为他们的表现"娱乐"（entertain）了我们，他
们可说是以自己的努力"挣得"（earn）这个待遇。反之，对多数人而言，智识并不能"娱
乐"我们，而且当大家都知道拥有它可以作为人生中重要且长久的优势武器时，它自然
就跟我们多数人的平凡形成了对立。

第三章 福音运动的冲击

1. Cf. H. Richard Niebuhr："这些中下阶层的人喜欢素人宣讲者胜于饱受神学教育、精通
   礼拜仪式的牧师，因为前者较能满足他们在宗教情感上的需要，同时也在文化上与利益
   上与他们站在一起，反对那些因剥削他们而获得优渥生活的上层统治阶级。" The Social
   Sources of Denominationalism (Meridian ed., 1957), p. 30.

2. 在这个主题上，我的观点主要来自 Msgr. R. A. 的 Knox's Enthusiasm (Oxford, 1950).

3. 关于这些被剥夺继承权的人，见 Niebuhr: op. cit., chapters 2 and 3. 也请见 Leo Soles 的相
   关叙述 "Anti-Intellectualism in the Puritan Revolution," Church History, Vol. XXIV (December,
   1956), pp. 306-16; 以及 D. B. Robertson: The Religious Foundations of Leveller Democracy
   (New York, 1951), especially pp. 29-40.

4. 塞缪尔·埃利奥特·莫里森（Samuel Eliot Morison）说，激进的清教徒有这种敌意，是
   信条的一部分。狂热派会认为大学乃是"撒旦的妓院""撒谎者之家"，并且"在上帝面
   前发出令人极端厌恶的臭气"。爱德华·约翰逊（Edward Johnson）认为安妮·哈钦森女
   士跟她的伙伴们极度地痛恨学识，他们尽可能地劝诫人们要小心，不要被知识污染了心
   灵。该女士的一名跟随者曾对约翰逊说："跟我来……我带你去见一位女士，她宣讲的福
   音比任何穿着黑色长袍上过大学的牧师都好。她是一位有着另一种精神的女士，得到过
   很多天启……我宁可听这样一位从未读过书、却从心底真挚情出发的人宣道，也不愿
   意听你们那些有学问的人布道，即使他们饱读《圣经》。" Edward Johnson: Wonder-Working
   Providence of Sions Saviour in New England, ed. by J.F. Jameson (New York, 1910), pp. 127-8.

5. A History of American Literature, 1607-1765 (Ithaca, New York: 1949), pp. 85-7.

6. 对这些早期文化成就充满激情的辩护与欣赏，见 Samuel Eliot Morison: The Intellectual
   Life of Colonial New England (New York, 1956); cf. Thomas G. Wright: Literary Culture
   in Early New England (Cambridge, 1920); Kenneth Murdock: Literature and Theology in
   Colonial New England (Cambridge, 1949).

7. 关于 1680 年至 1725 年牧师的处境，见 Clifford K. Shipton: "The New England Clergy of
   the Glacial Age," Colonial Society of Massachusetts Publications, Vol. XXXII (Boston, 1937),
   pp. 24-54.

8. 当本案第一批被告被吊死处决、其他被告正在候审之际，有一些牧师写信给州长与审判委
   员会，指出"审慎调查真相的必要，以免因心魔浮起而轻信不确实的证据，造成一连串
   的冤枉悲剧"。但是民间人士却无视于牧师们的警告，继续以"明确证据"为名大肆搜捕
   嫌疑人，于是牧师们联名上书州长，在牧师们的坚持下，州长最终止了这场不当的审判。
   见 Shipton: "The New England Clergy," p. 42.

9. Perry Miller 就这一衰败在体制和教义方面的表现写过一份精彩的记述，见 The New

England Mind: from Colony to Province (Cambridge, Massachusetts, 1953).

10. Quoted by Edwin Scott Gaustad: *The Great Awakening in NewEngland* (New York, 1957), p. 27.

11. 关于达文波特，见 Gaustad: op. cit., pp. 36-41. 爱德华兹本人在他的 *Treatise Concerning Religious Affections* (1746) 中用大量的篇幅反对这种表现。

12. Gilbert Tennent, *The Danger of an Unconverted Ministry Considered in a Sermon on Mark VI, 34* (Boston, 1742), pp. 2-3, 5, 7, 11-13.

13. L. Tyennan: *The Life of the Rev. George Whitefield* (London, 1847), Vol. II, p. 125. See Eugene E. White: "Decline of the Great Awakening in New England: 1741 to 1746," *New England Quarterly*, Vol. XXIV (March, 1951), p. 37.

14. 吉尔伯特·坦南特给传统牧师的绰号被查尔斯·昌西记录了下来，编成了目录："有奶就是娘、毛毛虫、舞文弄墨的法利赛人、狡诈如狐、残忍如狼、虚伪之徒、无赖、毒蛇之子、制造蠢货的人、恶魔安插在牧师里的奸细、保姆、不会叫的死狗、瞎子、死人、心藏恶魔之人、上帝的叛徒和敌人、聋瞎向导、撒旦之子……杀人的伪君子。" *Seasonable Thoughts on the State of Religion in New England* (Boston, 1743) p. 249. 这些绰号大多似乎来自坦南特的 *Danger of an Unconverted Ministry*。

15. Gaustad: op. cit., p. 103.

16. *Seasonable Thoughts*, p. 226.

17. Ibid., pp. 256-8.

18. Leonard W. Labaree: "The Conservative Attitude toward the Great Awakening," *William and Mary Quarterly*, 3rd ser., Vol. I (October, 1944), pp. 339-40, from Tracy: *Great Awakening*, p. 319.

19. Quoted by Labaree: op. cit., p. 345, from *South Carolina Gazette* (September 12-19, 1741).

20. Ibid., p. 336.

21. White: op. cit., p. 44.

22. *Works* (New York, 1830), Vol. IV, pp. 264-5.

23. 关于新英格兰各学院对大觉醒运动的反应，见 Richard Hofstadter and Walter P. Metzger: *The Development of Academic Freedom in the United States* (New York, 1955), pp. 159-63.

24. Gaustad: op. cit., pp. 129, 139.

25. Richard J. Hooker, ed.: *The Carolina Backcountry on the Eve of the Revolution* (Chapel Hill, 1953), pp. 42, 52-3, 113, 关于南方腹地的文化环境，请见 Carl Bridenbaugh: *Myths and Realities: Societies of the Colonial South* (Baton Rouge, 1952), chapter 3.

26. Colin B. Goodykoontz: *Home Missionson the American Frontier* (Caldwell, Idaho, 1939), pp. 139-43. 在拓荒时期不只有新教的各教派之宗教传统或是组织有失传或瓦解的现象，连天主教徒中也发生如此情况，一位印第安纳的牧师写道："在附近的爱尔兰移民们，很多人甚至不知道上帝的存在，他们不敢去参加教理课程，即使来了也不知道该如何做。" 见 Sister Mary Carol Schroeder: *The Catholic Church in the Diocese of Vincennes, 1847-1877* (Washington, 1946), p. 58.

27. Rufus Babcock, ed.: *Forty Years of Pioneer Life: Memoir of John Mason Peck, D.D.* (Philadelphia, 1864), pp. 101-3.

28. Goodykoontz: op. cit., p. 191.

29. Ibid., pp. 191-2. 关于印第安纳早期的相似情况，见 Baynard R. Hall: *The New Purchase* (1843; ed. Princeton, 1916) p. 120.

第四章 福音主义与奋兴派

1. 熟悉 Sidney E. Mead 就美国宗教史所写之文章的读者，可以发现我在这里参考的是他的这几种作品："Denominationalism: The Shape of Protestantism in America," *Church History*, Vol. XXIII (December, 1954), pp. 291-320; and "The Rise of the Evangelical Conception of the Ministry in America (1607-1850)," in Richard Niebuhr and Daniel D. Williams, ed.: *The Ministry in Historical Perspectives* (New York, 1956), pp. 207-49.

2. 对 19 世纪美国人的信件中透露出意欲超越旧大陆这一想法的探索，见 R. W. B. Lewis: *The American Adam* (Chicago, 1955).

3. "The Position of the Evangelical Party in the Episcopal Church," *Miscellaneous Essays and Reviews* (New York, 1855), Vol. I, p. 371. 这篇文章全面地批评了宗教的形式，认为它们不符合福音精神。

4. John W. Nevin: "The Sect System," *Mercersburg Review*, Vol. I (September, 1849), pp. 499-500.

5. 这样的历史背景可以解释 Will Herberg 所认定的美国当代宗教的重要特色：大家相信宗教很重要，却不问其内涵。这种对于宗教之重要性的"信仰"，其中一个原因乃是几百年来新教教派林立之下，必须互相容忍的结果。参见 Herberg: *Protestant, Catholic, Jew* (Anchor ed., New York, 1960), chapter 5, especially pp. 84-90.

6. 1782 年，克雷夫科尔发现一个有趣的现象：各教派的教友如果没有聚居于一起而与其他教派混居，则他们的宗教热忱会冷却，且短时间内就消失殆尽。所以美国人对于宗教教派就像对于国家一般：一起共存……所有的教派共存，如同所有的族裔共存般；从东岸到西岸，他们对于宗教本身或是教派的差异并没那么重视，这也许是美国人最大的特色之一了。这会带来什么结果很难说，也许它会产生容纳其他东西的空间。迫害、自傲与陷入矛盾感等等，都是宗教会带来的副作用，但是这些在美国都没有：例如宗教热忱在欧洲是须被节制的，但是在美国，广大的空间使得它很容易被蒸发；在欧洲它是一粒会散发能量的种子，在美国它随风飘扬而逝，无影无踪。*Letters from an American Farmer* (New York, 1957), pp. 44, 47. 在 1790 年后的数十年间，宗教情怀是有恢复的感觉，但是大家执着于教派差异的热情已不像以往。

7. Quoted in William G. McLoughlin: *Billy Sunday Was His Real Name* (Chicago, 1955), p. 158. 像华盛顿·格拉登（Washington Gladden）这样更世故的传道者可能也会说他自己的神学思想"得每天放在讲坛的铁砧上敲打。要实际地检验它，唯有提出以下这个问题：'它管用吗？'" *Recollections* (Boston, 1909), p. 163.

8. Charles G. Finney 的 *Lectures on Revivals of Religion* (New York, 1835) 中的一个章节的名字叫："A Wise Minister Will Be Successful" 引用了《圣经·箴言》（11:30）："有智慧的必能得人。"

9. Crèvecoeur: op. cit., p. 45. 但这并不表示牧师不受尊重。他们经常仍是被尊重的，但不因为他们是牧师之故。蒂莫西·德怀特（Timothy Dwight）说康涅狄格州的牧师没有正式的权力但是有个人的影响力："本地的牧师受人尊敬是因为他们的人格与工作表现，而不是因为他们占据圣职。" Mead: "The Rise of the Evangelical Conception of the Ministry," p. 236.

10. Andrew P. Peabody: *The Work of the Ministry* (Boston, 1850), p. 7. 托克维尔认为，在美国的大西部，这些牧师们带着爱国情操与政治领导人的关怀来传教，所以他说："如果你与这些基督教牧师谈话，你会很惊讶他们常说到的是关于现世的问题，简直像是在跟一位政治领导者会谈。"*Democracy in America*, ed. by Phillips Bradley (New York, 1945), Vol. I, pp. 306-7.

11. "The Rise of the Evangelical Conception of the Ministry," p. 2.28.

12. 在美国，牧师个人的领导魅力一直以来都很重要。菲利普斯·布鲁克斯（Phillips Brooks）说："真理透过人格彰显，这是我们对于传道者的定义。"同时代的另一位牧师威廉·朱伊特·塔克（William Jewett Tucker）也说："牧师的人格越伟大，越有影响力，则教友们越想接近真理。"见 Robert S. Michaelsen: "The Protestant Ministry in America: 1850 to the Present," in Niebuhr and Williams: op. cit., p. 283.

13. 见 Bela Bates Edwards, "Influence of Eminent Piety on the Intellectual Powers," *Writings* (Boston, 1853), Vol. II, pp. 497-8. 其中说道："其实我们不是早就习于将智识与心分开来看，将知识与虔敬分离，将心的感受放在判断之上？而且不是也广泛地相信，太多的知识与上帝的恩宠是不相容的？" Ibid., pp. 472-3.

14. Timothy L. Smith: *Revivalism and Social Reform* (New York and Nashville, 1958), chapter 1, "The Inner Structure of American Protestantism." 在 1885 年，所有卫理公会有一百五十万信徒，所有的浸信会有一百一十万信徒，所有长老会有四十九万信徒，所有路德宗、德国改革宗有三十五万，公理会有二十万，圣公会只有大约十万。

15. 我关于奋兴运动的观点主要参考了 William G. McLoughlin 对该运动的卓越研究：*Modern Revivalism* (New York, 1959)；Timothy L. Smith 的 *Revivalism and Social Reform*，前文已有引述，这部作品对 1840 年以后和城市奋兴派的研究尤其出色；以及 Charles A. Johnson 的 *The Frontier Camp Meeting* (Dallas, 1955)，这部作品特别阐明了 1800 年至 1820 年间边区拓荒者原始的生存环境；最后还有 Bernard Weisberger 的 *They Gathered at the River* (Boston, 1958).

16. 关于该时期人们合力致力于福音运动的努力和这种努力的衰退，见 Charles I. Foster: *An Errand of Mercy: The Evangelical United Front, 1790-1837* (Chapel Hill, 1960).

17. 对 1800 年上教会人数的估计来自 Winfred E. Garrison: "Characteristics of American Organized Religion," *Annals of the American Academy of Political and Social Science*, Vol. CCLVI (March, 1948), p. 20. 1855 年和 1860 年的数字来自 Timothy L. Smith: op. cit., pp. 17, 20-1. 教堂成员所占的人口比例大约是 1855 年占 15%，1900 年占 36%，1926 年占 46%，1958 年占 63%。见 Will Herberg: *Protestant, Catholic, Jew*, pp. 47-8.

18. 关于各教会成员的阶级属性，在新教内有这样的一个玩笑式的说法：卫理公会的人是穿鞋子的浸信会教徒，长老会的是上大学的卫理公会教徒，而圣公会教友则是靠投资理财赚钱的长老会教徒。

19. *Memoirs* (New York, 1876), pp. 20, 24; 关于芬尼和纽约州西部的奋兴运动，有一份具启发性的记述，见 Whitney R. Cross: *The Burned-Over District* (Ithaca, 1950).

20. *Memoirs*, pp. 100, 103.

21. Ibid., pp. 42, 45-6, 54. 芬尼始终坚持着这种解读经文的独立性，尽管他知道自己缺乏独立解读《圣经》的学养。后来他学了一些拉丁语、希腊语和希伯来语，但他"从来不具备足够的古代语言知识，以致认为自己能够独立批评我们的英译本《圣经》"。Ibid., p. 5.

22. McLoughlin: *Modern Revivalism*, p. 55.

23. *Memoirs*, p. 84; cf. pp. 365-9.

24. 这些引用均来自 Finney's *Memoirs*, chapter 7, "Remarks Upon Ministerial Education," pp. 85-97; cf. Finney's *Lectures on Revivals of Religion*, pp. 176-8.

25. McLoughlin: *Modem Revivalism*, pp. 118-20. 芬尼只赞成教育中的一个领域，那就是科学。他像清教徒祖先一样，视科学为荣耀上帝的方式，而非对宗教的威胁。因此中西部有一些教会大学也受此影响而重视科学，造就出许多基督徒科学家。参见 R. H. Knapp and H. B. Goodrich: *Origins of American Scientists* (Chicago, 1952), chapter 19.

26. *Lectures on Revivals of Religion*, pp. 435-6.

27. R. W. Burtner and R. E. Chiles: *A Compend of Wesley's Theology* (New York, 1954), p. 26. 卫斯理曾说："我们认为，舍弃理性就是舍弃宗教信仰，因为理性与信仰是并行的，因此所有不理性的宗教都是错谬的宗教。"但是，正如 Norman Sykes 所说，奋兴派对美国的影响是不利于智识发展的，因为它部分兴起于对神学自由派的理性主义和苏西尼派的反动之中。相比于那些著名的宗教自由派人士，Sykes 说，卫斯理"相信神谕对最为普通的生活细节有特殊的干涉作用，对此他有着一种近乎迷信的态度"，"怀特腓德的情况更严重，他完全缺乏教育和文化……"见 Norman Sykes: *Church and State in England in the Eighteenth Century* (Cambridge, 1934), pp. 398-9.

A. C. McGiffert 写到英格兰的福音奋兴运动时说："它在阐释人与他的需要时，有意将脸转向过去而不是未来。它凸显了基督教与现代之间的问题，主张父辈的信仰并未为他们的孩子留下信息。在它影响了许多基督徒的心灵之后，它的狭隘和中世纪主义，它对情感的崇尚和对智性的贬低，它愚蠢的超自然主义和对《圣经》的望文生义，它缺乏对艺术、科学和一般世俗文化的支持欣赏，使得这些东西永远站在了宗教的对立面。尽管福音运动取得了巨大的成就，它在许多领域却造成了灾难性的影响。" *Protestant Thought before Kant* (New York, 1911), p. 175. 关于美国卫理公会早期的智识限制，见 S. M. Duvall: *The Methodist Episcopal Church and Education up to 1869* (New York, 1928), pp. 5-8, 12.

28. 这些牧师们知道自己立足的基础在于与信友打成一片，不论是文化知识上还是生活方式上。1825 年，一位英国的访客很惊讶地发现，他要拜访的公理会主教竟住在一个普通的农场。他耐心地等待主教出现，一位美国牧师却告诉他，主教已经来了。"我看到那里有个人，但不是主教。"他说。"那人就是主教。"美国牧师说。"不，不！不可能，那人就穿了件衬衫。"那是罗伯茨主教在他的农场里干活。Charles E. Elliott: *The Life of the Rev. Robert R. Roberts* (New York, 1844), pp. 299-300. 关于边区的主教，见 Elizabeth K. Nottingham: *Methodism and the Frontier* (New York, 1941), chapter 5.

29. George C. Baker, Jr.: *An Introduction to the History of Early New England Methodism*, 1789-1839 (Durham, 1941), p. 18.

30. Ibid., p. 14.

31. Ibid., p. 72. 对比以下在康涅狄格州出现的一段讲道词："兄弟姊妹们，我所坚持的是这样的：学养不等于信仰，教育并不给人带来圣灵。真正给生命带来支撑的是神的恩典。彼得是渔夫，他没上过耶鲁大学吧？但是他如磐石，耶稣在他身上建立起教会。不，不，兄弟姊妹们。当神要毁灭耶利哥的城时，他要祭司拿的不是铜号，不是精致的圆号，不是这种东西，而是羊角——质朴的羊角——长的那个样子。所以当神要毁灭耶利哥的城时……神要的仆人不是彬彬有礼、有学养的绅士，而是要像我一般质朴的人。" S. G. Goodrich: *Recollections of a Lifetime* (New York, 1856), Vol. I, pp. 196-7

32. Baker: op. cit., p. 16.

33. Goodrich: op. cit., p. 311.

34. *Methodist Magazine and Quarterly Review*, Vol. XII (January, 1830), pp. 16, 29-68; Vol. XII (April, 1830), pp. 162-97; Vol. XIII (April, 1831), pp. 160-87; Vol. XIV (July, 1832), pp. 377 ff.

35. La Roy Sunderland: "Essay on a Theological Education," *Methodist Magazine and Quarterly Review*, Vol. XVI (October, 1834), p. 429. David M. Reese: "Brief Strictures on the Rev. Mr. Sunderland's 'Essay on Theological Education,'" *Methodist Magazine and Quarterly Review*, Vol. XVII (January, 1835), pp. 107, 114, 115.

36. 卫理公会兴建的第一所"学院"是马里兰州阿宾登（Abingdon）的科克斯伯里学院，它的命运也许可以说明问题。这项教育工程是托马斯·科克（Thomas Coke）博士的主意，他是卫斯理的特使，给美国带来了陌生的牛津教育理念，并成功说服卫理公会信徒兴建一所学院，尽管阿斯伯里不同意，他更希望办一所像卫斯理在金斯伍德（Kingswood）设立的普通学校。科克斯伯里学院成立于 1787 年，早年（像许多美国早期学院那样）和一所远比自身要成功的预备学校合并。成立不到一年，学院仅有的三名教员都辞职了。1794 年，学院部关门，只剩下了低等学校部；人们原本打算重建学院，却因 1795 年和 1796 年的两场大火而被搁置，于是这个项目就彻底停止了。阿斯伯里觉得这件事又浪费钱又浪费时间："主并没有让怀特腓德先生或者卫理公会建学院。我只想要学校……" *The Journal and Letters of Francis Asbury*, ed. by Elmer T. Clark et al. (London and Nashville, 1958), Vol. II, p. 75. 也请见 Sylvanus M. Duvall: *The Methodist Episcopal Church and Education up to 1869* (New York, 1928), pp. 31-6. 弗吉尼亚圣公会福音派信徒德弗罗·贾勒特（Devereux Jarratt）了解一些英国圣公会牧师的受教育水准，为卫理公会在阿宾登办学院的事大感惊讶："真的，我不明白，深思熟虑的人怎么会期望做学问的神学院产生什么伟大的事，要知道那里管事的都是些补锅匠、裁缝、织布工、鞋匠和各种乡下手艺人——换句话说，都是些没文化的人，完全没见过大学里面是什么样。" *The Life of the Reverend Devereux Jarratt Written by Himself* (Baltimore, 1806), p. 181.

37. 纳森·班斯（Nathan Bangs）是该教会的首位知名历史学家，他说早期卫理公会对学问的仇视后来变得众所周知和理直气壮。*A History of the Methodist Episcopal Church* (New York, 1842), Vol. II, pp. 318-21.

38. Ibid., Vol. III, pp. 15-18.

39. 这一个成立的是 1847 年在新罕布什尔州的卫理公会普通圣经研究院，后来成了波士顿大学神学院。不久后的 1854 年，伊利诺伊州成立了加勒特圣经研究院。第三所是 1867 年的德鲁神学院，是著名的"华尔街海盗"丹尼尔·德鲁（Daniel Drew）慷慨捐助设立的。

40. Charles L. Wallis, ed.: *Autobiography of Peter Cartwright* (New York, 1956), pp. 63-5, 266-8.

41. Charles C. Cole: *The Social Ideas of Northern Evangelists, 1826-1860* (New York, 1954), p. 80. 19 世纪一位有名的奋兴派牧师萨姆·琼斯（Sam Jones），说他宁可到南方布道："我发现越南边的人越容易被我感动。他们没有因智识而生的心理障碍，这种障碍对美国其他地方的信友来说仿佛构成一种诅咒。" McLoughlin: *Modern Revivalism*, pp. 299-300.

42. *Religion in the Development of American Culture* (New York, 1952), p.111.

43. W. W. Sweet, ed.: *Religion on the American Frontier—The Baptists, 1783-1830* (New York, 1931), p. 65n.

44. 请对比弗吉尼亚早年的浸信会信友："他们有一些人是兔唇，有一些患有眼疾，或者驼背，或者罗圈腿，或者跛脚；几乎没有一个是正常人。" Walter B. Posey: *The Baptist Church in the Lower Mississippi Valley, 1776-1845* (Lexington, Kentucky, 1957), p. 2.

45. Sweet: *Religion on the American Frontier*, p. 72. "Money and Theological learning seem to be the pride, we fear, of too many preachers of our day." Ibid., p. 65.

46. Ibid., pp. 73-4. 关于浸信会宣道者的智识状况和宣道者与外行信友对教育的抵制，见 Posey: op. cit., chapter 2.

47. Wesley M. Gewehr: *The Great Awakening in Virginia, 1740-1790* (Durham, North Carolina, 1930), p. 256.

48. 关于在教育方面的努力，见 Posey: op. cit., chapter 8

49. McLoughlin: *Modern Revivalism*, pp. 219-20.

50. Gamaliel Bradford: *D. L. Moody: A Worker in Souls* (New York,1927), p. 61.

51. McLoughlin: *Modem Revivalism*, p. 273.

52. Bradford: *Moody*, pp. 24, 25-6, 30, 35, 37, 64, 212.

53. *Lectures on Revivals of Religion*, pp. 9, 12, 32. 芬尼对人在奋兴重生上的主动积极作用，我在此仅做简略的讨论。他在自己的书中第一章有详尽的论述。

54. 关于穆迪的奋兴宣道手腕，见 McLoughlin: *Modern Revivalism*, chapter 5, "Old Fashioned Revival with the Modern Improvements."

55. Bernard Weisberger: *They Gathered at the River*, p. 21.2.

56. Op. cit., p. 243.

57. *Silhouettes of My Contemporaries* (New York, 1921), p. 200.

58. McLoughlin: *Modem Revivalism*, pp. 167, 269, 278; Bradford: op. cit., pp. 220-1.

59. McLoughlin: *Modern Revivalism*, p. 245; cf. Bradford: op. cit., P. 223.

60. McLoughlin: *Modern Revivalism*, p. 433-4; also *Billy Sunday Was His Real Name*, pp. 127-8.

61. *Memoirs*, pp. 90-1. 芬尼对于讲道方式的看法，详见于他的 *Lectures on Revivals of Religion*, chapter 12. 他对于讲道技巧有以下原则："要口语化"，"要使用日常生活用语"，"要从日常生活中找比喻"。要重复，但不能单调。

62. Roland H. Bainton: *Here I Stand: A Life of Martin Luther* (New Yorkand Nashville. 1940), p. 354.

63. McLoughlin: *Modem Revivalism*, p. 140.

64. Bradford: op. cit., p. 101. 关于他的宣道风格，也请见 McLoughlin: *Modern Revivalism*, pp. 239 fl.; 更广阔的见地，见 J. Wilbur Chapman: *The Life and Work of Dwight L. Moody* (Boston, 1900).

65. Bradford: op. cit., p. 103.

66. McLoughlin: *Modem Revivalism*, p. 288.

67. 关于森戴的人生，见 William G. McLoughlin 全面而富有洞见的传记：*Billy Sunday Was His Real Name*.

68. McLoughlin: *Billy Sunday*, pp. 164, 169.

69. Weisberger: *They Gathered at the River,* p. 248; McLoughlin: *Billy Sunday*, pp. 177, 179. 森戴的用语展现了一种新的语言暴力风格，这在第一次世界大战时期常见于牧师的讲道中。参见 Ray H. Abrams: *Preachers Present Arms* (New York, 1933).

第五章 对现代性的反抗

1. 基要主义者普遍表现出对正常与反常性别的恐惧。有人常常感觉后来的基要主义宣道面向的是那些害怕自身性别的听众。这方面，考察一下福音运动对跳舞和卖淫的态度就可以了解一二。森戴觉得，"方块舞的身体动作在体面的社会里是不被容忍的"，并建议立法禁止十二岁以上的学生进舞蹈学校，禁止人们在婚前跳舞。McLoughlin: *Billy Sunday*, pp. 132, 142.

2. McLoughlin: *Billy Sunday*, pp. 141-2, 175, 179.

3. "Denominationalism: the Shape of Protestantism in America," p. 314.

4. 例如可见关于新英格兰浸礼派共和主义的记述，William A. Robinson: *Jeffersonian Democracy in New England* (New Haven, 1916) pp. 128-41.

5. 人们对革命的狂热与法国大革命后失去信仰的现象，相关精彩叙述见 Vernon Stauffer in *New England and the Bavarian Illuminati* (New York, 1918). 尽管在 18 世纪末，一种温和的哲学怀疑主义蔓延在美国精英群体间，但它只是私下里的想法，并未导致人们改宗。法国大革命结束和杰斐逊民主制度建立后，上层理性主义人士不再像过去那样可以随意公开宣传理性主义。像伊莱休·帕尔默（Elihu Palmer）这样的怀疑人士想要将中下阶层的共和派和怀疑派团结起来，却发现难以实现，尽管当时在纽约、费城、巴尔的摩和纽堡（Newburgh）有一些自然神论的团体。见 G. Adolph Koch: *Republican Religion* (New York, 1933)。

6. Catherine C. Cleveland: *The Great Revival in the West, 1797-1805* (Chicago, 1916), p. 111. Martin E. Marty, in *The Infidel* (Cleveland, 1961), 作者在本书中说，失去信仰的力量在美国很孱弱，本身并不具重要性，却频频出现于正统宣道词和各宗教团体相互间的神学激辩中。

7. 关于牧师风格的分歧变化，见 Robert S, Michaelson: "The Protestant Ministry in America: 1850 to the Present," in H. Richard Niebuhr and D. D, Williams: op. cit., pp. 250-88.

8. Bradford: op. cit., pp. 58-60; McLoughlin: *Modern Revivalism*, p. 213; 关于穆迪实用的宽容，见 pp. 275-6.

9. McLoughlin: *Billy Sunday*, pp. 125, 132, 138.

10. *Does Civilization Need Religion?* (New York, 1927), pp. 2-3. 我相信读者们现在应该已经知道此处我们对于基要主义的讨论是把它视为一种大众运动，而非对于现代主义的思想反弹来看待。有关后者的例子，可见 J. Gresham Machen: *Christianity and Liberalism* (New York, 1923). 关于基要主义的思想发展历史，可见 Stewart G. Cole: *The History of Fundamentalism* (New York, 1931).

11. McLoughlin: *Billy Sunday*, p. 278.

12. 关于史密斯的成就，见我的文章："Could a Protestant Have Beaten Hoover in 1928?" *The Reporter*, Vol. 22 (March 17, 1960), pp. 31-3.

13. "The Klan's Fight for Americanism," *North American Review*, Vol. CCXXIII (March—April—May, 1926), pp. 38 ff. 另一个领袖杰拉尔德·L. K. 史密斯（Gerald L. K. Smith）在 1943 年说："除了少数人会在这么沮丧的时刻说些沮丧的话外，我们的人通常不表达什么意见。但是在大家的心中，一直有一股愤怒的情绪，却因为一般大众拙于言辞而没有表达。"Leo Lowenthal and Norbert Guterman: *Prophets of Deceit* (New York, 1949), p. 110.

在右派中，一直存在这样的看法：美国大众的思想很正确，但是想替美国传统价值辩护的人却常常说不过那些伶牙俐齿的现代主义者。参议员戈德华特曾经在 *The Conscience of a Conservative* (New York, 1960), pp. 4-5 中说："我们保守派失败在……我们的说理技巧。虽然我们相信整个国家的人都站在我们这边，但是我们却无法有效地证明保守派原则与日常生活间的关联性。也许一般人太在意那些操控大众媒体的人的看法了，以致我们保守派每天被他们不公允的评论所边缘化。"

14. 引自 Maynard Shipley: *The War on Modern Science* (New York, 1927), pp. 130, 254-5. 比较温和的版本可以参考 James B. Finley："我很好奇，世界上有这么多种不同的书，是不是会让人的心灵远离《圣经》？"见 *Autobiography* (Cincinnati, 1854), p. 171.

15. "今天，公共学校面临的最大威胁是它不信神。"布莱恩说。见 *The Commoner*, February, 1920, p. 11. 布莱恩不停地从全国各地的父母那里听说，州立学校正在摧毁他们孩子的信仰，他深深为此担忧。*Memoirs* (Chicago, 1925), p. 459. 有关反进化论书籍的讨论，见 Norman F. Furniss: *The Fundamentalist Controversy, 1918-1931* (New Haven, 1954), pp, 44-5.

16. Leslie H. Allen, ed.: *Bryan and Darrow at Dayton* (New York, 1925), p. 70; 这本书是根据斯科普斯案庭审记录和其他资料来源编纂而成的。

17. 强调是我加的。一份关于斯科普斯案的优秀研究，见 Ray Ginger: *Six Days or Forever?* (Boston, 1958), pp. 2, 17, 64, 134, 181, 206.

18. Ginger: Op. cit., pp. 40, 181; cf. Bryan's *Famous Figures of the Old Testament*, p. 195; *Seven Questions in Dispute*, pp. 78, 154; *In His Image* (New York, 1922), pp. 200-2; *The Commoner*, August, 1921, p. 3; November, 1922, p. 3.

19. Bryan: *Orthodox Christianity versus Modernism* (New York, 1923), pp. 14, 26, 29-30, 32, 42；布莱恩说："上帝话语的美在于并不是专家才可以了解。"当有报纸说参与审判的陪审团居民可能没有这个能力来判决此案时，布莱恩说："我们政治体系的特色是，人民可以参与任何事情且被赋予决定任何事情的权力，所以作为陪审团成员当然毫无问题。"他认为，这个案子的关键是："难道少部分人可以用法庭来改变学校的教育吗？"在这个案子中，虽然布莱恩一直想要胜诉，却大大失算了。他显然一度以为会赢。他告诉一些基要派的人，"这是我生平第一次站在多数的一方。"哲学家杜威曾经讨论过布莱恩对民主的看法、他的福音主义与他的反智观点，参见 John Dewey: "The American Intellectual Frontier," *New Republic*, Vol. XXX (May 10, 1922), pp. 303-5.

20. *Orthodox Christianity versus Modernism*, pp. 29, 45-6; cf. "Darwinism in Public Schools," *The Commoner*, January, 1923, pp. 1-2.

21. Ginger: op. cit., p. 88.

22. W. J. Cash: *The Mind of the South* (New York, 1941), pp. 337-8.

23. 在此调查中，40% 的学生选 "否"，35% 选 "是"，24% 选 "不知道"。请见 H. H. Remmers and D. H. Radler: *The American Teenager* (Indianapolis, 1957). 20 世纪 30 年代教授进化论蒙受的压力，请参考 Howard K. Beale in *Are American Teachers Free?* (New York, 1936), pp. 296-7.

24. 我们还可以再深入讨论这种担忧。基要主义者认为，孩童失去信仰其实是失去道德观的前兆。他们对进化论思想的绝对相信隐含着肉体上的淫荡观念。而基要主义者在这场辩论中使用的言论，也显示出他们对于进化论带来的性革命的担心。

25. 有两本关于美国宗教的书对我们的探讨非常有帮助。Paul Carter's *The Decline and Revival of the Social Gospel* (Ithaca, 1954) and Robert Moats Miller's *American Protestantism and Social Issues* (Chapel Hill, 1958).

26. 包括我在内，在评价 *The New American Right* (New York, 1955), ed. by Daniel Bell 时，或者忽视或者不够重视基要主义在极端右翼势力中的地位。可以看一看更晚近的作品：*The Radical Right* (New York, 1963). 这方面内容最丰富的作品是 Ralph Lord Roy's *Apostles of Discord* (Boston, 1953). 相关的最新进展，见 David Danzig: "The Radical Right and the Rise of the Fundamentalist Minority," *Commentary*, Vol. XXXIII (April, 1962), pp. 291-8.

27. Leo Lowenthal and Norbert Guterman: *Prophets of Deceit* (New York,1949), pp. 109-10; 引文来自 Gerald L. K. Smith and Charles B. Hudson.

28. 关于温罗德、史密斯和麦金太尔，见 Roy: op. cit., *passim*; Carter: op. cit., chapter 4; Miller: op. cit., chapter 11; and McLoughlin: *Billy Sunday*, pp. 290, 310. 关于基要主义和约翰·伯奇协会，见 *The New York Times*, April 23 and October 29, 1961; Tris Coffin: "The Yahoo Returns," *New Leader*, April 17, 1961.

29. McLoughlin: *Billy Sunday*, p. 281.

30. 我所知道的对于偏见心态最有趣的研究，是 E. L. Hartley 做的，他要求一些大学生给出对一些民族或种族的接受度，并在名单中放入了三个虚构出来的民族，Daniereans、Pireneans 与 Wallonians。他发现，对真实存在的民族有高度偏见的人，同时也对这些虚拟民族有高度的偏见，这显示出某些人就是会对任何事物都有较高的偏见可能性。E. L. Hartley: *Problems in Prejudice* (New York, 1946). 对于宗教基要主义与宗教容忍度的关联，请参见 Samuel A. Stouffer: *Communism, Conformity, and Civil Liberties* (New York, 1955), pp. 140-55; and T. A. Adorn et al.: *The Authoritarian Personality* (New York, 1950), chapters 6 and 18.

31. 这几段的内容主要参考了 Monsignor Ellis's article, "American Catholics and the Intellectual Life," *Thought*, Vol. XXX (Autumn, 1955), pp. 351-88. 相关的信息和引文均来自这篇文章。在众多天主教作家中，讨论过类似问题的还有 Thomas F. O' Dea: *American Catholic Dilemma: An Inquiry Into Intellectual Life* (New York, 1958); and Father Walter J. Ong, S. J.: *Frontiers in American Catholicism* (New York, 1957); 还有一位非天主教作者 Robert D. Cross: *Liberal Catholicism in America* (Cambridge, Massachusetts, 1958)，这部作品以大量篇幅考察了教会内部因适应美国风土而产生的矛盾。

32. 正如 Father Ong [op. cit., p. 38] 指出的，美国天主教不可能理解 "在 20 世纪，怎么才能在受教育的法国天主教徒之间培育起虔诚奉献精神，他们没有美国天主教学院和大学的那种护教学课程，巴黎、图卢兹（Toulouse）等地的天主教大学教员对这种课程一无所知。美国天主教徒为此感到茫然，因为他们发现，法国的护教学喜欢培养年轻人的心灵，让他们用天主教的方式思考现代问题……"

33. 天主教的现象凸显了一个在美国社会存在已久的问题，这个问题对于在社会上不断寻求往上流动的群体，不论是新教徒或是天主教徒，移民或是本土居民，都会是困扰。美国的教育有时无助于世代间的凝聚，反而变成障碍。在某一稳定的社会阶级内，若父母与小孩上同一所学校，则会增加他们的凝聚感。但是美国有成千上万的小孩，他们的移民父母没有受过什么教育，所以当这些小孩上了高中甚至大学时，教育反而成为亲子关系的威胁。因此这成了那些反对教育机会平权人士的借口。父母通常希望小孩去大学学习谋生技能，同时不要因此而远离或是鄙视移民家庭原本的文化根源。

34. Robert H. Knapp and H. B. Goodrich: *Origins of American Scientists* (Chicago, 1952), p. 24; Robert H. Knapp and Joseph J. Greenbaum: *The Younger American Scholar: His Collegiate Origins* (Chicago, 1953), p. 99.

35. Harry Sylvester's article, "Problems of the Catholic Writer," *Atlantic Monthly*, Vol. CLXXXI (January, 1948), pp. 109-13，这篇文章就这个话题做了富有启发性的讨论。

36. 关于天主教会的神职与信友对于思想自由与教理批评的敌视（甚至与信条无关联者亦然），请参见 Gerhardt Lenski: *The Religious Factor* (New York: 1960), especially p. 278.

第六章 绅士的没落

1. 见 Marshall Smelser: "The Federalist Period as an Age of Passion," *American Quarterly*, Vol. X (Winter, 1958), pp. 391-419.

2. 引文出自 William Loughton Smith: *The Pretensions of Thomas Jefferson to the Presidency Examined* (1796), Part I, pp. 14-15. 没有人认为杰斐逊反对 "真正的" 知识与智慧，他只是对于那些虚假扭曲的知识不以为然。史密斯认为杰斐逊是伪哲学家，不是"真正的"哲学家。他只具有哲学家的外表与一些不重要的特征，因此，他在政治上的表现 "缺乏稳定，不果断，未能同时具备视野与思考等各方面能力"。 Ibid., p. 16. 记得史蒂文森竞选总统情景的人，应该不会对这些话感到陌生。

3. Ibid., pp. 4, 6, 16; Part II, p. 39.

4. 对杰斐逊最激烈批评的总结，见 Charles O. Lerche, Jr.: "Jefferson and the Election of 1800: A Case Study of the Political Smear:" *William and Mary Quarterly*, 3rd scr., Vol. V (October, 1948), pp. 467-91.

5. William Linn: *Serious Considerations on the Election of a President* (New York, 1800).

6. *Connecticut Courant*, July 12, 1800, quoted in Lerche: op. cit., P. 475.

7. *Address to the Citizens of South Carolina on the Approaching Election of a President and Vice-President of the United States. By a Federal Republican* (Charlestown, 1800), pp. 9, 10, 15.

8. Seth Ames, ed.: *The Life and Works of Fisher Ames* (Boston, 1854), Vol. II, p. 134.

9. *The Lay Preacher*, ed. by Milton Ellis (New York, 1943), p. 174; 这篇文章最早出现在 *Port Folio*, Vol. I (1801).

10. 见一封写给亚历山大·汉密尔顿的信，收录于 J. C. Hamilton, ed.: *The Works of Alexander Hamilton* (New York, 1850-51), Vol. VI, pp. 434-5. 汉密尔顿认为杰斐逊绝对不是一个有核

心思想的人，而是一个机会主义政客。

11. 关于这个联盟的本质与最终解体后的影响，见 Sidney E. Mead 的一篇富有洞见的文章："American Protestantism during the Revolutionary Epoch," *Church History*, Vol. XII (December, 1953), pp. 279-97.

12. Jonathan Elliot: *Debates* (Philadelphia, 1863), Vol. II, p. 10.2.

13. Samuel Eliot Morison, ed.: *The Key of Liberty* (Billerica, Mass., 1922). 这个作品重新发表于 *William and Mary Quarterly*, 3rd ser., Vol. XIII (April, 1956), pp. 202-54, 以及后面几段话中的引文出自 pp. 221, 222, 226, 231-2.

14. In an address at Hamilton College, January 23, 1844, quoted in Merle Curti: *American Paradox* (New Brunswick, 1956), p. 20; cf. pp. 19-24.

15. Writings, A. E. Bergh, ed., Vol. VI (Washington, 1907), pp. 257-8, August 10, 1787. 杰斐逊这是在针对他外甥的教育问题提建议，他主要是想说明，研读道德哲学是没有用的。如果道德是一种学问而不是一种情操的话，那么千千万万没读过书的人都会比少数读过书的人更不讲道德。很明显，上帝在造人的同时给予了他道德感，故而只要少许理性与常识就可以实践道德。当然，这是老生常谈的道理。杰斐逊也许是经由凯姆斯爵士（Lord Kames）的著作知道此点。但是我们不禁要怀疑，如果研读道德哲学没有用，那为何杰斐逊自己阅读了这么多相关书籍。有关杰斐逊思想中对道德是不是知识这个问题的纠结，可参见 Adrienne Koch: *The Philosophy of Thomas Jefferson* (New York, 1943), chapter 3.

16. 关于这一点，把话说得最明白的是距杰斐逊一个世纪以后的威廉·詹宁斯·布莱恩："伟大的政治问题分析到最后都是伟大的道德问题。"Paxton Hibben: *The Peerless Leader* (New York, 1929), p. 194.

17. 对于杰克逊式民主与知识分子间的关系，可参见 Arthur Schlesinger, Jr.: *The Age of Jackson* (Boston, 1945), especially chapter 29.

18. 关于亚当斯的计划，见 J. R. Richardson: *Messages and Papers of the Presidents* (New York, 1897), Vol. II, pp. 865-83, 以及相关评论，见 A. Hunter Dupree: *Science in the Federal Government* (Cambridge, 1957), pp. 39-43; cf. Samuel Flagg Bemis: *John Quincy Adams and the Union* (New York, 1956), pp. 65-70.

19. 我这里引用的杰克逊主义著作来自 John William Ward: *Andrew Jackson: Symbol for an Age* (New York, 1955), pp. 31, 49, 52, 53, 68. 沃德教授（Professor Ward）对杰克逊主义的研究令我获益匪浅。

20. Ward: op. cit., p. 73.

21. *Address of the Republican General Committee of Young Men of the City and County of New York* (New York, 1828), p. 41.

22. Ward: op. cit., p. 63

23. 双方竞选的口号都与事实相违，禁不起推敲；而且亚当斯从未否认他的宣传者对杰克逊夫妇生活的中伤。亚当斯似乎认为这么做并无不妥。1831 年，他在日记中写道："杰克逊和他的妻子公开搞婚外情。"上层社会的许多人无法接受杰克逊当总统。哈佛确实在 1833 年的开学典礼上向亚当斯授予了法律博士的荣誉学位，但是他拒绝出席仪式。他写道："我可不想看到我亲爱的哈佛为了我屈尊给一个连自己的名字都拼不对的粗人冠上博士学位。" Bemis: op. cit., p. 250; 也请见 Adams's *Memoirs*, Vol. VIII (Philadelphia, 1876), pp. 546-7. 哈佛校长乔赛亚·昆西（Josiah Quincy）告诉亚当斯，他非常清楚"杰克逊有多么配不上文化人的荣耀"，但既然之前门罗曾被授予过荣誉学位，那就有必要也给杰克逊一个，以免显得哈佛"党同伐异"。在这起事件中，杰克逊似乎以他的魅力征服了讨厌他的观众。但谣言四起，而且波士顿和剑桥的人对之深信不疑，谣言说，杰克逊在这场用拉丁文举行的仪式上站起来说："Caveat emptor: corpus delicti: ex post facto: dies irae: e pluribus unum: usque ad nauseam: Ursa Major: sic semper tyrannis: quid pro quo. requiescat in pace." 见昆西的回忆录：*Figures of the Past* (Boston, 1926), pp. 304-7.

24. 请对比对该情况的分析，见 Glyndon G. Van Deusen: Thurlow Weed: *Wizard of the Lobby* (Boston, 1947), pp. 4.2-4; and Whitney R. Cross: *The Burned-Over District* (Ithaca, 1950), pp. 114-17.

25. Hamlin Garland, ed.: *The Autobiography of Davy Crockett* (New York,1923), p. 90.

26. Ibid., p. 180. 这个笑话的笑点在于，安德鲁·杰克逊当时已经接受了他的哈佛学位。克罗克特说："田纳西州有一位达官显贵就够了。"

27. Quoted in Charles Grier Sellers, Jr.: *James K. Polk, Jacksonian: 1795-1843* (Princeton, 1957), pp. 123-4. 关于土地法案，见 ibid., pp. 122-8; James A. Shackford: *David Crockett, the Man and the Legend* (Chapel Hill, 1956), pp. 90-9.

28. Register of Debates, 20th Congress, 2nd session, pp. 162-3 (January 5,1829). 克罗克特质疑用于大学的资金不应分开，是一个伪命题，因为波尔克为了堵上克罗克特的嘴，已经要求销售土地所得的资金只能用于公共学校。

29. 关于克罗克特与东部保守派握手言和、他的演讲和自传出自谁手，最令人满意的叙述见 Shackford: op. cit., pp. 122-9.

30. Charles Ogle: *The Regal Splendor of the President's Palace* (n.p.,1840), especially p. 28.

31. 关于这场运动和相关引用，见 Robert G. Gunderson: *The Log Cabin Campaign* (Lexington, 1957), especially pp. 3, 7, 101-7, 134, 162, 179-86, 201-18.

32. *Memoirs of John A. Dix* (New York, 1883), Vol. I, p. 165.

33. Henry T. Tuckerman: *Life of John Pendleton Kennedy* (New York,1871), p. 187.

34. "The Action of Congress on the California and Territorial Questions," *North American Review*, Vol. LXXI (July, 1850), pp. 224-64.

35. U. B. Phillips, ed.: *The Correspondence of Robert Toombs, Alexander H. Stephens, and Howell Cobb*, American Historical Association Annual Report, 1911, Vol. II, p. 188.

36. Leonard D. White: *The Jacksonians*, p. 27. 关于国会和公共机构的堕落，见 pp. 25-7, 325-32, 343-6, 398-9, 411-420.

37. *An Autobiography* (Boston, 1916) pp. 43-4. 当然这发生在有名的"布鲁克斯攻击萨姆纳事件"(assault on Sumner by Brooks) 之后几年。就在同一年，一位国会众议员在华盛顿特区因为不满餐厅侍者的态度而持枪将他射杀。关于 19 世纪 50 年代国会的状态，参见 Roy F. Nichols: *The Disruption of American Democracy* (New York, 1948), pp. 2-3, 68, 188-91, 273-6, 284-7, 331-2. 关于政府效率下滑，参见 David Donald 在就任哈佛大学哈姆斯沃思讲席教授时的演讲，"An Excess of Democracy: The American Civil War and the Social Process" (Oxford, 1960). 关于美国南方政客领导能力的衰败，参见 Clement Eaton: *Freedom of Thought in the Old South* (Durham, 1940), and Charles S. Sydnor: *The Development of Southern Sectionalism, 1819-1848* (Baton Rouge, 1948), especially chapter 12.

38. *Writings*, edited by Bergh, Vol. XI (Washington, 1904), pp. 423-4; 强调是我加的。

39. 关于美国公务员制度的历史，我参考了 Leonard D. White 宝贵的历史作品：*The Federalists* (New York, 1948), *The Jeffersonians* (New York, 1951), *The Jacksonians*，最后这本前面已有引用，还有 *The Republican Era 1869-1901* (New York, 1958). Paul P. Van Riper 在其 *History of the United States Civil Service* (Evanston, Illinois, 1958), p. 11 说道："美国立国之初，联邦政府的政治效能是世界最高的，因为它没有贪腐。"

40. John Adams: *Works* (Boston, 1854), Vol. IX, p. 87. 亚当斯对此并非全盘否定，他本人并未建议禁止反对党，以免殃及"联邦政府里某些最能干、最有影响力、品格最好的人"。

41. Van Riper 曾说，杰斐逊总统因为任用很多私人关系，故与杰克逊一样都可算是美国恩庇制的创始者。但是如果从被任命者的能力与社会属性来看，他的政府并没有改变联邦政府公务员基本上是上层社会人士这样的本质。op. cit., p. 23.

42. J. D. Richardson, ed.: *Messages and Papers of the Presidents* (NewYork, 1897), Vol. III, pp. 1011-12. 有几位历史学者指出，杰克逊撤掉的人并不多。相反，他的政府在裁撤官员方面是出了名的理性。后来，美国深陷恩庇制，以致引发党派内讧。19 世纪 50 年代，民主党便分成了布坎南派和皮尔斯派，后者最终出局。

43. 事实上，职位轮替的原则并不能完全按照杰克逊派宣称的那样实行。这一制度后来演变成了 Leonard D. White 所谓的"双轨制"，也就是恩庇制和终身制并行。一些官员在恩庇制下来来去去，同时有一部分核心官员则终身留在政府内。见 *The Jacksonians*, pp. 347-62.

第七章 改革者的命运

1. *The New York Times*, October 24, 1868. 许多年来，巴特勒把精英阶级对他的恨当作他的政治资产。他的一位支持者在 1884 年说，他赢得选举是因为"所有势利小人及半吊子的人都痛恨他，哈佛也不让他读法学院"。H. C. Thomas: *Return of the Democratic Party to Power in 1884* (New York, 1919), p. 139.

2. 巴特勒在这次选举中想要离间达纳与劳工阶级，所以他就抓住达纳戴白手套这件事抨击他。达纳只好承认他有时会戴白手套，穿着整齐的衣服，但是他向演讲的听众保证，他曾经做过两年的水手："我以前和你们一样干过脏活。"Benjamin F. Butler: *Butler's Book* (Boston, 1892), pp. 921-2.

3. Adams to C. M. Gaskell, October 25, 1870, in W. C. Ford, ed.: *Letters of Henry Adams* (Boston, 1930), p. 196.

4. J. R. Lowell to Godkin, December 20, 1871, in Rollo Ogden, ed.: *Life and Letters of Edwin Lawrence Godkin* (New York, 1907), Vol. II, p. 87; C. E. Norton to Godkin, November 3, 1871, in Ari Hoogenboom: *Outlawing the Spoils* (Urbana, Illinois, 1961), p. 99.

5. George Haven Putnam: *Memories of a Publisher* (New York, 1915), p.112.

6. 我对于这些改革者的概述是根据一份哥伦比亚大学的硕士论文对一百九十一名绅士的职业生涯的研究，James Stuart McLachlan: *The Genteel Reformers: 1865-1884* (1958). 他的结论与 Ari Hoogenboom 对于下面这份对公务员制度改革者的研究相似，参见 "An Analysis of Civil Service Reformers," *The Historian*, Vol. XXIII (November, 1960), pp. 54-78. 而 Van Riper 则强调这些改革者重视个人自由与政治道德。op. cit., pp. 78-86.

7. *The Education of Henry Adams* (New York: Modem Library edition; 1931), p. 265.

8. Charles Francis Adams: *An Autobiography* (Boston, 1916), p. 190.

9. E. L. Godkin: "The Main Question," *Nation*, Vol. IX (October 14,1869), p. 308.

10. Adams: Education, pp. 261, 296, 320. Cf. James Bryce: "Why the Best Men Do Not Go into Politics," *The American Commonwealth* (New York, 1897), Vol. II, chapter 57.

11. *Autobiography*, pp. 15-16.

12. 见 "The Government of our Great Cities," *Nation*, Vol. III (October 18, 1866), pp. 312-13; *North American Review*, Vol. CIII (October, 1866), pp. 413-65; Arthur F. Beringause: *Brooks Adams* (New York, 1955), pp. 60, 67; Barbara M. Solomon: *Ancestors and Immigrants* (Cambridge, Mass., 1956). 关于改革者的观点，见 Geoffrey T. Blodgett 的叙述 "The Mind of the Boston Mugwump," *Mississippi Valley Historical Review*. Vol. XLVIII (March, 1962), pp. 614-34.

13. Adams to Gaskell, quoted in Ernest Samuels: *The Young Henry Adams* (Cambridge, Mass., 1948), p. 182. 请对比 Putnam 的观点："我们希望，年轻人在大学这片知识的土地上，经过像耶鲁的威廉·格雷厄姆·萨姆纳（William Graham Sumner）这样的教授教导之后，一年又一年地走出大学，会渐渐形成一股更为庞大的公共舆论力量，借助领袖的影响让大众选民理解他们自己的事业利益何在。" Putnam: op. cit., pp. 42-3.

14. Quoted in Eric Goldman: *Rendezvous with Destiny* (New York, 1952),p. 24. 一位公务员改革的支持者指出，在 "合众国早期"，上至内阁官员下至政府小职员，所有的公务员 "基本都是从著名家庭中遴选出来的"，并认为公务员改革会重新恢复这一传统。Julius Bing: "Civil Service of the United States," *North American Review*, Vol. CV (October, 1867), pp. 480-1.

15. "The Place of the Independent in Politics," *Writings*, Vol. VI(Cambridge, Mass., 1890), p. 190.

16. 关于独立自主的策略，见 James Russell Lowell: "The Place of the Independent in Politics," pp. 190 ff.; and E. McClung Fleming: *R. R. Bowker, Militant Liberal* (New York, 1952), pp. 103-8.

17. 关于这场改革的核心，见 Paul P. Van Riper: op. cit., pp. 83-4.

18. See J. Donald Kingsley: *Representative Bureaucracy: An Interpretation of the British Civil Service* (Yellow Springs, Ohio, 1944), pp. 68-71 and *passim*.

19. Sir Charles Trevelyan to Dorman B. Eaton, August 20, 1877, in Donnan B. Eaton: *Civil Service in Great Britain: A History of Abuses and Reforms and Their Bearing upon American Politics* (New York, 1880), pp. 430-2.

20. 无疑，很多改革者希望能得到林肯对于文人的那种重视与任用，但是林肯都是以高于公务员或是体制外的职位任用他们。改革者一般而言都想得到经由选举得来的职位，而不是政治任命的行政职位。著名的改革者有一半曾经有政治职位，但多半是经由选举。只有少数进入了国会，大部分进了州议会。McLachlan: op. cit., p. 25.

21. 参考亨利·亚当斯在 1869 年 4 月 29 日写给小查尔斯·亚当斯的信："我无法帮你谋得职位。在政府里我只有点头之交，没有真正的朋友。我不幻想我的请求能得到太多的同情。戴维·韦尔斯的影响力跟我差不多，他也无暇他顾，无法保住霍尔。" Letters, p. 157.

22. 有一些人认为社会地位会影响职位的争取。舒尔茨曾说："可能有人会询问应征者的品德、经历、社会地位或是一般性的能力，而不是透过考试来决定人选。" Hoogenboom: op. cit., p. 115.

23. *Congressional Globe*, 40th Congress, 3rd session, p. 265 (January 8,1869). 这让人想到，竞争激烈的公务员体制在美国常常被批评不民主，在英国却时不时被批评过于民主，而且人们在竞争职位的时候还抛出贵族制当辩解理由。Kingsley: op. cit., p. 62. And Asa Briggs: *Victorian People* (London, 1954), pp. 116-21, 170-1.

24. *Congressional Globe*, 42nd Congress, 2nd session, p. 1103 (February 17, 1872). 这种和大学出身的人之间的竞争也困扰着退伍军人组织。见 Wallace E. Davies: *Patriotism on Parade* (Cambridge, Mass., 1955), pp. 247, 285-6, 311.

25. *Congressional Globe*, 42nd Congress, 2nd session, p. 458 (January18, 1872). 当然很多政治角头与国会议员一样，会对于考试选才这种制度感觉头痛。波士顿一位反对马萨诸塞州公务员法的人士帕特里克·麦圭尔（Patrick Macguire）说："我猜以后年轻人如果要在州政府中有个职位，他必须先读哈佛。他还得以优异的成绩和荣誉毕业，这样才能前途无量，而那些没法受那么好教育的年轻人只好到其他地方找工作去了。" 见 Lucius B. Swift: *Civil Service Reform* (n.p., 1885), p. 10.

26. *Congressional Globe*, 42nd Congress, 3rd session, p. 1631 (February 22, 1873).

27. E. L. Godkin: "The Civil Service Reform Controversy," *North American Review*, Vol. CXXXIV (April, 1882), pp. 382-3.

28. William M. Dickson: "The New Political Machine," *North American Review*, Vol. CXXXIV (January 1, 1882), p. 42.

29. Andrew D. White: "Do the Spoils Belong to the Victor?" *North American Review*, Vol. CXXXIV (February, 1882), p. 129-30.

30. Godkin: "The Civil Service Reform Controversy," p. 393.

31. J. R. Richardson: *Messages and Papers of the Presidents*, Vol. X, pp. 46, 48-9.

32. *Congressional Record*, 47th Congress, 2nd session, pp. 207-8 (December 12, 1882.).

33. Gail Hamilton: *Biography of James G. Blaine* (Norwich, 1895), p. 491. 对政坛文人和改革者的一次试探性攻击，以及他们对职业人士的傲慢态度，见 Senator Joseph R. Hawley: *Congressional Record*, 47th Congress, 2nd session, p. 242 (December 13, 1882).

34. William L. Riordon: *Plunkitt of Tammany Hall* (1905; ed. NewYork, 1948), pp. 60-1. 我们来看看布鲁克林的民主党领袖彼得·麦克吉尼斯（Peter McGuiness）所使用的技巧。20 世纪 20 年代有一位大学毕业生挑战他，认为社区需要一位有文化与气质好的人当领导人，麦克吉尼斯用了一个高明的政治手腕来对付这个大学毕业生。他在一场演讲会上沉默地看了这些劳工与家庭主妇听众一阵子，然后缓缓说道："你们中有耶鲁或康奈尔大学毕业的请举手……那你们可以投票给他。其他的人则请投给我。" Richard Rovere: "The Big Hello," in *The American Establishment* (New York, 1962), p. 36.

35. Ibid., p. 10.

36. A letter to *The New York Times*, June 17, 1880, quoted by R. R. Bowker: *Nation*, Vol. XXXI (July 1, 1880), p. 10.

37. *Congressional Record*, 49th Congress, 1st session, p. 2786 (March 26, 1886). "大家知道，他们可以做两件事，" 参议院英戈尔斯说到这种第三性别时表示，"他们可以用假声唱歌，他们通常被挑选出来守护东方暴君的后宫。"

38. Matthew Josephson: *The Politicos* (New York, 1938), p. 163. 康克林的话是在模仿一些商人的说法，这些人看不起经济改革者，说他们是"慈善家、教授和百万富婆"。Edward C. Kirkland: *Dream and Thought in the Business Community* (Ithaca, 1956), p. 26.

39. Alfred R. Conkling: *Life and Letters of Roscoe Conkling* (New York,1889), pp. 540-1; 关于这件事的完整记载，见 pp. 538-49.

40. 也请见对柯蒂斯的批评，in the *Elmira Advertiser*, October 6, 1877, as reported in Thomas Collier Platt's *Autobiography* (New York, 1910), pp. 93-5; 书里提到，"一个叫柯蒂斯的聪明男孩留了个娘里娘气的中分发型"，住在极为女性化的环境里，撞上了一个叫康克林的红发汉子，被揍了一顿，让柯蒂斯的姑妈和所有女性邻居大为光火。

41. Horace Bushnell: *Women's Suffrage: the Reform against Nature* (NewYork, 1869), pp. 135-6. Cf. p. 56: "就算是长胡子，也不会更不自然了。"

42. Cf. Bushnell : "我们也知道女人常常忍不住表现出一种堕落和道德自弃的奇怪倾向。男人堕落是向下坠，女人则是沉淀。也许原因部分在于人们对女人的期待更高，因为女性作为半圣洁的主体被寄予了更多真理和牺牲的期望，而对自立的、居于领导地位的男性则无此要求。Ibid., p. 142.

43. *The Bostonians* (1886; ed. London, 1952), p. 289.

44. *An Autobiography* (New York, 1920), pp. 86-7.

45. Henry F. Pringle: *Theodore Roosevelt* (New York, 1931), pp. 65-7.

46. 这一条以及此后媒体对罗斯福的评论来自两篇哥伦比亚大学的硕士论文，发表于 1947 年，文章研究了罗斯福的报纸剪贴簿，包含大量的类似引文——Anne de la Vergne: *The Public Reputation of Theodore Roosevelt, 1881-1897*, pp. 9-16, 45-6; and Richard D. Heffner: *The Public Reputation of Theodore Roosevelt: The New Nationalism, 1890-1901*, pp. 21-4, 41-5, 53-4.

47. *Harvard Crimson*, November 10, 1894; see especially "The Manly Virtues and Practical Politics" (1894) and "The College Graduate and Public Life" (1894), 这些引文便来源于此，in *American Ideals* (New York, 1897), pp. 51-77.

第八章 专家的兴起

1. 有一篇颇具启示性的当代作品，见 the interview with Bryan reported by John Reed in *Collier*'s, Vol. LVII (May 20, 1916), pp. 11 ff.

2. Merle Curti and Vernon Carstensen: *The University of Wisconsin* (Madison, 1949), Vol. I, p. 632. 这本书全面讲述了威斯康星大学在"威斯康星构想"中扮演的角色。

3. F. J. Turner: "Pioneer Ideals and the State University, " 这是 1910 年印第安纳大学开学典礼上的演讲，重新发表于 *The Frontier in American History* (New York, 1920), pp. 285-6; 强调是我加的。

4. Charles McCarthy: *The Wisconsin Idea* (New York, 191.2), pp. 228-9.

5. 关于凡海斯时代的政治矛盾，见 Curti and Carstensen: op. cit., Vol. II, especially pp. 4, 10-11, 19-21, 26, 40-1, 87-90, 97, 100-7, 550-2, 587-92.

6. John R. Commons: *Myself* (New York, 1934), p. 110. Cf. McCarthy: "一般说来，除非教授被

人问及，否则不会主动冒险对一个公共问题发表看法。" op. cit., p. 137; 关于大学人员效力于该州政府部门的名单，见 pp. 313-17.

7. *Autobiography* (Madison, Wisconsin, 1913), p. 32; 关于他对大学人员的使用，见 pp. 26, 30-1, 310-11, 348-50.

8. 见 Robert S. Maxwell: *Emanuel L. Philipp: Wisconsin Stalwart* (Madison, Wisconsin, 1959), chapters 7 and 8, especially pp. 74, 76-9, 82, 91, 92, 96-104.《国家》杂志认为，美国反智势力在攻击大学时，给社会上了宝贵的一课。该杂志悲叹道："人民与教授间存在着自古以来最大的误解与无知。" "Demos and the Professor," Vol. C (May 27, 1915), p. 596.

9. J. F. A. Pyre: *Wisconsin* (New York, 1920), pp. 347-51, 364-5.

10. *The Wisconsin Idea*, pp. 188-9; cf. p. 138. 麦卡锡的观点可以在某个背景下得到最好的理解。这个背景就是美国实用主义的发展与对老派学究的反弹，见于 Morton G. White's *Social Thought in America: The Revolt against Formalism* (New York, 1949).

11. *Movers and Shakers* (New York, 1936), p. 39.

12. B.P.: "College Professors and the Public," *Atlantic Monthly*, Vol. LXXXIX (February, 1902), pp. 284-5.

13. See Joseph Lee: "Democracy and the Expert," *Atlantic Monthly*, Vol. CII (November, 1908), pp. 611-20.

14. 例如，芝加哥有一位批发商人叫托马斯·E. 威尔逊（Thomas E. Wilson），他于 1906 年在众议院农业委员会做证说："我们所反对的，以及我们请求国会保护我们免于受其侵犯的，就是让我们的企业的命运被一群理论家、化学家、社会学家等摆弄。有一群人将他们的生命奉献于建立与完善美国的批发产业，但是现在所谓的专家却要从他们手中夺走这些产业的管理与控制权。" House Committee on Agriculture, 59th Congress, 1st session, *Hearings on the So-Called "Beveridge Amendment,"* (Washington, 1906), p. 5. 关于专家在争取推行食品和药品管理的过程中扮演的角色，可参见 Oscar E. Anderson, Jr., *The Biography of Harvey W. Wiley: The Health of a Nation* (Chicago, 1958).

15. "Literary Men and Public Affairs," *North American Review*, Vol.CLXXXIX (April, 1909), p. 536.

16. Quoted by Paul P. Van Riper: *History of United States Civil Service*, p. 206; cf. pp. 189-207, and John Blum: "The Presidential Leadership of Theodore Roosevelt," *Michigan Alumnus Quarterly Review*, Vol. LXV (December, 1958), pp. l-9.

17. 老罗斯福总统于 1908 年写了这样一封著名的信："我实在无法勉强我自己对那些富豪显现出尊敬的态度，如同广大的群众对富豪的尊敬态度一般。我会对像摩根、卡耐基与詹姆斯·J. 希尔（James J. Hill）这些富豪表达礼貌，却无法像我对于以下这些人的尊崇态度一般：贝里教授（Professor Bury），北极探险家皮尔里（Peary the Arctic explorer），海军上将埃文斯（Admiral Evans），历史学家罗兹（Rhodes the historian），或是狩猎家塞卢斯（Selous the big game hunter）。何故呢？因为即使我勉强自己也做不来，更何况我根本不想。" 参见 Elting Morison, ed.: *The Letters of Theodore Roosevelt*, Vol. VI (Cambridge, 1952), p. 1002.

18. *Works*, Memorial Ed., Vol. XIV, p. 128; *Outlook* (November 8, 1913), p. 527; *Works*, Vol. XVI, p. 484; 请比较老罗斯福说过的其他有相同效果的话：*Outlook* (April 23, 1910), p. 880; Address, October. 11, 1897, at the *Two Hundredth Anniversary of the Old Dutch Reformed*

Church of Sleepy Hollow (New York, 1898); *Works*, Vol. XVII, p. 3; XII, p. 623.

19. Arthur Link: Wilson: *The New Freedom* (Princeton, 1956), p. 63; 请比较 Link 关于威尔逊心灵的讨论 , pp. 62-70.

20. *A Crossroads of Freedom: The 1912 Campaign Speeches of Woodrow Wilson*, ed. by John W. Davidson (New Haven, 1956) pp. 83-4. 威尔逊对任用专家的看法似乎受到关税争议以及在老罗斯福任内的纯净食品法案事件中专家的角色带来的影响。Ibid., pp. 113, 160-1 ; 下列书中对专家角色的看法亦值得参考 : *The New Democracy: Presidential Messages, Addresses, and Other Papers*, ed. by R. S. Baker and W. E. Dodd, Vol. I (New York, 1926), pp. 10, 16.

21. 美国农业部在戴维 · F. 休斯顿（David F. Houston）部长任内尤其是如此。他之前是华盛顿大学与得克萨斯大学校长，威尔逊总统在众议院的建议下任命他为农业部部长。他在部长任内，特别重视农产品市场行销与运送分配的问题，而且农业部会聚了许多能干的农业经济专家。

有资料显示，进步年代期间，美国政府的专家数量呈增长趋势，见 Leonard D. White: "Public Administration," *Recent Social Trends in the United States* (New York, 1934), Vol. II, pp. 1414 ff.

此外，值得一提的是威尔逊总统遵守了任命学者与文人出任驻外大使的良好传统。他两次任命哈佛校长查尔斯 · 威廉 · 埃利奥特（Charles William Eliot）出任公职，尽管都遭到了拒绝；他提名国际政治专家芮恩施（Paul Reinsch）出任驻华大使；沃尔特 · 海因斯 · 佩奇（Walter Hines Page）驻英（尽管人没选对）；托马斯 · 纳尔逊 · 佩奇（Thomas Nelson Page）驻意大利，这是政治投机考量下的决定；普林斯顿大学的亨利 · 范戴克（Henry Van Dyke）驻节荷兰，布兰德 · 惠特洛克（Brand Whitlock）驻比利时。一般而言，威尔逊总统通过政治任命的驻外大使算是令人满意的，但是这些成果都因他的国务卿布莱恩任用私人关系与对职业外交官的贬抑而大打折扣。美国的外交官体系经过约翰 · 海（John Hay）、老罗斯福与塔夫脱（William Howard Taft）三任总统后，已形成了不错的团队素质。但是布莱恩打击了职业外交人员的士气，若干做法还获得威尔逊的首肯。评论家 Arthur Link 认为这是 "20 世纪美国外交圈最沉沦的一个事件"。参见其著作 *Wilson: The New Freedom*, p. 106.

22. Link: *Wilson: The New Freedom*, chapter 8. 对这一观点的经典评价来自 Walter Lippmann in *Drift and Mastery*, especially chapter 7.

23. "Presidential Complacency," *New Republic*, Vol. I (November 21, 1914), p. 7; "The Other-Worldliness of Wilson," *New Republic*, Vol. II (March 27, 1915), p. 195. Charles Forcey's *The Crossroads of Liberalism, Croly, Weyl, Lippmann and the Progressive Era, 1900-1925* (New York, 1961) 一书讲述了《新共和》杂志和老罗斯福与威尔逊的关系。到了 1914 年，新自由计划似乎已经陷入死局，遭到了自由派知识分子的反对，见 Arthur Link: *Woodrow Wilson,* 和他的 *The Progressive Era, 1910-1917* (New York, 1954), especially pp. 66-80.

24. Gordon Hall Gerould: "The Professor and the Wide, Wide World," *Scribner's*, Vol. LXV (April, 1919), p. 466. Gerould 认为，此后我们再也不能轻视教授了。另外有人写道，"一般都认为教授只是有学问的人……但是现在出乎我们意料之外，他们也可以很聪明能干。""The Demobilized Professor," *Atlantic Monthly*, Vol. CXXIII (April, 1919), p. 539. Paul Van Dyke 认为这些学院中的人在二战中已经成功地展现出他们可以是坚毅勇敢与

实际的，不是软弱与无能的。"The College Man in Action," *Scribner's*, Vol. LXV (May, 1919), pp. 560-3. 我们可以把之前老罗斯福关于知识分子的评论与这些做个对照。

25. 关于这次质询及其人员，见一篇与书名同名的文章：Sidney E. Mezes, in E. M. House and Charles Seymour, eds.: *What Really Happened at Paris* (New York, 1921); *Papers Relating to the Foreign Relations of the United States*, 1919, Vol. I, *The Paris Peace Conference* (Washington, 1942); J. T. Shotwell: *At the Paris Peace Conference*, pp. 15-16. 关于战时的科学动员，见 A. Hunter Dupree: *Science in the Federal Government*, chapter 16.

26. 谢尔曼参议员这段惊人的演讲充满了反智的陈词滥调，不过在那时似乎起不了什么作用。但这是反智言论中最著名的一段话："一群政客身旁围绕着一些知识分子，仿佛为自己镀金一般。这些知识分子很善于把问题理论化，也不接受别人的意见，做事不切实际，只会用一些充满术语的抽象言辞高谈阔论……他们对那些反对现状、怪异与颓废的人特别有吸引力，他们写的文章火力十足，似乎可以论述太阳下的任何事情……他们是一群社会主义者……可以发现任何事物……他们仿佛是有 X 光透视本领的心理学家，是用不同颜色的手帕表演的魔术师，嘴里一次可以吐出半磅的豆子，用阴森森的语气问你当初沃尔特·雷利（Walter Raleigh）爵士是死于什么疾病……如果面对他们，你的记忆、认知能力、专注力与其他心智能力都会被搅乱，从而停滞。我看过太多这类的心理学家，也跟他们交手过。如果把他们丢到森林中或是马铃薯田里，他们连一只兔子也抓不到，一颗马铃薯也挖不到，大概只能饿死。这是一群教授与知识分子的政府。让我重复一次，知识分子沉浸在他们的专业世界是很好的事，但是国家如果让知识分子来管，最后就会变成布尔什维克而崩解掉。" *Congressional Record*, 65th Congress, 2nd session, pp. 9875, 9877 (September 3, 1918).

27. Walter Johnson, ed.: *Selected Letters of William Allen White* (NewYork, 1947), pp. 199 200, 208, 213.

28. Forcey: op. cit., pp. 292, 301.

29. Paul P. Van Riper 指出，这导致对政策制定的一些影响力，他称之为"意识形态上的恩庇"（ideological patronage）。

30. 关于特格韦尔的声望和在新政中的角色，有一份未发表的博士论文做了充分的记述，见 Bernard Sternsher: *Rexford Guy Tugwell and the New Deal*, Boston University, 1957. 关于他的职位任命有一场发人深省的争论：*Congressional Record*, 73rd Congress, 2nd session, pp. 11156-60, 11334-42, 11427-62 (June 12, 13, 14, 1934). See also Arthur Schlesinger, Jr.: *The Coming of the New Deal* (Boston, 1958), chapter 21; James A. Farley: *Behind the Ballots* (New York, 1938), pp. 21-20; H. L. Mencken: "Three Years of Dr. Roosevelt," *American Mercury* (March, 1936), p. 264. 更为深入地了解新政专家的地位，可参见一份未发表的博士论文，见 Richard S. Kirkendal: *The New Deal Professors and the Politics of Agriculture*, University of Wisconsin, 1958.

31. *Literary Digest*, Vol. CXV (June 3, 1933), p. 8. 事实上，这种组织化的智囊是在 1932 年总统大选时开始出现的，但是到选举结束时组织就取消了。在本书中，我遵循当时的用法，以此名词统称这一类的现象。

32. 关于教授们的建议究竟是怎么被商业领域的权势力量挫败的，见前文提到的 Kirkendall 的作品。

33. H. L. Mencken: "The New Deal Mentality," *American Mercury*, Vol. XXXVIII (May, 1936), p. 4.

34. Samuel G. Blythe: "Kaleidoscope," *Saturday Evening Post*, Vol. CCVI (September 2, 1933),

p. 7; Blythe: "Progress on the Potomac," *Saturday Evening Post*, December 2, 1933, p. 10; editorials, *Saturday Evening Post*, December 9, 1933, p. 22, and April 7, 1934, pp. 24-5; William V. Hodges: "Realities Are Coming," *Saturday Evening Post*, April. 21, 1934, p. 5. See also Margaret Culkin Banning: "Amateur Year," *Saturday Evening Post*, April. 28, 1934; Katherine Dayton: "Capitol Punishments," *Saturday Evening Post*, December. 23, 1933.

35. "Issues and Men, the Idealist Comes to the Front," *Nation*, Vol. CXXXVII (October 4, 1933), p. 371. 请对照《新共和》中的相同观点 : "The Brain Trust" (June 7, 1933), pp. 85-6.

36. Jonathan Mitchell: "Don't Shoot the Professors! Why the Government Needs Them," *Harper's*, Vol. CLXVIII (May, 1934), pp. 743, 749.

37. Samuel I. Rosenman: *Working with Roosevelt* (New York, 1952), p.57.

38. 下面几段中的信息和引文是各种社论和信件，来自一份富有启发性的未发表研究，见 George A. Hage: *Anti-intellectualism in Newspaper Comment on the Elections of 1828 and 1952*, University of Minnesota doctoral dissertation, 1958; 也请见该作者的 "Anti-intellectualism in Press Comment—1828 and 1952," *Journalism Quarterly*, Vol. XXXVI (Fall, 1959), pp. 439-46.

39. *The New York Times*, November 3, 1960.

第九章 商业与智识

1. "The Businessman in Fiction," *Fortune*, Vol. XXXVIII (November, 1948), pp. 134-48.

2. Mabel Newcomer: *The Big Business Executive* (New York, 1955), p. 7; 关于企业家地位的衰落，见 p. 131.

3. Warren G. Harding: "Business Sense in Government," *Nation's Business*, Vol. VIII (November, 1920), p. 13. 柯立芝的话来自 1923 年美国报纸编辑协会的一场会议讲话，见 William Allen White: *A Puritan in Babylon* (New York, 1938), p. 253.

4. Edward Kirkland: *Dream and Thought in the Business Community, 1860-1900* (Ithaca, New York, 1956), pp. 81-2, 87.

5. 爱默生曾说:"从欧洲来美国的人并不是随机的,大西洋像是一个筛子,只有热爱自由、冒险、灵敏、向往美国的欧洲人才会来到美国。来的欧洲人都是白皮肤、蓝眼睛，黑眼睛、深色皮肤、'比欧洲还欧洲'的人都被留下来了。" *Journals* (1851; Boston, Riverside ed., 1912), Vol. VIII, p. 226.

6. 可参考托马斯·潘恩在《人权论》(*The Rights of Man*) 中说的 :"从美国在各方面的快速进步看来，我们应该可以如此结论 : 如果欧洲与亚非的政府当时也采取与美国一样的制度，或者不是很早以来就开始腐化的话，那么这些国家一定比他们现在的状况好很多。" *Writings*, ed. by Moncure D. Conway (New York, 1894), Vol. II, p. 402.

7. Arthur A. Ekirch: *The Idea of Progress in America, 1815-1860* (New York, 1944), p. 126. 这本书的第四章描绘了美国人如何建立起对于科技的信仰，给了本书很多帮助，不过我认为该作者所说的对"科学"的信仰并不准确，应该说是对于"技术""应用科学"的信仰。该书对于我们了解美国人在内战前的心态极具启发性。

8. *Writings*, (Boston, 1906), Vol. VI, p. 210 (February 27, 1853).

9. Ekirch: op. cit., p. 175.

10. Kirkland: op. cit., pp. 86, 106; Irvin G. Wyllie: *The Self-Made Man in America* (New Brunswick, New Jersey, 1954), p. 104. 福特对自己说这话所做的解释才更值得玩味，他说："我并没说历史无用，我只是说它对我无用……我根本不需要它。" Allan Nevins: *Ford: Expansion and Challenge, 1915-1933* (New York, 1957), p. 138.

11. *The Ordeal of Mark Twain* (New York, 1920), pp. 146-7.

12. Emory Holloway and Vernolian Schwarz, eds.: *I Sit and Look Out: Editorials from the Brooklyn Daily Times* (New York, 1932), p. 133.

13. *A Connecticut Yankee* (1889; Pocket Book ed., 1948), p. 56.

14. 马克·吐温对人谈起这本书时说："你知道吗？我创造的这个美国佬没读过大学，所以他没有什么文化，但是也未受到这种高等教育的荼毒；他是个典型的无知乡巴佬，是机器工厂的老板，可以造出个火车头来或是一把左轮手枪，也可以生产出一整套复杂的电报设备，但无论如何他还是个无知的乡巴佬。" Gladys Carmen Bellamy: *Mark Twain as a Literary Artist* (Norman, Oklahoma, 1950), p. 314.

15. *The Innocents Abroad* (1869; New York ed., 1906), pp. 325-6.

16. Smyth, ed.: *Writings* (New York, 1905-07), Vol. II, p. 228.

17. Burton J. Hendrick: *The Life of Andrew Carnegie* (New York, 1932), Vol. I, pp. 146-7. 卡耐基算是特例，因为欧洲商人才经常表示想要尽快累积财富以便退休享受人生，而美国商人则经常对这样的想法表示惊讶。Francis X. Sutton, et al.: *The American Business Creed* (Cambridge, Mass., 1956), p. 102.

18. 亨特所著《尊严与财富：商人的座右铭与道德观》（*Worth and Wealth: A Collection of Maxims, Morals, and Miscellanies for Merchants and Men of Business*, New York, 1856）对商人多所刻画，看完本书后我讶异于那些素质高的商人对于各种德行的广泛追求，也认识到原来在理想上美国商人是追求三种德行并陈的：第一是清教徒精神，这多半与个人寻求自我发展与自律精神有关，表现在上进心、节俭、勤勉、毅力、自制与简朴之上；第二是企业家贵族精神，重在提升企业与社会品质，表现为正直、慷慨、高尚、文雅、人道、关怀、负责、绅士风度与温和等；第三则是任何一门行业都需要有的特质，清晰、坦诚、果决、专注、活泼与坚定等。

19. *The Merchants' Magazine and Commercial Review*, Vol. I (July, 1839), pp. 1-3；在 1850 年到 1860 年间，杂志的名称改成了《亨氏企业杂志》。如果对这份杂志有兴趣，请见 Vol. I, pp. 200-2, 289-302, 303-14, 399-413. 另请见 Jerome Thomases, writing on "Freeman Hunt's America," *Mississippi Valley Historical Review*, Vol. XXX (December, 1943), pp. 395-407, 在这篇文章中，作者尝试评估该杂志的声望，发现它极具影响力。他也探究了本书所提出的问题，发现该杂志非常强调工作伦理、实用性与自力更生原则。在纽约市，到1850年，"商人"一词已经建立起不错的内涵与名声，"银行家、资本家、交易商、律师、铁路贸易商与制造商等都称自己是商人"。Philip S. Foner: *Business and Slavery* (Chapel Hill, 1941), p. vii.

20. 西格蒙德·戴蒙德（Sigmund Diamond）观察到，19 世纪初期时的社会以一位企业家使用自己财富的方式来评判他，不论是用于慈善或是私人目的。但到了 20 世纪时，大家开始把企业看成一个自成一格的"系统"，不太以它是否做慈善来看待它了。*The Reputation of the American Businessman* (Cambridge, Mass., 1955), pp. 178-9.

21. *Letters and Social Aims* (Riverside ed.), p. 201. 关于福布斯，有许多有趣的逸闻，见 Thomas

C. Cochran: *Railroad Leaders, 1845-1890* (Cambridge, Mass., 1953).

22. Quoted by Allan Nevins in the Introduction to *The Diary of Philip Hone* (New York, 1936), p. x.

23. *Democracy in America* (1835; New York, 1898), Vol. I, p. 66.

24. *Civilized America* (London, 1859), Vol. II, p. 320; 不过，也请看看作者在同一段中表达的忧虑。

25. *Hunt's Merchants Magazine*, Vol. LXIII, pp. 401-3. 如果有一部研究商业杂志的文化史就好了。《亨氏企业杂志》第一期的第一篇文章名为《商业与文明发展的关联》（"Commerce as Connected with the Progress of Civilization," Vol. I [July, 1839], pp. 3-20）由丹尼尔·D. 巴纳德（Daniel D. Barnard）撰写，他是纽约州首府奥伯尼的一位律师，同时也从政，曾担任驻普鲁士大使，并编写过一些历史文献。他的文章强调了"蓬勃发展的商业对于人文世界的贡献"。Cf. Philip Hone: "Commerce and Commercial Character," Vol. IV (February, 1841), pp. 129-46. 还有一位作者在第一期提到，"今天在商业阶级有一种很流行的观点，认为商业和文学处于相互敌对状态，谁追求其中一种事业，就必须完全放弃另一种事业。"这位作者宣称，他想要驳斥这种观点，他相信"更开明的观点……正在公众的心灵中快速生长"。见 "Commerce and Literature," Vol. I (December, 1839), p. 537. 考虑到《亨氏企业杂志》本身的文化色彩在 19 世纪 50 年代日益暗淡，这位作者的自信似乎没什么道理。我们当然不能随便断定商人对文化的兴趣在衰减。但是似乎可以确定，这些商人的文化兴趣已经不再活跃了；证明商业是否有文化与教化上的影响力，似乎也已变得无关紧要。

26. Francis X. Sutton 等人在 *The American Business Creed* 一书中认为，提升物质生产力一直是美国企业的主要信念。如果企业能够促进什么"非物质性"的价值的话，那应该就是它所提供的"服务"、个人机会的增加及政治与经济上的自由等。有些企业家甚至认为，只要事业成功，则即使忽略"自我成长"也没什么关系。小企业主们固然乐意在自由与民主的环境下经营生意，同时对大企业常存有不满心态，但他们经营企业的核心观念还是以增加产能为主要目标。见 John H. Bunzel: *The American Small Businessman* (New York, 1962), chapter 3.

27. Edward C. Kirkland: *Dream and Thought in the Business Community, 1860—1900*, p. 164-5. 这类保守的经济挂帅论正好和今日某些为落后国家独裁者辩护的论调相同。他们说，如果贫穷、落后与文盲问题都被解决了，则政治自由与文化发展随后就会发生。这样的说法常被用来为斯大林时期的苏联辩护，或是为古巴的卡斯特罗开脱。

第十章 白手起家与励志型信仰的出现

1. 关于美国社会流动性研究的总结性和评价性成果，见 Bernard Barber: *Social Stratification* (New York, 1957), chapter 16; Joseph A. Kahl: *The American Class Structure* (New York, 1957), chapter 9; Seymour M. Lipset and Reinhard Bendix: *Social Mobility in Industrial Society* (Berkeley, 1959), chapter 3.

2. Freeman Hunt: *Worth and Wealth* (New York, 1856), pp. 350-1. 在此之前数年，《伦敦每日新闻》（*London Daily News*）曾说："现在开始，那些百万富翁们不应该再为赚了那么多钱而感到不好意思了。从今天起'暴发户'这个词应该代表荣誉才对。"Sigmund Diamond:

The Reputation of the American Businessman (Cambridge, Mass., 1955), p. 2.

3. Daniel Mallory, ed.: *The Life and Speeches of the Hon. Henry Clay* (New York, 1844), Vol. II, p. 31.

4. Wyllie: *The Self-Made Man in America* (New Brunswick, New Jersey, 1954), chapters 3 and 4.

5. Ibid., pp. 35-6.

6. Anon.: "Why I Never Hire Brilliant Men," *American Magazine*, Vol.XCVII (February, 1924), pp. 12, 118, 122.

7. Charles F. Thwing: "College Training and the Business Man," *North American Review*, Vol. CLXVII (October, 1903), p. 599.

8. 对教育的态度，见 Wyllie: op. cit., chapter 6; Kirkland: *Dream and Thought in the Business Community, 1860-1900* (Ithaca, New York, 1956), chapters 3 and 4; Merle Curti: *The Social Ideas of American Educators* (New York, 1935), chapter 6.

9. Kirkland: op. cit., pp. 69-70.

10. Ibid., p. 101.

11. W. A. Croffut: *The Vanderbilts and the Story of Their Fortune* (Chicago and New York, 1886), pp. 137-8.

12. Burton J. Hendrick: *The Life of Andrew Carnegie* (New York, 1932),Vol. I, p. 60.

13. *The Empire of Business* (New York, 1902), p. 113.

14. Wyllie: op. cit., pp. 96-104.

15. *The Empire of Business*, pp. 79-81; cf. pp. 145-7.

16. Kirkland: op. cit., pp. 93-4.

17. Wyllie: op. cit., p. 113; see pp. 107-15, 该文献简要记录了 1890 年以后商业圈对教育的改观。

18. 见 Frances W. Gregory and Irene D. Neu: "The American Industrial Elite in the 1870's: Their Social Origins," in William Miller, ed.: *Men in Business* (Cambridge, Mass., 1952), p. 203, 请比较 19 世纪 70 年代和 20 世纪最初十年的情况，见 William Miller in "American Historians and the Business Elite," *The Journal of Economic History*, Vol. IX (November, 1949), pp. 184-208. 在 19 世纪 70 年代，37% 的企业家都接受过一些大学教育；在 20 世纪最初十年，这个数字是 41%。关于企业官僚化，见 Miller's essay: "The Business Elite in Business Bureaucracies," in *Men in Business*, pp. 286-305.

19. Mabel Newcomer: *The Big Business Executive* (New York, 1955), p. 69. 1950 年，该书作者指出："虽然大学生刚毕业进入大公司时可能只是做些低阶非决策性事务，但大家都认为大学文凭已是能够在大公司出人头地的门票。"另见 Joseph A. Kahl: *The American Class Structure*, p. 93. 这份研究指出："如果我们对于当代美国社会要提出一个能代替老旧的马克思区分阶级的标准，那必然会是大学文凭。"

    偶尔，老板们还是会采用白手起家时代的若干观念，例如把一位要培养成管理者的新人，特别是老板的儿子或是女婿之类的年轻人，放到最基层的位置去镀个金，但是给予快速轮调升迁。这叫作由下到上的历练。

20. William H. Whyte, Jr.: *The Organization Man* (Anchor ed., 1956), p.88.

21. Thorstein Veblen: *The Higher Learning in America* (New York, 1918),p. 204; Abraham

Flexner: *Universities: American, English, German* (New York, 1930), pp. 162-72.

22. Peter F. Drucker: "The Graduate Business School," *Fortune,* Vol. XLII (August, 1950), p. 116. 关于这些学校及其问题的概括性叙述，见 L. C. Marshall, ed.: *The Collegiate School of Business* (Chicago, 1928); and Frank C. Pierson et. al.: *The Education of American Businessmen: A Study of University-College Programs in Business Administration* (New York, 1959).

23. Ibid., pp. 150, 1$2, 227-8, 233, 235, and chapter 16 *passim*.

24. *A Guide to Confident Living* (New York, 1948), p. 55.

25. Ibid., pp. viii, 14, 108, 148, 165.

26. "Religious Realism in the Twentieth Century," in D. C. Macintosh, ed.: *Religious Realism* (New York, 1931), pp. 425-6.

27. *Popular Religion: Inspirational Books in America* (Chicago, 1958), pp. 16-4; 本段的引文在 pp. 1, 6, 7, 44, 51n., 58, 61n., 63, 90, 91n., 106, 107.

28. *A Guide to Confident Living*, pp. 46, 55.

29. *Handbook of the New Thought* (New York, 1917), pp. 122-3.

30. 本段及后面几段的引文见 *The Return to Religion* (1936; Pocket Book ed., 1943), pp. 9, 12, 14, 17, 19, 35, 44-5, 54-61, 67, 69, 71, 73, 78-9, 115-16, 147-9, 157.

第十一章 其他领域所发生的智识无用论争辩

1. John Taylor: *Arator* (Georgetown, 1813), pp. 76-7; Alexis de Tocqueville: *Democracy in America* (New York, 1945), Vol. II, p. 157；在我的书 *The Age of Reform* 第二章中，我曾讨论美国农业中的商业气味。

2. 关于农业杂志，见 Albert L. Demaree: *The American Agricultural Press, 1819-1860* (New York, 1941), pp. 17-19; 关于图书和杂志，见 Paul W. Gates: *The Farmer's Age: Agriculture, 1815-1860* (New York, 1960), pp. 343, 356.

3. 关于农业博览会，见 Gates: op. cit., pp. 312-15; cf. W. C. Neely: *The Agricultural Fair* (New York, 1935), pp. 30, 35, 42-5, 71, 183; and P. W. Bidwell and J. I. Falconer: *History of Agriculture in the Northern United States* (Washington, 1925), pp. 186-93.

4. Carl Van Doren: *Benjamin Franklin* (New York, 1938), p. 178; Bidwell and Falconer: op. cit., p. 119; Avery O. Craven: *Edmund Ruffin, Southerner* (New York, 1932), p. 58; Hany J. Carman, ed.: *Jesse Buel: Agricultural Reformer* (New York, 1947), p. 10; Demaree: op. cit.,p. 38; James F. W. Johnston: *Notes on North America: Agricultural, Economic, and Social* (Edinburgh, 1851), Vol. II, p. 281.

5. Demaree: op. cit., pp. 4-6, 10, 48-9. 关于浪费的开垦行为，见 Gates: op. cit., who makes the necessary regional and ethnic qualifications.

6. Richard Bardolph: *Agricultural Literature and the Early Illinois Farmer* (Urbana, Illinois, 1948), p. 14; cf. pp. 13, 103.

7. Carman: op. cit., pp. 249-50. 这些犀利的话语，见 pp. 234-54, and Buel's remarks "On the

Necessity and Means of Improving Our Husbandry," pp. 8-21.

8. Carman: op. cit., p. 53. 还有一位编辑针对农民极为务实的心态做了回应，见："An Apology for 'Book Farmers,'" *Farmer's Register*, Vol. II. (June, 1834), pp. 16-19; cf. "Book Farming," *Farmer's Register*, Vol. I (May, 1834), p. 743.

9. Demaree: op. cit., p. 67. 关于自耕农和农业出版，见 pp. 113-16; cf. Sidney L. Jackson: *Americas Struggle for Free Schools* (Washington, 1940), pp. 111-14, 142-4. 通常农人最喜欢读他们手中的农民历，而有些农民历还竟然针对老农夫的胃口，登一些有反智气味的东西，例如嘲讽现代农耕法的趣味逸事或是打油诗。

10. Gates: op. cit., pp. 358-60.

11. "Agricultural Colleges," reprinted from the *New England Farmer*, n.s. Vol. IV (June, 1852), pp. 267-8, in Demaree; *op. cit.*, pp. 250-2.

12. Jackson: op. cit., p. 172; cf. pp. 113, 127, *passim*.

13. 耶鲁大学的约翰·P. 诺顿（John P. Norton）教授在 1852 年说："美国如果有任何六个州在今年内要设立农业大学或学院的话，在全国范围之内他们也找不足以胜任的教授人数。"他甚至怀疑纽约州如要设立一所学校都找不齐教员。Demaree: op. cit., p. 245.

     关于美国改良农业教育的简史可以参考 A. C. True: *A History of Agricultural Education in the United States, 1785-1925* (Washington, 1929). 1851 年，爱德华·希契科克（Edward Hitchcock）替马萨诸塞州议会做了一个关于欧洲农业教育概况的报告，他发现美国在这两方面落后欧洲很多，尤其是较诸德、法两国。

14. Earle D. Ross: *Democracy's College* (Ames, Iowa, 1942), p. 66.

15. 明尼苏达州的联邦参议员赖斯（Rice）在国会发言反对政府用公地设立农业大学，算是当时国会中的少数声音。他说："如果我们要设立农业大学，倒不如给每位农民一百六十亩地，这才是适合他的真正的大学……联邦不应把公地拨给各州，让他们以公款设立大学，教育那些上得起学的有钱人家子弟。我们不需要那些摩登农夫，或是摩登农机员……" I. L. Kandel: *Federal Aid for Vocational Education* (New York, 1917), p. 10.

16. Ross: op. cit., chapters 5, 6, 7, and pp. 66, 72, 80, 87, 89-90, 96-7, 108-9. 有一份文献认为农业大学只不过是某些白痴老学究们与一些善搞政治的教授们的庇护所而已，而另一份文献则建议"扫除掉那些博士与文弱书生教授们"，找一些务实的、每日与实际生活搏斗的人来代替他们吧。Ibid., pp. 119-20. Cf. James B. Angell: *Reminiscences* (New York, 1912), p. 123："农民……是最不信任我们的阶级，根本不认为我们可以为他们提供什么帮助。"

17. Milburn L. Wilson, in o. E. Baker, R. Borsodi, and M. L. Wilson: *Agriculture in Modern Life* (New York, 1939), pp. 223-4.

18. Kandel: op. cit., p. 103; cf. p. 106. 关于这些大学里农业和机械课程的学生人数，见 p. 102.

19. Henri de Man: *Zur Psychologie des Sozialismus* (Jena, 1926), p. 307.

20. Samuel Gompers: *Seventy Years of Life and Labor* (1925; ed. New York, 1943). 另外一位工运领袖约翰·康芒斯（John R. Commons）也表达了工运人士对知识分子的不信任态度，他认为，工运老是会很奇怪地吸引一些毫无领导能力的知识分子。见 John R. Commons: *Myself* (New York, 1934), pp. 86-9; 也请见他的 *Industrial Goodwill* (New York, 1919), pp. 176-9.

21. Senate Committee on Education and Labor, *Relations between Labor and Capital*, Vol. I (Washington, 1885), p. 460. 请对比 1896 年冈珀斯说的经典言论："工会是工薪人士的商业组织。" *Report of the Sixteenth Annual Convention of the American Federation of Labor*, 1896, p. 12.

22. Selig Perlman's *A Theory of the Labor Movement* (1928; ed. NewYork, 1949) . 该作者的理论对本文立论有若干影响。而米尔斯也认为工运领袖都是靠自己打拼出来的，见其所著 *The New Men of Power* (New York, 1948), chapter 5.

23. 虽然美国工运一向对于公立学校教育体制持肯定态度，但是他们对于高等教育或是精致文化却有所怀疑保留。有时候工运刊物会嘲讽富豪们捐款给博物馆、图书馆或大学的举动，认为这些钱其实是压榨劳工薪资而来的——"他们捐的几百万元乃是劳苦工人的血汗，而劳工与其子弟从无机会享受捐款所设立的机构。"工运界或是蓝领阶级对大学特别有敌意，他们认为穷人与其子弟从来不会去"这些每年花很多钱教那些富家子弟们如何打粗鲁残暴的橄榄球的地方"。我们可以理解，工运刊物的编辑们很怕大学会因为拿了资本家捐款而不断宣扬现状是合理的，担心大学也变成制造那些反对、破坏罢工者的温床。想想如果是洛克菲勒捐钱办的一所大学，你觉得它会教什么样的东西呢？是教普遍人权理论还是富人较具优越能力呢？1905 年，有一位评论者甚至说，现在企业界的新领导者是那些从大学毕业的"书生"，而不再是以前的"实务"出身者，他们离劳工更远，没有在基层待过的经验。大学毕业生与工人背景相差太多，他们看不起工人，就像往日贵族看不起平民、南方奴隶主看不起黑人。1914 年，一份工会杂志《美国联合主义者》(*American Federationist*) 表示，接受私人捐款的机构或是媒体不会追求公正，是"自由平等体制的威胁"。如果它们不愿致力于追求真理，"那就应该被公家预算成立的机构取代"。*American Federationist*, Vol. XXI (February, 1914), pp. 120-1. See *Rail Road Conductor* (November, 1895), p. 613; *Typographical Journal* (June 15, 1896), p. 484; *Boiler-makers' Journal* (March, 1899), p. 71; *Railway Conductor* (August, 1901), pp. 639-40; *American Federationist*, Vol. X (October, 1903), p. 1033; *The Electrical Worker* (May, 1905), p. 40; *Railroad Trainmen's Journal*, Vol. XXIV (1907), pp. 264-5; (April, 1907), p. 368; *Locomotive Firemen's Magazine*, Vol. XLIV (January, 1908), pp. 86-7.

　　当然，学术界对于社会关怀的提升，使得情形稍微好转。《美国联合主义者》杂志在 1913 年认为，现在诸多大学与学院"对于社会与产业问题，有了更同情与更接近民众立场的理解"。Vol. XX (February, 1913), p. 129. 许多大学纷纷邀请冈珀斯演讲，他也乐意去建设关系。*Seventy Years of Life and Labor*, Vol. I, pp. 437 ff.

24. See Gompers: *Organized Labor: Its Struggles, Its Enemies and Fool Friends* (Washington, 1901), pp. 3, 4; Gompers: "Machinery to Perfect the Living Machine," *American Federationist*, Vol. XVIII (February, 1911), pp. 116-17; cf. Milton J. Nadworny: *Scientific Management and the Unions* (Cambridge, Mass., 1955), especially chapter 4.

25. 关于最近这个联盟部分解体的事，见 James R.Schlesinger: "Organized Labor and the Intellectuals," *Virginia Quarterly Review*, Vol. XXXVI (Winter, 1960), pp. 36-45.

26. 我这里的论点和劳工领袖与专家的原话来自 Harold L. Wilensky: *Intellectuals in Labor Unions* (Glencoe, Illinois, 1956), passim, and especially pp. 55, 57, 68, 88-90, 93, 106, 116-20, 132, 260-5, 266n., 267, 273-6. 关于劳工知识分子的权力局限，见 C. Wright Mills: op. cit., pp. 281-7.

27. Wilensky: op. cit., pp. 269, 276.

28. 喜剧作家芬利·彼得·邓恩（Finley Peter Dunne）以一些富人对社会主义的兴趣为主题创作了许多幽默作品。"范德汉克比尔克夫人，"杜利先生说，"为百万富婆工会的女士们举办一场音乐会吧……这场会议由著名的社会主义领袖、豪门拉姆利家族的继承人 J. 克拉伦斯·拉姆利（J. Clarence Lumley）主持。这位著名的无产者说，他是因为研究了他的父亲才成为一名社会主义者的。他不相信美国的体制，因为它居然让他父亲这样的人积蓄了三百万美元的财富……在场的女士们很清楚这些实业大亨有多么愚蠢，因为她们嫁给了他们，知道他们每天清晨是一副什么德行……这场会议推迟了，因为它通过了一项决议，让女主人们的丈夫去跳河。"Finley Peter Dunne: *Mr. Dooley: Now and Forever* (Stanford, California, 1954), pp. 252-3.

29. Charles Dobbs 关于"大脑"的作品，见 *International Socialist Review*, Vol. VIII (March, 1908), p. 533. 在这篇文章中，他注意到"批评'知识分子'的是'知识分子'，骂'领导'骂得最狠的也是'领导'"。

30. David Shannon: *The Socialist Party of America* (New York, 1955), p.57; Robert R. La Monte: "Efficient Brains versus Bastard Culture," *International Socialist Review*, Vol. VIII (April, 1908), pp. 634, 636. 关于社会主义运动中的知识分子，见 Shannon: op. cit., pp. 8, 12, 19, 53-8, 281-2; Daniel Bell: "The Background and Development of Marxian Socialism in the United States," in Donald Drew Egbert and Stow Persons, eds.: *Socialism and American Life* (Princeton, 1952), Vol. I, pp. 294-8; Ira Kipnis: *The American Socialist Movement, 1897-1972* (New York, 1952), pp. 307-11, and Bell's review of this work in *The New Leader*, December 7, 1953.

31. Bell: "Background and Development," p. 294. 请对比右翼领袖 Max Hayes 于 1912 年的党代会上对空谈社会主义者和理论家的批评。Socialist Party of America, *Convention Proceedings*, 1912 (Chicago, 1912), p. 124.

32. "The Revolutionist," *International Socialist Review*, Vol. IX (December, 1908), pp. 4.29-30. 关于斯莱登，见 Shannon: op. cit., p. 40; 一位社会主义者回应了斯莱登，认为无产者很欢迎知识分子，见 Carl D. Thompson: "Who Constitute the Proletariat?" *International Socialist Review*, Vol. IX (February, 1909), pp. 603-12.

33. "Sound Socialist Tactics," *International Socialist Review*, Vol. XII(February, 1912), pp. 483-4. 德布斯说过这些话三年后，Robert Michels 出版了他的 *Political Parties*，分析了欧洲左翼党派走向寡头的趋势。

34. 引自 Daniel Aaron: *Writers on the Left* (New York, 1961), pp.254-5. 我在这里的论点和叙述主要来自这项全面透彻的研究，引文和事件摘自 pp. 25, 41, 65, 93-4, 132n., 162, 163-4, 168, 209, 210-12, 216, 227, 240-2, 254, 308, 337-8, 346, 409, 410, 417, 425.

35. 很讽刺地，戈尔德就跟 20 世纪 50 年代的那些麦卡锡主义者一样痛恨哈佛，他也被迫否认他曾经短暂地在那儿就学的过往。他说："有一些敌人散布谣言说我曾在那儿读书，这不是真的。我曾在波士顿哈佛区的一个垃圾场工作过，仅此而已。"

第十二章 学校与老师

1. Henry Steele Commager: *The American Mind* (New Haven, 1950), p. 10; cf. pp. 37-8. Rush Welter: *Popular Education and Democratic Thought in America* (New York, 1962)，这本书通

透地研究了美国人对教育的期待。

2. Washington, in Richardson, ed.: *Messages and Papers of the Presidents*, Vol. I, p. 220; Jefferson: Writings, P. L. Ford, ed., Vol. X (New York, 1899), p. 4; *Lincoln: Collected Works*, Roy P. Basler, ed., Vol. I (New Brunswick, New Jersey, 1953), p. 8.

3. R. Carlyle Buley: *The Old Northwest Pioneer Period, 1815-1840* (Indianapolis, 1950), Vol. II, p. 416.

4. 对于这些失败的犀利批判，见 Robert M. Hutchins: *Some Observations on American Education* (Cambridge, 1956).

5. 关于美国大学内外的阅读，见 Lester Asheim: "A Survey of Recent Research," in Jacob M. Price, ed.: *Reading for Life* (Ann Arbor, Michigan, 1959); Gordon Dupee: "Can Johnny's Parents Read?" *Saturday Review*, June 2, 1956.

6. *Essays upon Popular Education* (Boston, 1826), p. 41.

7. Horace Mann: *Lectures and Annual Reports on Education*, Vol. I (Cambridge, 1867), pp. 396, 403-4, 408, 413, 422, 506-7, 532, 539. 霍勒斯·曼在 1843 年有一篇报告非常重要，其中他比较了普鲁士的教育现况。他说："那边的社会对于老师比较尊敬，不像在美国一样，那些在其他行当或是商场上失败的人不会以当老师作为最后的避难所。" *Life and Works*, Vol. III (Boston, 1891), pp. 266 ff. and especially pp. 346-8. 哈佛的伦理学教授弗朗西斯·鲍恩（Francis Bowen）也同意这看法，他说："1857 年的新英格兰学校体系似乎很落后，不但设施陈旧不足，校舍也简陋破败，教科书不尽理想，而老师的素质更差，农夫都可以来当。" *American Journal of Education*, Vol. IV (September, 1857), p. 14.

8. NEA *Proceedings*, 1870, pp. 13, 17. 还有一些与此相似的抱怨，分布于 1865 年至 1915 年，见 Edgar B. Wesley: *N. E. A.: The First Hundred Years* (New York, 1957), pp. 138-43.

9. *The Public School System of the United States* (New York, 1893).

10. Marian G. Valentine: "William H. Maxwell and Progressive Education," *School and Society*, LXXV (June 7, 1952), p. 354. 此时对于新教育的抱怨开始出现。见 Lys D'Aimee 的话，引于 R. Freeman Butts and Lawrence Cremin: *A History of Education in American Culture* (New York, 1953), pp. 385-6.

11. Thomas H. Briggs: *The Great Investment: Secondary Education in a Democracy* (Cambridge, Mass., 1930), pp. 124-8.

12. 在这类研究中，我最喜欢的是 1951 年洛杉矶对三万名学童的研究。八年级学生中，每七人就有一人无法在地图上找到大西洋，十一年级学生中（十六到十八岁）也有着近似比例的人算不出三十六的一半是多少。*Time*, December 10, 1951, pp. 93-4.

13. 关于教育改革者之论点的讨论，见 Lawrence Cremin: *The American Common School* (New York, 1951); Merle Curti: *The Social Ideas of American Educators* (New York, 1935); and Sidney L. Jackson: *America's Struggle for Free Schools* (Washington, 1940). 美国社会史研究中最具洞见的是 Robert Carlton [Baynard Rush Hall]: *The New Purchase, or Seven and a Half Years in the Far West* (1843; Indiana Centennial ed., Princeton, 1916); 这本书中记录了大量以前美国中西部的普通民众对教育的看法。

14. 给我巨大启发的一篇文章：Mrs. Elson: "American Schoolbooks and 'Culture' in the Nineteenth Century," *Mississippi Valley Historical Review*, Vol. XLVI (December, 1959), pp. 411-34; 后面几段的引文就出自这篇文章，具体在 pp. 413, 414, 417, 419, 421, 422, 425, 434.

15. *The New York Times*, November 3, 1957.

16. Ibid., March 24, 1957.

17. Myron Lieberman: *Education as a Profession* (New York, 1956), p. 383; 这本书的第十二章细致讲述了美国教师的经济地位。这些数字体现出的美国教师的相对弱势并未涵盖其他国家各种不以薪水为形式的有价补偿，比如退休金和免费的医疗。

18. 关于教师职业地位的最佳讨论，见 Lieberman: op. cit., chapter 14. 有一些研究指出，老师的社会地位比本书所说的高，但是我认为，这是因为这些研究乃是根据民意调查而来，但民调并不是分析社会地位这个问题的好方法。另有一本关于教师地位的研究很不错，但为人所忽略：Willard Waller: *The Sociology of Teaching* (New York, 1932).

19. 关于青少年对老师的看法，见 H. H. Remmers and D. H. Radler: *The American Teenager* (Indianapolis, 1957); 关于师生关系中的阶级因素，见 August B. Hollingshead: *Elmtown's Youth* (New York, 1949); and W. Lloyd Warner, Robert J. Havighurst, and Martin B. Loeb: *Who Shall Be Educated?* (New York, 1944).

20. 19 世纪初英国的劳工市场应该是略有不同，但公立学校老师的社会与经济条件可能还不如美国。见 Asher Tropp: *The School Teachers* (London, 1957). 皇家巡视员 H. S. 特雷明希尔（H. S. Tremenheere）19 世纪 50 年代到访美国时就这一联系写下了一段发人深省的话："任何一位来自英格兰的人在参观那些学校时都会为它的男女教师——**考虑到他们做的工作**——那高贵的社会地位感到震惊……" *Notes on Public Subjects Made during a Tour in the United States and Canada* (London, 1852), pp. 57-8. 我相信，对于我加粗的文字，英美读者都可以理解，大多数欧洲大陆的读者可能难以明白。另一位英国观察者也认为美国教师的社会地位很高，尽管薪水和英国一样少，见 Francis Adams: *The Free School System of the United States* (London, 1875), especially pp. 176-8, 181-2, 194- 5, 197-8, 238.

21. *The American Teacher* (New York, 1939), chapter 2.

22. Howard K. Beale: *A History of Freedom of Teaching in American Schools* (New York, 1941), pp. 11-12; Elsbree: op. cit., pp. 26-7, 34.

23. Beale: op. cit., p. 13.

24. R. Carlyle Buley: op. cit., Vol. II, pp. 370-1.

25. James G. Carter: *The Schools of Massachusetts in 1824*, Old South Leaflets No. 135, pp. 15-16, 19, 21.

26. Beale: op. cit., p. 93; 请对比一项较早的关于教学的研究，Samuel Hall 的 *Lectures on School-Keeping* (Boston, 1829), especially pp. 26-8. 关于教师职业在美国西南部的情况（我们的大部分教师都只是冒险者），见 Philip Lindsley in Richard Hofstadter and Wilson Smith, eds.: *American Higher Education: A Documentary History* (Chicago, 1961), Vol. I, pp. 332-3.

27. Elsbree: op. cit., pp. 194-208, 553-4. 1956 年，这一比例降到了 73%。在乡下地区女老师的薪水是男老师的三分之二。城市中，男女老师薪资都比在乡下高，但是女老师起薪只有男老师的三分之一多一些。

28. Elsbree: op. cit., pp. 311-34.

29. E. S. Evenden: "Summary and Interpretation," *National Survey of the Education of Teachers*, Vol. VI (Washington, 1935), pp. 32, 49, 89. 关于进入教育业的骨干力量，稍晚一些的资料，见 Henry Chauncey: "The Use of Selective Service College Qualification Test in the Deferment of College Students," *Science*, Vol. CXVI (July 25, 1952), pp. 73-9. See also

Lieberman: op. cit., pp. 227-31.

30. 科南特根据自己的观察断定："除非一个毕业班包含至少一百名学生，在所有班级教授进阶课程和分科授课就是不可能的，因为成本太高了。"他的研究表明，美国 73.9% 的高中十二年级入学人数在一百人以下，全国有 31.8% 的十二年级学生在这样的学校里。*The American High School Today* (New York, 1959), pp. 37-8, 77-85,132-3. 当然，教师之所以不能充分发挥专业特长，一个重要的原因是教师资格认证虽然对教育课程有着细致的要求，却不够重视学业要求。

31. Op.cit., p. 334.

32. Ibid., p. 273; 关于曼，见 pp. 279-80.

33. Lieberman: op. cit., p. 244. 这份文献给出了二十五个国家的数据。英国、法国、西德和加拿大等西方国家的女性中学教师占比在 34% 到 45% 之间，平均值为 41%。在苏联，女教师在小学所占比例为 60%，中学为 45%。关于这一问题的讨论，见 ibid., pp. 241-55.

34. 对于这起事件的叙述，可见 Waller: op. cit., pp. 49-50. 作者说，"据说，女人与黑人从未完全被白人男性的世界接受。也许现在我们还应加上男性老师在内。"这个对老师的歧视问题又被两个因素所加深，一是老师的公众形象似乎变成无性别特色的中性人，另一个就是已婚女老师被歧视的问题。19 世纪的美国有一个很奇怪的观念，也许现在已没那么严重，那就是大家都认为老师一定都很怪异，这在小镇人们的心中尤其如此。当然这种印象要归咎于某些恶棍老师，可是美国人喜欢让无性别特色的人来教小孩也是原因之一。即使在今天，这种想法还是使得很多无辜的女孩在校园被排斥，纵然她们表现良好。1852 年，有一位老师写了封信，抗议学校不准他与他的女性教学助理一起走在来回学校的路上。Elsbree: op. cit., pp. 300-2. 另见 Howard Beale: *Are American Teachers Free?* 在这本书中，有很多关于限制老师个人生活的例子。1927 年，南方有一所学校给老师一个限制，就是必须承诺"不可谈恋爱、订婚或是私下结婚"。即使在今天，"很有趣的一个事实是，多数欧洲的学校是男女分校，而学校中男女老师却可以很自由地社交；可是在美国，大部分的学校是男女合校，但男女老师在授课之余却是分开活动，不太混杂在一起"。*The Schools* (New York, 1961), p. 4. 最后，以往惯常对于已婚女老师的歧视，严重到甚至结婚就不能继续工作的地步，使得女老师多半是非常年轻的女孩，或者是过了适婚年龄仍然未婚。关于抵制已婚女老师的原因，参见 D. W. Peters: *The Status of the Married Woman Teacher* (New York, 1934).

第十三章 适应生活的高中教育

1. 想上大学不一定就要进这种私立学校，也可以去读"预科"（preparatory department），许多大学都设有这种项目，为有前途的学生教授古典学、数学和英语基础，以便未来能够应对大学课程。这种预科的大量存在——直到 1889 年，四百所大学中仍有三百三十五所在开设预科——证明中学为想读大学的学生提供的准备工作是不够的。Edgar B. Wesley: *N. E. A.: The First Hundred Years* (New York, 1957), p. 95. 关于私立学校，见 E. E. Brown: *The Making of Our Middle Schools* (New York, 1903).

2. 见 John F. Latimer: *What's Happened to Our High Schools?* (Washington, 1958), pp. 75-8. 关于 1870 年后中学教育在美国社会中的地位，有一篇短小精悍的文章，见 Martin Trow: "The Second Transformation of American Secondary Education," *International Journal of Comparative Sociology*, Vol. II (September, 1961), pp. 144-66.

3. *What the High Schools Ought to Teach* (Washington, 1940), pp. 11-12.

4. 当然这是因为受到大萧条以及工会的影响。但是至少 1918 年，全国教育协会已经主张一般的青少年应该接受义务教育直到十八岁。*Cardinal Principles of Secondary Education* (Washington,1918), p. 30.

5. 关于这两种对立观点的概述，见 Wesley: *N. E. A.: The First Hundred Years*, pp. 66-77.

6. 科南特建议高中学生应该学习四年的数学、四年的某一门外语、三年的科学、四年的英语、三年的历史和社会研究。而且，他认为许多学业优秀的学生可能希望学习一门第二外语或者额外一门社会研究课程。*The American High School Today* (New York, 1959), p. 57. 科南特觉得，所有学生的最低毕业门槛应该包括至少学习一年的科学、四年的英语和三四年的社会研究。

7. *Report of the Committee on Secondary School Studies Appointed at the Meeting of the National Education Association, July 9, 1892* (Washington, 1893), pp. 8-11, 16-17, 34-47, 51-5. 该委员会认为，每个学生在高中所学都应该足以衔接上他们读大学时接受的知识。大学或是技术学院收的每个高中毕业生都应该有能力就读下去，无论他接受的是什么课程。但是委员会发现目前这个目标不可能达到，因为现行高中的课程"很差劲，每种都教，又只教一点点，以致没有一个学科可以提供深入完整的训练"。

8. N. E. A. *Proceedings*, 1908, p. 39.

9. "Report of the Committee of Nine on the Articulation of High Schooland College," N. E. A. *Proceedings*, 1911, pp. 559-61.

10. Wesley: op. cit., p. 75.

11. 本段及随后几段的引文来自 *Cardinal Principles of Secondary Education, passim.*

12. 关于这个一般性的主题，见 Alan M. Thomas, Jr.: "American Education and the Immigrant," *Teachers College Record*, Vol. LV (October, 1953-May, 1954), pp. 253-67.

13. *The Transformation of the School* (New York, 1961), p. 176.

14. 关于美国政治思想中科学与民主的融合，请见 Bernard Crick: *The American Science of Politics* (London, 1959).

15. 关于测试的早期影响，有一份简洁明了的叙述，见 Cremin: *The Transformation of the School*, pp. 185-92.

16. 例如，见 Merle Curti 关于桑代克的讨论，*The Social Ideas of American Educators* (New York, 1935), chapter 14.

17. N. E. A. *Proceedings*, 1920, pp. 204-5.

18. Ibid., 1920, pp. 73-5.

19. John F. Latimer: *What's Happened to Our High Schools?* 作者归纳了教育办公室的数据，很有用，所以我做了了参考。尤其见第四章与第七章。注意，用百分比来体现课程的修习人数并不是为了掩藏一个事实：因为高中生人数剧增，虽然大量高中生都在学习这些课程，但反映到百分比方面却依然只占一小部分。可是，从 1933 年到 1939 年，不仅学习某些课程的学生占比首次出现了下降，绝对人数也下降了。

这一现象造成的一个结果恰巧已被人们注意到并做了详细研究。在第二次世界大战期间，中学学生学习数学的问题引起了官方的注意。1941 年，美国海军军官训练团反映，在四千二百名大学一年级新生中，有 62% 的人未能通过算术测试。只有 23% 的学生在高中阶段接受过一年半以上的数学教育。此后，1954 年的一项研究表明，62% 的美国大学认为高中应该开设与大学一年级接轨的代数课程。见 I. L. Kandel: *American Education in the Twentieth Century* (Cambridge, Mass., 1957), p. 62; and H. S. Dyer, R. Kalin, and F. M. Lord: *Problems in Mathematical Education* (Princeton, 1956), p. 23. 而许多高中，尤其是生活适应教育运动的理论家普遍认为，外语、代数、集合与三角函数"相对而言没什么价值，除了作为读大学的准备课程或大学课程"，以及"所以这些领域的知识都应该延后到大学再教"。Harl R. Douglass: *Secondary Education for Life Adjustment of American Youth* (New York, 1952), p. 598.

20. "能力不佳"一词并不是生活适应教育运动专家的用语，而是我的用语，意思是某些被认为无法吸收学校教育也无法习得一技之长的学生。

21. *Life Adjustment Education for Every Youth* (Washington, n. d. [1948?]), p. iii. 该文献由联邦安全局的教育办公室出版，起草部门是中学教育科和职业教育科。关于下文提到的普罗瑟决议和有关这一重复文件的其他目的，见 pp. 2-5, 15n., 18n., 22, 48-52, 88-90, and passim.

   同时，教育办公室支持生活适应教育运动，而总统的高等教育委员会在 1947 年的报告中也表示，大学不应该太看重"表达能力与抽象思考，应该更注重培养其他能力，像是社交、多方面才艺、艺术、机械、驾驶汽车等"。*Higher Education for American Democracy: A Report of the President's Commission on Higher Education*, Vol. I (Washington,1947), p. 32.

22. 以"民主"的名义否定群体如此庞大的美国年轻人是这场运动最令人困惑的特征之一。不过，至少运动的一位支持者正面回应了这个问题，他表示，这个被忽视的群体缺少"被激发的兴趣或者明确的天赋"，但是这"对一个大量工作都不怎么需要非凡天赋或兴趣的社会来说反倒是一件幸事"。Edward K. Hankin: "The Crux of Life Adjustment Education," *Bulletin of the National Association of Secondary-School Principals* (November, 1953), p. 72. 这倒算得上是一种观点，也是对生活适应教育运动更为实际的评价。但它很难称得上"民主"。

23. *Secondary Education and Life* (Cambridge, Mass., 1939). 本页和随后几页的观点主要来自 pp. 1-49; especially pp. 7-10, 15-16, 19-21, 31-5, 47-9.

24. 稍晚一些有人就这一学校的课程内容做了更全面和权威的阐述，见 Harold Alberty: *Reorganizing the High School Curriculum* (New York, 1953).

25. 美国人对"心智锻炼"最具代表性的看法见于 Yale Report of 1828，它最早刊登于 *The American Journal of Science and Arts*, Vol. XV (January, 1829), pp. 297-351. 文章的大部分内容后来收录于 Hofstadter and Smith, eds.: *American Higher Education: A Documentary History*, Vol. I, pp. 275-91.

26. 运动的支持者还因为自负而为低等的教育学辩护。大量的证据证明，古时候的学院是以狭隘的文法精神教授古典语言的，并不是为了让学生了解古代文化生活。见 Richard Hofstadter and Walter P. Metzger: *The Development of Academic Freedom in the United States* (New York, 1955), pp. 226-30; Richard Hofstadter and C. DeWitt Hardy: *The Development and Scope of Higher Education in the United States* (New York, 1952), chapter 1 and pp. 53-6.

27. W. C. Bagley: "The Significance of the Essentialist Movement inEducational Theory," *Classical Journal*, Vol. XXXIV (1939), p. 336.

28. Jerome S. Bruner: *The Process of Education* (Cambridge, Mass., 1960), p. 6. Bruner 指出，重要的考量是学习者能够系统地理解所学之物。关于现代有关心智锻炼的讨论和相关实验证据，见 Walter B. Kolesnik: *Mental Discipline in Modern Education* (Madison, 1958), especially chapter 3.

29. 亦即，如果特曼的研究被接受，六成的美国孩童将被认为不适合高中教育。

30. 关于学业能力分布的不同估计，以及对政策的影响，见 Report of the President's Commission on Higher Education: *Higher Education for American. Democracy*, Vol. I, p. 41; Byron S. Hollinshead: *Who Should Go to College* (New York, 1952), especially pp. 39-40; Dael Wolfle: *America's Resources of Specialized Talent* (New York, 1954); and Charles C. Cole, Jr.: *Encouraging Scientific Talent* (New York, 1956). 一位教育心理学家写道："我坚信，更好的教育可以让……一半甚至更多的高中学生从课堂上受益。" Paul Woodring: *A Fourth of a Nation* (New York, 1957), p. 49.

31. *A Look Ahead in Secondary Education*, U.S. Office of Education (Washington, 1954), p. 76.

32. *American Education in the Twentieth Century*, p. 156; cf. pp. 173-81. 关于生活适应教育运动的普遍雄心，见 Mortimer Smith: *The Diminished Mind* (Chicago, 1954), p. 46.

33. *Education for All American Youth, A Further Look* (Washington,1952), p. 140.

34. Charles M. MacConnell, Ernest O. Melby, Christian O. Arndt, and Leslee J. Bishop: *New Schools for a New Culture* (New York, 1953), pp. 154-5. 其实这些话的确不是没有道理，因为当时的美国中学教育真的并不能给这些资优学生什么特别的帮助。

35. Bruner: op. cit., p. 10. Cf. James B. Conant："我们的制度特别忽视资优者。我们的高中既没有及早发现他们，也没有给他们指引，更没有给他们所需的教育。" *Education in a Divided World* (Cambridge, Mass., 1948), p. 65; cf. p.228. 关于天才教育，见 Frank O. Copley: *The American High School and the Talented Student* (Ann Arbor, 1961).

    在 20 世纪 50 年代中期，只有约 5% 的资优学生可在学校受到正式特别教育的关照。1948 年的一项调查显示，有两万名资优生接受资优特殊教育，约有八万七千名学习障碍生接受迟缓特殊教育。关于天才教育项目的这些以及其他数字，见 Cole: *Encouraging Scientific Talent*, pp. 116-19.

36. Lloyd E. Blauch, Assistant Commissioner for Higher Education, United States Office of Education, writing in Mary Irwin, ed.: *American Universities and Colleges,* published by the American Council on Education (Washington, 1956), p. 8. 强调是我加的。有人指出，该文献的作者主要是建议为有天赋的学生制订特殊的教学计划，但是这种考虑在我看来并不能冲淡教育办公室罗列出的这份怪异名单透露出的意图。

37. *Liberal Education and the Democratic Ideal* (New Haven, 1959), p. 29; 这件事首先由 Griswold 于 1954 年报道。

38. Richard A. Mumma: "The Real Barrier to a More Realistic Curriculum: The Teacher," *Educational Administration and Supervision*, Vol. XXXVI (January, 1950), pp. 41-2.

39. *Bulletin* of the Council for Basic Education (April, 1957), p. 11. 学生在学校对这些话题的实际探索并不简单，但它们在核心课程教育者之间则并非如此。见一份为学生推荐的基础课程列表，Alberty: *Reorganizing the High School Curriculum*, chapter 15.

40. "The Second Transformation," p. 154.

第十四章 儿童与他将面对的世界

1. 但是实验学校的案例有时被类为在工业社会学研究中出名的霍桑实验。这个实验本来是要探究何种工作环境会增加生产力，但是研究结果却显示，做这个实验本身给劳动者带来的心理冲击改变了生产力，反而不是任何工作环境上的改变使然。

2. *The Transformation of the School*, p. 239.

3. 见 G. R. Glenn: "What Manner of Child Shall This Be?" N. E. A. *Proceedings*, 1900, pp. 176-8, 此处和其他引文均出自这里。

4. 这当然跟传统派与不那么具有福音宗教精神的教育家的看法不同。例如 Charles William Eliot 曾说："不管教育哪个层级的学生，教育机构的目标绝对不取决于那些最差学生的需要……" *Educational Reform* (New York, 1898).

5. Francis W. Parker: *Talks on Pedagogics* (New York, 1894), pp. 3, 5-6, 16, 23-4, 320-30, 383, 434, 450.

6. G. Stanley Hall: "The Ideal School as Based on Child Study," *Forum*, Vol. XXXII (September, 1901), p. 24-5; John Dewey: *My Pedagogic Creed* (1897; new ed. Washington, 1929), pp. 4, 9.

7. *My Pedagogic Creed*, pp. 15, 17.

8. 在此我们可以参考卢梭在《爱弥儿》中所说的话："当我摆脱儿童的课程时，我帮他们摆脱了烦恼的来源，也就是那些书籍。阅读对儿童来说是诅咒，但是这几乎是我们为儿童找到的唯一事情。十二岁的爱弥儿不可能知道书是什么……我承认日后当阅读对他有帮助时，他就应该开始学习阅读，但是到那时之前，他不会对阅读有兴趣的。"

9. Hall: op. cit., p. 24; 强调是我自己加的。后面几段的引文，见 pp. 25, 26, 30, 39. 可与帕克的话对比："自然科学不是教育的中心，历史与文学也不是，儿童本身才是中心。儿童是上帝最高的创造物，它的身体、心智与灵魂都有自己的法则，这些法则决定了它如何成长。" *Discussions at the Open Session of the Herbart Club, Denver*, Colorado, July 10, 1895 (1895), pp. 155-6.

10. 这一目标的制定要等到后来一代的教育者才完成。See above, chapter 1, Exhibit L.

11. 我觉得这个建议特别引人注意："有钱人家的小孩通常较自我，也过度自我，尤其是小的时候。所以他们应该接受纪律并且被要求服从；穷人家的小孩通常不自我或是过度没有自我，因此应该放纵他们一下。"这个想法比他呼吁的"顺应自然"教育法似乎更注重人际与社会脉络。

12. 例子来自 Alberty: *Reorganizing the High-School Curriculum*, pp. 472-3.

13. *Democracy and Education* (New York, 1916), pp. 59-62.

14. Ibid., p. 117. 杜威曾在更早的一本著作中说："教育的过程与目标是同一件事。如果用教育以外的东西作为教育的目标与标准，则不啻剥夺了教育过程的意义，使得我们以错误与外来的刺激加诸儿童身上。" *My Pedagogic Creed*, p. 12.

15. 请对比一份批评：Boyd H. Bode in *Education at the Crossroads* (New York, 1938), especially pp. 73 ff. 在各类批评中，除了这份，还有一份我觉得也很有启发性，见 I. L. Kandel's *The Cult of Uncertainty* (New York, 1943) most illuminating.

16. Goodwin Watson, as quoted by I. L. Kandel: *The Cult of Uncertainty*, p. 79.

17. 见 *The Child and the Curriculum* (1902; Chicago ed., 1956), 全书几乎都在谈论这个主题，

但尤其见 pp. 14-18 以及重要的 pp. 30-1，在这里，作者主张在儿童的兴趣和他的发展方向之间应当建立某种持续的互动机制，以使二者达到某种动态平衡。也请见 *Democracy and Education*, pp. 61-2; also p. 133：“小孩的天生与自身的兴趣与能力是教育的启动与收敛的力量，但不决定教育的目标。”1926 年，杜威以不同于往昔的口吻说道，某些进步教育机构中所实施的回避引导的教育实在是“愚蠢至极”。

18. “父母和老师把他们自己的目标当成孩子的成长目标这种行为实在是太荒谬了，这就像是农民种田时不考虑气候环境。”*Democracy and Education*, p. 125.

19. *The Child and the Curriculum*, p. 31.

20. 这让人想起弗朗西斯·韦兰·帕克也讲过这种永不懈怠的精神：“不要做两件同样的事。不要做以前做过的事。如果孩子以前是站着的，现在就让他坐下。不管你做什么，都要做得和以前不一样。不要遵循成法。成法就是死亡——变化才是人生。”N. E. A. *Proceedings*, 1880.

21. *Democracy and Education*, pp. 283-4.

22. *The School and Society* (1915; ed. Chicago, 1956), p. 136. 这一警告只是抗辩，不是固定的学业计划，而是对杜威自己所谓的“职业工作”的持续学习。关于杜威对有序的课程组织提出的抗辩，见 Cremin: Ope cit., pp. 234-6.

23. *Democracy and Education*, pp. 280-1.

24. 请参考杜威的这段话：“在教育中，这种施加外部目标的潮流导致了人们过于强调某个遥远的目标，以及学生和老师机械盲从，缺乏主见。”Ibid., p. 129; 请对比关于教育目标的整篇文章，pp. 124-9.

25. 关于杜威在这个问题上的思考，见 *Reconstruction in Philosophy* (New York, 1920).

26. *Democracy and Education*, p. 115.

27. Ibid., p. 370.

28. 当然，民主的定义可以施用于其他社会机制或是政府机构上，但是如果我们鼓励大家把民主看成对例如家庭或是学校的最理想存在方式的定义，则会有很大缺点。我们相信杜威对美国民主做了一个颇大的反面贡献，因为他在用语上与价值上对于所谓“民主式生活”的无限上纲，使得美国的教育者对于教育的目的与手段的讨论没有了其他的空间。

29. Ibid., pp. 22-4; cf. *The School and Society*, p. 18.

30. *Democracy and Education*, p. 49.

31. *The School and Society*, pp. 24-9. Cf. *Democracy and Education*, pp. 9-10, 46-7, 82-3, 88-9, 97-8, 226, 286-90, 293-305. 一位有志于“在民主生活中培养技能”的现代教育家阐释道：“学校的民主生活应该和校外的生活相关，让学生理解这种生活的意义，并把它扩展到自身所涉及的方方面面。”Alberty: *Reorganizing the High School Curriculum*, p. 50.

32. *Experience and Education*, pp. 84-5; cf. pp. 4, 59, 64, 66, 77, 80.

33. Ibid., pp. 95-6.

34. *Democracy and Education* p. 60. 杜威对传统教育的看法有时候与进步主义者一样，充满了嘲讽谐谑的口吻。当然传统教育往往确实呆板而缺乏想象力，但我怀疑杜威是否批评过度了，因为他直接说传统教育是“专制”“严酷”的，就像用“束身衣和锁链禁锢儿童一般”，完全与培养个体性的理念相反，是在提供“一种填鸭式的教育”，在这种教育体制下，接收信息的个体“失去了自己的灵魂：无法欣赏有价值的事物，欣赏这些的事物（相关信息）的价值"。*Experience and Education*, pp. 2-5, 11, 24, 46, 50, 70.

35. *Democracy and Education*, p. 47.

36. Ibid., p. 52.

37. Alberty: Ope cit., pp. 470, 474.

38. 见 *Democracy and Education*, pp. 46-8, 在这里，杜威仔细玩味了"社会"这个词的含义。

39. Marietta Johnson: *Youth in a World of Men* (New York, 1929), pp. 42, 261; 请对比对玛丽埃塔·约翰逊创办的实验学校的赞扬,John and Evelyn Dewey in *Schools of To-Morrow* (New York, 1915), especially p. 27.

40. *Schools of To-Morrow,* p. 165.

41. *Progressive Education at the Crossroads*, p. 78.

42. 杜威理论在政治上面临的困境，可见于 Frederic Lilge: "The Politicizing of Educational Theory," *Ethics*, Vol. LXVI (April, 1956), pp. 188-97.

43. *Democracy and Education*, p. 88. 这里，我得向读者提一下小约翰·赫尔曼·兰德尔（John Herman Randall, Jr.），他批评了杜威的哲学史观，以欺骗性和缺乏同情心的语气问道："杜威是否会仅仅因为通过行动并未能让世界焕然一新而蔑视一切想要让存在之物更为持久的想象？" P. A. Schilpp, ed.: *The Philosophy of John Dewey* (Chicago, 1939), pp. 77-102, especially p. 101.

44. *Human Nature and Conduct* (1922; Modem Library ed., New York, 1929), p. 64.

45. 像杜威一样，弗洛伊德的思想对教育也同时有好与坏的影响。在很多地方，弗洛伊德理论的教育学意涵被误解的程度甚至比杜威还大。在 20 世纪 20 年代，他的心理学常被进步教育者引用作为支持解放学生自然本能的依据。同时，他的理论也激发了教育学上的心理主义学派，这个学派主张把教育的焦点从注重讲授内容转移到将教育过程看成一种轻度、非专业的心理治疗。对于他们两人关于自然本能与社会行为间关联的简要讨论，这本书最有代表性：Philip Rieff, *Freud: The Mind of the Moralist* (New York,1959), chapter 2.

46. 对 Elsie R. Clapp 的"介绍"见：*The Use of Resources in Education* (New York, 1952), pp. x-xi.

第十五章 知识分子：与社会疏离或被同化

1. Reprinted as *America and the Intellectuals* (New York, 1953).

2. *Partisan Review*, Vol. XXI (January-February, 1954), pp. 7-33.

3. Loren Baritz: *The Servants of Power* (Middletown, Connecticut, 1960); 也请见该作者的另一篇文章：*Nation*, January 21, 1961, 以及我自己关于这些问题的讨论："A Note on Intellect and Power," *American Scholar*, Vol. XXX (Autumn, 1961), pp. 588-98.

4. 必须说明，福楼拜也有看到他的角色的危险。他曾说"经常批评笨蛋的人自己也冒着变成笨蛋的风险"。

5. 事实上，很少人了解如果不是有三波文化灌溉，美国这么广大异质的土地在文化上应该会很贫瘠。第一波是新英格兰文化的扩散，主要在 19 世纪；第二波是犹太人移入，第三波是南方的文化再生，这两股都在 20 世纪。

6. 我们选择用这个名词称呼它，而非一般常用的名词。大家有时称之为"婆罗门文化"(Brahmin Culture)，但是我们认为这较为适合指涉新英格兰的情形。Santayana 用"绅士传统"(genteel tradition) 虽然较好，但是我相信"巨头"文化比较能表达一些这阶级在政治上的意涵。

7. William Charvat: *The Origins of American Critical Thought, 1810-1835* (Philadelphia, 1936), p. 25. 我见过的"巨头"文化和智识氛围的最佳代表莫过于 Perry Miller 在 *The Raven and The Whale* (New York, 1956) 的前几章。

8. George Frisbie Whicher: *This Was A Poet* (Ann Arbor, 1960), pp. 119-20.

9. 爱默生在 19 世纪 40 年代写道，美国还没有出现这样一位天才，可以把美国的蛮荒与追求物质主义的过往，写成像欧洲历史中呈现的"神祇嘉年华会"一般从荷马到加尔文新教主义间的林林总总事迹。银行与关税局，报纸与地方党派，公理会与普救派，对于无趣的人来说，这些都是无聊与平淡的题材，但是它们却与特洛伊与德尔菲神殿有着一样的故事潜力，但快速地消逝了。我们的伐木、捕鱼、黑人与印第安人、恶棍的嚣张与善良人的胆怯、北方的贸易、南方的庄园、西部的垦拓、俄勒冈与得州，像这些都还未被歌咏过。在我们眼中，美国是一首诗，广大幅员里的山川地貌充满了惊奇与想象，很快就会成篇了。*Complete Works* (Boston, 1903-4), Vol. Ill, pp. 37-8.

10. William Charvat, *Literary Publishing in America, 1790-1850* (Philadelphia, 1959), p. 23. 在这项关于著作经济学的有趣研究中，作者说："1850 年前没有一本真正具原创性的作品能够卖钱，而必须等到多年后。大多数好的作品在市场销售价值上都是失败的……"

11. *America's Coming of Age* (New York: Anchor ed., 1958), p. 99; cf. pp. 91-110 and *passim*.

12. 在 1837 年，朗费罗甚至说波士顿也不过只是个"大村庄"，其中"舆论的力量超越了任何信仰"。四分之三个世纪之后，杰伊·查普曼写道："除非亲身经历过，没有人能体会美国小镇的封闭暴虐。我相信欧洲的美第奇、教宗或是奥匈帝国的专制与它比起来都只是小儿科。" Samuel Longfellow, *Life of Henry Wadsworth Longfellow* (Boston, 1886), Vol. I, p. 267; Jacques Barzun, ed.: *The Selected Writings of John Jay Chapman* (New York: Anchor ed., 1959), p.xi.

13. 1962 年，查尔斯·斯诺（Charles Snow）爵士曾说："有多少英国人知道，过去二十年间西方世界所有科学与学术的产出有 80% 是美国的贡献？""On Magnanimity," *Harper's*, Vol. CCXXV (July, 1962), p. 40.

14. *Europe Without Baedeker* (New York, 1947), pp. 408-9.

15. 我并不想暗示这是普遍的现象，但是很多美国作家却都安于这种情况。阿尔弗雷德·卡津说："太多美国人赞同我们现行的社会制度，但是同时又想要有一点点儿对它的深度文化式批判。" *Contemporaries* (New York, 1962), p. 439.

16. 梭罗就是他们的前辈，他曾说除非他主动愿意加入，他并不想成为任何社会的成员（这种反社会反制度的情怀在美国频频出现，是很有趣的现象）。当然，梭罗与这些"垮掉的一代"的不同，在于他始终有一种身为作家的"工作使命感"。

17. "The Know Nothing Bohemians," in Seymour Krim, ed.: *The Beats* (Greenwich, Conn., 1960), p. 119.

18. In his postscript on the beats, written for the 1960 edition of Albert Parry's Garrets and Pretenders: *A History of Bohemianism in America* (New York: Dover ed., 1960), chapter 30.

19. *Voices of Dissent* (New York, 1958), pp. 198-200, 202, 205; 这篇文章也出现于 *Advertisements for Myself* (New York, 1959), pp. 337-58.

20. 法国以外的知识分子还是把法国看成敬重知识分子的典型，但有趣的是法国知识分子本身却羡慕外国的情形。从前，对小说家司汤达来说，意大利是典范，而当代哲学家雷蒙·阿隆（Raymond Aron）则羡慕英国，他说："在所有西方国家中，英国对待知识分子是最讲理的。" *The Opium of the Intellectuals* (London, 1957), p. 234；可对照他认为法国知识分子所受的待遇，pp. 220-1.

21. 坎利夫在其精彩的研究 *The Literature of the United States*（London, 1954）中说：孤独和分别是美国作家的特色，从爱伦·坡开始就是这样了。即便是热情洋溢的美国人——比如惠特曼——在文学上可供交游的朋友也少得可怜。在新英格兰，如果我们想找一个波士顿人的圈子，就会发现事情确实如此……爱默生、梭罗和霍桑曾在同一个村子住过一段时间；他们和其他人间或会出现在对方的日记和信件中。但是，并不能凭此断定，他们相互之间就很了解，毋宁说，他们只是彼此知道而已。每个人多少都和其他人保持一定距离，带着点批评、讥讽的意思，不愿全身心投入到他们的关系中。爱默生在他的日记里说，"可是，我们认识的所有人实在太狭隘，太孤单，孤单得可悲！"还是在日记里，他说幸福的作家从不在意公共意见，"总是给不认识的朋友写信"。关于认识的朋友，他说，"我的朋友和我是我们习惯里的鱼儿。与其让我挽着梭罗的手臂，不如让我抱着一块榆木疙瘩。"霍桑去世后，他悲伤地说，多年来，他一直在等待着"有一天可以攻克一段友谊"。

22. "The Intellectuals: The United States," *Encounter*, Vol. IV (May,1955), pp. 23-33.

索引

（按汉语拼音顺序排列，页码参见本书边码）

理想国译丛

imaginist [MIRROR]